DE

SAINT-LOUIS

A

TRIPOLI

PAR LE LAC TCHAD

16844. — L.-Imprimeries réunies, rue Mignon, 2, Paris.

DE
SAINT-LOUIS
A
TRIPOLI

PAR LE LAC TCHAD

VOYAGE AU TRAVERS DU SOUDAN ET DU SAHARA

ACCOMPLI PENDANT LES ANNÉES 1890-91-92

PAR

Le Lieut‑Colonel P.-L. MONTEIL

De l'Infanterie de marine

Préface de M. le Vte MELCHIOR DE VOGÜÉ

De l'Académie française

ILLUSTRATIONS DE RIOU,

D'après le texte et les documents du lieutenant-colonel MONTEIL
et les photographies du commandant QUIQUANDON

Couronné par l'Académie Française
(Prix Montyon)

PARIS

ANCIENNE LIBRAIRIE GERMER BAILLIÈRE & Cie
FÉLIX ALCAN, ÉDITEUR
108, boulevard Saint-Germain, 108

Tous droits réservés

AVANT-PROPOS

Le livre que je présente aujourd'hui au public est le récit de mon exploration au travers du Soudan et du Sahara pendant les années 1890, 1891 et 1892.

J'ai dû obéir en l'écrivant à deux nécessités contradictoires : la première a été de donner satisfaction, dans le plus court laps de temps possible, aux nombreuses sollicitations que je recevais de toutes parts ; la seconde a été de mener à terminaison le livre entrepris au milieu des travaux multiples auxquels j'ai dû consacrer la plus grande part de mon activité depuis mon retour en France.

Cette dernière nécessité m'a empêché de donner tout le développement désirable à certaines parties d'ordre scientifique, telles que climatologie, ethnographie, linguistique, etc. ; je dois les réserver pour charmer mes futurs loisirs, quand le Gouvernement de mon pays voudra bien songer à m'en octroyer.

Tel qu'il est avec ses imperfections, mon livre est une œuvre de bonne foi, c'est un récit véridique de ce que j'ai vu et observé ; je compte sur les belles illustrations de mon ami Riou pour le rendre plus attrayant.

Je l'offre en hommage reconnaissant à tous les Français dont le cœur a tressailli d'aise à l'annonce de mon retour, pour les remercier des touchants témoignages d'estime et d'affection dont ils m'ont comblé.

P.-L. MONTEIL.

8 octobre 1894.

POUR LE LIVRE DU SOLDAT ABSENT

On sait que la convention du 5 août 1890, passée entre l'Angleterre et la France, délimitait les zones d'influence dans le Soudan central suivant une ligne idéale tirée de Say, sur le Niger, à Barroua, sur le lac Tchad. Nous plaisantions alors volontiers cette ligne idéale, prolongée à travers des pays que nul n'avait revus depuis quarante ans, depuis les voyages d'Henri Barth, accomplis entre 1850 et 1855. Les récits de l'explorateur allemand étaient nos seules sources d'information sur ces États musulmans du Sokoto, qui s'étendent entre le Niger et le Bornou. Pour ce dernier pays et pour le bassin du Tchad, nous avions les itinéraires de Vogel et de Beurmann, assassinés à l'orient du lac vers la même époque, les relations plus récentes de Rohlfs et de Nachtigal. Néanmoins, M. Élisée Reclus pouvait écrire naguère, dans son volume sur l'Afrique occidentale, qu'on ignorait si Kouka, la capitale du Bornou, n'avait pas été déplacée durant ces vingt dernières années. Barth avait trouvé dans cette partie du Soudan un climat tempéré, un sol fertile, de vastes cités, une civilisation relative ; chaînon intermédiaire entre les noirs des régions équatoriales et les Arabes des régions barbaresques, le Soudan central se rattachait à ces derniers par son commerce direct avec Tunis et Tripoli.

Les entreprises européennes ne pourront se promettre une rémunération avantageuse que le jour où elles auront accès à ces grands marchés du centre de l'Afrique, chez les riverains du Tchad et du Niger. Pour nous, maîtres de l'Algérie et du Soudan français, il était urgent de nous assurer cet accès ; il ne l'était pas moins de reconnaître la ligne frontière, acceptée un peu précipitamment, qui ne nous attribuait, d'après lord Salisbury, que « des terrains légers, très légers ; » c'est-à-dire, dans la pensée du noble lord, les premières roches des plateaux méridionaux du Sahara. En Afrique, chacun le sait, ces attributions platoniques restent subordonnées aux positions effectives, militaires ou commerciales, que les contendants se trouvent occuper, quand vient le moment de procéder à une délimitation plus sérieuse.

Le capitaine Monteil, de l'infanterie de marine, avait fait deux campagnes au Sénégal. Pénétré des nécessités que nous venons d'indiquer, il conçut le projet hardi de gagner Say par la boucle du Niger et de pousser ensuite jusqu'au Tchad. Les rares Européens qui virent le lac mystérieux, à des époques antérieures, y étaient descendus de la Tripolitaine : personne n'avait tenté de gagner le Tchad en partant des bords de l'Atlantique. Tout récemment, le major Mackintosh, envoyé par la Compagnie du Niger, était remonté du Bénin jusqu'aux frontières du Bornou ; là, il avait dû tourner bride, le Cheik lui ayant refusé l'entrée de ses États. Mis en éveil par les progrès et les compétitions des Européens, les peuples soudanais ne semblaient plus disposés à accueillir les émissaires de ces voisins entreprenants, comme ils accueillaient jadis l'inoffensif docteur Barth. Monteil, féru de son idée, vint solliciter une mission à Paris dans l'automne de 1890. Le Sous-Secrétariat des Colonies ouvrit un modeste crédit à l'officier et lui donna carte blanche.

PRÉFACE

Le 9 octobre 1890, le voyageur quittait Saint-Louis ; le 23 décembre, il laissait derrière lui, à Ségou, les eaux françaises du haut Niger et le dernier poste où flottait le pavillon tricolore. Sa troupe se composait d'un seul compagnon blanc, l'adjudant Badaire, et de douze Sénégalais, bientôt réduits à huit par les désertions. A la tête de cette redoutable colonne, le jeune chef partait pour une expédition de 8000 kilomètres, à travers les États militaires du Haoussa et le grand désert infesté de pillards. Jusqu'à Waghadougou, la capitale du Mossi, Monteil put s'aider des itinéraires de Binger et du docteur Crozat, le courageux pionnier qui vient de succomber en poursuivant ses études sur cette région. Au delà de Waghadougou, l'explorateur plongeait dans l'inconnu ; les ténèbres africaines firent sur lui leur lourd silence. Nous perdîmes sa trace : les mois passèrent, puis une année révolue ; il ne nous arrivait que de mauvais bruits vagues. Ses camarades du Sénégal le tenaient pour irrévocablement disparu ; l'un d'eux, qui sollicitait ardemment l'honneur de recommencer l'entreprise, me disait, à la fin de 1891, que la fin tragique de Monteil ne faisait plus question. Les plus robustes espérances avaient fléchi, quand, le 23 mai 1892, à l'issue d'un banquet où les membres du Comité de l'Afrique française s'étaient réunis pour saluer le seul survivant de la mission Crampel, deux dépêches nous furent communiquées coup sur coup : Mizon est à Yola ! — Monteil est à Kano !

Ainsi, en ce jour qui marquera une date dans l'histoire de l'expansion africaine, la France apprenait simultanément les deux succès qui se complétaient l'un l'autre, les deux grands exploits de la pénétration pacifique durant ces dernières années. La réapparition de Monteil était signalée à Tripoli par des lettres de Sokoto, qui montraient notre envoyé plein de confiance, en route pour le Tchad. Six mois après, la petite caravane émergeait du grand désert saharien ; elle entrait à Tripoli le 10 décembre ; les Sénégalais revoyaient la mer, quittée à Saint-Louis, il y avait de cela vingt-sept mois. Et l'explorateur revenait chercher le prix de ses peines dans l'amphithéâtre de la Sorbonne, où un public enthousiaste l'applaudissait; il évoquait devant nous les perspectives d'un monde inconnu : royaumes du Soudan, larges fleuves coulant vers les mers équatoriales, villes bariolées aux maisons d'argile, eaux vierges du lac Tchad, sables et roches du désert des Touareg, monotone région de la souffrance, mais aussi du triomphe de l'énergie. La parole de Monteil éveilla ce jour-là plus et mieux que de la curiosité; elle fit vibrer les cœurs, parce qu'on suivait anxieusement, derrière la caravane, l'ombre de la patrie qui s'allongeait sur des terres ignorantes de notre nom jusqu'à son passage; parce qu'il nous montrait cette face du génie français qui s'appelle audace, découverte, communication universelle.

Ces fortes impressions, on les retrouvera dans le livre où Monteil nous donne son journal de route. Livre vivant, alerte comme l'action du vaillant officier, toujours éclairé par cette bonne humeur, par cette confiance constante dans l'étoile qui permettent seules de gagner de pareilles gageures. Le narrateur y retrace la physionomie de ces empires du Sokoto et du Bornou où il a jalonné les étapes futures de nos commerçants Ce qu'il ne dit pas, ce qui ressort du récit, c'est qu'il a été tour à tour, suivant l'heure, soldat, ingénieur, physicien, botaniste, astronome, cartographe, médecin, pharmacien, négociant, diplomate; un peu prestidigitateur à l'occasion, et toujours psychologue, comme un professionnel du roman. Il avait observé de longue date la radicale incapacité des noirs à se résoudre rapidement, à choisir entre deux termes précis. Toute sa politique était fondée sur cette observation. Dans les cas périlleux, il enfermait son adversaire entre les cornes d'un dilemme, il proposait à brûle-pourpoint les deux solutions qui pouvaient lui être le plus désagréables, à lui Monteil. Par exemple, quand il se voyait menacé d'être dévalisé, puis expulsé, il disait: « Veux-tu t'emparer de toutes mes marchandises, ou bien que je parte sur-le-champ? » Il savait que le noir tergiverserait, chercherait un moyen terme, et qu'on finirait par transiger pour un honnête cadeau. Il fallut au voyageur des prodiges de diplomatie pour défendre sa pacotille contre tant de princes, très rapaces sur le chapitre des cadeaux. Ceux mêmes dont il ne touchait pas le territoire lui faisaient tenir ce message : « Tu passes là-bas, c'est bien ; mais tu aurais pu passer chez moi, il faut me donner quelque chose. » Ces Soudanais progresseront, ils ont deviné le syndicat. Le capitaine aurait pu allonger, avec ses propres aventures, l'exemplaire arabe des *Mille et une Nuits* qu'il portait au Sultan du Bornou ; mais je ne veux pas déflorer le plaisir du lecteur, qui va les entendre conter par le héros lui-même.

Je constate simplement ici que le voyage de Monteil surpasse tout ce qu'on avait fait chez nous depuis notre admirable René Caillié, et que notre compatriote a pris rang parmi les plus grands explorateurs pacifiques, les Barth, les Nachtigal, les Livingstone. Retranché de notre vie pendant si longtemps, il s'étonnait naïvement de l'enthousiasme que son arrivée excitait au Consulat de Tripoli et dont les lettres du pays lui apportaient les premiers témoignages. Il ne savait pas qu'au cours de ces deux années, tandis qu'il découvrait pratiquement l'Afrique, l'opinion française la découvrait théoriquement. Il n'avait pas prévu, quand il commençait son œuvre d'abnégation, qu'il allait être l'homme d'un sentiment général, d'une idée vivante, d'un moment historique. L'accueil reçu dans Paris l'a vite instruit. Le monde savant et le monde politique ont rivalisé près de lui d'intérêt, d'empressement. Compris et fêté à l'Hôtel de Ville comme à la Sorbonne, il a pu mesurer la marche du temps et la force de pénétration des idées, quand le président du Conseil parisien lui a adressé ces sages paroles : « En aidant les ouvriers à placer tous leurs produits, vous faites peut-être du meilleur socialisme que nous. » N'aurait-il provoqué que ces déclarations, le voyage de Monteil n'eût pas été inutile. Elles répondent, je crois le savoir, aux préoccupations qui hantent cet étudiant du grand livre terrestre ; l'homme d'action de qui nous parlons est aussi un homme de pensée. L'expérience amassée dans son esprit s'est transformée en projets pratiques, en hautes intuitions sur les besoins actuels de nos sociétés.

On le chagrinerait par un éloge indiscret. Il ne goûte que la louange juste et collective, celle qui le confond avec ses émules et ses camarades, tous ces officiers missionnaires du Soudan, du Bénin, du Congo, qui accomplissent du même cœur, avec des moyens et des succès divers, la même œuvre féconde. Depuis plusieurs années, j'ai eu l'honneur de m'entretenir de nos intérêts africains avec bon nombre d'entre eux : chaque fois que je quitte un de ces hommes, je m'affermis dans une conviction que je traduirai ainsi : aux époques les plus brillantes de notre histoire, alors même que le premier Consul, cet accoucheur de forces, suscitait des instruments à la mesure de ses desseins, la France pouvait avoir aussi bien, elle ne pouvait pas avoir mieux que cette pléiade de serviteurs, exercés et préparés en Afrique aux plus difficiles, aux plus grandes tâches. Jamais la France ne fut à même de puiser dans un plus vaste trésor d'intelligence, de dévouement, de résolution. Je ne regarde pas ces soldats à travers le prisme d'un faux idéalisme : comme tous leurs frères d'armes, ils ont leurs ambitions personnelles, leurs désirs d'avancement ; mais ce sentiment reste chez eux au second plan ; avant tout, ils sont mordus par la passion du but qu'ils se sont assigné ; pour l'atteindre, chacun d'eux a quelque conception individuelle, un système, un projet d'exploration chèrement caressé et auquel il sacrifierait tout.

A peine reposé de sa dure campagne, et tandis qu'il en rédigeait le récit, Monteil méditait d'autres grands projets. Dès qu'il eut la liberté d'y donner suite, l'an dernier, il forma une colonne et repartit pour réaliser son plan de pénétration entre le Congo et le Nil supérieur. A mi-chemin, un contre-ordre lui donna un nouvel objectif :

PRÉFACE

on lui enjoignait de se porter sur la côte d'Ivoire et de remonter vers le Kong pour barrer les routes du Sud à Samory. Il bataille à cette heure contre notre insaisissable adversaire. Le 30 octobre, avant de s'enfoncer dans l'intérieur, il m'écrivait de Grand-Lahou : « Ici, la tâche a été rude, elle m'a semblé un instant impossible. Faire remonter à plus de 500 kilomètres de la côte près de 1200 hommes, des vivres pour un an, de la cavalerie, de l'artillerie, des animaux, sans routes tracées, avec des rivières à peine reconnues, utilisables sur de très courts parcours, pour ne commencer les opérations qu'après une période de préparation qui aurait à elle seule absorbé les forces d'énergie et d'endurance de tout le personnel ; tout cela me semblait au-dessus de nos efforts. Et cependant, j'ai la presque certitude d'y parvenir aujourd'hui ; mais quel dévouement, quel entrain de la part de tous, du plus petit au plus grand ! C'est merveilleux ! Notre officier, croyez-moi, est le premier du monde. » Je le crois ; il le prouve.

De la brousse où il traque les Sofas, notre Africain ne pense guère, j'imagine, à ce livre dont il a jeté les feuilles, entre deux paquebots, sous les rouleaux d'une imprimerie parisienne. Ces gens-là font leurs livres comme Lasalle faisait un enfant, quand il revenait acheter des bottes à Paris, en courant de l'Èbre au Danube. Aux amis sédentaires de veiller sur l'orphelin. C'est pourquoi j'écris ces lignes. Plus d'une fois, sans doute, au pays Noir, lorsque l'explorateur quittait une tribu hospitalière, un féticheur vint marmotter des paroles cabalistiques pour le bon succès de la caravane. Monteil le laissait dire ; il n'avait confiance que dans le dévouement de ses hommes, dans les ressources de son esprit, dans la supériorité de son organisation et de son armement ; mais il ne lui déplaisait pas que le féticheur prévînt favorablement les pauvres nègres, crédules au grigri qui jette des sorts. Devant ces hommes d'action, qui ont choisi le meilleur emploi de l'énergie humaine, féticheurs ou mandarins de la littérature et de la politique font piètre figure : la caravane se soucie peu de leurs grimoires et de leurs conjurations. N'importe; c'est le devoir de l'amitié, et je m'en acquitte ici avec plaisir, de souhaiter bonne chance au livre du soldat qui se dépense là-bas pour la France.

E.-M. DE VOGÜÉ.

1ᵉʳ février 1895.

Caserne et arsenal de la marine à Ségou.

CHAPITRE PREMIER

De Saint-Louis à Ségou

Avec dix hommes armés on doit traverser l'Afrique. — Stanley et le Soudan égyptien. — M. Étienne et les instructions de la mission. — Badaire. — Départ de France. — Dakar. — Saint-Louis. — Khayes. — La traversée du Soudan : Bafoulabé, Kita, Koundou, Bamakou. — Koulikoro. — Le convoi par le Niger; le convoi par terre. — Nyamina, Ségou. — Séjour à Ségou; les derniers préparatifs.

« Avec dix hommes armés on doit traverser l'Afrique, » était la formule dont je m'étais promis de démontrer la véracité s'il m'était jamais donné d'avoir à tenter l'expérience.

Le jour vint; je ne saurais cacher que je l'appelais de tous mes vœux, car depuis longtemps déjà j'avais mordu à la vie d'explorateur et elle m'avait passionné. A deux reprises, au Sénégal ou au Soudan, comme chef de mission, j'avais eu le bonheur de réussir dans mes entreprises. J'étais allé entre temps guerroyer en Annam, j'avais aussi traversé l'Amérique et visité une grande partie des îles de l'Océanie française, mais l'Afrique conservait mes faveurs.

J'étais très préparé lorsque, le 6 août 1890, M. Étienne, alors sous-secrétaire d'État aux Colonies, me fit mander de Vichy où je me trouvais, pour m'offrir de partir en mission dans l'intérieur de l'Afrique.

La convention du 5 août 1890 entre la France et l'Angleterre venait d'être signée, qui délimitait dans l'intérieur du continent africain la zone d'influence reconnue à la France.

Une ligne partait de Say sur le Niger pour aboutir à Barroua sur le lac Tchad, laissant dans la sphère d'influence anglaise tout ce qui appartenait ÉQUITABLEMENT à l'empire de Sokkoto.

C'était le tracé de cette ligne qu'il s'agissait de déterminer. On ne pouvait lui concevoir la rigidité d'une ligne droite; s'il était question de l'empire de Sokkoto, il n'était nullement question du Bornou, son voisin de l'Est. Nous verrons par la suite qu'entre Say et Sokkoto existaient des territoires qui, vu la lettre et l'esprit du texte de la convention, se trouvaient dans la même situation que le Bornou.

Ces régions n'avaient guère été visitées depuis le célèbre voyageur allemand Barth. Seuls Fleyel et plus tard Staundinger et Ernst Hartret, son compagnon, avaient atteint Sokkoto en venant du Sud. Le Bornou, Kouka du moins et les États situés au sud et à l'est du Tchad, avaient été visités de 1870 à 1873 par le célèbre voyageur, Allemand aussi de nationalité, Nachtigal. Je ne dois pas omettre non plus le voyage au Bornou de Ghérard Rholfs, en 1867.

Après cette première entrevue du 6 août, je retournai à Vichy terminer ma cure. Le 20, j'étais de retour à Paris, prêt à me mettre à l'organisation.

Je fis un projet que me demandait M. Étienne. Je concluais à une allocation de 80 000 francs pour couvrir la totalité des frais, je demandais en outre dix fusils modèle 1874 et trois mille cartouches.

La modération de mes demandes ne fut pas sans causer quelque surprise; d'autres projets présentés avaient atteint des sommes beaucoup plus élevées; mais surtout la question de l'armement semblait une sorte de défi jeté à certains voyageurs qui s'étaient acquis par leurs chevauchées au travers du continent africain le plus illustre et mérité renom.

Et qu'on me permette ici une courte digression.

Depuis mon retour en Europe on a fait souvent la comparaison, tant en France qu'à l'étranger, entre les moyens tout pacifiques et de persuasion que j'avais employés pour effectuer mon voyage, et ceux mis en œuvre par Stanley. On a louangé ma modération en l'opposant à la violence du grand voyageur américain. On a fait ressortir que j'avais rempli le véritable but humanitaire que l'Européen doit avoir au pays Noir : ouvrir des voies pacifiques que la civilisation empruntera plus tard pour faire disparaître la barbarie, à l'inverse de Stanley, lequel n'a fait qu'une trouée sanglante qui s'est refermée après son passage, laissant les populations terrorisées, devenues hostiles aux blancs qui avaient semé parmi elles la mort et la désolation.

Je ne partage point complètement, en ce qui a trait à M. Stanley, l'appréciation si défavorable qu'on a portée contre lui, si je ne le juge que comme explorateur.

Mais, ainsi que nous allons pouvoir nous en rendre compte, ce n'est pas l'*explorateur* que l'on doit mettre en cause quand on porte jugement sur le chef de l'expédition envoyée au secours d'Émin-Pacha.

Il s'agit de savoir si M. Stanley, pour accomplir la tâche dont il avait assumé la responsabilité, pouvait employer d'autres moyens d'exécution que ceux qu'il a mis en œuvre. Je réponds hardiment non.

Or cette tâche, quelle était-elle ? Il fallait, dans la pensée des organisateurs de l'expédition de secours, aller délivrer Émin-Pacha, cerné par les Mahdistes, dans la province équatoriale, incapable, avec ses ressources en munitions devenues insuffisantes, de gagner la côte orientale ou de redescendre vers la Basse-Égypte. L'œuvre apparaissait aux yeux de tous, au départ de l'expédition, comme éminemment philanthropique. L'Égypte avait abandonné le Soudan égyptien, sans souci, semblait-il, des destinées de ses postes avancés vers le Sud, sacrifiant à la fureur de hordes fanatisées ceux qui, pour sa gloire et sa prospérité, avaient étendu jusqu'aux bords des grands lacs équatoriaux sa domination.

L'Europe tressaillit quand la nouvelle parvint que le fidèle Émin, pressé de toutes parts, maintenait quand même haut et ferme au milieu des pays barbares le drapeau de la civilisation.

Et dans cette généreuse Angleterre, dont les actes de dévouement à la cause de la civilisation ne sont plus à compter, prit spontanément

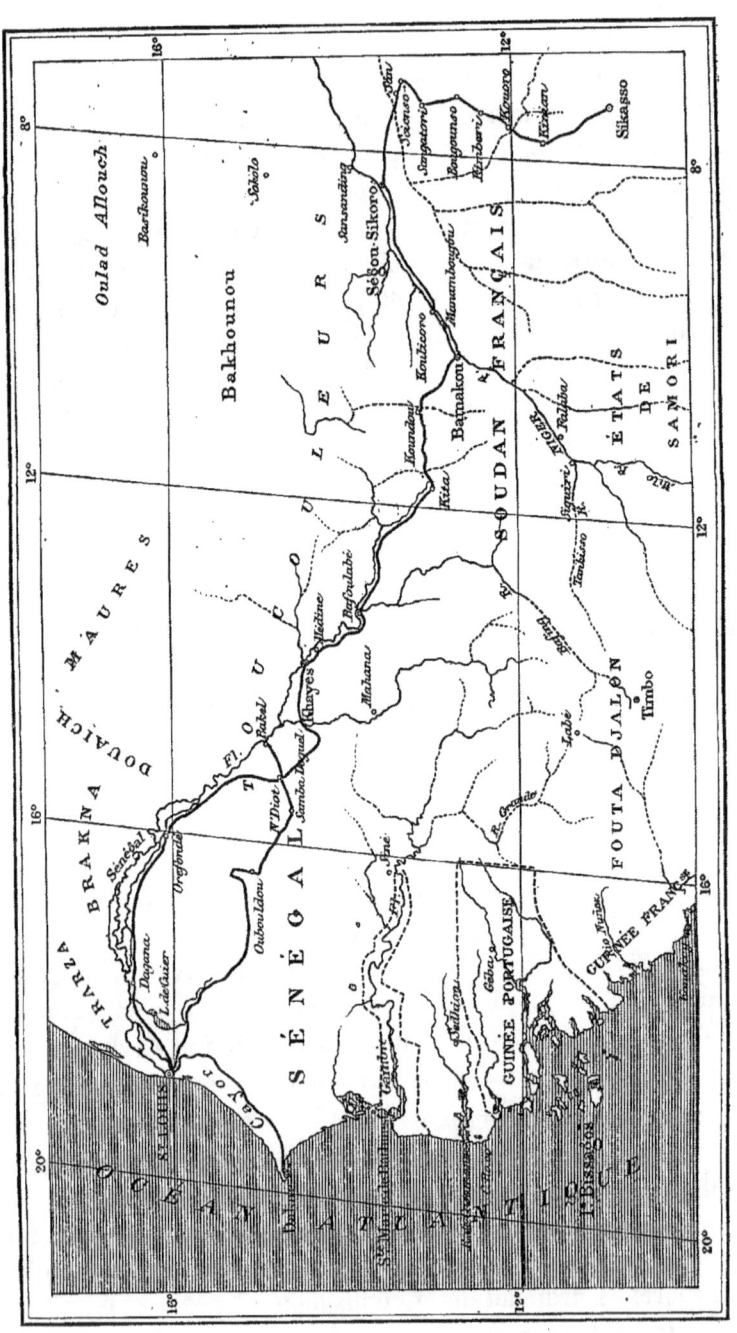

De Saint-Louis à Ségou.

naissance une association d'hommes désintéressés, qui organisa une vaste expédition dont elle fit les fonds, dont elle confia la direction à un voyageur illustre entre tous, qu'elle honora d'une manière insigne pour la circonstance en lui faisant conférer le titre de citoyen de Londres.

Le but était net, précis : délivrer Émin-Pacha et ses fidèles auxiliaires, les ramener à la côte pour les soustraire aux fureurs des hordes mahdistes victorieuses. Et je comprends, j'excuse, j'approuve les voies et moyens employés par Stanley et ses officiers pour percer jusqu'à Émin au travers de la forêt mystérieuse, pour arriver quand même jusqu'à Wadalaï, au milieu des peuplades mises en défiance par la force du corps expéditionnaire. Chaque minute perdue, c'est une chance qui échappe de trouver Émin vivant : il faut passer ! il faut manger ! J'approuve aussi le retour à la côte, d'Émin délivré, heureux de rentrer en Égypte et en Europe, reconnaissant envers ses libérateurs. Et Stanley a ainsi accompli une grande œuvre, une épopée superbe, dans laquelle les sentiments les plus généreux de la nature humaine ont été son guide unique. La civilisation dans ses plus sublimes aspirations représentée par un conquérant pacifique, dévoué jusqu'à la mort à sa tâche, menaçait d'être étouffée; un homme est venu, il s'appelait Stanley, qui a arraché à la barbarie sa victime désignée, et cela au prix de mille périls, de mille privations, avec un désintéressement dont l'antiquité ne cite que des exemples démodés de vétusté. Honneur à lui ! Gloire à Stanley ! Les moyens s'excusent par l'élévation du but, les hécatombes humaines ne sont que la conséquence de l'inéluctable nécessité : la guerre ! La guerre, dans quel but ? Obtenir des vivres de populations qui sont ou trop pauvres pour les fournir ou trop effrayées pour accepter d'entrer en relations avec les Européens. Le but est devant, Émin meurt ! il faut passer !

Et le succès fut magnifique ! Stanley a bien mérité de la civilisation chrétienne !

Mais est-ce bien ainsi que doit se définir le but de la trouée sanglante ?

Les idées généreuses dont il était fait si grand étalage au départ de l'expédition n'étaient-elles pas destinées à cacher la plus honteuse des spoliations ? Les événements plus récents sont un précieux enseignement pour ceux qui, au début, ont pu croire à la sincérité d'une entreprise qui ne fut qu'un cynique guet-apens.

Les Anglais occupent l'Égypte contre toute justice, les Mahdistes se sont emparés de Khartoum, coupant les communications de la Basse-Égypte avec le Soudan égyptien. Vainement on a essayé de repousser au Kordofan et au Darfour les bandes du Mahdi et d'Osman-Digma : Hicks-Pacha a péri avec toute sa colonne, lord Woolseley a vu sombrer sa réputation militaire aux cataractes de Wady-Alpha.

La proie échappe à l'Angleterre. Que lui importe l'Égypte sans le Soudan? Le Soudan doit être la rançon de l'Égypte, parce que le Soudan est riche. L'Égypte n'assure même pas à l'Angleterre le canal de Suez; n'en détient-elle pas l'entrée et la sortie par Chypre et Périm?

Il faut à l'Angleterre le Soudan; or elle considère comme trop onéreux les sacrifices en argent et hommes qu'il lui faudra s'imposer pour le reconquérir par le Nord et peut-être au profit de l'Égypte si la coalition européenne l'oblige à évacuer.

La légende d'Émin habilement exploitée va lui permettre d'arriver à ses fins. Tant qu'Émin sera au Soudan, vassal du Khédive, les revendications égyptiennes seront possibles; il faut que de gré ou de force il abandonne sa province. Se créerait-il un empire personnel, quoi qu'y pût gagner la civilisation, l'Angleterre ne pourrait que perdre: car Émin indépendant se tournerait plus volontiers du côté de l'Allemagne, dont les visées tendancieuses se sont fait jour par les expéditions des docteurs Peters et Lenz, que vers l'Angleterre.

Et Stanley sera celui qui rendra à l'Angleterre l'immense service de supprimer Émin, de préparer l'accès de l'Angleterre au Soudan qu'elle convoite.

En passant au Caire, Stanley obtient du Khédive, beaucoup plus par la force que par la persuasion, un firman qui consacre l'abandon définitif du Soudan, qui relève Émin de sa vassalité et de son commandement.

La partie est gagnée dès cet instant. Que reste-t-il? Émin démuni de tout contre Stanley puissamment armé et secondé, la partie est trop inégale. Emin doit la perdre.

Un instant cependant Stanley hésite. Ses ouvertures, qu'il croyait voir acceptées immédiatement par le Pacha, sont repoussées. Celui-ci a percé à jour les projets de son intéressé libérateur; il refuse de quitter sa province, de laisser à la merci des Mahdistes ceux qui l'ont secondé, protégé, de livrer sans défense aux fanatiques les populations qui avaient accepté son gouvernement.

Stanley sent la réprobation de ses propres officiers, qui alors seulement comprennent la honteuse besogne à laquelle inconscients ils se sont dévoués en apôtres. Au lieu d'un prisonnier qu'ils venaient délivrer, c'est un homme libre qu'ils vont comme un esclave ramener à la côte.

Stanley temporise et ici se font jour enfin les projets véritables qu'il a charge d'exécuter comme mandataire des Compagnies de Londres.

A Émin il propose, après lui avoir bien fait comprendre que le Khédive l'a définitivement abandonné, d'entrer au service de l'État indépendant du Congo, puis de la Compagnie anglaise de l'Est africain.

Refus formel d'Émin-Pacha qui, voyant dans cette défection un manquement aux lois de l'honneur, ne se laisse pas séduire par les avantages pécuniaires qui lui sont généreusement offerts. Stanley n'hésite plus : il enlève le Pacha et, en lui infligeant toutes les tortures morales imaginables, comme un colis encombrant, l'entraîne vers la côte, pour servir à son triomphe d'explorateur invaincu !

Que lui importait? Son but était atteint, et, depuis, le capitaine Lugard, puis sir Gérard Portal ont mis à exécution le programme de l'Angleterre au Soudan égyptien.

M. Stanley a mis au service d'une cause injuste une énergie, une ténacité dont peu d'hommes ont donné dans aucun temps de l'histoire exemple aussi complet.

Il a déployé toutes les qualités que doit réunir un chef d'expédition ; mais de quelque mysticisme qu'il veuille entourer ses actions, elles portent en elles-mêmes leur condamnation. Émin, libre à la côte, lui a craché son mépris à la face, pour retourner aussitôt dans les régions d'où la violence l'avait arraché.

Un explorateur est un pionnier de la civilisation, et, si certaines violences peuvent se défendre, commandées qu'elles sont par les événements, il n'en est point de même lorsqu'elles sont voulues pour l'obtention d'un résultat qui est la spoliation du faible.

Stanley allant au secours d'Émin-Pacha, à sa délivrance, si celui-ci acceptait son concours pour gagner la côte, n'avait pas à reculer devant les voies et moyens pour mener à bien cette généreuse entreprise. Il était de lui-même absous par le résultat, et aussi bien l'opinion contemporaine que l'histoire auraient consacré le souvenir de cette action mémorable.

Stanley, au contraire, prêtant délibérément le concours de son énergie, de son expérience, de son tempérament d'explorateur à une entreprise qui consacrait de la part de l'Angleterre la spoliation d'un protégé, l'Égypte, qui, au point de vue humain, revêtait ce caractère inique de forger des fers à celui qu'il avait mission de libérer, Stanley, dis-je, est tombé du rang d'apôtre de la civilisation à celui d'aventurier heureux dont les actes ont été moins sévèrement jugés par ses contemporains qu'ils ne le seront par l'histoire.

Mais revenons à mon sujet. Je l'ai démontré ci-dessus, une troupe un peu nombreuse en Afrique ne peut songer à passer sans faire la guerre pour subsister. Au contraire, une escorte de quelques hommes peut partout se ravitailler et n'éveille pas la défiance des populations. Dix hommes d'escorte suffisent au voyageur pour s'affranchir des maléfices des coupeurs de route et constituent une garde du corps suffisante pour imposer le respect. Il est évident que, si des empires comme le Mossi, le Haoussa (Sokkoto), le Bornou lui ferment leurs portes, le voyageur ne saurait songer à recourir à la force pour passer quand même, mais je pose en fait qu'une escorte même décuple ne pourrait obtenir résultat meilleur. Pour ne parler que du Haoussa et de Bornou par exemple, qui sont les dénominations des territoires compris entre le Niger et le lac Tchad, ce sont des pays très fortement organisés au point de vue militaire. L'Empereur de Sokkoto, sous mes yeux, a levé une armée de quarante mille hommes dont moitié cavalerie pour aller mettre le siège devant Argoungou ; le Cheik du Bornou, le jour de la fête du Baïram, m'a fait sortir quinze mille chevaux pour me montrer sa puissance. Qu'est-ce qu'une troupe de trois ou quatre cents hommes pourrait entreprendre à la distance où est Say de la côte, par la route que j'ai suivie (4000 kilomètres environ), contre de tels empires ? Gagner le Tchad, en partant de Say, par une route dont le développement est d'environ 1500 kilomètres, au travers d'États de la puissance du Sokkoto et du Bornou, serait folie. Il fallait passer avec le consentement des chefs d'États, c'était à la fois moins téméraire et plus profitable.

Toutefois, ainsi que nous le verrons par la suite du récit, foule de petits États ou de groupes indépendants de villages existent dans l'intérieur, dont la traversée est souvent plus difficile pour le voyageur que celle des grands empires nommés ci-dessus; très souvent aussi ils sont en hostilité les uns vis-à-vis des autres. Dans de telles conditions, à l'improviste une attaque peut prendre naissance; mais j'avais eu soin de prévoir la conduite à tenir. J'emportais les outils de terrassement et de défrichement nécessaires à la construction rapide d'un poste; une entreprise sur un village m'eût donné les ressources en vivres pour tenir un mois ou deux, vu le peu de bouches que j'aurais eu à nourrir, et je pouvais présumer que des négociations habilement engagées m'auraient permis de me sortir de situation en m'ouvrant la route.

Mais je n'ai que trop longuement insisté sur ces préliminaires, je vais reprendre mon récit.

Aussitôt les crédits mis à ma disposition, je m'occupai de mes achats et aussi de la constitution de mon personnel.

Sur la recommandation de mon ami le capitaine Binger, je pris comme secrétaire interprète d'arabe un élève diplômé de l'École des langues orientales, M. Rosnoblet. Il ne devait pas aller bien loin, à Khayes, c'est-à-dire à la porte du Soudan; son état de santé m'obligea à me priver de ses services et à le renvoyer en France.

Je cherchais un chef de convoi. Un matin que j'entrais dans le bureau de mon ami Jean-Louis Deloncle, alors sous-chef de cabinet de M. Étienne, un sergent de l'administration pénitentiaire qui faisait l'office de planton vint apporter un pli et sortit.

M. Deloncle me demanda si je ne voulais pas emmener un sous-officier.

« Si, lui dis-je, je cherche un chef convoyeur.

— Je crois que le surveillant qui sort ferait votre affaire; il m'a demandé en termes si pressants de vous parler de lui que je crois devoir vous le recommander.

— Faites-le venir. »

Un instant après, Badaire, car c'était lui, entrait à nouveau.

« Vous demandez à m'accompagner? lui dis-je. Mais savez-vous à quoi vous vous engagez? Peut-être ne savez-vous point que je suis un chef très dur, que pendant deux ou trois ans il vous faudra faire abstraction complète de toute volonté?

— Je sais tout cela et j'y suis résolu.
— Mais avez-vous déjà été aux colonies?
— Non, j'étais sous-officier au 1er régiment de chasseurs à cheval. Mais je vous promets que vous n'aurez pas à regretter de m'avoir pris; ce qui me manque, je l'aurai vite acquis. Emmenez-moi partout où vous voudrez, faites-moi faire ce qu'il vous plaira, je vous serai dévoué jusqu'à la mort, je vous le jure. Ne me demandez pas comment ce sentiment m'est venu en vous voyant passer depuis quelques jours, je ne puis pas le dire. Mais essayez, vous ne regretterez pas. »

Badaire.

Et il avait les larmes aux yeux, le brave garçon, en disant cela très simplement, mais avec un accent énergique et convaincu qui me plut.

M. Haussmann, le chef de cabinet, était entré sur ces entrefaites.

Me tournant vers lui, je lui dis :

« Verriez-vous inconvénient à ce que je prenne Badaire?

— Aucun, répondit-il; c'est un bon sujet, je serais enchanté de ce qui pourrait lui arriver d'heureux. »

En quelques instants la situation de mon nouveau compagnon était réglée; moins de dix minutes après, il sortait, ne sachant trop quelle contenance tenir, il pleurait et riait à la fois. Rarement j'ai vu un homme aussi heureux.

Je n'ai pas eu à regretter le choix que j'ai fait de lui, l'impression première qu'il m'avait faite ne m'a pas trompé. Badaire a été au cours de cette longue route un aide toujours dévoué, énergique et soumis; il m'a rendu dans sa sphère tous les services que j'étais en droit d'attendre de lui.

Il a été largement récompensé de son dur labeur. C'était justice.

En quelques jours, tous les achats furent mis en caisses ou ballots d'un poids maximum de 25 kilogrammes et, le 13 septembre, tous les colis de la mission étaient expédiés à Bordeaux.

Les instructions qui me furent remises par M. Étienne portaient que je devais reconnaître la ligne Say-Barroua; elles laissaient à ma disposition la route de retour quand j'aurais atteint sur le Tchad le point terminus de la ligne de démarcation franco-anglaise.

Dans la dernière entrevue que j'eus avec le sous-secrétaire d'État,

Campement de la mission à Khayes.

je lui demandai instamment de me laisser toute initiative pour les détails d'exécution. « Allez, me dit M. Étienne, vous avez mieux que personne conscience de la tâche que vous avez assumée. Ma confiance entière vous est acquise. Nous vous suivrons. »

Le 20 septembre, à bord de l'*Équateur* des Messageries maritimes qui deux fois déjà m'avait porté au Sénégal, la mission quittait la France. J'estimais à deux ans et demi, trois ans au plus, l'absence probable; elle devait durer exactement vingt-sept mois.

En même temps que nous partait, confiant lui aussi dans l'avenir, un de mes jeunes amis, le capitaine Ménard, de l'infanterie de marine. Il allait à la côte d'Ivoire comme chef d'une mission que j'avais contribué à lui faire confier. De la côte il devait remonter vers le pays de Kong et, par les sources du Niger et de la Mellacorée, regagner la côte.

Ce fut une des douleurs les plus vives de mon retour que d'apprendre la triste mais héroïque fin de cet excellent ami et camarade, qui n'a laissé que des regrets dans le cœur de tous ceux qui l'ont connu. La Ville de Paris a rendu justice à sa mémoire en donnant son nom à l'une des rues de la capitale; mon ami le gouverneur Binger a donné le nom de *Capitaine Ménard* au navire du service local de la côte d'Ivoire; enfin Mizon a baptisé en son honneur Ménardville, une factorerie qu'il a fondée sur la Bénoué dans le Mauri.

Quelques jours avant notre départ de Bordeaux, également le 10 septembre, était partie la mission de M. le lieutenant de vaisseau Mizon dont le but était de gagner le Tchad par le Niger, la Bénoué et, si possible, le Chari. Gaiement nous nous étions donné rendez-vous au bord du grand lac africain, qui semble placé là comme pour repérer le centre de gravité du continent Noir.

Je fus seul au rendez-vous dix-huit mois après, mais il n'a point dépendu de Mizon d'exécuter son programme. La suite de sa première expédition a bien établi que, sans l'immixtion des Européens dans ses affaires, il eût atteint le but qu'il s'était assigné.

Le 28 septembre, l'*Équateur* arrivait à Dakar où nous dûmes purger une quarantaine de trois jours.

Par le chemin de fer, la mission fut transportée à Saint-Louis où elle était le 4 octobre. Pendant la traversée du Cayor, j'étais émerveillé de l'aspect de ces régions que j'avais connues quelques années auparavant presque incultes, dans lesquelles les populations nous accueillaient avec une hostilité mal déguisée. Le chemin de fer avait tout transformé. Les champs de mil et d'arachides s'étendaient à perte de vue, de grandes agglomérations s'étaient créées autour des principales stations: Thiès, Tivaouane, Louga, M'Pall; la pacification était venue d'elle-même. La vie commerciale avait pris une grande activité; à chaque station montaient les agents noirs des maisons de commerce qui, entre deux gares, venaient renseigner leurs chefs sur l'état des récoltes, la qualité des arachides, etc.; car tout était alors à maturité.

Que les incrédules qui pensent que les voies rapides ne sont pas les plus sûrs agents de civilisation dans les colonies aillent se convaincre, par un voyage de quelques jours sur les navires les plus confortables du monde, des résultats merveilleux qu'a produits le chemin de fer de Dakar à Saint-Louis, dans des territoires qui semblaient par la nature voués à l'infécondité. Pour fixer mieux les idées, disons que le mouvement commercial du Cayor est passé en quelques années de 6 millions à 25 millions de francs.

A Saint-Louis, je fus l'hôte de M. Alphée Lézongar, chef de la maison Devès et Chaumet, l'une des plus importantes et des plus estimées du Sénégal. M. A. Lézongar est originaire du pays; une vie de labeur et de probité lui a fait conquérir la situation élevée qu'il occupe aujourd'hui en remplacement de M. Delor, avec lequel je m'étais lié beaucoup pendant mes séjours antérieurs dans la colonie. Adjoint au maire de Saint-Louis, M. Lézongar est en même temps membre du Conseil privé. Je déposai entre ses mains une somme de 10 000 francs pour le payement de mon personnel au retour de l'expédition.

Je me préoccupai d'engager des hommes, mais je désirais surtout retrouver des hommes ayant déjà servi sous mes ordres. En effet, quelques-uns se présentèrent qui, d'enthousiasme, acceptèrent de m'accompagner aux conditions suivantes : ils s'engageaient à me suivre partout; je leur concédais trois mois d'avance de solde, mais il était bien stipulé qu'ils ne recevraient aucun argent en cours de route. Au retour, ils trouveraient leur solde intégrale chez Lézongar, à Saint-Louis.

De même le renvoi de la mission impliquait l'obligation de venir se faire régler à Saint-Louis. Je voulais éviter ainsi, et j'y ai pleinement réussi, les défaillances en cours de route, les désertions en masse sous le prétexte le plus futile.

Le noir est capricieux, volage et jouisseur. Il séjourne quelques jours dans un village, il se toque d'une femme; aussitôt tout disparaît à ses yeux, famille, pays, situation. Il vient trouver son chef, lui déclare qu'il ne veut aller plus loin, qu'il a besoin de sa solde, et le dialogue suivant s'engage :

« Mais qu'as-tu ?

— Je suis fatigué

— Tu ne travailles pas plus que les autres ; tu as des vêtements, une bonne ration ; on ne t'a pas fait d'injustice.

— Je suis fatigué. »

Et à toutes les questions c'est la réponse invariable. Il voit le présent : quelques pièces d'argent et une femme. Au delà plus rien n'existe.

Et ainsi se fondent en quelques jours les escortes, même les mieux conduites.

Une autre des conditions et non moins formelle de l'engagement était que je ne souffrirais pas de femmes dans la mission.

Bien peu de missions partent sans que cette condition soit formulée ; mais un mois ne s'est pas passé que la proscription contre le sexe faible a subi de multiples contraventions. Du premier jour au dernier j'ai tenu la main à l'exécution rigoureuse de cette clause du contrat ; je m'en suis très bien trouvé, mes hommes aussi. Je n'affirmerai point qu'il n'y a pas eu de cas de maraude, j'ai su ne m'en apercevoir que lorsqu'ils étaient gênants. Après un séjour de cinq jours à Saint-Louis, où le nouveau gouverneur, M. de Lamothe, mit la plus entière bienveillance à m'aider dans nos derniers préparatifs, la mission s'embarquait, le 9 octobre, sur le ponton *Espérance* — c'était d'heureux pronostic — qui, remorqué par le vapeur *Camargue*, devait nous conduire à Khayes, chef-lieu du Soudan français.

Une dernière accolade à mes amis de Kersaint-Gilly, commissaire de la marine ; Robert, chef du service des travaux publics ; Lézongar, et, enfin, à mon pauvre ami Ménard, qui doit attendre quelques jours encore un navire à destination de Grand-Bassam. Les mouchoirs s'agitent pendant que nous gagnons le milieu du fleuve, et, en route pour le grand voyage, la traversée d'Afrique commence.

Bien agréablement, d'ailleurs. Nombreux sont les passagers de l'*Espérance ;* ce sont les officiers d'infanterie et d'artillerie de marine, de spahis qui vont prendre part à la prochaine colonne du Soudan, sous les ordres du colonel Archinard.

Celui-ci est parti devant nous avec le gouverneur, la veille, sur la *Cigale.*

Nous passons successivement Richard, Toll, Dagana, Podor, Saldé, Matam, Bakel, autant de postes et centres d'échanges sur le Sénégal ; enfin, nous sommes à Khayes, le 18 octobre

La navigation s'arrête en ce point; on peut bien gagner Médine avec les avisos; mais ce qui se faisait autrefois par nécessité, ne se pratique plus, maintenant que Khayes est tête de ligne du chemin de fer qui est aujourd'hui poussé jusqu'à Bafoulabé.

Aussitôt commence le débarquement, et, dès l'après-midi, mon camp, avec tous mes bagages, est installé près du nouvel hôpital, sur une crête, à 1^{km},500 du bord du fleuve.

J'emploie les quelques jours de séjour forcé à recruter le complé-

Femmes de Ségou (Bambaras).

ment d'hommes d'escorte : domestique, cuisinier, interprète. Le 21, je me rends à Médine, d'où je reviens l'après-midi avec quatre chevaux.

Gracieusement, le 26, le commandant supérieur me prévient qu'il met à ma disposition trente mulets d'un convoi qui partira le 28 pour Kita. Le colonel Archinard prépare une colonne sur Nioro, et il m'a été impossible de trouver ni porteurs à loyer, ni animaux de transport à acheter.

Sur ces entrefaites, M. Rosnoblet, très souffrant depuis quelques jours, tombe très sérieusement malade de typho-malaria. Je fais venir le docteur Colomb, chef du service de santé du Soudan, qui déclare qu'il est incapable de partir et prescrit son entrée d'urgence à l'ambulance.

Le 28, après avoir pris les mesures pour régler la situation de M. Rosnoblet et son rapatriement, la mission, au complet, quitte Khayes avec le convoi sous les ordres de M. le capitaine d'artillerie de marine Parisot.

La mission compte, outre Badaire, un interprète, un traitant (marchand indigène chargé de la vente de nos marchandises), dix hommes d'escorte, un cuisinier, deux domestiques.

Je n'insisterai point sur la traversée du Soudan, de Khayes à Bamakou; ces régions sont trop connues du lecteur par les faits d'armes et les campagnes où se sont illustrés les colonels Borgnis-Desbordes, Combes, Frey, Galliéni, Archinard.

Ce n'est, d'ailleurs, pas pour moi une impression neuve; car j'ai parcouru autrefois ces contrées dans leurs moindres détails, en 1884 et en 1885, à la recherche d'un tracé de chemin de fer dont Binger, alors lieutenant, sous mes ordres, exécuta le levé régulier. L'heure n'est pas éloignée, il faut l'espérer, où ce projet sera enfin mis à exécution, pour le plus grand bien du Soudan qui en retirera des avantages bien supérieurs à ceux que j'ai cités pour le Cayor, car ici les terres sont riches et bien arrosées.

Nous atteignons Bafoulabé, le 3 novembre. Bafoulabé, où rien n'existait il y a dix ans, quand on y établit le poste, compte aujourd'hui quatre à cinq mille habitants. Le poste est sous le commandement du lieutenant Manet[1].

J'engage un nouvel interprète, Makoura-Seck[2], Ouoloff de Saint-Louis. En ce point, nous traversons le Sénégal; on forme un convoi de voitures et nous nous mettons en route pour Kita.

Le 18 novembre, nous entrons dans le poste qui est le plus impor-

---

1. Officier très distingué, auquel un brillant avenir semblait destiné, le capitaine Manet vient de périr malheureusement dans les rapides du Cavally. Il faisait partie de la mission du capitaine Marchand.

2. Ce fidèle serviteur, entré après son retour au Sénégal dans le cadre des interprètes de la colonie, a été tué, en juillet 1894, dans un combat sur les confins du Paquéti (Casamance) au moment où il allait de nouveau me rejoindre.

tant du Soudan. Kita, par le fait de sa position, en un pays sain, au pied d'un massif très peuplé, est destiné à un grand avenir, quand la locomotive, venant de Bafoulabé, éveillera de son sifflet strident les échos des montagnes de Badougou, de Manambougou, de Oualiha.

Le commandant de Kita, capitaine Conrard, sachant ma hâte de continuer, fit diligence pour me réunir les cent porteurs qui m'étaient nécessaires, et, le 25 novembre, la mission se mettait en route pour Koundou, où elle arrivait le 28.

Le lieutenant Vigy commandait le poste. Je l'avais connu en Annam ; c'était un laborieux, doué d'une intelligence d'élite. Quelques mois après, chargé dans le Sud d'une mission pour aller recueillir des renseignements sur la mission du capitaine Ménard et la mienne, qu'on disait l'une et l'autre massacrées, il mourut de la fièvre, au sud de Sikasso.

Le 29, nous quittons Koundou pour arriver à Bamakou le 2 décembre.

Nous sommes l'objet d'un aimable accueil de la part du capitaine Aulabasse, commandant du fort, et des officiers. Le

L'interprète Makoura-Seck.

lendemain, on réunit les porteurs qui me sont nécessaires, et je me renseigne sur la route. Il est décidé que jusqu'à Koulicoro je suivrai la route du bord du fleuve et que là je prendrai des pirogues pour gagner Ségou par le Niger.

Le départ a lieu le 4, au matin ; le 6, nous sommes à Koulicoro.

En ce point, je me résous à faire deux convois : le premier, sous mes ordres, prendra la voie du Niger ; le deuxième, sous les ordres de

Badaire, avec le gros de l'escorte, les chevaux, douze bourriquots dont le colonel Archinard m'a fait don, suivra la rive gauche jusqu'à Nyamina, traversera le Niger en ce point et continuera sur Ségou par la rive droite.

Koulicoro était précédemment le point d'attache des canonnières qui, maintenant, sont à Ségou.

Le 7 décembre, à une heure du soir, les deux convois se mettent en marche. Le 8, dans la journée, passant à Nyamina, je règle avec le sergent du poste les détails relatifs au passage du convoi de terre. Le 10, à dix heures et demie du matin, avec mes huit pirogues, j'accostais la berge de la rive droite, en face la résidence de Ségou. En deux mois nous avions franchi les 1700 kilomètres qui séparent Saint-Louis de Ségou; c'était d'heureux augure, car de la mise en train dépend souvent le succès final d'une expédition. Ce résultat n'a pu être atteint que grâce à l'extrême complaisance que me témoignèrent le commandant supérieur et tous mes camarades au Soudan, en mettant à ma disposition tout ce qui était en leur pouvoir. Mon entreprise n'était pas sans éveiller quelque peu leur scepticisme, parfois; mais dans leurs actes ils se solidarisaient dans une seule pensée : assurer, dans la mesure de

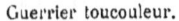
Guerrier toucouleur.

leurs moyens, mon succès. Le succès est venu, ils en ont leur part. Je les en remercie.

Ségou était le dernier des postes du Soudan; en ce point j'avais à faire mon organisation définitive.

Ségou-Sikoro est la capitale de l'ancien empire fondé par le prophète toucouleur El-Hadj-Oumar. L'odyssée de ce conquérant appartient à notre histoire coloniale. Retour de la Mecque vers 1850, il tenta de constituer dans le bassin du Sénégal, à son profit et à notre détriment, un empire musulman. Battu dans le Fouta sénégalais par le général Faidherbe, il se retira au delà de la Falémé et vint assiéger en 1856 le poste de Médine, qui était alors notre sentinelle avancée vers l'intérieur.

La défense héroïque de la garnison permit au général Faidherbe, alors gouverneur, d'arriver en temps utile pour la débloquer. A partir de cette date, El-Hadj-Oumar franchit le Sénégal et, en un petit nombre de campagnes, réussit à mettre sous ses lois, tous les pays bambaras et malinkés entre Sénégal et Niger, asservissant les populations qui refusaient de se convertir à l'Islam. A Ségou, l'ancienne capitale des Famas (rois) bambaras, il établit sa propre capitale où il laissa comme chef son fils Ahmadou-Sheikou, pendant qu'il continuait vers l'Est sa marche conquérante. Il s'empara de Macina et

L'intendante en chef du Fama de sansanding.

contraignit Tombouctou à lui payer tribut, puis mystérieusement disparut, tué, dit-on, à Bandiagara, au cours d'une révolte.

Ahmadou-Sheikou lui succéda en prenant le titre de Lamido-Dioulbé (Commandeur des Croyants). Point n'est besoin de relater ici l'histoire de la longue lutte que nous dûmes, sous diverses formes, soutenir au Soudan contre ce potentat fanatique et sanguinaire.

En avril 1890, Ségou tombait presque sans coup férir au pouvoir de la colonne du colonel Archinard.

Le capitaine Underberg, de l'artillerie de marine, fut investi des fonctions de résident à Ségou, auprès du Fama bambara restauré, qui devenait notre protégé. Ce Fama, pris dans la dernière famille régnante, fut supprimé à la suite d'une conspiration contre le résident, qui fut découverte; un homme de famille royale qui nous avait donné de nombreuses marques d'attachement, Bodian, le remplaça.

Sur la berge, en débarquant, je trouvai le capitaine Underberg qui venait au-devant de moi avec les officiers de la Résidence. C'était d'abord le docteur Grall, un vieil ami. Nous avions fait ensemble autrefois une traversée légendaire à bord d'un transport à voiles revenant de la Nouvelle-Calédonie, cent trente-huit jours de mer avec une unique relâche de quatre jours à Sainte-Hélène, puis je l'avais retrouvé plus tard au Soudan. L'enseigne de vaisseau Hourst, commandant la flottille du Niger, qui, peu après, devait recevoir simultanément son grade de lieutenant de vaisseau et la croix de chevalier de la Légion d'honneur; puis le docteur David, médecin de la flottille, que j'avais autrefois connu à Tahiti; enfin un simple artilleur, Godichet, qui remplissait de multiples fonctions dont il s'acquittait fort bien. Il était le seul soldat européen, et, pour lui moins faire sentir son isolement, les officiers l'acceptaient à leur table.

Tous étaient de gais compagnons et des hommes de valeur; leur santé était très bonne, la cause venait de ce qu'on n'était pas oisif à Ségou. Underberg, qui, autrefois, avait étudié l'architecture, était en train de construire la Résidence sur les ruines de l'ancien Dionfoutou (palais) d'Ahmadou; il avait tenu à respecter l'architecture locale et, ainsi qu'on peut s'en rendre compte par la reproduction ci-contre, elle avait fort grand air, la Résidence, avec ses ornements coniques qui dessinaient les crêtes. Hourst construisait un port entaillé dans la berge du fleuve pour abriter les canonnières, et aussi un arsenal qui devait servir de logement au personnel, de remise au matériel et aux rechanges de la flottille. Grall[1] empaillait des oiseaux, faisait de l'histoire naturelle, chassait, et avec passion jouait de la clarinette, instrument sur lequel il avait un talent apprécié. David, avec le plus grand succès, se livrait à

---

1. Le docteur Grall, de retour au Soudan, a péri dans le massacre de la mission Bonnier.

Palais de la Résidence à Ségou.

l'exercice de son art; il avait réussi un grand nombre d'opérations délicates.

Quoique trois mille travailleurs fussent encore occupés journellement aux travaux, certains bâtiments de la Résidence au premier étage étaient très logeables déjà. Chacun vaquait, le jour durant, à ses occupations accoutumées ; le soir, on se retrouvait réunis à table. Avec Hourst, nous nous étions attelés à une série d'observations et de calculs astronomiques qui devaient me servir de point de départ pour mes opérations ultérieures. Aussitôt que Badaire fut arrivé, le 14 décembre, il se mit à la réfection des charges, à la confection de bâts. Puis vinrent les achats d'animaux de transport, des bœufs porteurs.

Le labeur de la journée accompli, on devisait gaiement le soir après dîner. C'était le bon moment. Les récits de voyage, de guerre, de plaisirs se succédaient à l'envi. Les souvenirs du pays étaient le plus longuement évoqués : la France, la Patrie, Dieu combien on l'aime à cette distance! et chacun de supputer les mois, les jours qui restent encore avant de la revoir. C'est là l'espérance qui soutient, qui fait la saveur de la tâche journalière; on se sent grandir, si petit qu'on soit, à savoir que tout travail, quelque ingrat qu'il soit, est profit pour la patrie absente mais représentée par le pavillon aux trois couleurs qui flotte sur le bâtiment central.

Tout à coup, autour de la table un silence se fait. Les domestiques entrent, qui ont fini leur service; ils vont regagner le village pour la nuit; ils se rangent et celui qui par sa situation a le droit de porter la parole, gravement prononce ces mots :

« Commandant, messieurs les officiers, toutes les brutes, tous les animaux qu'il y a dans le poste, y a dire bonsoir.

— Bonsoir les animaux, bonsoir les brutes, » répond gravement Underberg.

Un éclat de rire général accueille l'humoristique salut de la conception d'Underberg et la conversation interrompue un instant reprend jusqu'au coucher; à moins qu'on n'aille jusqu'au bord du fleuve contempler, au milieu du profond silence de la nature endormie, les flots du majestueux Niger qui scintillent à la clarté des astres de la nuit. Au loin, vaguement on perçoit les bruits du tam-tam aux sons duquel les noirs font la veillée; peu à peu tout rentre dans le calme, quelques rares grenouilles coassent seules dans les bas-fonds marécageux; la silencieuse sentinelle qui, pieds nus, se promène devant la porte, rend les honneurs aux officiers qui rentrent, et chacun va prendre quelques heures de repos.

Ainsi, pendant douze jours furent poursuivis les derniers détails d'organisation, et chacun d'aider de tous ses moyens aux préparatifs de la dernière heure.

Les adieux furent tout de reconnaissance et d'espoir. Merci! Au revoir en France!

Hélas, mon pauvre ami Underberg et aussi David ne devaient jamais revoir le sol natal. Ils reposent là-bas sur les bords du grand fleuve africain, loin de ceux qui les ont aimés, ayant sacrifié leur vie, comme tant d'autres que j'ai connus jeunes et pleins d'ardeur, à une grande idée qu'on ne saurait traiter de chimère, car elle est l'avenir!

Écrivain public.

CHAPITRE II

De Ségou à Sikasso

Départ de Ségou. — L'empire de Ségou. — La nuit du 1ᵉʳ janvier 1891 à Fatené. — Mauvais accueil à Ouakoro. — Le passage du Bani. — San. — L'Almamy de San et le traité. — Scienso.— Traversée du Miniankala.— Je quitte ma mission à Bougounso.— Attitude hostile de Kimberi. — J'attends ma mission à Koutiala. — Départ de Ouelenguena pour Kinian. — Le siège de Kinian. — Quiquandon. — Crozat. — Le Fama Tiéba. — Bodian, Fama de Ségou. — Je rejoins ma mission à Sikasso.— Je rétablis la discipline et organise le départ.

Le 23 décembre, l'organisation est terminée; la mission se compose du personnel énuméré plus haut, plus trois porteurs, dix bourriquots, dix bœufs porteurs.

Vers trois heures commence le chargement; à quatre heures, on se met en route. Les adieux sont émus, nous avons conscience que, pour longtemps, nous avons vu non seulement les derniers de nos compatriotes, mais même les derniers Européens.

Mon but est de marcher droit à l'Est vers San, et, de ce point, de gagner Say en continuant la même direction.

A Sanin-Koura, nous prenons le campement du premier jour, vers six heures, mais nombre d'animaux n'ont pas coutume de porter et ont entravé la marche; on mit près de trois heures pour faire 3 kilomètres. L'inconvénient, je le sens dès ce jour, est que j'ai plus d'animaux que de conducteurs; les hommes ne sont pas eux-mêmes sans y mettre une certaine mollesse; il faut que quelques jours se passent, car il leur a coûté de quitter Ségou. Pour eux comme pour nous, la mission n'a en réalité commencé qu'aujourd'hui.

Le lendemain, nous suivons encore le Niger jusqu'à Baninkoro, puis nous prenons à l'Est par Pentiéla, Tessenébougou, Boussé, Kala, Dionfalla.

Nous traversons ainsi le plateau peu élevé, marécageux même sur un grand nombre de points entre le Niger et le Baninko ou Bani.

Peu à peu la marche se régularise.

Le service au camp est réglé de manière très uniforme, que j'indiquerai en quelques mots. Un peu avant le jour, je donne le réveil; mes domestiques ont été réveillés un moment avant par la sentinelle de la dernière veille. Pendant qu'on refait mes cantines et qu'on boucle les lits, Badaire et moi mangeons rapidement un bouillon, un peu de viande froide additionnée d'un verre de vin, puis d'une tasse de café tant qu'il y aura de l'un et de l'autre. Aussitôt on bâte et l'on charge, et, vingt minutes environ après le lever, le convoi se met en marche dans l'ordre suivant : le guide devant, puis l'interprète et moi-même; le convoi suit; enfin la marche est fermée par Badaire, qui a pour mission de faire rallier les traînards et de veiller au rechargement des animaux. Je me renseigne en même temps que je fais le levé de la route.

On fait des haltes de quelques minutes toutes les heures, pendant lesquelles on revoit les charges.

Arrivés à l'étape, on décharge les bagages qui sont empilés au centre du camp; par-dessus on jette une tente en guise de bâche; sous l'arbre le plus proche on hisse l'autre tente; aussitôt l'on va abreuver les animaux et on les conduit au pâturage. Une demi-heure avant la nuit rentrent les animaux auxquels on donne le mil ; on abat la tente et l'on resserre le camp pour la nuit.

A ce moment a lieu le repas du soir. Celui-ci terminé et la nuit faite, on règle le service ; j'indique la place des feux et Badaire, sur un contrôle, commande les sentinelles. Trois hommes sont désignés, qui se relayent jusqu'au jour en trois veilles. La sentinelle de la dernière veille donne le fourrage de réserve et le mil aux animaux, et, en temps convenable, éveille mon cuisinier.

Deux, trois fois par nuit je saute de mon lit pour faire le tour du camp. Badaire n'arrive que très à la longue à prendre cette habitude.

Au camp, je fais mon journal, je prends des renseignements sur les routes et le pays, je tiens palabre avec les chefs, enfin, je fais journellement des observations astronomiques que je calcule aussitôt. Badaire fait réparer les charges, distribue les rations, cherche dans les sacs les cadeaux que je lui demande, en consultant son contrôle.

Pendant ces premiers jours, la marche a été très mauvaise ; les hommes, peu accoutumés aux bœufs porteurs, les chargent mal ; les animaux eux-mêmes, mal dressés, se déchargent sans cesse ; les charges sont lourdes et souvent mal arrimées. Enfin, à Ségou, je n'ai pu trouver qu'insuffisamment hommes et animaux.

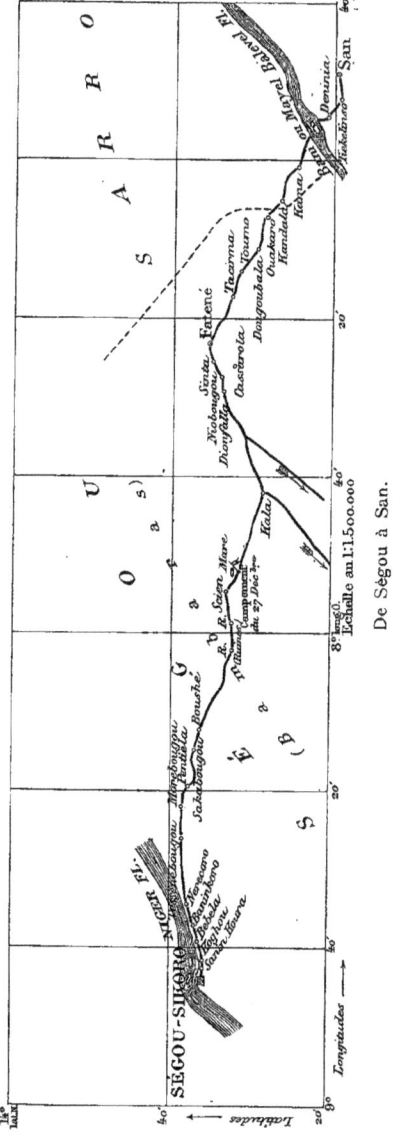

Depuis huit mois à peine notre domination, comme je l'ai exposé plus haut, a été assise sur la rive droite du Niger ; j'ai dit aussi comment on avait dû substituer au premier Fama choisi, lequel était de la famille des Diaras, un deuxième, Bodian, qui était Kourbari[1] d'origine. Or cette substitution violente n'avait pas été sans provoquer du trouble dans le pays. Les indigènes, qui avaient vu avec bonheur la restauration de leur dynastie nationale, n'avaient accepté qu'à contre-gré l'avènement de Bodian. Ils avaient rêvé de leur affranchissement complet, notre protectorat effectif n'était point pour leur plaire. Aussi bientôt, de tous côtés, éclatèrent contre l'autorité de Bodian des révoltes partielles qu'il fallut réprimer. D'autre part, notre Fama manquait de prestige : la guerre seule, en lui mettant en main des ressources qu'il distribuerait ensuite à ses compagnons, pouvait le relever à leurs yeux.

Le résident crut avoir trouvé l'occasion en conseillant à Bodian de lever les contingents pour aller conjointement avec Tiéba, Fama du Kénédougou, notre allié, mettre le siège devant un gros village de l'intérieur nommé Kinian, repaire de détrousseurs de caravanes, qui était en lutte ouverte contre lui.

Bodian partit et avec lui M. le lieutenant Spitzer, quelques spahis. tirailleurs et une pièce de canon ; Tiéba avait auprès de lui, comme résident, le capitaine Quiquandon que secondait le docteur Crozat.

De ce fait, le nord du Ségou se trouvait dégarni et le moment parut convenable à un marabout des bords du Baninko de lever l'étendard du prophète et d'appeler à la guerre sainte contre Bodian et les Français les Peuls nomades et les Bambaras, partisans des Diaras. Les chefs des pays voisins appuyaient plus ou moins le fauteur de troubles, en particulier le Roi du Sarro, pays situé entre le Ségou et le Macina.

Telle était la situation politique au moment de notre départ de Ségou, situation contre laquelle le résident était pour le moment impuissant.

Toutefois, jusqu'à Dionfalla, l'attitude de la population avait

1. Diaras et Kourbari étaient les premières familles bambaras par la noblesse, mais elles avaient toujours été ennemies, et dans les dernières années de la dynastie nationale les Diaras avaient arraché la couronne aux Kourbaris.

plutôt été sympathique et j'avais trouvé aisément, dans chaque village d'étape, les quelques hommes que j'avais demandés pour aider mon personnel insuffisant.

En arrivant à Fatené, le 30 décembre, je pris campement à une centaine de mètres du village, sous un très beau tamarinier, et j'envoyai aussitôt, comme de coutume, mon interprète saluer le chef de village, lui annoncer ma venue et mes projets, lui demander contre payement les vivres qui m'étaient nécessaires.

Mon interprète trouva chez le chef des dispositions plutôt hostiles ; il ne vint pas me voir, m'envoya ses conseillers, et, au cours de la journée, suscita à tout propos des difficultés. J'avais décidé de faire séjour le lendemain, parce que c'était jour de grand marché et que je voulais faire des provisions en même temps que donner un jour de repos à mes animaux.

Le lendemain, la situation devint bien différente. Fatené était un grand village aux confins du Ségou, du côté du Sarro, si bien que les jours de marché il s'y trouvait un grand nombre d'étrangers.

Ce jour-là en particulier s'y donnèrent rendez-vous les agents du marabout révolté, qui venaient tenter de raccoler des partisans tant dans le Ségou que dans le Sarro.

Sous les prétextes les plus divers mon camp ne désemplissait point de gens venus d'un peu partout, ou pour me saluer, ou pour se renseigner. Vinrent ainsi les neveux du Roi du Sarro et foule de chefs des environs.

Vers trois heures de l'après-midi, j'avais appris par les renseignements que les agents du marabout avaient presque décidé le chef de Fatené à m'attaquer le soir après le départ des femmes du marché. Une lettre que je recevais au même instant du capitaine Underberg se terminait par cette phrase : « Veillez, car les gens du marabout ont l'intention d'aller vous cueillir du côté de Fatené. Heureusement que dans ce pays on parle beaucoup, mais qu'on agit peu. »

Vers le soir, au retour des animaux, mes bergers me rapportent des propos tenus sur le chemin par des femmes du Sarro qui retournaient chez elles après le marché : « Les gens de Fatené attaqueront le blanc cette nuit, disaient-elles ; mais nos hommes n'y seront point s'ils ont écouté nos conseils ; ils n'ont rien à y gagner que des mauvais coups. »

Je n'avais pas voulu prendre de dispositions particulières jusqu'à la chute du jour, de crainte d'éveiller les soupçons, et je savais que les projets belliqueux qui étaient dans l'air ne seraient pas mis à exécution avant un grand korfo (palabre, réunion) qui se tiendrait dans le village, après que les femmes du marché seraient rentrées et que les portes auraient été fermées.

Aussitôt la nuit venue, je prends mes mesures de défense. On éventre les ballots d'outils ; je fais élaguer les basses branches du tamarinier sous lequel était établi le camp, et couper la brousse de manière à me ménager des champs de tir du côté du village. Les animaux sont parqués en arrière, bien couverts par des abatis. Autour de l'arbre, avec les charges, je construis un retranchement, à l'intérieur duquel on place ouvertes les caisses de munitions.

Cela fait, je place à 50 mètres en avant du camp deux petits postes et j'envoie jusqu'aux abords du village des hommes écouter et surveiller. Moi-même, avec l'interprète, je pousse une reconnaissance jusqu'à l'une des portes.

Deux espions que j'ai dans le village sortent vers neuf heures et me disent que l'attaque a été décidée pour le lever de la lune, qui doit avoir lieu vers dix heures. Il y a eu un korfo très bruyant, accompagné d'une grande beuverie de dolo[1]. Les guerriers sont ivres et refusent d'écouter les avis de quelques vieux qui n'approuvent pas leurs projets. Cependant, affirment mes hommes, tout espoir n'est pas perdu et les choses pourront s'arranger peut-être si le parti des étrangers n'est pas le plus fort. Je renvoie aussitôt l'un d'eux dans le village en lui donnant pour mission d'essayer de susciter une querelle en prenant à partie l'un de ces étrangers.

Le temps se passe dans l'attente, la lune se lève sans qu'aucun changement se produise. Dans le village, des clameurs qui vont grandissant s'éveillent ; on entend les bruits du tam-tam qui doit rallier les guerriers aux portes. Toutes les têtes sont échauffées, des disputes interminables ont lieu, au milieu desquelles domine le cri : « Il faut attaquer les blancs! »

Au camp, tout est dans le plus grand calme ; je suis beaucoup plus rassuré depuis le lever de la lune, car on y voit presque comme en

---

1. Bière de mil.

plein jour; toute surprise est impossible et je suis bien décidé à brusquer l'attaque en ouvrant le feu aussitôt que les assaillants sortiront du village.

La veillée se fait en devisant de choses et d'autres; de temps en temps, l'un de nous se détache pour aller jusqu'aux petits postes. On mène toujours grand bruit au village.

Tout à coup, Badaire, qui a tiré sa montre plusieurs fois depuis quelque temps, se lève et me souhaite la bonne année.

C'est en effet l'année 1891 qui commence. Sous quels auspices? Nous le saurons tout à l'heure. Et tout entière, pour nous, elle s'écoulera loin des nôtres, et après elle une autre encore peut-être!

Vers minuit et demi, je me rapproche du village où les rumeurs semblent s'affaiblir. Mon espion revient et déclare que tout danger n'est pas conjuré, mais que mes partisans ont augmenté de nombre.

Vers une heure et demie, je relève les postes, ne laissant que trois sentinelles autour du camp et sous leur garde j'ordonne le repos.

La nuit se passe sans autre incident. Vers quatre heures, je réveille tout le monde. On refait les charges et on donne au camp son aspect de la veille. Car je ne veux pas partir sans avoir le dernier mot de cette affaire.

Elle se termine de la plus simple manière. Le chef de village me fait faire des excuses, me donne des hommes et à sept heures nous partons.

L'étape se fait à Tacirma, où j'arrive à acheter un animal pour alléger mon convoi. Mais encore les charges sont trop lourdes; il me faudra faire des sacrifices, si je ne trouve pas d'animaux.

Le lendemain, à Ouakoro, je vois le moment où les incidents de Fatené vont se produire à nouveau. Les puits aux abords du village sont gardés et le village est sous les armes à notre arrivée. Les choses se calment un peu dans la journée; mais nous devons nous relayer, Badaire et moi, pour veiller la nuit.

Des bruits circulent que les révoltés du Baninko, alliés aux villages de Fatené et de Ouakoro, doivent m'attaquer au passage du Bani.

Quoique l'étape soit longue, je prends la résolution de gagner le fleuve le jour même. A quatre heures, je donne le réveil, je fais abandonner quatre charges de pacotille pour alléger le convoi; ce que je ne puis détruire, je le fais semer un peu partout. Pendant qu'on s'attardera à récolter nos dépouilles, nous marcherons.

On part à six heures. Le convoi marche bien groupé. J'ai un bon guide, homme du Sarro, que j'ai réussi à me gagner la veille, car du village je n'ai rien pu obtenir. La marche se poursuit dans de bonnes conditions. Nous traversons les deux villages de Kandala et Kama qui relèvent du Sarro. A midi et demi, nous sommes au bord de la rivière. Le Bani a, en cet endroit, 150 mètres de large environ. A trois heures, sans encombre, la mission est campée sur la rive droite ; tout s'est passé sans le moindre incident. Si les révoltés voulaient me couper la route, ils ont perdu bonne occasion, mais j'ai eu le soin de mettre le temps à profit.

L'inaction et l'indécision sont pour le voyageur au pays Noir les pires ennemis. Le noir est par tempérament un timoré ; il parle beaucoup, agit peu ; il accepte volontiers le fait accompli ; brusquer une situation est presque toujours un sûr moyen de le désarmer.

Le danger est de tous les jours ; mais, en Afrique, c'est une règle générale à laquelle je n'ai jamais failli : il faut savoir marcher droit vers lui.

Toujours en saluant un chef, quelle que fût son importance, je lui ai dit, après les compliments d'usage :

« Et demain ou dans tant de jours, je veux partir et que tu m'assures des guides pour la route. »

Et toujours aussi, j'obtenais cette première réponse :

« Non, suis mon conseil, la route est mauvaise, reste quelques jours, que les nouvelles soient meilleures. »

Le lendemain ou au jour dit, après avoir eu soin de faire des adieux convenables, je me mettais en route, que les guides demandés fussent arrivés ou non.

Toujours je me suis bien trouvé de cette méthode. Si j'avais voulu attendre chaque fois qu'un conseil d'ami, sincère souvent, voulait me retenir, je serais au centre de l'Afrique pour longtemps encore et réduit à la mendicité.

Rarement j'ai trouvé le danger signalé ; quand je l'ai rencontré, je m'en suis aisément affranchi.

Le lendemain, nous reprenons la route pour faire, après une

À Fatené. L'attaque.

marche pénible dans les marais, étape à Tiékelinso, village bobo [1], où nous recevons un accueil cordial de ce peuple si primitif, et dans l'après-midi j'envoie à San mon interprète prévenir l'Almamy de mon arrivée.

Le 5 janvier, après une laborieuse traversée de marais, nous arrivons à San à onze heures et demie, escortés de deux cavaliers que l'Almamy a envoyés au-devant de moi.

Je trouve une installation préparée à l'extérieur de la ville, contre le marché. C'est un grand enclos entouré de murs élevés, dans l'intérieur duquel sont quelques cases en terre très habitables.

Dans l'après-midi, je vais faire visite à l'Almamy Alassana, chef de San. Almamy est un titre que se donnent les chefs de village ou même de contrée quand en même temps ils sont personnages religieux, c'est-à-dire lettrés musulmans. Je le trouve au premier étage d'une maison située à peu près au centre de la ville; c'est un vieillard cassé par l'âge, mais aimable et intelligent. Nous causons assez longuement de toutes sortes de questions, mais en particulier de la situation politique de son pays qui n'est pas sans lui inspirer des inquiétudes. Je lui laisse comprendre, sans trop insister sur l'instant, que son alliance avec nous aurait pour effet de lui assurer la sécurité dont il a si grand désir et besoin.

Dans l'après-midi, son fils Khalilou vient de sa part me rendre visite et à nouveau me sont soumis différents faits, petits ou grands, que j'utilise à nouveau pour arriver à la conclusion d'un traité.

Après quatre jours de négociations, l'Almamy en vient lui-même à me demander de le rédiger.

Le texte français une fois composé, je fis demander un marabout pour écrire le texte arabe. Ce fut un travail difficile, parce que la science assez rudimentaire de ces lettrés ne comporte guère la précision des expressions. J'eus bien avec Khalilou, personnage très intéressé, quelques tiraillements; mais enfin nous vînmes à bout du travail. Au dernier moment, la question des quatre expéditions faillit tout compromettre : j'envoyai Makoura à l'Almamy lui expliquer les choses et enfin j'obtins satisfaction.

Le 14 janvier après midi, accompagné de Badaire et de Makoura, je me rends chez l'Almamy. Celui-ci, ayant Khalilou auprès de lui,

---

1. Voir, chapitre III, une étude sur les Bobos.

nous reçoit sur la terrasse de sa maison. Les salutations d'usage faites, je présente à l'Almamy les quatre exemplaires du traité ; il lit très rapidement et à haute voix le texte arabe en approuvant à chaque paragraphe ; la lecture terminée, il dit :

« Cette parole écrite entre moi et les Français, je l'accepte devant Dieu. »

Je lui passe alors une plume pour qu'il signe au-dessous du texte arabe, je signe moi-même au-dessous du français, puis de même Badaire et Makoura.

Prenant alors un pavillon français que j'avais apporté, je le déploie et le remets solennellement à l'Almamy en lui disant qu'il est le symbole auquel se reconnaissent entre eux les hommes de notre nation ; que partout où il flotte il a droit de demander aide et protection.

Le lendemain, j'envoyai à l'Almamy et à ses fils de superbes cadeaux au nom du Président de la République, à l'occasion de la signature du traité.

L'acte qui venait d'être signé était à mes yeux d'importance capitale. On n'en saurait juger ainsi si l'on se place seulement au point de vue de l'étendue des territoires qui se trouvaient ressortir désormais à notre protectorat. San, en effet, est seulement un marché, sorte de ville libre où convergent les caravanes qui, du Sud et de l'Est, apportent du Ouorodougou et du Gondia l'or et la noix de kola qu'elles vont vendre plus loin dans le Macina, à Djenné, Bandiagara et même Tombouctou, ou au Nord, sur la rive gauche du Niger, dans les pays bambaras. Du Nord viennent aussi d'autres caravanes, qui apportent à San le sel en barres, qui est le produit base de toutes les transactions entre le Niger et la côte de Guinée, et les étoffes du Macina. C'est ainsi qu'à San se coudoient chaque jour au marché les Armat (population noire) de Tombouctou vendant leur sel, les Dioulas (marchands) du Macina et du Haoussa offrant leurs étoffes et vêtements brodés, les gens de Kong, les Bobos qui travaillent très ingénieusement le cuir et le fer, les Peuls enfin avec les produits de leurs troupeaux.

Les transactions se font à San en toute sécurité : aucun droit n'est perçu, ni à l'entrée, ni à la sortie, pas plus que sur les opérations d'achat ou de vente, et la justice de l'Almamy est reconnue

La rédaction du traité de San.

par tous comme très équitable. Son renom de sagesse et de sainteté est universel dans toute la boucle du Niger, et le fait d'avoir signé avec moi un acte semblable au traité dont je viens de parler, devait assurément prédisposer en ma faveur tous les chefs ou lettrés musulmans que je pouvais rencontrer dans la suite.

San est entouré par des États divers dont il est indispensable de donner en quelques mots la physionomie politique en même temps que d'en définir à larges traits les populations.

Ces pays sont : au Nord, le Sarro ; à l'Ouest, le Baninko, anciennes provinces de l'empire toucouleur d'El-Hadj-Oumar et d'Ahmadou-Sheikou. Ce dernier dépossédé, l'année précédente, de sa capitale Ségou, que son fils Madani n'avait su défendre contre le colonel Archinard, était à ce moment enfermé dans Nioro, dont bientôt il devait être chassé par nos armes. Le Sarro avait son Fama (roi) qui avait reconnu notre suzeraineté, le Baninko relevait de Bodian, Fama de Ségou, mais était, ainsi que je l'ai dit, fort troublé en ce moment par les menées d'un marabout peul qui, profitant de l'absence de Bodian et de la faiblesse de la garnison de Ségou, tentait sous couleur de guerre sainte de se tailler un État indépendant. Ces deux pays sont peuplés de populations bambaras. Quelques villages bobos s'étendent le long du Bani, à l'est et au sud de San.

A l'est de San est le Macina. Le Macina occupe toute la partie septentrionale et occidentale de la boucle du Niger. Sa capitale est Bandiagara. La population indigène, actuellement réfugiée dans le massif montagneux du Hombori au sud-est de Bandiagara, est de race sourhaï ; elle a été successivement asservie par les Peuls, dont la dernière dynastie régnante était les Cissé. Puis ceux-ci ont été dépossédés par les Toucouleurs, lors des guerres d'El-Hadj-Oumar. J'ai dit comment, après s'être emparé du Macina tout entier et avoir contraint Tombouctou à lui payer tribut, le conquérant disparut dans une révolte. Son neveu Tidiani lui succéda vers 1864 environ ; il se refusa à reconnaître la suzeraineté d'Ahmadou, sultan de Ségou, et, tant que dura sur les bords du Niger la domination toucouleur, les deux États vécurent l'un vis-à-vis de l'autre en état de paix armée.

Tidiani n'eut pendant son règne assez long (plus de trente ans) qu'une seule fois à entrer en contact avec les Européens : ce fut en 1887. Lors de sa mémorable exploration du Niger jusqu'à Tombouctou,

M. le lieutenant de vaisseau Caron, laissant ses canonnières au mouillage de Mopti, alla rendre visite dans sa capitale au Cheik du Macina.

A sa mort ce fut un des frères d'Ahmadou, Monirou, qui lui succéda. Il ne put qu'imparfaitement asseoir son autorité sur le pays ; le parti toucouleur ne s'était qu'à contre-gré rallié à lui ; celui-ci eût préféré la domination d'Ahmadou lui-même, reprochant à Monirou d'avoir autrefois invoqué notre assistance contre son frère.

J'aurai établi la situation exacte quand j'aurai ajouté que l'instabilité de la situation de Monirou s'aggravait en ce moment. La chute de la domination d'Ahmadou sur la rive gauche du Niger était à prévoir à bref délai ; la seule place qui lui restait, Nioro, venait de tomber au pouvoir du colonel Archinard (1er janvier 1891), et, de tous leurs vœux, les Toucouleurs du Macina appelaient la venue du fugitif, décidés à lui offrir le turban s'il réussissait à gagner les bords du Niger et à abandonner Monirou à sa vengeance.

D'autre part, l'ancienne famille régnante, représentée par Ahmadou-Addou, Oumar-Balobo et Seydou, s'agite et voudrait profiter de l'impopularité de Monirou pour ressaisir le pouvoir en chassant les Toucouleurs.

Les campements peuls qu'ils commandent sont dans le voisinage de San à une dizaine de kilomètres dans l'Est, à Tnéniba et plus loin à Fio. Mais la désunion règne entre eux et ils n'osent point se compromettre ouvertement vis-à-vis de leurs fanatiques congénères, en nous faisant des ouvertures pour les appuyer.

Monirou, qui craint toutefois cette éventualité, aussitôt qu'il est avisé de mon arrivée à San, envoie une colonne de trois cents Toucouleurs sur le flanc de la route San-Tnéniba-Fio et me fait prévenir qu'il me fera attaquer si je m'engage dans cette direction. Ahmadou-Addou, de son côté, me refuse le passage que je lui demande sur son territoire.

C'est en conséquence de la situation politique que je viens de définir que, ne pouvant prendre la route de l'Est pour gagner le Mossi, je dus me rabattre sur une route par le Sud-Est.

Au sud de San s'étend une région connue sous le nom de Miniankala. On peut la diviser en deux parties. Le Miniankala nord dépendait du Ségou, le Miniankala sud récemment conquis dépendait de Tiéba. Mais il faut considérer que ces attaches politiques sont très vagues, et il faut voir là en réalité une série de groupes de villages qui sont souvent les uns vis-à-vis des autres en état d'hostilité. L'aspect général de la contrée est boisé, le sol y est bien arrosé et d'une grande fertilité.

La terre est ici admirablement cultivée ; la houe a un fer de 25 centimètres de large et de 35 centimètres souvent de longueur, et c'est au minimum à cette profondeur que les terres sont défoncées partout ; les terres sont fumées et retournées au moins deux fois avant l'époque des semailles ; ainsi, en ce moment, le mil est encore en gerbe dans les lougans que déjà les terres sont préparées, les chaumes de la dernière récolte enfouis.

Les cultures principales sont le mil, le coton en très grande quantité, dont les champs, souvent fort grands, sont entourés de clôtures serrées en tiges de mil. C'est le coton annuel. Pour le semer, on plante d'abord du mil en sillons espacés, puis entre deux rangs de mil on sème le coton ; autour du champ on plante du mil très serré ; lorsque l'arbuste est sorti et peut affronter le soleil, on coupe le mil protecteur ; puis, lorsque la gousse va s'ouvrir, on recourbe les tiges du mil de l'enceinte, garantissant ainsi le champ des effets des grands vents et aussi contre les animaux.

L'indigo est planté sur foule de points, ainsi que l'igname et le manioc ; dans tous les villages il y a en outre de nombreux jardins pour la culture vivrière ; le riz ne se récolte plus guère depuis Scienso, mais l'herbe de Guinée croît en abondance et donne un excellent fourrage aux bestiaux, qui sont très nombreux. Cependant ceux-ci sont surtout la propriété des Peuls et ils ne dépassent guère Bougounsou dans l'Ouest. Partout où sont des bestiaux, on trouve abondamment du lait délicieux et du beurre excellent. Depuis Bamakou jusqu'ici nous avons fait exclusivement la cuisine au beurre.

Le karité[1] est très abondant et dans tous les villages on trouve des trous à noix et des fours. La préparation est la suivante : au moment de la cueillette, les indigènes mangent la pulpe sucrée du fruit et enfouissent les noix dans des trous, en les recouvrant de terre mouillée. Dans cet état la noix se conserve très longtemps sans se modifier beaucoup dans sa forme ; toutefois le beurre intérieur se resserre, se durcit et peut facilement être détaché de la coque. On met alors la noix dans un mortier et avec un pilon on décortique ; la coque est

---

1. Arbre à beurre.

rejetée, puis le beurre est écrasé entre des pierres plates. Ce beurre écrasé est mis ensuite dans de grandes marmites en terre et celles-ci dans un grand four; on laisse cuire quelques heures, puis on fait des pains que l'on entoure de feuilles et ainsi le beurre se garde pendant de longs mois.

A partir des rives du Baninfing le terrain devient ferrugineux et dans nombre de villages existent des fours à fer.

Ces fours sont circulaires et ont à peu près 3 mètres de haut, ils sont construits par assises successives de banco (terre battue séchée au soleil) et de gangue d'anciennes coulées. Les forgerons de plusieurs villages se réunissent, font une grande fête et se séparent de leurs femmes pour toute la période de la récolte et de la fonte du fer.

La récolte du minerai se fait ou à la surface du sol ou par des fouilles ; à cet effet on creuse des trous de plusieurs mètres de profondeur pour extraire le minerai d'un filon. Le minerai récolté, on fait le charbon.

On charge le four avec du charbon et sur le charbon on charge du minerai mélangé avec du sable comme fondant; des trous pratiqués à la base permettent de passer les tuyères des soufflets et pendant la

De San à Sikasso.

première partie de la chauffe on active la fonte au moyen de ces soufflets. Le fer est recueilli dans un creuset situé à la partie inférieure du four; on le fait couler au dehors, puis on décape à froid le fer de la gangue qui y est adhérente après le refroidissement. Le fer ainsi obtenu est de bonne qualité, mais souvent il est brûlé; en tout cas, une grande partie en est perdue.

Au point de vue de la nourriture, celle-ci est un peu différente dans le Miniankala et dans le reste des pays bambaras. Le couscouss au mil concassé est inconnu, le mets général est le *thou;* c'est du petit mil écrasé au pilon, puis réduit en farine entre deux pierres ; on cuit ensuite cette farine comme la farine de sarrasin en France ; à part, on fait une sauce pour la viande, on lie cette sauce avec de la feuille de baobab (lalo des Ouoloffs). Cette nourriture n'a rien de désagréable, quoique un peu lourde.

En route, au voyageur qui passe on n'offre point l'eau pure, mais bien de l'eau mélangée d'un peu de farine de mil aiguisée d'une pointe de piment, ou encore de l'eau avec cette même farine et du pain de singe (fruit du baobab).

Le vêtement est celui des Bambaras, y compris le grand bonnet, le carquois et les flèches ; fusils en nombre restreint dans l'Est, plus nombreux en se rapprochant de l'Ouest, tous ou presque tous de fabrication anglaise.

Au milieu de la forêt sont d'immenses clairières défrichées de plusieurs kilomètres de diamètre ; au centre se groupent sept, huit, dix, quinze villages souvent, fortifiés isolément. Cette sorte de confédération a son chef choisi qui prend le titre de Fama. Le village du chef donne son nom au groupe et les divers villages qui composent celui-ci portent le nom de Soukhala (dépendance).

Diondio comprend trois villages, Koutiala une dizaine, Djitamana trois, etc., etc.

La population du Miniankala est de race senofo, très proche parente de la race bambara, mais parlant une langue toute différente. Beaucoup de Markas (branche de la race bambara) se mélangent aux Senofos et exercent le commerce, ce sont les Juifs de la race noire. Dans le Miniankala, fait unique dans tout le Soudan, l'anthropophagie existe. J'en avais vaguement connaissance et je doutais, mais à Diondio je dus me rendre à l'évidence. Pendant mon séjour sous les murs du village, un cadavre porté par quatre hommes fut introduit dans l'intérieur du tata (enceinte fortifiée) et partagé sous les yeux de mes hommes entre les divers membres de la famille.

Dans ce village se trouvait une fille du Mamby de Kangaba qui avait été réduite en captivité à la suite de la prise de Kangaba par Samory vers 1884 et vendue à Diondio. J'entrepris de racheter cette jeune fille pour la rendre à son père et elle me confirma que fréquemment on faisait dans le village des festins de chair humaine. Elle disait aussi que jamais on ne tuait un homme pour le manger, mais que c'était seulement le mode de sépulture usité dans le pays. Il y a lieu de penser que dans les expéditions de guerre les cas d'anthropophagie sont nombreux.

Mon but, en partant de San, était de descendre vers le Sud jusqu'en un point qu'on m'avait signalé, Koutiala, d'où une route fréquemment employée par les caravanes se dirigeait sur Bobo-Dioulasso. J'espérais tourner ainsi les pays peu hospitaliers ressortissant à Amadou-Addou.

Nous partîmes de San le 18 janvier. Très péniblement, la caravane se mit en route pour atteindre dans la matinée le village bobo de Scienso. Un excellent accueil nous y était réservé, grâce à mes anciens amis de Tickelinso, grâce aussi à l'Almamy de San que les Bobos tiennent en grande vénération.

Malgré l'achat de plusieurs animaux, je trouvais mon convoi trop lourd et dans la journée j'expédiai des hommes et des animaux transporter à San, pour les remettre entre les mains de l'Almamy qui les ferait parvenir à Ségou par une occasion, quelques caisses et mon bateau *Berton*.

Pour attendre le retour des hommes, nous fîmes séjour le lendemain. C'était grand marché, partant grande beuverie de dolo; aussi, dès midi, le village entier était ivre.

Les jeunes gens, vers deux heures, vinrent me faire montre de leurs talents chorégraphiques. Je trouvai à leurs danses et aussi à leurs costumes une analogie singulière avec des scènes semblables dont j'avais été témoin autrefois aux îles Marquises.

Particularité à signaler, les eaux de Scienso provenant de puits, sont blanches comme de l'eau de savon; elles tiennent en dissolution,

Groupe de lavandières à Sikasso.

je crois, une forte proportion de sels de magnésie. Cependant elles cuisent bien les légumes et dissolvent le savon. Elles produisirent, en tout cas, sur Badaire et sur moi — sur moi surtout — un effet désastreux et je suis disposé à leur attribuer l'état de fatigue que je ressentis pendant près de trois semaines.

Un peu allégé, le convoi prit une marche plus normale à partir de Scienso, que nous quittâmes le 20 avec un guide. Celui-ci, arrivé au village minianka voisin, déclina ses services, et, allant trouver le chef du village, se fit remplacer. Ainsi il devait en être tout le long de la traversée de cette région pour les causes que j'ai dites ci-dessus, résultant souvent de l'indépendance et de l'hostilité des villages les uns vis-à-vis des autres. Aussi, perdait-on le temps sur les chemins sans avancer, et les difficultés s'accroissaient encore du fait que de plus en plus rares étaient les gens qui parlaient la langue bambara.

Le 24 janvier, nous traversâmes, non sans quelques difficultés, le Baninfing et, dans la soirée, nous arrivâmes à Bougounso, où je trouvai un agent du Fama du Kénédougou, notre allié Tiéba. Ma résolution fut vite prise.

Tiéba, auprès duquel, comme résident, se trouvait le capitaine d'infanterie de marine Quiquandon, faisait à ce moment le siège du gros village de Kinian dans le Sud-Ouest par rapport à Bougounso. J'ai dit que Bodian, Fama de Ségou, appuyé de M. le lieutenant Spitzer, était venu quelque temps avant se joindre à lui avec les contingents du Ségou. Je savais Tiéba redouté et respecté dans son pays, dont Bougounso était l'entrée; partout mon convoi pouvait y circuler en toute sécurité. J'entrepris de laisser le convoi marcher sous la direction de Badaire jusqu'à Koutiala où il devrait m'attendre, et, de mon côté, de me porter sur Kinian. J'espérais, grâce aux bons offices du capitaine Quiquandon, obtenir : 1° des interprètes bobos et senofos qui me faisaient défaut; 2° des hommes à engager pour augmenter mon personnel; 3° des animaux pour alléger les miens fatigués et en partie blessés.

Le 25, avec deux tirailleurs, mon interprète et mon domestique, emportant seulement un peu de linge et mes instruments astronomiques, je partis avec un guide et deux porteurs qui devaient se relayer de village en village. J'eus bien quelque peine, le soir, à Niensensou, à obtenir l'hospitalité du chef de village, mais je crus que cela tenait à ce que nous étions arrivés de nuit. Or, une fois la nuit venue, partout dans le Miniankala, les portes des villages sont fermées et il est à peu près impossible d'en forcer l'entrée. Y réussit-on, qu'on n'est guère plus avancé, car le chef de village, par tradition, est invisible de la chute du jour au soleil levant. C'est là une coutume générale dont il faut voir la cause dans la crainte qu'ont les chefs d'être assaillis par des ennemis personnels ou même des mécontents ivres de dolo.

Le lendemain, au village de Famousassou, je trouvai chez les notables et les habitants une hostilité mal déguisée; on me refusa guides et porteurs. Après bien du temps perdu, je réussis à gagner Kimbéri, où je m'arrêtai vers dix heures hors du village, sous un énorme ficus. Cette fois, je n'eus plus d'illusion à me faire. Impossible de trouver un homme hors du village, d'y acheter la moindre nourriture ou même d'obtenir qu'on fît cuire le riz de mes hommes. Ce ne fut qu'après trois quarts d'heure de recherches qu'on finit par trouver le chef du village, que le guide et l'interprète m'amenèrent penaud, car on l'avait surpris caché dans une case obscure, craintif parce qu'il ne savait pas l'accueil que lui feraient ses administrés, qui tous s'étaient enfuis. Par gestes, par l'offre de cadeaux, je lui fis comprendre ce que je désirais de lui; mais, aussitôt qu'il le put, il s'enfuit et ne revint plus.

Heureusement que, campé non loin, se trouvait un Peul avec quelques animaux. Je me trouvais en bien mauvaise situation; mon guide et mes porteurs, de crainte que je ne les emmenasse plus loin, s'étaient sauvés. Je restais seul, sans savoir la direction de la route, dans l'impossibilité de communiquer avec les habitants. Cet homme, qui aurait pu me renseigner, manifesta tout d'abord la plus vive répugnance; puis enfin, voyant apporter la nourriture du village, où les hommes l'avaient fait cuire eux-mêmes, séduit par la vue de la viande et l'offre d'une boîte d'endaubage vide, il se laissa amadouer.

J'appris alors de lui que les ruines que je voyais partout depuis la veille remontaient à l'an dernier et étaient l'œuvre de Tiéba, qui avait rasé les villages et réduit la population pour les deux tiers en esclavage, à cause des pillages exercés sur les caravanes venant de San ou y allant, alors que Tiéba, qui avait besoin de sel pour faire subsister son armée, avait demandé que les routes fussent libres pour le commerce.

Parlant de l'ancien Fama de Kimbéri, le Peul me dit que c'était un grand guerrier redouté au loin et qui faisait durement payer aux caravanes le passage qu'il leur concédait parfois dans ses rares moments de bonne humeur. Les malheureux marchands ruinés par ses exactions venaient se plaindre souvent et tentaient même de l'attendrir par leurs larmes. Peine perdue, ce qui était demandé était froidement exigé et la réponse immuable aux doléances du malheureux était un indifférent *Sabari!* (tais-toi). Le surnom lui en était resté. Le Fama Sabari, tombé aux mains de Tiéba, avait été tué l'année précédente.

A deux heures, quand je veux partir, j'obtiens difficilement du Peul qu'il m'indique le chemin de Koutiala. Enfin, à l'aventure, nous nous mettons en route. Je choisis un sentier bien battu que je suis. Vers quatre heures et demie, je m'aperçois, à des déboisements plus nombreux, que nous approchons d'un village. Quel est-il ? Je l'ignore ; mais comme la nuit n'est pas loin, il m'y faudra camper ; j'envoie mon interprète pour demander au chef l'hospitalité. Après un léger repos, on se remet en route, je suis les traces du cheval de Makoura. Vers cinq heures, enfin, nous débouchons dans une immense plaine où l'on aperçoit de nombreux villages. La nuit vient, on presse la marche, nous égrenons les tatas comme les grains d'un chapelet à la recherche du village du Fama. A la nuit faite, Makoura n'est pas de retour ; je ne peux plus suivre ses traces et il nous est impossible d'obtenir de réponse des rares gens que nous trouvons hors des murs. Enfin, j'avise la porte d'un tata, où deux hommes sont assis. Je mets pied à terre et tente de parlementer par l'intermédiaire d'un de mes hommes qui parle bambara, mais comprend à peine quelques mots de français. Nous demandons le village du Fama ; dédaigneusement on indique le Sud-Est. Enfin, sur la demande d'un de mes hommes qui désire de l'eau, une femme sort qui fort heureusement parle quelques mots de bambara ; par le don d'une pièce de cinquante centimes et en faisant appel à ses bons sentiments, je réussis à l'émouvoir sur notre sort. Nous sommes des voyageurs perdus, elle nous doit une marque d'hospitalité puisqu'elle nous a offert de l'eau. Elle parlemente vivement avec les deux indifférents, dont l'un se décide enfin, moyennant une somme de 200 cauries payée d'avance, à nous guider au milieu de la nuit jusqu'au village du Fama.

A sept heures, nous sommes enfin rendus à une sorte de caravansérail, où un Marka, commerçant, donne gîte aux caravanes de passage.

Nos tribulations sont à leur fin. Grâce à cet homme dont j'ai connu les deux frères, je puis trouver gîte pour la nuit chez le frère du Fama, vieillard aimable, qui me donne l'hospitalité la plus généreuse. Vers dix heures, Makoura revient et je puis m'expliquer avec mon hôte et me renseigner.

J'avais, avant de quitter Badaire, réglé ses étapes, dont une devait se faire à Kimbéri. Devant la mauvaise attitude de ce village, je ne puis l'y laisser arriver sans le prévenir; aussi, dès le lendemain matin, j'envoie un de mes hommes à sa rencontre pour lui prescrire de camper à une petite rivière après le village et, s'il ne peut continuer d'une traite, de bien se garder et de me rejoindre à Koutiala le lendemain.

Fort heureusement les choses se passent suivant mes désirs; le deuxième jour, Badaire arrive sans encombre auprès de moi; mais une caravane qui le suivait, dont le chef était le propre fils de l'Almamy de San, est attaquée et pillée le lendemain de son passage par les gens de Kimbéri et Famousassou.

Après entrevue avec le Fama de Koutiala qui me conseille de laisser plutôt mon convoi à Ouelenguena, village voisin, où se trouve un agent de Tiéba, je continue avec mon monde dès le 28 janvier au matin et je suis à Ouelenguena à midi.

Je m'abouche avec l'agent de Tiéba que je rends responsable de ce qui pourrait arriver en mon absence, et à deux heures je me remets en route pour Kinian, dont une centaine de kilomètres environ me séparent. Le 30, je passe la rivière de Kouoro, en face du village de ce nom, au point où René Caillié, en 1828, l'avait lui-même traversée dans son mémorable voyage; d'ailleurs la route que j'ai faite depuis Scienso se confond sensiblement avec celle de l'illustre voyageur.

Cette rivière de Kouoro est un des affluents des plus importants des Bani ou Mayel-Balevel; elle garde de l'eau toute l'année; une nombreuse population de pêcheurs habite sur ses rives. Profonde de 4 à 5 mètres au point de passage, la rive gauche à pic surplombe de 6 à 7 mètres la rive droite; aux hautes eaux les deux rives souvent disparaissent et en particulier sur la rive droite la limite d'inondation s'étend à plusieurs kilomètres du lit de saison sèche.

Je dus, à cause d'un grand état de fatigue, faire étape le soir à Katiala, d'où j'envoyai un courrier au capitaine Quiquandon, à Kinian, pour le prévenir de mon arrivée.

J'étais littéralement à bout de forces, j'avais eu une série d'accès de fièvre de la dernière violence, mon état se compliquait de diarrhée et de vomissements bilieux; à toute peine je pouvais au prix d'horribles souffrances me tenir à cheval, je ne pouvais prendre pour toute nourriture qu'un peu de lait.

Le 31 janvier, je dois m'arrêter le matin à Saniankabougou, comptant continuer le soir sur Kinian. Vers une heure, un homme de Tiéba arrive, qui me dit que le lieutenant Spitzer avec une dizaine de spahis et les deux Famas sont venus au-devant de moi jusqu'au village voisin, mais qu'ils sont repartis, ne me voyant pas arriver.

Je presse le départ; nous avons un rude chemin de montagne que les cavaliers ont préféré ne pas faire; à trois heures, j'arrive à Tiébi, où je trouve les traces du passage d'une nombreuse cavalerie; à quatre heures, je débouche dans la plaine de Kinian. A peine suis-je en vue que les camps du siège sont en rumeur; de tous côtés cavaliers et fantassins arrivent en foule, escortant le lieutenant Spitzer et les deux Famas du Kénédougou et du Ségou, Tiéba et Bodian.

Le capitaine Quiquandon.

Après les salutations, nous nous mettons en marche vers le camp du capitaine Quiquandon. Je trouve ce pauvre camarade dans un bien triste état de santé; depuis cinq mois il est en proie à une dysenterie du plus mauvais caractère qui lui a enlevé toutes ses forces; c'est un squelette, presque un vieillard. Auprès de lui je trouve le docteur Crozat, retour depuis quelques jours à peine d'un très intéressant voyage dans le Mossi, dont j'aurai à parler plus loin.

Les présentations sont vite faites, en quelques minutes nous sommes de vieux amis.

Et tout de suite nous causons de mes propres affaires. L'avis de Crozat et de Quiquandon est que la seule route possible pour gagner le

Mossi est celle qui passe par Sikasso et Bobo-Dioulasso. Quiquandon m'offre tout ce dont je puis avoir besoin en porteurs et animaux, et aussitôt nous arrêtons que le convoi se rendra directement à Sikasso et que des hommes de Tiéba, accompagnés de deux de mes hommes, retourneront à San chercher les bagages que j'y ai laissés.

Dès le lendemain, 1er février, partaient les ordres nécessaires à Badaire pour lui indiquer les étapes jusqu'au Kouoro, et Tiéba donnait des hommes pour aller à San avec les deux tirailleurs venus avec moi.

Ce même jour, je rendis visite à Tiéba dans son camp et lui offris de très beaux cadeaux, que j'avais apportés à son intention.

Après ma visite, Tiéba et moi fîmes le tour de la place, visitant les travaux d'approche. C'est au physique un fort beau noir, de manières affables et réservées.

Ce Fama Tiéba est chef bien incontesté dans son pays, chose rare en pays Noir; il y est à la fois très redouté et très aimé; très redouté, parce qu'il est personnellement très brave et possède une armée nombreuse, invaincue jusqu'à ce jour, victorieuse contre Samory lui-même : lorsque ce dernier vint il y a quatre ans mettre son camp devant Sikasso, il y essuya défaites sur défaites. Il est très aimé, parce qu'il est très généreux et que ses nombreux succès lui ont permis de faire de grandes largesses autour de lui.

Tiéba serait en tous pays un homme remarquable; en tout cas il est hors de doute qu'il possède de réelles qualités de commandement. Il sait s'attacher les hommes et en obtenir des services. Il sait aussi ne point conduire son pays à la ruine, comme le font tous les chefs noirs et Samory en particulier. Certes, sans cesse à la tête d'une colonne nombreuse, Tiéba devrait à brève échéance ruiner le Kénédougou, mais il a agi en prévoyant. Aucun pays n'est cultivé comme le sien, les terres y sont partout défoncées à $0^m,40$ et $0^m,50$ même de profondeur, les lougans[1] s'étendent fort loin aux environs des villages et leur étendue est proportionnellement deux ou trois fois plus grande qu'ailleurs. Dans chaque village il y a le lougan du Fama dont le produit lui revient; d'autres villages peuplés de ses captifs lui doivent leur récolte; enfin les villages qu'il fonde ainsi que je vais le dire lui en doivent la moitié.

Lorsqu'il vient de prendre un village ou ennemi ou qui a méconnu

---

1. Champs.

son autorité, Tiéba n'en anéantit pas la population adulte, ainsi que le fait Samory; il la transporte à Sikasso d'abord, puis dans des villages de cultures des environs à lui appartenant, puis enfin lui fait fonder d'autres villages dans une région différente. Est-ce à dire qu'il ne vend point de captifs? Si; mais, outre qu'il en donne beaucoup à ses guerriers, seuls les enfants sont vendus.

Tiéba est un oseur autant que noir peut l'être; malgré les conseils de son entourage, il a recherché notre alliance et a demandé un résident

Le docteur Crozat.

pour lui apprendre à gouverner suivant nos procédés et aussi apprendre de lui toutes choses qu'il ignore et qui pourraient lui être utiles. Pour l'instant, avoir une centaine de fusils Gras en plus de la trentaine qu'il possède déjà est son rêve. Il a compris également déjà combien la liberté du commerce est indispensable à la prospérité d'un pays et il fait tous ses efforts pour assurer la sécurité des routes des caravanes.

En tout cas le capitaine Quiquandon qui réside auprès de lui a su acquérir sur Tiéba une autorité personnelle considérable, et à aucun point de vue ce poste important ne pouvait être confié à de meilleures mains.

A l'encontre de ce qui se passe habituellement au pays Noir où les chefs tiennent les membres de leur famille en suspicion, Tiéba est entouré des siens, adoré d'eux ; ses frères, ses fils sont avec lui au siège. Demba, son frère et futur successeur, est son premier lieutenant.

Kinian est un repaire de détrousseurs de caravanes qui s'était fait dans le pays un renom de terreur.

Lors de notre installation à Ségou, Kinian était venu faire sa soumission. Plus tard, en juin dernier, Tiéba, pour s'ouvrir la route de San, dut enlever le village de Lountana; le capitaine Quiquandon l'y accompagna. Une moitié du village fut prise d'assaut, mais l'autre moitié résista deux mois et demi. Pendant le siège, les gens de Kinian crurent pouvoir tenter de forcer Tiéba à la retraite et vinrent l'attaquer dans son camp; l'attaque fut dirigée sur le diasa (poste palissadé) du capitaine Quiquandon. Dans cette circonstance, Tiéba put apprécier la bravoure des Français. La colonne de Kinian fut taillée en pièces, trente-cinq cavaliers et cinq fantassins sur mille hommes revinrent seuls à Kinian.

Lountana pris, Tiéba se porta sur Kinian, mais nombre de villages étaient entrés dans son tata. Une bataille eut lieu au dehors, mais on ne put entrer de vive force dans le village. Il fallut en faire le siège.

Le capitaine Quiquandon, qui avait demandé à Ségou le renfort d'une pièce, reçut en outre une dizaine de tirailleurs sénégalais, quatre spahis et l'armée du Ségou, Bodian en tête. Le lieutenant Spitzer était en même temps envoyé de Ségou pour le seconder.

Au 26 février (depuis le 15 octobre environ) le siège durait encore. J'ai visité les travaux, ils sont simples. Au commencement des approches, l'armée assiégeante établit autour et à 200 mètres environ de la place des diasas (postes retranchés) et coupe toutes les routes ; peu à peu, soit de jour, soit de nuit, les diasas sont rapprochés et poussés jusque sous les murs mêmes du tata. A Kinian, certains diasas n'étaient pas à 50 mètres du tata. Le blocus était complété par une ligne de palanques réunissant entre eux les divers diasas. Dans les diasas on élève des tours pour dominer le village et, réciproquement, les assiégés en font autant pour dominer les diasas.

Avec la pièce de 4, le capitaine Quiquandon avait fait deux brèches praticables de 50 et 20 mètres, mais jamais il n'a pu entraîner les troupes des Famas à l'assaut ; elles prétextaient qu'un village de Rois ne peut se prendre d'assaut.

Rentré au poste français, je fis plus tard une visite au Fama Bodian,

Tiéba et Damba, son successeur.

que j'avais connu longtemps avant, alors que son oncle, dépossédé de ses États, était venu nous demander asile aux environs de Médine.

Je passai douze jours à Kinian, attendant que Badaire fût arrivé avec le convoi à Sikasso.

Je mis largement ce temps à profit pour la préparation de l'avenir.

J'ai dit que le docteur Crozat était de retour depuis un mois environ de son voyage dans le Mossi; il avait réussi à atteindre la capitale Waghadougou, que Binger, le premier, avait visitée deux ans avant. Crozat terminait à ce moment son rapport et son itinéraire. Avec le plus parfait désintéressement, il me communiqua ses travaux en entier, y ajoutant foule de renseignements qui devaient m'être dans la suite de la plus grande utilité. Des hommes venus avec lui du Mossi acceptèrent de me servir de guides et d'interprètes; ils devaient retourner avec moi.

La mort a fauché ce vaillant au cœur généreux, simple et droit. Savant autant que modeste, Crozat, au moment où la tombe s'est ouverte prématurément sous ses pas, était dans la plénitude de ses moyens qu'un labeur constant et une expérience déjà longue avaient admirablement et harmoniquement développés. J'ai connu peu d'hommes réunissant à semblable degré les séductions de l'esprit et du cœur alliées aux charmes d'un commerce à la fois attrayant et instructif.

Après son retour en France en 1891, le docteur Crozat avait accompagné le capitaine Binger dans son voyage de délimitation à la côte d'Ivoire et au pays de Kong; mais, au lieu de faire retour, il était resté, voulant remonter vers les États de Tiéba et faire la lumière sur les causes du massacre de la mission du capitaine Ménard. La mort l'a surpris à Tengréla, alors qu'il avait atteint le but qu'il s'était assigné. Il succombait à l'épuisement, conséquence d'un séjour presque ininterrompu de six années au Soudan. La France a perdu en lui un des plus actifs pionniers de son œuvre civilisatrice, un savant dévoué autant que modeste.

Et combien j'en ai connus comme lui, animés du désir de faire de grandes choses, armés pour cette dure lutte où facultés physiques et morales entrent en action dans leur plus grande tension et qui obscurément ont disparu !

Le lieutenant Spitzer, de l'infanterie de marine, est une autre de ces victimes; j'ai dit ci-dessus comment il était venu à Kinian amener au siège le renfort de l'armée du Ségou. Dès son arrivée, il fut légèrement blessé à la joue au cours d'un combat sous les murs de la place. Quelques mois après, il faisait partie de la colonne du lieutenant-colonel Humbert contre Samory; il succomba aux suites d'un accès pernicieux.

Et cependant, au moment de mon récit, celui des trois qui semble le plus atteint dans sa santé est Quiquandon. Depuis cinq mois, il lutte contre une dysenterie tenace qui l'a réduit à l'état de squelette. Crozat, depuis son retour du Mossi, le soigne avec assiduité, l'a contraint à une diète presque absolue et tente depuis quelques jours sur lui le traitement par l'ipéca à la brésilienne[1].

Le breuvage est désagréable au possible; Quiquandon se plaint d'avoir sans cesse le cœur sur les lèvres; il opterait volontiers pour un sphincter en argent qu'il parle de se faire confectionner par les forgerons très habiles du Kénédougou. Au contraire Crozat est enchanté de l'état nauséeux auquel son malade est en proie. C'est le seul point sur lequel leur entente n'est pas parfaite.

Les fatigues du siège et nos nombreux soucis et travaux n'empêchent point une douce gaieté de régner parmi nous. Quiquandon emploie ses loisirs forcés de malade à confectionner une série de recettes culinaires du plus heureux résultat; mais, ô ironie! il ne peut mettre la dent à aucun de ses chefs-d'œuvre.

Grâce à une très ingénieuse installation de son invention, nous mangeons chaque jour un pain excellent; notre boisson habituelle est un vin de palme que nous avons baptisé de *spumante* à l'instar de l'asti.

Le 13 février, sachant que mon convoi doit avoir rallié Sikasso, je prends la résolution de le rejoindre. Quiquandon doit m'y faire tenir des animaux, des porteurs, Crozat des renseignements et il doit aussi m'envoyer les guides dont j'ai parlé.

A deux heures, je me mets en route, après avoir fait des adieux émus à mes amis. Tiéba m'a envoyé un guide qui me conduira à Sikasso et de là jusqu'aux frontières du Kénédougou sur la route de Bobo-Dioulasso.

J'ai eu la veille une lettre de Badaire m'annonçant son arrivée et m'informant que rien n'est à signaler dans la route qu'il vient de faire.

Le lendemain après midi, tout à coup, sur le chemin, je rencontre mon cuisinier:

« Où vas-tu?

— J'allais à Kinian te retrouver.

— Pourquoi as-tu quitté la mission?

---

1. Macération de racine d'ipéca.

— J'ai eu des difficultés avec le maréchal des logis (titre sous lequel les hommes désignaient Badaire); alors je lui ai dit que je ne voulais pas rester, que je voulais aller te retrouver à Kinian.

— C'est bien, continue avec le convoi; je verrai cette affaire à Sikasso. »

J'avais comme un pressentiment que toutes choses peut-être n'allaient pas aussi bien que Badaire l'avait écrit, mais je me gardai de questionner davantage cet homme.

Le 15 février, j'arrive à Kinian. Il y a quinze jours que j'ai quitté mon monde. Je ne tarde pas à constater que tout est à recommencer, le personnel n'est plus en main, je sens que tous les hommes se sont relâchés, détachés même. Je consacre les deux premiers jours à une réforme nécessaire, je sévis avec la dernière rigueur contre les meneurs, dont je congédie plusieurs; je rétablis une discipline qui a fléchi sous toutes formes.

Cette brusque rentrée en scène et ces rigueurs impitoyablement exécutées produisent en peu de jours l'effet que j'en pouvais attendre, mais il était grand temps.

Badaire, avec la plus grande bonne volonté, n'avait pu prendre sur les hommes aucun ascendant. Il avait la main dure, sans souplesse; il se croyait toujours au régiment, où la discipline s'exerce d'elle-même, où la répression des fautes peut être immédiate, où l'influence du chef se manifeste bien plus en temps de paix par l'autorité dévolue au grade que par la valeur propre de l'homme investi de ce grade, où l'autorité en un mot est impersonnelle.

Dans les circonstances particulières où nous nous trouvions placés, il en est tout autrement, et le temps de guerre seul, avec ses imprévus les plus variés, ses soucis multiples, peut donner une idée affaiblie de la responsabilité qui incombe au chef d'une mission de longue durée. Quand le personnel est peu nombreux, la question du commandement se trouve compliquée de ce fait que le chef est constamment en contact avec ses hommes, que ses moindres actes sont à leur portée et que son autorité seule est admise par eux.

Non seulement il faut tout prévoir, mais il faut pourvoir à tous les besoins. Le principe d'autorité tend chaque jour à s'affaiblir et cependant il faut le maintenir intact. Certes, les premiers temps, dans la traversée du Soudan, une discipline inflexible pouvait être de rigueur, je pouvais sévir contre les manquements et au besoin renvoyer les hommes dont j'étais amené à suspecter la fidélité. Mais plus tard, au fur et à mesure que s'accroîtra la distance qui séparera les hommes de leur pays, je serai de plus en plus appelé à voir mon autorité méconnue. L'ascendant moral du chef sur sa troupe doit peu à peu se substituer aux formes rigides d'une discipline inflexible.

Il faut savoir comprendre que l'homme n'est pas soutenu, comme le chef lui-même, par l'élévation du but vers lequel il tend, il est sujet à des défaillances; il faut savoir faire la part de la fatigue, des privations aussi, chaque fois que l'occasion, qu'on saisit trop hâtivement souvent, s'offre d'avoir à réprimer. Réprimer et commander sont choses très différentes. La répression doit être instantanée, proportionnée à la faute; elle doit tenir compte des circonstances où celle-ci a été commise; elle ne doit jamais dégénérer en tracasserie, encore moins en revêtir l'apparence. Il faut savoir fermer les yeux, parfois pardonner en temps utile: en semblable situation la rancune surtout est mauvaise conseillère. Éviter de dire ou de faire sentir, même à un homme qu'on punit, qu'on aggrave sa peine à cause de ses fautes antérieures, est bien difficile; c'est indispensable cependant, sinon dans son esprit germe et se développe l'idée que le chef est pour lui malveillant.

Les hommes n'ont pas que des défauts, ils ont aussi des qualités, et, si je m'exprime de la sorte, c'est que les premiers frappent plus facilement l'esprit d'un chef inexpérimenté que les seconds. Il faut que le chef en soit bien conscient, car il est de son intérêt de tirer utilité des deux.

La récompense est un puissant moyen d'action pour relever le moral abattu des hommes ou pour les maintenir dans la bonne voie; mais son usage est aussi délicat que celui de la répression. La récompense doit venir à son heure, elle doit surprendre celui qui en est l'objet et n'être point désirée à l'avance par lui; alors seulement elle a son plein effet. Elle doit dépendre de l'entière initiative du chef, mais non plus ne doit être différée une fois promise. Il est plus difficile à un chef, placé dans les conditions dont nous parlons, de récompenser à propos que de punir avec justice. La raison est qu'on est enclin par générosité à se montrer reconnaissant d'un bon service. Si l'on n'y prend garde, une trop grande propension à gratifier est rapidement exploitée contre le chef par sa troupe, de même manière que le serait une trop grande rigueur.

Commander c'est récompenser et punir, c'est aussi prévoir, c'est-à-dire faire concourir de façon efficace les efforts de tous vers un but commun : prévoir, c'est définir le but et y adapter les moyens, c'est une action morale ; mais il faut encore pourvoir ; or pourvoir, c'est entretenir en bon état l'instrument de travail et, cet instrument ici, c'est l'homme. Il faut satisfaire à ses besoins de toutes sortes avec une sollicitude constante ; il n'est pas d'homme qui puisse abandonner un chef si celui-ci sait lui demander des efforts proportionnés à ses forces ; aucune privation ne peut influencer, détacher l'homme qui a conscience qu'il n'y a eu ni négligence ni faute de la part du chef.

C'est, on peut en juger, tâche complexe que la conduite d'une expédition ; mais, en particulier au pays Noir, le problème à résoudre pour forcer le succès est des plus délicats. Pour prévoir au pays Noir, il faut plier ses conceptions à des usages, à des coutumes qui ne sont pas les nôtres, qui ne sont pas toujours les mêmes d'une population à l'autre. Prévoir au pays Noir, c'est se renseigner avec certitude : c'est une tâche difficile, souvent ingrate, qui amène bien des déceptions, si l'on n'est très expérimenté.

Pour pourvoir au pays Noir, il faut être riche et le demeurer. Pourvoir dépend de la bonne organisation au départ. L'achat des marchandises et des objets d'échange est une opération délicate ; tel objet de grand prix dans une contrée n'a pas cours dans une autre. Posséder n'est rien, conserver est autrement difficile ; car conserver, c'est prendre soin et transporter.

La garde, la conservation des marchandises ressortissait à Badaire, et je lui rends ici pleine et entière justice en proclamant qu'il s'est acquitté de son rôle avec une assiduité qui ne s'est pas démentie un seul instant. Que de sacs il a dû réparer, refaire de toutes pièces, et les caisses qu'il fallait ouvrir chaque jour, installer de manière pratique, les classements à remanier sans cesse ! C'était un labeur journalier très absorbant et fatigant à la fois.

Conserver, c'est aussi préserver contre les quémandeurs par trop intéressés, souvent arrogants. Donner, donner chaque jour est le seul moyen de s'assurer passage ; mais il faut savoir donner à propos, proportionner ses cadeaux à ce qu'on sait pouvoir ou vouloir obtenir.

Le bourreau de Tiéba exécutant la danse du coq auprès de trois condamnés.

Il faut savoir repousser les demandes exagérées, accepter la perspective d'un conflit sanglant pour ne pas céder une aiguille, comme aussi il faut savoir rémunérer largement un service de minime importance, mais qui doit mettre en relief votre générosité. Les séjours surtout sont ruineux, car, si l'hospitalité qui vous est offerte est cordiale, facilement on se laisse prendre aux apparences, on est porté à donner sans trop penser au lendemain. Dans certaines contrées, au Sokkoto et au Bornou surtout, l'exploitation de l'étranger se fait avec une habileté singulière, c'est avec la plus parfaite urbanité de formes que le voyageur est amené à la ruine et il ne faut pas voir d'autre cause au long séjour qu'ont dû faire au Bornou mes illustres prédécesseurs, Barth, Rholfs, Nachtigal. Réduits à une sorte de mendicité, ils n'ont pu quitter Kouka qu'à l'heure où le Cheik l'a voulu, et en usant de sa générosité.

Mais revenons à mon récit. Toutes choses étant restaurées dans l'ordre, je prends mes dispositions pour le départ. En quelques jours, grâce à l'arrivée de vingt-cinq porteurs et de dix bœufs de charge que m'envoie de Kinian le capitaine Quiquandon, la réorganisation est complète. Mais les hommes envoyés à San ne sont point de retour encore, je dois les attendre.

J'emploie ce temps à des travaux astronomiques qui doivent me permettre de déterminer la position de Sikasso que je veux prendre comme point de départ. De nombreuses observations de distances lunaires me donnent le résultat désiré.

Enfin, le 24 février, mes hommes sont de retour; ils ont été attaqués en route, mais ont pu passer sans aucun dommage.

Je décide que nous quitterons Sikasso le 26. Sikasso, capitale du Kénédougou, est un énorme village de forme rectangulaire, entouré d'un tata élevé de 7 à 8 mètres et d'un développement de 4200 mètres. A l'intérieur est un deuxième tata, très fort également, qui sert de réduit en cas d'attaque et contient la résidence du Fama Tiéba. Sikasso a soutenu en 1888 un siège fameux. Samory avec une armée nombreuse était venu sous ses murs sommer Tiéba de se soumettre à son autorité. Sur son refus, il entreprit le siège de la place. Non seulement Sikasso résista à un siège de près d'un an, mais encore Tiéba réussit à anéantir l'armée assiégeante dans deux grandes batailles en dehors des murs.

Mon ami Binger était venu, au cours de sa mémorable exploration, rendre visite à Samory, sous les murs de Sikasso. Consulté par ce dernier sur le succès de son entreprise, il avait voulu le dissuader de persévérer en lui disant que la place était trop forte et trop bien approvisionnée pour qu'il pût s'en emparer. Samory s'était montré vexé du peu de cas que Binger semblait faire de ses talents militaires et l'explorateur, le comprenant, s'était empressé de fausser compagnie à l'irritable potentat.

Sikasso a une population de dix-huit à vingt mille habitants. En dehors des murs sont deux ruisseaux qui ont de l'eau toute l'année; dans l'intérieur sont de nombreux puits dont l'eau est très bonne. Incluse dans le tata est une butte, de 150 mètres d'élévation environ, qui domine toute la plaine environnante et sert en cas de siège pour observer les mouvements de l'ennemi.

CHAPITRE III

De Sikasso à Bobo-Dioulasso

Le convoi au départ de Sikasso. — Le dernier courrier de France. — Les Bobos. — Les sorciers de Souro et ma carabine. — La lèpre et son remède. — Passage du Bafing. — La vie au pays Noir. — Passage du Baoulé. — Arrivée à Bobo-Dioulasso. — Guimbi, mon hôtesse.

Le 26 février au matin, je fais terminer des achats de riz, réserve de route, et l'après-midi, à deux heures, la caravane sort de Sikasso et traverse le ruisseau qui longe le mur Est du tata. Un peu plus haut, sur ce ruisseau, se trouve une bananeraie établie par Tiéba, sur les indications du capitaine Quiquandon. Sikasso et Bougoula, qui en est voisin, sont les deux seuls endroits où j'aie trouvé des bananes au cours de mon voyage jusqu'à Sokkoto.

La caravane est respectable. En personnel, elle compte un interprète, dix tirailleurs, trois domestiques, deux bergers, vingt-cinq porteurs; comme animaux, huit bœufs chargés, six haut le pied, neuf bourriquots. J'ai pris à mon service un certain Abdoulaye-Traouré, qui doit me servir d'interprète mossi. En outre se sont joints à la caravane des gens qui sont venus du Mossi ou de Lanfiéra avec le docteur Crozat. Ils emmènent un certain nombre de captifs qu'ils ont achetés à Kinian.

Le docteur m'a prévenu que je ne trouverai point de vivres sur la route. Aussi suis-je obligé d'emporter une douzaine de jours de vivres pour les hommes et les animaux, ce qui alourdit singulièrement le convoi. Je suis obligé de prendre à loyer cinq esclaves de la caravane. J'ai en tout quarante-cinq rationnaires et vingt-six animaux.

Le soir, nous campons dans un pays charmant où tout respire le calme et le bien-être. C'est Bougoula, le village de la mère de Tiéba, qui, en signe de bienvenue, m'envoie un demi-régime de bananes. Le 28, au travers d'un pays bien arrosé, nous arrivons à Bandiaralassou. Ce village est sur les bords du Kouoro et, si je le cite au passage, c'est que le docteur Crozat n'est pas du même avis que moi: il place la rivière de Kouoro un peu avant le village de Souro, à une trentaine de kilomètres dans l'Est. Or la rivière de Souro n'a qu'un débit très faible; elle coule sur un haut plateau en terrain tourbeux et au niveau du sol; elle a à peine une dizaine de mètres de large. La rivière de Bandiaralassou, au contraire, est profondément encaissée dans des berges rocheuses; elle coule en torrent dans ce lit et son débit aux hautes eaux doit être énorme, en harmonie avec la puissante rivière que j'ai traversée en avant, Kouoro. J'ai dit qu'au point de passage elle marnait de 10 à 15 mètres, ce qui suppose, étant donnée la largeur de son lit, un cours supérieur tel que celui que j'indique pour la rivière de Bandiaralassou. D'ailleurs, avant l'arrivée à Bandiaralassou, on traverse une autre rivière large de 35 à 40 mètres, coulant sur fond de roches, mais à lit peu encaissé, qui se réunit à celle de Bandiaralassou à quelques kilomètres dans le nord de la route. Je pense également que la rivière de Souro doit apporter son tribut au Kouoro, mais j'estime que la branche principale de ces trois rivières passe à Bandiaralassou.

Le 1er mars, nous faisons étape à Diasa, village de notre guide. Là nous reçûmes le dernier courrier qui dût nous parvenir de France au cours de la traversée du continent africain. La date extrême des lettres de nos familles qui nous parvenaient était du 18 décembre 1890.

Lorsque, le 6 décembre 1892, je reçus à Beni-Oulid le premier courrier venu par Tripoli, il y avait presque exactement *deux ans* que nous étions, Badaire et moi, sans nouvelles de France. On parle volontiers de record aujourd'hui; en voici un, peu enviable, je l'affirme, mais que nous détenons.

Le 2 mars, en quittant Fan, nous accédons à un énorme plateau, marécageux en partie en hivernage, au sol riche en humus,

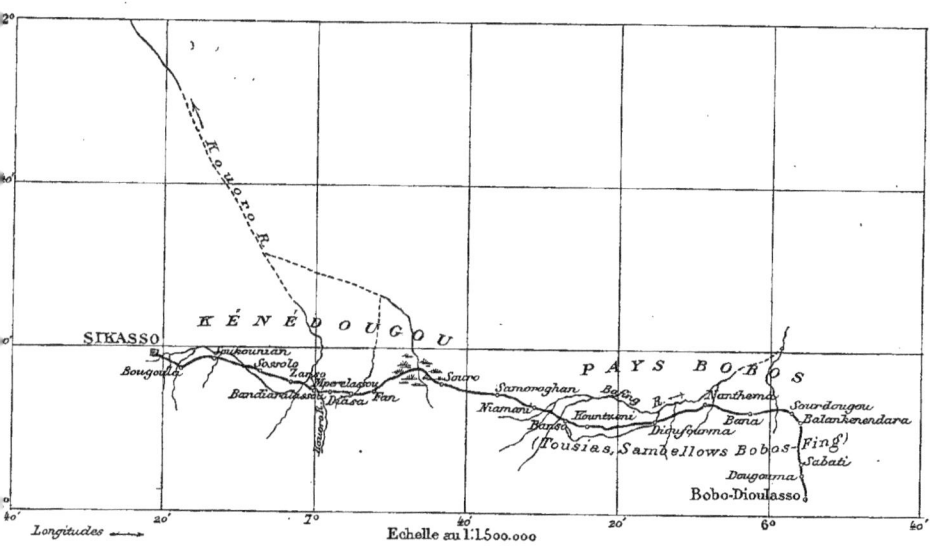

De Sikasso à Bobo-Dioulasso.

où une exploitation agricole superbe pourrait être établie. Au milieu de ce plateau coule la rivière dont je viens de parler, cachée sous un rideau d'arbres magnifiques. A trois quarts d'heure de marche plus loin est le village de Souro.

D'ailleurs, toute cette contrée du Kénédougou est un pays admirable, aux terres fertiles, bien arrosées, avec de grandes forêts dans les parties peu peuplées. La végétation n'a plus le caractère épineux et rabougri des terrains où sables et argiles dominent; ce sont des bois de karité, des ficus, des banians, des fromagers, etc.

La population est forte, le climat y est très sain. J'estime que toutes ces contrées arrosées par les affluents de la rive gauche du Niger et par la Volta seront susceptibles de recevoir dans l'avenir des colonies européennes.

A Souro, qui ne fait partie que nominalement du Kénédougou, commence le pays bobo habité par les diverses branches de cette race singulière qui se dénomment Tousias et Bobo-Oulé jusqu'au Bafing, Bobo-Fing entre Bafing et Baoulé, enfin généralement Bobo-Dioulas sur la rive droite du Baoulé et de la Volta.

A partir de Souro, on voit reparaître les toits de paille pour les cases, qui sont rondes pour la plupart: mais toujours, dans un groupe appartenant à une même famille, il y a une case carrée; cette case, au rez-de-chaussée, offre une grande salle très élevée de plafond où se tiennent les femmes pendant la journée, où elles écrasent le mil pour le thou, où elles filent le coton. Dans un des angles de la case, se trouve une sorte de cheminée dans laquelle on monte au moyen d'un tronc d'arbre entaillé, incliné suivant l'ouverture et qui sert d'escalier Le débouché de cet escalier sur la toiture de la case est protégé par une tour circulaire recouverte d'un toit en paille. Sur la terrasse, semées indistinctement, s'élèvent des cases rondes à toiture de paille qui servent de coucher à la famille pour la nuit. Souvent, sur cette terrasse, s'élève une case carrée, à toiture de banco (mélange de terre et de bouse de vache), qui est celle du maître de la maison, et sur cette case encore un escalier extérieur, aussi primitif que le premier, mais non protégé, permet de monter.

Les greniers à mil, élevés sur de fortes pièces de bois, entourent la case principale et en forment la cour. Toute la famille couche la nuit à l'étage supérieur. Au rez-de-chaussée, il ne reste que la meule à mil.

Cette installation, que l'on retrouve partout sur la route dans les villages, jusqu'à Bobo-Dioulasso, est de coutume bobo, race craintive, successivement asservie par tous les conquérants, mais qui tient à son sol et envisage très philosophiquement l'agitation des conquérants, pourvu que sa liberté ne soit pas atteinte, car le Bobo ne souffre pas la captivité. Pris, s'il ne peut s'échapper, il se tue ; aussi, de captifs de cette race, il n'en existe nulle part. La construction de son habitation révèle sa nature un peu timorée et aussi son peu de sociabilité. Les groupes de cases sont isolés les uns des autres et les villages se composent de petits lots de cases appartenant en général à une seule famille. Le Bobo avant tout est un agriculteur et un chasseur; le vête-

Passage de Baoulé.

ment lui importe peu ; d'ailleurs peu industrieux et cultivant uniquement pour ses besoins, il n'a guère de ressources pour acheter des étoffes. Pour tout vêtement, il a un lambeau d'étoffe, lambeau retenu d'avant en arrière à de petits cordons de cuir tressés, enroulés autour des reins. L'aisance se manifeste, chez les jeunes gens surtout, par de gros glands assez gracieusement faits qui pendent devant et derrière, entre les cuisses. Quant aux femmes, les plus fortunées ont un pagne dont la largeur ne dépasse pas une coudée ; les plus pauvres se contentent de feuilles vertes dont les tiges tressées en bouquet pendent devant et derrière. La vertu habillée que nous nommons pudeur n'existe point pour le Bobo, car, affirme-t-il, « s'habiller est avoir quelque difformité à cacher. »

Beaucoup de femmes portent leurs enfants à la mode habituelle ; mais une carapace en osier recouvre le corps de l'enfant, une autre lui recouvre la tête. La femme ne le porte pas constamment sur elle ; pendant qu'elle vaque aux menus travaux de l'intérieur, elle le dépose dans une corbeille en osier.

Le Bobo se pique d'une très grande franchise et d'une fidélité absolue dans ses promesses. Aux yeux des autres noirs la loyauté du Bobo est proverbiale, mais il est réputé aussi grand voleur de bestiaux. Les Bobos ont pour tout armement un arc et des flèches ; ils boivent le dolo et cultivent à cet effet un gros mil rouge sang de bœuf. Ils paraissent n'avoir aucune religion, ou mieux ils sont fétichistes et les sorciers sont très influents au milieu d'eux.

J'eus l'occasion d'en faire la désagréable expérience à Souro même.

Après avoir traversé la rivière dont j'ai parlé ci-dessus, nous rencontrons à peu de distance la plupart des habitants qui, armés de filets, de fouines et de tridents, s'en allaient à la chasse. Je me renseigne auprès d'eux et, à la description de l'animal, je m'étais fait idée qu'ils allaient chasser la loutre. Je demande qu'au retour on m'apporte un de ces animaux, puis je continue ma route vers le village, où je me fais précéder par le guide de Tiéba et Makoura, pour demander l'hospitalité.

J'arrive aux abords du village sans apercevoir mes gens, et, avisant une éminence couverte d'arbres superbes, je mets pied à terre à l'ombre. Le convoi se groupe bientôt. J'ordonne de décharger et j'envoie dans le village à la recherche de Makoura et du guide, le nommé

Abdoulaye. Celui-ci m'avait le matin même demandé à alléger mon domestique de ma carabine Comblain dont il avait charge en même temps que de mon fusil de chasse. Avant de partir au village, il pose cette carabine contre un arbre voisin de celui que j'avais choisi pour mon propre campement.

Les bagages à terre, je donne l'ordre de faire la propreté du camp et de balayer la couche de feuilles sèches assez épaisse qui tapissait le sol sous les arbres.

Un quart d'heure après, alors que je commençais à m'étonner de ne voir venir personne, apparaissent enfin le guide et Makoura accompagnant un homme du village.

C'est le chef, me disent-ils; ils ont eu grand'peine à le trouver tapi dans une cour obscure où il s'était caché pour échapper à leurs recherches. J'essaye en vain de calmer cet homme qui manifeste une véritable terreur. Je n'y réussis pas; enfin il finit par me dire qu'il faut quitter cet endroit qui est le bois sacré du village. Je veux porter mon camp à 200 mètres environ plus loin auprès d'un grand rideau d'arbres en bordure d'un ruisseau, c'est également sacré. Nous tombons enfin d'accord pour un emplacement non éloigné de là, j'y fais transporter les bagages et m'y installe; puis je demande au chef de me faire apporter un bœuf à acheter et aussi du mil.

Il y a bien quelques tiraillements, j'obtiens cependant ce que je désire et règle les achats à la convenance de tous. Dans la journée, les habitants aussitôt rentrés de la chasse viennent au camp; on m'apporte un des produits de la chasse, c'est une sorte d'agouti qui vit au bord de l'eau dans des trous. J'achète l'animal, dont nous trouvons la chair très bonne.

Tout à coup, vers cinq heures, passant l'inspection du camp, je m'aperçois de l'absence de ma carabine. J'appelle Abdoulaye et lui demande ce qu'il en a fait. Il me rappelle qu'il était dans le village au moment où l'on a déplacé le camp et qu'à son retour, le transport des bagages étant presque terminé, il a pensé que l'arme avait été apportée par moi. Je l'envoie à l'endroit où il l'avait laissée. Rien. On cherche à nouveau partout sans succès. J'envoie alors vers le chef de village Makoura et le guide de Tiéba, pour qu'on fasse des recherches; ce ne peut être qu'un homme du village qui l'a emportée, l'ayant trouvée abandonnée sous l'arbre.

On parlemente longtemps, on fait des recherches apparentes qui restent infructueuses; finalement, à la nuit, on me fait répondre que l'arme n'a pu être retrouvée, que vraisemblablement, le diable, mécontent de la violation du bois sacré le matin, l'aura enlevée par punition.

Je ne suis pas disposé à me contenter de semblables sornettes, j'insiste en menaçant de faire prévenir Tiéba qui a déjà quelques griefs contre Souro et sera enchanté de venir le razzier. Pendant toute la nuit le village est en rumeurs; allant de porte en porte par l'intérieur et l'extérieur du tata, des processions se promènent précédées de tam-tams, de clochettes et de torches, les sorciers pratiquent des exorcismes destinés à persuader au diable de rendre ce qu'il a volé. Peine perdue, la nuit se passe sans que la carabine soit revenue. Le diable, me dit-on au matin, a été inflexible.

Voulant gagner Samoroghan le jour même, où je savais trouver un beau-frère de Tiéba qui jouit d'une grande influence, je partis, répétant les menaces que j'avais formulées déjà et préférant laisser à ces gens le temps de réfléchir. Si la carabine était retrouvée après mon départ, j'indiquais de me la renvoyer à Samoroghan.

De Samoroghan le guide revint à Souro, accompagné de Sitafa, le beau-frère de Tiéba. La réponse qui leur fut faite était que le diable, particulièrement furieux de la profanation de son sanctuaire par un étranger, refusait de restituer.

Le succès du diable et des sorciers ne fut que de courte durée. J'écrivis au capitaine Quiquandon et quelques mois après le chef de Souro était cassé et ma carabine retrouvée. Lors de son retour en France, Crozat la rapporta à ma famille.

Cette première rencontre avec les sorciers n'était que le prélude de bien d'autres dont certaines revêtirent bien plus grave caractère, ainsi qu'on en jugera par la suite.

A Samoroghan, je fis un séjour de deux jours, que je mis à profit pour expédier un courrier au capitaine Quiquandon, qui devait le faire parvenir en France. Korté-Mohessegui, le guide de Tiéba, en devait être le porteur, car à Samoroghan s'arrêtait l'influence de Tiéba et les pays bobos de l'Est non seulement n'étaient pas sous sa dépendance, mais encore relevaient de principicules qui étaient ses ennemis.

Et, à ce sujet, quelques mots d'explication sont nécessaires.

Au temps de la splendeur du pays de Kong que le capitaine Binger a si bien décrit, l'influence des chefs de cette ville rayonnait sur tout le Kénédougou et les pays bobos. Des membres de la famille régnante de Kong, les Ouattara, furent envoyés en qualité de gouverneurs dans ces contrées. Leur principale fonction était d'y percevoir les impôts. D'autres familles les suivirent, en particulier celles des Daouda et des Sanou.

Ces percepteurs militants s'implantèrent peu à peu dans le pays et y firent souche : un jour vint où la famille des Daouda se trouva assez puissante dans le Kénédougou pour s'y imposer comme famille royale : c'est la famille de Tiéba. De ce jour, elle rompit relations avec les Ouattara qui conservèrent les pays bobos de la haute Volta. Ceux-ci furent bientôt à leur tour divisés, chaque groupe de villages voulant avoir son indépendance. En même temps les Sanou se détachèrent des Ouattara, et établirent leur suprématie sur les Bobos-Dioulas. Actuellement on trouve ce spectacle, singulier pour nous autres Européens, mais qui n'est pas sans avoir d'analogie ailleurs qu'en Afrique, ainsi que nous le verrons pour le Haoussa, par exemple, d'une race conquérante en nombre restreint détenant des contrées de considérable étendue, sans avoir d'autre prestige que celui qui lui vient de son origine. Les pays bobos des Bobo-Fing et des Bobo-Oulé sont l'apanage des Ouattara qui ne comptent pas moins de trente-trois Famas. Cette désunion fait leur faiblesse.

Quant à Tiéba, ennemi mortel des Ouattara, il ne pouvait pour cette cause songer à s'ouvrir la route de Bobo-Dioulasso dont il eût voulu cependant détourner le mouvement commercial vers Sikasso.

A Samoroghan je m'entretins longuement avec Sitafa du remède de la lèpre qu'il me disait connaître. Il me donna en effet une recette dont je n'eus pas à faire usage ; mais ce fait que les noirs sont convaincus de posséder le remède de cette terrible maladie ne m'était pas inconnu.

J'ai dit au commencement de ce récit comment au début de ma carrière, après un premier séjour au Sénégal, j'avais été appelé à servir en Océanie. C'était à titre d'officier d'ordonnance de l'amiral Dorlodot des Essarts, premier gouverneur des Établissements français de l'Océanie. Au cours de mon séjour à Tahiti, j'eus l'occasion, accompagnant le gouverneur, de faire d'intéressants voyages dans les îles de nos établissements, en particulier aux îles Marquises. Or, dans ces îles,

Groupe de guerriers bobos.

les lépreux sont fort nombreux et cette épouvantable maladie y fait des ravages considérables. Je pus voir sur place, au cours d'une enquête que mon chef, philanthrope éminent, poussa fort loin, s'éclairant des conseils des hommes de l'art, je pus voir, dis-je, toute la gamme de cette hideuse infirmité humaine — depuis la petite plaque terreuse qui est le premier symptôme de l'invasion jusqu'aux déformations les plus épouvantables, jusqu'aux mutilations les plus horribles. — J'ai vu des jeunes gens n'ayant plus comme membres que des moignons informes dont les pourceaux avaient pendant la nuit dévoré les extrémités sans qu'ils en ressentissent de douleur, sans qu'ils fussent capables de se défendre.

J'ai vécu, par contre, d'heureux jours sous ce climat enchanteur, au milieu de ces populations tahitiennes aux mœurs douces et faciles, et jamais mon esprit n'était retourné vers ces souvenirs de ma jeunesse sans une impression de compassion poignante pour ces populations des Marquises si cruellement éprouvées. Je me rappelais avoir entendu autrefois au Sénégal parler de ce mal : on disait que certains médecins noirs en possédaient le remède, je m'étais promis de l'étudier.

Lors de mon séjour au Soudan, en 1884 et 1885, je n'en eus pas le loisir, quoiqu'y ayant songé. Cette fois, j'avais repris mes investigations, décidé à les pousser jusqu'au bout.

Griote de Guimbi.

Le hasard me servit. L'homme que me procura le docteur Crozat comme interprète mossi, le nommé Abdoulaye. Traouré, était lépreux. Pendant mon séjour à Sikasso, j'étudiai son cas; je constatai qu'il était guéri. Je lui demandai le remède. Il m'indiqua différentes plantes dont j'envoyai des échantillons en France en même temps qu'un rapport sur son cas. Mais je n'avais qu'une confiance limitée dans cet homme, je me promis de continuer mon enquête.

Sitafa me donna une médication nouvelle, mais la base était analogue : purgatifs et dépuratifs. Il me fallait pouvoir expérimenter, pour cela avoir un malade. Malgré mes recherches que je continuai à Bobo-Dioulasso, je ne pus y parvenir. Je remis à plus tard sans abandonner mon idée. Par la suite, je pus réussir, pendant le séjour à Zebba, à trouver le remède et à en appliquer l'usage à un cas que je traitai.

Le 5 mars, au matin, nous quittons Samoroghan pour entrer dans le pays bobo ; nous arrivons à Banso vers une heure, après avoir traversé deux bras du Bafing, une des têtes de la Volta. Banso est un village isolé au milieu d'un pays magnifique où de superbes forêts alternent avec les terres cultivées.

De Banso à Dioufourma, étape du lendemain, c'est un enchantement. Que faudrait-il pour faire de cette contrée l'un des plus beaux pays du monde? Quelques bras, un peu de volonté. L'avenir de cette terre privilégiée — et je ne répéterai la même formule pour aucune autre contrée du Soudan traversée au cours de ma route — est assuré du jour où des voies de communication auront mis ces territoires à la portée des convoitises européennes.

Auprès de Banso, au village de Kountzéni, est une forêt de rôniers que les indigènes exploitent pour en extraire le vin de palme.

A Dioufourma, nous recevons bon accueil du chef, frère de Kharamokho-Oulé-Ouattara, chef de Kong. Il se dépense en protestations d'amitiés de toutes sortes en souvenir de Crozat et du blanc ami de son frère (Binger) jusqu'au moment où je lui ai fait un beau cadeau, puis il s'éclipse, tandis que des habitants du village continuent à m'entourer de mille marques de sympathie. Le moindre grain de mil eût mieux fait mon affaire, mais je ne pus réussir à en obtenir.

Il est vrai que je suis arrivé l'après-midi, vers quatre heures. Or c'est là, pour le voyageur, chose à éviter quand il le peut.

La vie au pays Noir est réglée le matin. C'est le matin que le chef de case donne la provision de grain pour la journée, qu'il distribue le travail à ses esclaves, qu'il indique les achats et ventes à faire au marché. Il reçoit aussi ceux qui ont à lui causer d'affaires personnelles. C'est le matin qu'il part à la chasse ou qu'il va voir ses travailleurs dans les champs. Vers deux heures, il est de retour; alors a lieu le repos, après lequel il va visiter ses amis ou plus généralement va s'asseoir à l'ombre sur la place du village, pour y deviser de tout et de rien, ou y traiter des affaires publiques, des potins du jour. Le voyageur qui passe s'arrête un instant pour donner les nouvelles de la route ou du village voisin.

La femme, le matin, vaque aux soins de la maison, distribue l'ou-

Captives de Guimbi.

vrage aux femmes esclaves, va au marché quelquefois à 10 et 15 kilomètres de là pour en revenir le jour même. Le marché est hebdomadaire; dans un rayon de 20 à 30 kilomètres, les villages s'entendent pour avoir un jour différent.

Le marché se tient toujours pendant les heures chaudes de la journée, de midi à trois heures, de manière à permettre aux femmes des villages voisins de venir et de s'en retourner le même jour.

Après le repas du milieu du jour, femmes et captives vont généralement à la rivière ou au puits laver les ustensiles de cuisine et le linge : elles se rendent aussi dans les jardins potagers pour les arroser.

Le puits ou la rivière est pour les femmes ce qu'est pour les hommes la place du village ; pendant qu'on savonne et se baigne, les potins vont leur train ; les jeunes filles, les enfants s'ébattent, pendant que les graves matrones dissertent. Tout à coup se forme un cercle de quelques jeunes femmes et jeunes filles, dont l'une reprend un refrain que les autres accompagnent de battements rythmés des mains et une danse s'improvise. Mais voici que dans le sentier vient un homme grave, appuyé sur un long bâton ; c'est un chef de case qui s'est aperçu qu'un ouvrage qu'il a donné à la maison n'est pas en train ; il sait où trouver la négligente, elle est au puits : aussitôt l'essaim se disperse au milieu d'une envolée d'éclats de rire et de cris d'oiseaux effarouchés. Au milieu du désordre, la délinquante n'oublie pas de ramasser sa calebasse ou sa cruche, et, relevant son pagne, de s'enfuir à toutes jambes par un autre chemin.

A la tombée de la nuit, tout le monde est rentré pour le repas du soir. On prend ensuite le frais dans la cour ou devant les portes. Mais, si la lune éclaire, des danses, conduites par les griots armés de leurs tambourins et de leurs guitares, s'organisent bientôt. Tout le monde peut y prendre part en entrant dans le cercle formé par les spectateurs qui rythment de leurs battements de mains les chants improvisés des griots, femmes ou hommes.

Nombre de ces danses sont lascives, d'autres sont simplement des acrobaties, d'autres sont héroïques, d'autres, enfin, sont des mimiques intéressantes souvent.

Il me souvient, à ce propos, d'une danse de la pileuse, que j'ai vue dans un village à la suite d'un mariage.

En voici le thème : Les deux amoureux se sont épousés depuis quelques jours ; pendant que l'homme sort pour aller aux champs, sa femme l'accompagne, qui, sur le devant de la porte, va piler le mil pour la préparation de la nourriture ; elle marche soutenue par le bras de son mari amoureusement penché sur son épaule ; ils se séparent, s'envoyant de la main d'affectueux saluts. Le champ est aux abords du village, ils pourront se voir de loin pendant qu'ils travailleront chacun de leur côté. L'homme parti, la femme installe son mortier, y met son grain, prend son pilon et commence à travailler avec ardeur. Mais voilà que trois ou quatre voisines viennent se placer auprès d'elle pour se livrer à la même occupation. Les caquetages vont bientôt leur train, il y a une série de bonnes petites histoires bien croustillantes, la langue travaille, les pilons se reposent. La jeune femme craintive, se sachant observée, s'est placée de manière à être masquée par ses amies. De temps en temps, elle lève la tête pour regarder furtivement au loin dans la direction de son mari ; s'il travaille penché sur le sol, alors la mimique s'accentue, marquant une conversation des plus animées, entrecoupée d'éclats de rire des amies. Si, au contraire, il paraît se reposer, le regard rivé dans la direction de la maison, alors les pilons font rage au milieu des rires étouffés. Et ainsi jusqu'au retour de l'homme. Résultat : rien n'est prêt pour le repas et la petite ménagère pourrait bien encourir le reproche de paresse. Elle se porte toute frissonnante et câline vers son mari et le reconduit à la maison en le faisant passer à distance des pileuses qui, cette fois, se sont sérieusement mises à la besogne. Aussitôt entrée, elle s'empresse de sortir à nouveau, et, un panier à la main, se précipite chez une voisine complaisante, pour lui demander de lui prêter la farine nécessaire à la préparation de son repas. Autant rieuse et volage elle était tout à l'heure, autant sérieuse, active, préoccupée elle est maintenant. Elle disparaît enfin dans sa maison, soulagée d'avoir trouvé ce qu'elle cherchait.

Je n'ai vu qu'une seule fois cette danse et il y a dix ans déjà, mais la jeune femme qui la mimait mettait à son rôle tant d'originalité et d'expression que je crois la voir encore.

Cette digression un peu longue n'avait qu'un but, celui de faire comprendre comment il vaut mieux arriver le matin que le soir dans un village ; le matin, vous compterez peut-être sans les préoccupations du jour ; le soir, vous ne prendrez que date pour le lendemain.

J'ajouterai, en outre, que c'est une coutume très générale au pays Noir, et même au pays arabe, que le voyageur doit se présenter le matin, que celui qui s'est absenté pour quelque temps de chez lui n'y doit pas rentrer dans la journée ou la nuit, sous peine de voir mille malheurs fondre sur sa maison. J'ai eu souvent maille à partir avec mes guides pour cette cause; et combien n'ai-je pas connu d'hommes, même très importants, préférer passer la journée et la nuit à portée de fusil de leur maison plutôt que d'y rentrer après midi. Mais les anecdotes sur ce sujet m'entraîneraient trop loin. J'en conterai quelques-unes qui se placeront au cours du récit.

Le lendemain, avec des guides fournis par le chef de Dioufourma, je vais faire étape à Nanthéma. La route, en forêt, longe les bords du Bafing. C'est un merveilleux territoire de chasse où la plume et le poil abondent.

De Nanthéma, nous nous dirigeons, le 8 mars au matin, sur Bana. Ce n'est pas sans peine que nous passons le long des murs du village où ont lieu des fêtes de sorcellerie très singulières appelées Koma, et dont je parlerai plus loin. A onze heures, nous campons de l'autre côté du Baoulé (deuxième branche de la Volta. Bafing et Baoulé se réunissent dans le nord de la route pour former la Volta). Je me résous à passer la matinée au bord de la rivière plutôt que de continuer; le paysage est enchanteur et tous nous profitons de la halte pour prendre un bain délicieux. Le soir, à quatre heures et demie, après une très courte marche, nous sommes à Balankénendara. Le lendemain matin, 9 mars, nous arrivons de bonne heure à Bobo-Dioulasso. Je me rends aussitôt à un groupe en dehors du village où habite la sœur du Fama de Dioufourma, Guimbi, l'hôtesse de Binger d'abord, puis de Crozat. Ce dernier, en me donnant des notes sur la route, m'avait marqué Guimbi, *cote 20*. Et, en effet, en son souvenir et celui de Binger, je suis reçu à bras ouverts. Nous ne sommes pas longs à faire connaissance : Guimbi est d'une exubérance, d'une activité étourdissantes.

C'est tôt fait que nous installer. L'accueil de l'aimable hôtesse devient du transport, lorsque, dans la journée, je lui fais, en mon nom et en celui de mes amis, des cadeaux royaux.

Elle est partout à la fois, se jette à ma tête, dans mes jambes, entre dans ma case à tout propos pour s'enquérir si je n'ai besoin de rien, me fait apporter du lait, du beurre, des œufs, des poulets, des bœufs, etc.

Enfin, nous allons pouvoir prendre quelques jours de repos dont chacun a besoin, et je vais pouvoir à l'aise préparer la route en me renseignant.

CHAPITRE IV

De Bobo-Dioulasso à Lanfiéra

Séjour à Bobo-Dioulasso. — Mes porteurs désertent. — Mon cuisinier. — Sa fin tragique. — Les sorciers et les fêtes du Koma. — Le Fama de Boussoura. — Les funérailles au pays bobo. — Le frère et la femme du Fama. — Traité de Boussoura. — Le Mansakié toqué. — Le griot et les notables de Ouakouoy. — Les caravanes et les ruses et coutumes des Bobos. — Ouoronkouoy. — Retour d'une expédition à Kari. — Les Bobos et leurs sifflets. — Le passage de la Volta. — Le Mansakié de Koumbara. — Le Dafina. — Arrivée à Lanfiéra.

Le séjour à Bobo-Dioulasso, qui semblait devoir être, grâce à l'accueil de l'aimable Guimbi, réparateur pour tous, fut marqué, au contraire, par une série d'ennuis d'ordre divers.

J'avais été, le jour de mon arrivée, voir le chef de village. Son abord avait été plutôt froid, mais il m'importait peu, j'en savais la cause; elle résidait dans ce fait que j'étais descendu chez Guimbi au lieu de lui demander l'hospitalité à lui-même, revenant bon qui lui eût été des plus agréables.

Le lendemain, l'Almamy vient me faire visite. Crozat me l'a représenté comme un personnage dont il y avait lieu de se défier; qu'il lui avait montré quelque hostilité lors de son passage, et qu'en particulier il l'avait empêché de signer un traité à Boussoura avec le Fama des Bobos-Dioulas, dont Bobo-Dioulasso dépend.

Je fais à l'hypocrite l'accueil qu'il mérite, car la considération pour les Français lui est subitement venue lorsqu'il a appris que je suis loin d'être démuni de ce qui pourrait le satisfaire.

Pas plus au pays Noir qu'en Europe, il n'est de bon goût de tenir rigueur à un homme riche. Donner assaut à son coffre est méritoire; c'est lui reprendre ce superflu dont tant d'autres ont besoin. Pour une fois que je me suis trouvé dans cette situation privilégiée, j'ai su, malgré le manque d'habitude, faire bonne et longue résistance. D'aucuns diront peut-être que de mon mien propre je n'eusse point su être si sagement ménager.

Mais la richesse était mon arme principale de combat; si la défendre devait être l'objet de mille soucis, souvent même de périls, d'elle seule je pouvais attendre le succès. Je me procure le plaisir de faire lire à mon visiteur le traité de San; la rédaction l'enchante, car d'un regard il a inventorié les nombreuses caisses qui garnissent ma case. Cette vue, qui allume dans ses yeux les flammes ardentes de la convoitise, le convainc mieux que tous les raisonnements que l'Almamy de San est un sage dont chacun doit suivre l'exemple; quant à moi-même, je suis, certes, le fils du Roi des Français lui-même pour voyager si loin en si grand équipage. Binger et Crozat, qui faisaient moindre mine, devaient être mes captifs peut-être, venus pour préparer les voies. Je le détrompe en l'assurant que ce sont seulement mes amis; c'est à peine s'il veut le croire.

En le laissant se retirer sans lui parler de préparer un traité pour Boussoura où, m'a-t-il complaisamment informé, il n'y a pas de marabout (lettré musulman), je lui fais cadeau de quelques feuilles de papier. Il a dû en faire usage pour préparer contre moi quelque maléficieux grigri.

Dans la soirée du 10, vers quatre heures, je m'aperçois de l'absence de dix de mes porteurs: aussitôt j'envoie deux hommes à leurs trousses, accompagnés de quatre autres que me donne Guimbi.

Peine superflue; deux jours après, mes batteurs d'estrade rentrent bredouille. Ils ont su le passage des fugitifs à Balankénendara. Ceux-ci ont montré au chef de village un morceau de journal, disant que c'était un courrier pour le blanc, ami de Tiéba; qu'ils allaient à Sikasso chercher des charges.

Cette invention de ces hommes, qui ne connaissent pas nos habitudes, me semble étrange; j'ai tout lieu de suspecter un de mes hommes d'avoir favorisé leur fuite. Mes soupçons se portent sur mon cuisinier,

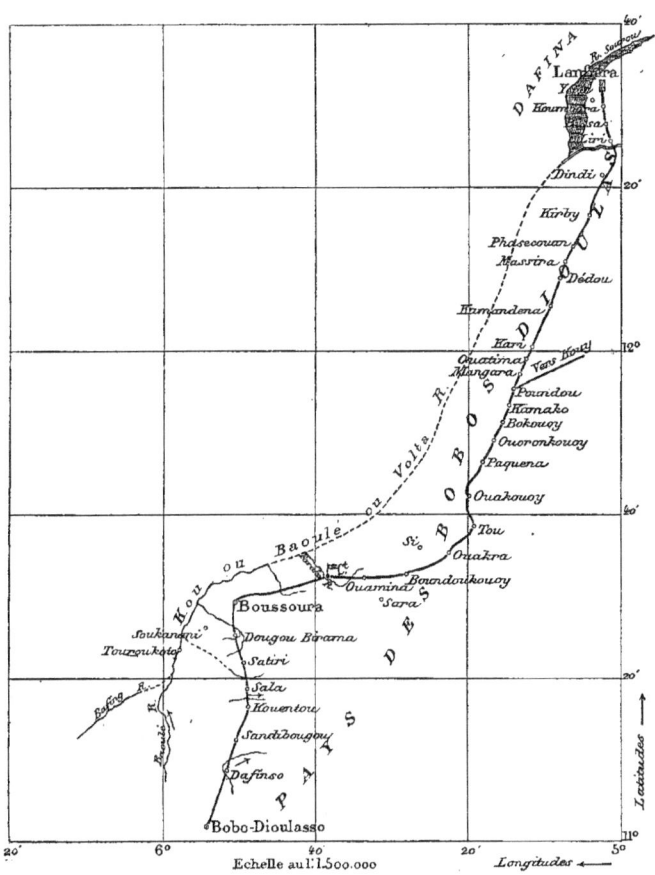

De Bobo-Dioulasso à Lanfiéra.

que je fais surveiller. Le lendemain, sous couleur d'aller au village acheter des vivres, il ne revient pas. Je fais prévenir le chef; on fait des recherches en apparence, mais qui sont, ainsi que je pouvais le prévoir, sans résultat. J'ai toujours eu le regret, au cours de la route, de n'avoir pas fait un exemple sur ce misérable, que j'avais eu déjà dans une de mes précédentes missions et qui m'avait fort mal servi. Par commisération, je l'avais emmené ; mais, au cours du voyage, je m'étais aperçu que sa fidélité, aussi bien que son honnêteté, étaient des plus douteuses.

A ma rentrée en France, j'eus le bonheur d'apprendre qu'il avait porté la peine de sa trahison. Il avait réussi à gagner, en s'enfuyant, Sikasso, puis Ségou ; mais, arrivé là, reconnu comme un de mes hommes, il s'était rendu à la Résidence, où il avait raconté au capitaine Briquelot une histoire de brigands. Le capitaine Quiquandon et le docteur Grall, Hourst aussi, étaient encore là à cette époque, je crois. Certains détails donnés par cet homme leur parurent suspects ; d'après lui, ma mission avait été massacrée ; seul, il avait réussi à s'enfuir. Mais le récit qu'il donnait fourmillait de contradictions ; il mettait dans ses récits des situations qui parurent invraisemblables pour mes amis, qui me connaissaient ; on n'eut pas de peine à le convaincre d'imposture ; il avoua. Son sort fut vite réglé ; ordre fut donné et exécuté de le raccourcir de 25 centimètres, suivant la formule humoristique de mon ami Underberg.

Craignant, en suite de ces désertions, de voir ma mission se fondre, j'entrepris de quitter Bobo-Dioulasso au plus vite. Mais, nouveau contretemps : impossible de traiter aucune affaire, vente ou achat. La cause en était que les fêtes du Koma venaient de commencer et qu'elles devaient durer cinq jours. Les fêtes du Koma sont des fêtes de sorcellerie, basées sur de vieilles coutumes fétichistes, dont je ne puis donner d'autres détails que ceux que j'ai été à même de voir. Dans les pays fétichistes, surtout chez les Bobos et les Mossi, les sorciers ont une organisation très puissante ; ils forment une sorte de caste dans laquelle on n'entre que par une initiation accompagnée de coutumes barbares et bizarres. Les sorciers jugent du présent et de l'avenir ; ils exercent, en outre, un sacerdoce qui s'accomplit d'après des rites déterminés ; jamais on n'entreprend, au pays fétichiste, une opération de quelque importance, soit individuelle, soit collective, sans consulter le sorcier. Les entrailles des poulets ou des animaux de boucherie sont les révélateurs ordinaires de leurs oracles. Les endroits où les sorciers se réunissent, où ils consultent le sort sont sacrés ; malheur à l'étranger inconscient qui les viole : il doit être frappé de mort par la puissance occulte qui est supposée détenir ces lieux. Si ladite puissance oublie de s'exercer, la corporation y supplée par la suppression violente. Les sorciers détiennent, en outre, les secrets de la fabrication des poisons,

Le Koma.

que les Bambaras appellent korté; c'est là surtout la vraie cause de leur omnipotence. Il est hors de conteste que certains de ces poisons sont d'une efficacité extraordinaire et amènent la mort en quelques heures. Les noirs craignent beaucoup le korté; il en est de toutes sortes. Les uns servent à empoisonner les flèches, d'autres se mélangent aux aliments. Ces deux catégories semblent avoir pour base, d'après le docteur Crozat qui les a spécialement étudiés, une graine de strophantus, qui est un poison du cœur. Il est une autre sorte de korté, dont j'ai souvent entendu parler; il se présente sous la forme d'une poudre très fine. L'individu qui veut se débarrasser d'un ennemi en place une très petite parcelle sous l'ongle de l'annulaire et la lance avec l'ongle du pouce sur un membre quelconque, jambe, bras, cou, laissé à nu par les vêtements. L'effet n'en est pas immédiat. Peu à peu s'éveillent des démangeaisons qui amènent la victime à se gratter. Par les points ainsi avivés, le poison s'insinue dans l'économie; puis les démangeaisons deviennent de plus en plus vives, jusqu'à ce que, l'empoisonnement étant complet, cela au bout de plusieurs mois, la victime succombe. Il ne m'a pas été donné de vérifier d'empoisonnement de cette espèce; mais nombre de fois j'ai entendu parler de gens qui avaient fini de cette manière; bien des chefs, que je n'ai pu voir, avaient de moi la crainte avouée que je pouvais leur lancer un korté perfectionné.

Les fêtes du Koma ont lieu annuellement; pendant leur durée, les sorciers sont maîtres absolus de se livrer aux pires excentricités. Vêtus à se rendre méconnaissables de peaux ou de feuillage, le visage bariolé, souvent couvert d'un masque, ils courent tout le jour dans les rues du village et aux alentours, armés d'une forte matraque. Aussitôt qu'ils aperçoivent une femme ou un enfant, des hommes même, non affiliés, surtout des esclaves, ils se mettent à leur poursuite et les frappent, s'ils ne se garent à temps en entrant dans une maison. Grâce à ces sottes coutumes, les affaires, pendant la durée des fêtes, sont suspendues; les petits marchés journaliers même ne sont plus tenus.

J'eus recours à Guimbi et, grâce à son entremise, je pus enfin terminer mes approvisionnements.

Bobo-Dioulasso est un marché important où se tissent des cotonnades célèbres d'une grande finesse de trame en même temps que de grande solidité. Les principales transactions du marché portent sur l'or, la noix de kola et le coton.

La noix de kola vient du sud du Ouorodougou et du Gondia. Il y en a à Bobo-Dioulasso deux variétés, l'une rouge, l'autre blanche, également estimées. Les blanches viennent du Ouorodougou. Je ferai la monographie de la kola en traitant de cet important commerce à propos des caravanes de Kano.

Le 14 mars au matin, nous quittons Bobo-Dioulasso. Guimbi, son mari et sa petite fille de six ans, mignonne enfant qui avait égayé de son gentil babil ma case, me font un bout de conduite. Notre guide est le neveu de Guimbi, qui doit nous mener jusqu'à Boussoura.

En passant à Dafinso j'apprends par des dioulas[1] la prise de Kinian par Tiéba. Nous campons sous les murs de Sandibougou.

Le soir, je suis témoin d'un trait de mœurs bobos quelque peu singulier. A la nuit faite, au milieu du silence, s'élève dans le village la voie stridente d'un griot qui prononce une assez longue tirade. La voix s'éloigne et ainsi fait le tour du village. Je fais chercher l'explication. J'apprends que le griot a fait une annonce. Un homme du village, celui-là même qui a fait faire l'annonce, avait caché dans la brousse un pécule en cauries ; étant retourné à sa cachette, il l'avait trouvée vide ; il en avait conclu que quelqu'un de son propre village avait découvert son magot et l'avait emporté. Le réclamant voulait bien croire que si, en effet, un homme du village avait pillé sa cachette, c'est qu'il en ignorait le propriétaire ; aussi le priait-il instamment de lui rapporter le bien dérobé dont le griot donnait le montant exact.

C'est là un trait de mœurs bien primitives ; je fus bien étonné quand on me dit que très probablement le réclamant rentrerait dans son bien, car il est d'usage bien établi que les Bobos, ceux d'un même village au moins, ne se volent pas entre eux.

Le lendemain, nous faisons étape à Satiri ; merveilleux campement sous des doubalels gigantesques aux abords du village, dont l'accueil est des plus cordiaux. Je reste deux jours à cause de deux de mes hommes qui ont été fortement luxés par un de mes bœufs porteurs, véritable bête féroce.

Le deuxième jour est jour de grand marché. Je puis y faire des

---

1. Nom des marchands indigènes, en langue bambara.

provisions. Nous trouvons en abondance du bon beurre, du laitage apportés par des femmes peules, charmantes de grâce et de coquetterie. Nous trouvons aussi des œufs, dont nous sommes sevrés depuis Sikasso.

Le 17 mars, après étape dans la journée à Dougou-Birama, nous sommes à Boussoura à cinq heures et demie. J'ai envoyé à l'avance Makoura et le guide prévenir le Fama Mahmadou-Sanou de mon arrivée. Je trouve préparée une très large installation dans de bonnes cases en terre, recouvertes de toits de chaume. Sélou, le frère du Fama, vient à ma rencontre, et tout de suite, en sa compagnie, je vais saluer ce dernier. C'est un vieillard très doux et affable, je ne crois pas que celui-là ait jamais pressuré personne.

Dès le lendemain matin il est chez moi, pour m'apporter une chèvre, du miel et du riz; armé de sa longue pipe, il me regarde curieusement vaquer à mes diverses occupations; nous causons de Binger et de Crozat; il a gardé des deux le meilleur souvenir.

Dans la journée, je lui fais remettre de très beaux cadeaux, et à Sélou qui vient me voir je fais des ouvertures pour un traité. Je lui fais lire et interpréter le traité de San. Au cours de la conversation, j'apprends qu'ils redoutent la venue de Tiéba qui, maintenant débarrassé de Kinian, va certainement se porter sur Bobo-Dioulasso pour s'ouvrir la route de ce marché. Or la prise de Bobo-Dioulasso serait leur ruine, et, d'autre part, Tiéba a contre les Sanous une vieille rancune. Dans son enfance, il a été enlevé à son père et vendu comme captif à Satiri; mais un homme de Bobo-Dioulasso a pu le racheter et le rendre à Daouda. Ils pensent que Tiéba a gardé mauvais souvenir de ce fait et pourra le leur faire expier durement, aujourd'hui qu'il est si puissant et qu'allié aux Français il possède de si nombreux fusils.

Je rassure Sélou et lui dis que, dès l'instant que son frère sera notre allié, Tiéba ne pourra rien contre le pays des Bobos-Dioulas; que, s'il veut passer un traité avec moi, je lui remettrai au nom du chef des Français un pavillon qu'il lui suffira de hisser sur son village le jour où Tiéba se présentera et que, devant cet emblème qu'il connaît bien, il s'arrêtera.

Sélou et Makoura se rendent chez le Fama et celui-ci accepte le traité. On se met à la rédaction et la signature en est arrêtée pour le 19 mars.

Le 19, je pars de bonne heure pour aller aux bords du Baoulé, qui coule à 5 kilomètres environ au nord-est de Boussoura. C'est une rivière de 40 mètres de large et de 1 mètre de profondeur en cette saison. Les berges surplombent le lit normal de 4 à 5 mètres, mais le lit d'inondation doit avoir une étendue considérable. Les vestiges appendus aux arbres sont à 5 mètres environ au-dessus des berges.

Toutes ces rivières de la boucle et aussi les affluents de la rive droite du Niger ont dans leur partie moyenne le même régime. Coulant dans des terrains sans relief, leur lit d'inondation occupe une grande étendue; aussi les villages sont toujours à grande distance des rives et situés à la limite des collines basses qui déterminent la vallée.

La rivière ici porte le nom de Kou ; c'est la Volta de Binger. Elle est formée du Bafing, branche nord et Baoulé branche sud que nous avons traversées entre Sikasso et Bobo-Dioulasso. Ces deux branches se réunissent à Tankoro, situé à environ 40 kilomètres dans le sud-ouest de Boussoura.

J'attendais l'après-midi le Fama et Sélou pour signer le traité, quand le Fama me fait prévenir qu'il a perdu une de ses femmes, puis deux heures plus tard qu'un de ses frères vient également de mourir.

Je vais lui porter mes doléances; il paraît très affligé; je savais qu'il aimait beaucoup la jeune femme qui venait de mourir en mettant au monde un enfant qui non plus n'avait pas vécu ; je savais aussi que son frère était vieux et infirme, que depuis longtemps sa mort était prévue. Je crus devoir lui apporter cette nuance dans l'expression de mes doléances ; mon étonnement fut grand quand j'entendis le Fama me répondre : « Je regrette beaucoup mon frère, je l'aimais, nous avons passé notre vie côte à côte, rien ne peut le remplacer dans mon affection. Quant à ma femme, je la regrette, c'est vrai ; mais la remplacer m'est aisé, il me suffit d'en acheter une autre. Rien au contraire ne peut tenir la place de mon frère. »

Le double enterrement eut lieu dans la journée. La coutume dans les pays de la boucle du Niger, Bobos, Mossi, est d'enterrer dans l'intérieur des maisons; seuls les esclaves sont enterrés en dehors des villages. On creuse un trou dans le sol de la case, on y place le cadavre enseveli dans un pagne, après l'avoir préalablement lavé, puis on dame fortement la terre par-dessus ; la case reprend peu après son aspect

Une audience du Fama de Boussoura.

habituel. Dans les grandes familles, une case spéciale sert à la sépulture ; mais les gens du commun continuent à habiter la case où le défunt est enseveli. La cérémonie funèbre est accompagnée par les gémissements des femmes et les coups de fusil tirés par les assistants. Lorsqu'un homme de grande famille est mort, de toutes parts viennent des amis et des parents, non à date fixe, mais isolément pendant deux ou trois mois, et l'arrivée de chacun d'eux est l'occasion de brûler de la poudre en l'honneur du mort.

C'est ainsi que souvent, passant devant un village, le voyageur surpris d'entendre les coups de fusil se renseigne. « C'est un enterrement, lui est-il répondu. — Qui donc est mort ? — Personne aujourd'hui, mais il y a un mois un tel a été mis en terre que des amis de tel village viennent enterrer aujourd'hui. » En effet faire parler la poudre en l'honneur d'un mort ne s'exprime pas autrement que « l'enterrer ».

Le lendemain, 20 mars, il a été arrêté qu'on signerait le traité. En effet le Fama et Sélou viennent dans la journée, mais accompagnés de plusieurs hommes, dont des sorciers. On donne lecture des actes ; mais, quand il faut signer, nous ne nous entendons plus, les sorciers s'y opposent. Le Fama et Sélou disent qu'ils ont donné leur parole, qu'elle ne peut être mise en doute. Ce qu'ils veulent surtout, c'est le pavillon. Je n'accepte point ; je veux, sinon leur nom, puisqu'ils ne peuvent l'écrire, du moins leur signe qui montre bien qu'ils ont accepté. Je perds mon temps à essayer de les convaincre. Je refuse le pavillon, certain de les amener à composition.

Dans la soirée, le Fama envoie chercher Makoura et lui dit qu'il donne à Sélou pleins pouvoirs pour signer. Celui-ci vient en effet presque à la nuit. La scène qui se passe est du dernier comique. Sélou est grave et songeur ; en entrant, il demande précipitamment la plume et les papiers. Il appose sur chacun deux signes, un pour son frère, l'autre pour lui ; il a la sueur au front, il lui semble commettre une action abominable : puis aussitôt il demande le pavillon, le cache sous son boubou et se sauve tant qu'il a de jambes.

Le lendemain matin à patron-minette, le Fama est chez moi qui me confirme qu'il a bien envoyé Sélou pour signer. Je lui donne un exemplaire du traité et lui fais faire une pinte de bon sang en lui racontant la scène de la veille. Il me dit qu'ils ont été contraints à ces allures mystérieuses par crainte des sorciers ; mais ce qu'il veut avant tout, c'est mettre son pays à l'abri des entreprises de Tiéba, et pour cela il a confiance en moi, tandis que les sorciers n'y pourraient rien.

Le 22 mars au matin, nous quittons Boussoura. Le premier village de la route vers Ouoronkouoy est Boundoukouoy, mais on ne peut l'atteindre d'une seule étape; il faut camper dans la brousse à une rivière qu'on appelle le Farako et ce campement est très redouté, il est réputé peu sûr.

Une forte caravane de gens de Kong allant à Bandiagara vendre des kolas est restée à Boussoura pour faire avec moi cette marche; ils comptent sur ma présence seule pour les protéger, mais ils ne se sont point préoccupés d'entrer en rapports. Le chef de cette caravane seulement est venu m'amener un homme horriblement brûlé sur tout le torse et la figure, un barillet de poudre lui avait éclaté entre les mains; j'ai indiqué les soins à lui donner, là se sont bornées nos relations.

En arrivant au campement vers midi et demi, je trouve la caravane établie; au passage, je ne recueille d'eux aucune des marques de la civilité obligée entre voyageurs au pays Noir. Cependant ces gens qui connaissent admirablement le pays pourraient m'être utiles en me renseignant; ils connaissent les blancs, Binger est resté longtemps parmi eux. Une fois campé, j'essaye d'entrer en relations par mon interprète et quelques hommes que j'envoie dans leur camp. Peine perdue. Je me décide toutefois à leur acheter mille kolas, ce qui permet à mon interprète de pouvoir causer un peu avec deux ou trois d'entre eux.

A la tombée de la nuit, le griot de la caravane jette aux échos de la solitude un éloquent défi à tous ceux qui, mal intentionnés, voudraient attaquer la caravane pendant la nuit. C'est du dernier comique de voir ces gens endosser la peau du lion alors que sans ma présence ils n'eussent jamais osé s'arrêter en ce point. Leurs rodomontades leur valent quelques quolibets de mes hommes qui sont furieux de n'avoir pu de la journée échanger quelques paroles en leur langue avec des hommes de leur race. La nuit se passe tranquille en mon camp, mais personne ne dort dans la caravane voisine.

Au matin, je fais charger et nous partons à cinq heures cinquante; nous passons Ouamina et à neuf heures nous arrivons à Boundoukouoy.

Le chef de village dont Crozat m'a parlé est plein de prévenances, mais c'est un agité et un maniaque. Je ne suis pas arrivé qu'il me propose de faire le lendemain une opération contre le village voisin de Bokouoy, j'ai toutes les peines du monde à décliner cet honneur. Lorsque la caravane de Kong arrive deux heures plus tard dans un ordre parfait, le chef se plaint du vol d'un fusil pratiqué par les gens de Ouamina qui ont essayé de piller la caravane.

Le Mansakié (nom bobo des chefs de village), dont l'esprit toujours en éveil a été excité par l'appât de grigris que lui a promis le marabout de la caravane, vient me demander de partir avec lui-même et quelques-uns de mes hommes pour faire rendre ce fusil. A lui s'est joint le chef de la caravane de Kong qui n'est plus l'arrogant de la veille, il est tout sucre et tout miel, et c'est en invoquant le nom du blanc qui a été l'hôte de Kharamokho-Oulé à Kong (Binger) qu'il me demande de me joindre au Mansakié pour aller à Ouamina réclamer le fusil volé. Je m'abstiens d'acquiescer, car c'est la pire maladresse pour un voyageur que vouloir se mêler aux affaires des pays qu'il traverse pour s'en faire l'arbitre ; mais le difficile est souvent de trouver le prétexte à donner pour rester neutre. En maintenant mon refus je dis au Mansakié que je lui serai reconnaissant de ce qu'il pourra faire pour faire rendre justice à la caravane ; s'il réussit, je lui promets un pistolet.

Dans la soirée, il revient triomphant avec le fusil ; mais de son pistolet il ne veut pas, il veut un grigri. J'ai toute peine à lui faire comprendre que je ne fais pas métier de marabout, et, devant son insistance, je lui promets de lui en rédiger un en français. Il part et je ne le revois plus. Au départ, le lendemain, il m'envoie un guide presque aussi fou que lui-même. Mais deux Peuls m'accompagnent de leur gré, pensant grappiller quelque chose. L'un d'eux est un vieux griot qui connaît admirablement ces êtres si simples, si enfants, que sont les Bobos.

Jusqu'à Boussoura la traversée du pays bobo n'a présenté que peu de difficultés, il n'en est plus de même maintenant. Les divers villages, à partir de Boundoukouoy, sont indépendants les uns des autres, souvent en hostilité ; il sera très difficile d'obtenir des guides.

Nous faisons étape à Ouakra dans la matinée ; le chef me donne dans l'après-midi son fils pour me conduire à Ouakouoy. En route cet homme me raconte qu'il est lui-même le chef du village où nous nous rendons, que le chef bobo que j'y pourrai trouver n'est que son mandataire.

Nous campons auprès du village et, comme de coutume, à l'arrivée j'envoie saluer le chef, car je n'ai qu'une confiance modérée dans les dires de mon guide. Celui-ci reçoit les cadeaux que je lui envoie, cadeaux dont le fils du chef de Ouakra, à titre de commission, perçoit, il est vrai, la plus large part, mais en retour ne daigne ni me faire une visite, ni m'envoyer la plus simple marque d'hospitalité. Mon guide est venu me saluer, puis est reparti. Je renvoie, avec le griot peul qui persiste à m'accompagner, mon interprète au village, faire part au chef de mon étonnement au sujet de son manque de civilité. Makoura revient en me disant que le chef a déclaré qu'il allait venir lui-même. Une heure se passe et la nuit vient sans que rien arrive. J'en fais l'observation au griot en lui faisant sentir qu'il remplit à coup sûr de manière insuffisante ses fonctions de deuxième interprète. Celui-ci se pique d'autant plus du reproche, qu'il avait escompté aussi bien la venue d'un mouton que celle de quelques jarres de dolo qui l'eussent aidé à passer gaiement la soirée. Aussi retourne-t-il au village avec la résolution d'un homme dont l'estomac est peu garni et le gosier sec, et auquel cet état ne sied qu'à moitié. Un quart d'heure après, je le vois revenir avec trois hommes complètement nus, sauf un imperceptible langouti. Il me les présente, l'un comme le chef de village, les deux autres comme les adjoints. Je les fais asseoir devant moi et tout de suite je leur marque mon étonnement de leur manque aux lois les plus élémentaires de l'hospitalité. Sur ce sujet, le griot de partir et, sur un ton d'orateur populaire, de faire le procès de ces malheureux. Il leur dit combien ils ont manqué au plus élémentaire de tous leurs devoirs, mais leur cas est singulièrement aggravé du fait que l'affront a été fait à un blanc. Je ne sais exactement le thème qu'il leur développe avec une verve infatigable et un grand accent de conviction ; toujours est-il que je vois l'attention de ces sauvages se fixer ; leur regard ne quitte pas la physionomie expressive du griot dont un feu voisin éclaire les traits ; je vois dans leurs yeux se succéder les sentiments les plus divers, mais où la surprise, puis l'admiration dominent ; bientôt ils sont sous le charme. L'habile improvisateur se rend bien compte de l'effet qu'il produit, car à un instant il s'interrompt pour dire en peul : « De ce moment je les tiens, ils sont mes captifs. » Et de fait les malheureux Bobos sont rivés à ses lèvres. J'ai grand'peine à maintenir le fou rire qui me gagne, mais moi-même je suis impressionné par cette scène réellement éloquente dans sa simplicité. Je sens l'âme de la brute s'éveiller, vibrer au son d'une parole entraînante. Enfin le griot

Le Mansakié de Ouakra et ses adjoints.

arrive aux grands effets, je vois la terreur envahir les traits des malheureux que l'accent de l'orateur subjugue ; tout à coup le chef se levant vient se prosterner devant moi, le dos tourné, les mains croisées sur les reins, ses deux adjoints l'imitent et le spectacle risible peut-être de ces trois hommes qui font acte de soumission, en me présentant presque à hauteur du visage leur postérieur vierge de tout vêtement, revêt un caractère grandiose quand le Peul lui-même, enthousiasmé de son succès, me dit : « Ce sont tes esclaves, ils l'indiquent que tu peux les enchaîner. »

Je n'oublierai jamais cette scène étrange où j'ai vu l'art de la parole faire si profonde impression sur des natures aussi primitives. Je dis à ces hommes de se relever, ils s'exécutent avec des mines satisfaites et aussitôt le chef me fait apporter un mouton, puis des jarres de dolo à profusion. Le Peul est radieux, je le félicite sincèrement de son succès, je souligne même ma satisfaction par des cadeaux pour lui-même et les Bobos.

Mon griot avait la langue épaisse au réveil ; le lendemain, il eût été incapable de recommencer la joute oratoire de la veille.

Les guides que le chef de village me donne le lendemain me quittent au bout de quelques kilomètres, parce que, disent-ils, leur village est en guerre avec celui de Paquena où je dois passer avant d'arriver à Ouoronkouoy.

Les Bobos n'imposent pas de droits aux caravanes qui traversent le pays ; ils ont toutefois établi des coutumes tracassières qui ne sont pas sans apporter quelques ennuis. L'une d'elles est que toute charge qui touche par accident le sol dans la traversée du territoire d'un village appartient de droit au village. Un animal se décharge, un porteur butte et laisse tomber sa charge, aussitôt les Bobos qui suivent la caravane cachés dans les hautes herbes se précipitent, s'emparent de la charge et s'enfuient. Il faut alors transiger avec le chef du village. C'est généralement du sel que les Bobos exigent pour rançon. Aussi l'attention de tous est-elle en éveil dans les caravanes et les chutes sont rares. Ce n'est pas là l'affaire du Bobo qui s'ingénie alors en mille subterfuges pour aider le hasard. Ce sont des trous creusés le long des sentiers en un endroit où un arbre abattu par exemple empêchera de tourner le piège ; en d'autres points ces trous sont recouverts ; l'animal sans défiance tombe avant que son conducteur ait pu voir l'embûche pour l'en détourner.

Aux abords des villages, au lieu de plusieurs chemins, un seul existe qui force la caravane à passer par l'intérieur du village. Le chemin est bordé de haies de chaque côté, mais ces haies vont se resserrant ; l'animal, sollicité par l'approche du village où il compte trouver le repos, va de l'avant ; lorsqu'il est engagé, rien ne peut l'arrêter, la chute est fatale ; elle a lieu, mais le Dioula s'est précipité et soutient la charge ; lorsqu'elle quitte le dos de l'animal, à deux hommes ils la soulèvent et parfois finissent par recharger l'animal sans que la charge ait touché le sol.

Plusieurs fois des incidents de ce genre me sont arrivés ; toujours j'ai refusé de consentir à aucun payement ou transaction, je m'appuyais sur ce fait que toujours j'avais reçu l'hospitalité et que j'avais devant moi un guide du village, que partant j'étais leur hôte et qu'ils ne pouvaient me soumettre à ce genre de vexations.

Une fois seulement les choses furent sur le point de prendre une tournure tragique : une charge de sel était tombée ; Badaire pressé par les Bobos dut mettre le revolver à la main. Prévenu, j'eus le temps de revenir avec le guide et un marchand influent qui m'accompagnait ; c'était lors du départ de Ouoronkouoy ; l'affaire finit par s'arranger, mais au grand mécontentement des Bobos.

Il faut ajouter à ces ennuis les mille coutumes fétichistes, les endroits sacrés où il ne faut pas couper de bois, les pierres qu'il ne faut pas déranger, etc. Crozat m'avait bien prévenu de toutes ces choses ; mais, à moins d'avoir vécu longtemps dans le pays, il est bien difficile de distinguer à première vue une chose sacrée d'une autre qui ne l'est point. Témoin cette note de mon regretté camarade sur Phasécouan : « Éviter à Phasécouan d'aller s'...isoler sous les arbres, ils sont tous sacrés, bénits, enchantés, que sais-je ? et il faut remporter... le papier. »

Aussi je mis toute la hâte possible à terminer la traversée de cette contrée, aspirant à arriver dans le Dafina dont je n'étais plus séparé que par quelques jours de marche. En partant de Ouakouoy, nous fîmes étape à Ouoronkouoy, marché important où je voulais faire quelques provisions et aussi me renseigner auprès d'un grand négociant, Ousmann, qui avait été l'hôte de Crozat, lequel m'avait vanté son affabilité.

Accaparé dès mon arrivée, je ne puis prendre Ousmann pour diatiké (hôte), je dois accepter l'hospitalité du Mansakié. Le diatiké dans les pays bobos et mossi est généralement un personnage important, qui donne l'hospitalité aux caravanes et les prend en charge vis-à-vis de l'autorité locale. Toutes les affaires se traitent par son intermédiaire. Si l'étranger est un personnage important envoyé d'un pays voisin ou chef en voyage ou étranger de marque, le diatiké désigné par le chef du village est le plus souvent un haut fonctionnaire ou même un membre

Au marché de Satiri. Jeunes vendeuses de coton.

de la famille du chef. Dans le cas je reçus l'hospitalité chez le fils du Mansakié de Ouoronkouoy.

Je fis séjour trois jours à Ouoronkouoy, pour m'approvisionner et surtout pour me renseigner. Deux routes s'ouvraient devant moi pour gagner le Mossi, l'une par Kouy était la plus courte, l'autre par Lanfiéra faisait un grand crochet au Nord. Mais à Lanfiéra habitait un personnage très important et influent, un marabout célèbre qui portait le titre d'Almamy de Lanfiéra. Crozat m'avait fort conseillé de me rendre auprès de lui, d'abord en souvenir de l'accueil qu'il avait fait à lui-même et aussi parce qu'il pouvait mieux que quiconque m'ouvrir la route du Mossi. J'hésitais toutefois à me détourner de ma route malgré le conseil que m'en donnait Ousmann. Des nouvelles graves qui me furent communiquées à Ouoronkouoy me décidèrent.

J'appris qu'Ahmadou Sheikou avait réussi à s'enfuir de Nioro et qu'évitant une colonne qui devait lui couper la route de retraite vers le Macina, il avait pu gagner le Niger et qu'il engageait à ce moment des pourparlers avec Monirou pour obtenir l'entrée du Macina. Monirou résistait, parce que sa couronne était en jeu ; mais la suite ne faisait pas de doute pour moi. J'étais convaincu qu'Ahmadou entrerait à Bandiagara et supplanterait son frère sur le trône du Macina.

Les événements donnèrent raison à ces prévisions que j'avais dès longtemps formulées dans une lettre au sous-secrétaire d'État, datée de Ségou, 23 décembre, c'est-à-dire avant même la prise de Nioro.

Il m'importait de connaître les événements et de les diriger si possible, car Ahmadou pouvait, une fois maître de Bandiagara, tenter de me couper la route vers Say.

Ma résolution fut de me porter au plus vite sur Lanfiéra.

Le 21 mars, nous quittons Ouoronkouoy. Nous faisons étape le matin à Poundou où bifurque la route directe du Mossi et le soir nous venons camper à Kari. Je trouve soucieux et mal disposé le chef de village, dont Crozat m'avait vanté la bonhomie. J'en ai bientôt l'explication : il me fait prévenir à l'entrée de la nuit de ne pas prendre souci des allées et venues, des bruits de tambours, des coups de sifflet que j'entendrai : ce sont trois colonnes qu'il a envoyées le matin en expédition contre un village voisin et qui vont faire leur rentrée à la nuit.

Bientôt, en effet, j'entends sur plusieurs directions de stridents coups de sifflet ; mais, au lieu de simples appels ou signaux, ce sont des modulations auxquelles on répond de même manière du village. Lorsque ces signaux ont permis de constater la présence des colonnes attendues, le tam-tam du village se met à battre, les tambours des colonnes répondent. Bientôt nous avons par les sons des tambours et des sifflets l'impression que les colonnes se rapprochent ; puis, tout à coup, de tous côtés, sortent de la brousse des masses d'hommes absolument nus, qui ont pour armes un carquois, un arc et une zagaie et qui, comme des ombres, passent en courant auprès du camp.

Les trois colonnes arrivent ainsi jusqu'à la place où le chef se tient hors des murs; au milieu du bruit des tam-tams le griot rend compte, d'une voix stridente, des hauts faits accomplis, puis le chef invite chacun à rentrer chez soi.

Le mécontentement du chef tient à ce que l'entreprise n'a pas réussi; on a surpris en tout un esclave, qui a été tué; mais les habitants s'étaient enfermés dans les murs avec les troupeaux, l'expédition est revenue bredouille.

Le sifflet joue un grand rôle dans la vie du Bobo; c'est un petit instrument en bois, en forme de croix, qu'il porte suspendu au cou par un fin cordon de cuir tressé; il est souvent agrémenté d'ornements d'étain. Non seulement certaines modulations servent de signes de reconnaissance entre les habitants d'un même village, mais encore il existe un véritable langage conventionnel qui permet au Bobo d'exprimer sur le sifflet toute la gamme des sentiments. Toute la nuit, dans les villages, on entend des conversations qui s'échangent ainsi d'une demeure à une autre, fort éloignée souvent. Les interlocuteurs, juchés sur les toits plats des cases, s'appellent et conversent entre eux; on organise une partie de chasse pour le lendemain, on traite des affaires, les amoureux modulent de purs chants d'amour, les ennemis se provoquent, etc.

Le 29 mars, jour de Pâques, nous faisons étape à Dédou; le Mansakié avait couru après Crozat pour lui demander de s'arrêter chez lui. Il l'avait fait en termes si chaleureux que le docteur m'avait engagé à lui donner la satisfaction de voir un Européen. J'eus peu à m'en féliciter : c'était une sorte de maniaque agaçant dont je ne pus rien obtenir que lorsque je lui eus marqué mon vif mécontentement de ses importunités.

Malgré un fort accès d'hématurie qui me prend dès l'arrivée, nous fêtons Pâques à déjeuner en buvant une des trois bouteilles de vin que Quiquandon m'avait envoyées avant le départ de Sikasso.

Le lendemain, nous partons avec l'intention d'aller jusqu'au Baoulé (Volta) qui sépare les pays bobos du Dafina. Le point de passage de la route de Lanfiéra est au sommet du coude brusque que forme la rivière avant de prendre sa course vers le Sud-Est. Nous passons Massira, puis Kirby, très petit village, où nous sommes vers dix heures et demie. C'est déjà une zone déserte comme il s'en trouve au pays Noir entre les pays de races différentes, sorte de marche frontière qui rend les incursions difficiles. Avant d'arriver à la Volta, nous traversons l'emplacement d'un village dont il ne reste que les ruines ; les habitants, me dit-on, se sont enfuis à cause des ravages que faisait dans la population la maladie du sommeil (hypnose).

A deux heures, nous arrivons enfin à la Volta. Je hèle une grande pirogue qui se trouve sur l'autre rive avec deux hommes, ceux-ci s'enfuient. Deux de mes hommes se mettent à la nage et vont chercher la pirogue, le passage commence aussitôt.

A quatre heures, nous sommes campés sur la rive gauche. Un bon bain, autant d'hygiène que de propreté, nous fait à tous le plus grand bien. La Volta a, à cet endroit, environ 40 mètres de large et 1^m,70 de profondeur ; elle forme un coude brusque pour se diriger vers le Sud-Est. Crozat m'a parlé d'un affluent sur la rive gauche, non loin du point de passage et en amont. Je fais, vers cinq heures, armer le *Berton* et remonte le courant. Je reconnais, en effet, l'embouchure d'une rivière, sans courant sensible, mais qui s'embranche dans la Volta presque à contre-courant. Je ne puis aller plus avant, à cause de la nuit qui va venir. Je pourrai explorer une autre partie du cours à Lanfiéra.

Badaire place, le soir, une ligne de fond à laquelle se prend un fort poisson qui ne paye pas de mine, mais que nous trouvons excellent le lendemain.

Le 31 mars, nous gagnons Liri, où je fais au chef du village un cadeau pour l'emprunt que j'ai fait de sa pirogue, et nous allons camper à Bissa. Nous sommes dès maintenant dans le Dafina, pays très analogue au pays bobo, mais où les Markas (branche de la race bambara) ont établi de nombreux villages. Les villages du Dafina forment plusieurs confédérations, dont la plus importante est celle de Koumbara, constituée par sept gros villages. Au-dessous des Markas, race dominante, sont les Sommos, qui ne sont eux-mêmes qu'une branche particulière de la race bobo.

Le lendemain, après une très courte étape, nous campons à Koumbara où le Mansakié, radieux du retour de ses hommes qui avaient suivi Crozat à Kinian y chercher le payement de chevaux achetés à crédit par le docteur, me fait l'accueil le plus empressé. Dakourou, c'est son nom, a fait une excellente affaire avec Crozat, il en flaire une meilleure encore avec moi qui lui ai fait des ouvertures au sujet d'un traité. Aussi, est-ce avec empressement qu'il m'offre de m'accompagner, le lendemain, à Lanfiéra, auprès de l'Almamy.

Une petite marche d'une heure et demie nous suffit pour gagner Lanfiéra, le 2 avril au matin. Je trouve préparée, auprès de la mosquée, une très bonne installation pour me recevoir.

CHAPITRE V

De Lanfiéra à Waghadougou

L'Almamy de Lanfiéra. — Le traité. — Nouvelles du Macina. — L'Almamy de Bossé. — Badaire malade de la dysenterie. — Moussa-Keïta refuse de me guider pour entrer dans le Mossi. — Ma fête. — Entrée dans le Mossi. — Notice sur le Mossi. — Le Naba de Yako et les sorciers. — Les Nabas et mon varioleux. — Arrivée à Waghadougou. — Mauvais vouloir de l'Almamy.

Figure bien originale que celle de cet Almamy qui, par la seule influence de son caractère et de son talent, a réussi à faire du petit village de Lanfiéra la capitale politique véritable de tout le Dafina. Il y a élevé une mosquée superbe, en terre battue, il est vrai, mais agrémentée de nombreux clochetons que surmontent des œufs d'autruche; elle est assurément la plus artistique de toutes celles que j'ai vues au Soudan, sans en excepter celle de Waghadougou qui est cependant aussi très belle.

Je ne saurais mieux donner une impression vraie de mon séjour auprès de cet homme remarquable qu'en faisant ici la copie de mon journal de route.

« 2 avril. — L'Almamy, prévenu de la veille, m'a fait préparer des cases entre la mosquée et sa propre maison. La mosquée, avec une profusion de petits clochetons surmontés de vases élégants en poteries, dont quelques-uns ornés d'œufs d'autruche, est la plus belle que j'aie encore vue.

« Je fais prévenir l'Almamy que je le verrai dans l'après-midi.

« Vers trois heures, je vais le voir à la mosquée ; j'ai pris le soin de mettre des pantoufles, de manière à pouvoir me déchausser pour entrer. Je tiens essentiellement à ne pas avoir fait inutilement ce grand crochet vers le Nord et il me faut séduire Karamokho. Très entourés, nous causons: Dakourou, dont la hâte est extrême, a déjà mis l'Almamy au courant; il me demande le traité de San : il le lit en l'approuvant et l'explique ; puis, de main en main, le traité circule, lu par la plupart des assistants, ses élèves de tout âge. Il se fait expliquer la raison qui veut que texte arabe et texte français soient en regard. Il saisit immédiatement.

« Karamokho est au physique un homme d'une stature très élevée, taillé en hercule. Une tête énorme surmonte cette robuste charpente, tête intelligente et bien ouverte qui respire la franchise ; ce n'est point la figure cauteleuse, au regard fuyant de ses confrères, c'est celle d'un homme au cerveau puissant qui a assez conscience de sa force intellectuelle pour ne pas craindre de regarder en face. Une grande expression de bonté achève de rendre cette tête très séduisante, malgré sa bouche aux dents mal rangées et ses paupières en capote de cabriolet. Il porte un bouc presque blanc, mais la figure est jeune. Karamokho n'a pas, à mon avis, plus de quarante-cinq ans ; ses pieds et ses mains sont des merveilles d'esthétique.

« Après cette entrevue publique, je vois Karamokho chez lui. Avec Dakourou on expose brièvement le but du traité ; mais le siège de Karamokho est fait, il le rédigera, il n'y a qu'à écrire le texte français. Puis viennent des questions sur l'histoire, la géographie du monde musulman. Karamokho a beaucoup lu et bien lu, il sait énormément : tout ce qui a trait à l'astronomie le passionne. Mes connaissances sur ce point et aussi sur le mouvement religieux musulman le captivent absolument. J'ai grand soin de ne pas insister pour le traité, je ne montre aucune hâte ; avec un homme de cette envergure il faut faire les choses à son heure. Nous nous quittons très bons amis et je sens que c'est place conquise, j'ai capté sa confiance d'homme.

« La soirée se passe à rédiger le traité; quant à Dakourou, il ne tient pas en place : je n'ai pas besoin d'être pressé, il l'est infiniment plus que moi.

« 3 avril. — Ainsi qu'il avait été convenu la veille, je vais chez l'Almamy vers huit heures avec Dakourou. Pendant deux heures, de traité il n'est pas question, la conversation prend toutes les formes.

« Enfin, de lui-même, Karamokho prend la plume : il me demande à nouveau lecture du texte de San, puis il me dit bien posséder le sujet et qu'il ne saurait s'astreindre à une rédaction aussi sèche, divisée en articles; qu'il va faire une rédaction conforme à l'esprit du pays. Je laisse faire. Quand il relit, je lui fais remarquer qu'il a oublié : 1° la faculté aux Français de venir dans le Dafina s'y établir; 2° l'engagement de ne point traiter avec d'autre puissance; 3° la remise du pavillon. Il ajoute ces différents points.

« J'ai obtenu plus que je n'espérais. Karamokho a fait le traité au nom de Dakourou et au sien; de plus, c'est un traité pour tout le Dafina et non pour le territoire de Dakourou seul.

« Je me rends très bien compte de l'acte de l'Almamy; il joue un coup de partie. Dakourou, chef de tout le Dafina pour les Français, c'est la toute-puissance pour Karamokho, car Dakourou a pour lui un respect de fétiche. Or jusqu'ici l'influence de Karamokho a été toute-puissante dans le Dafina; mais depuis deux ans elle est fortement sapée par deux de ses élèves, établis l'un à Bossé, l'autre à Sanno, pèlerins de la Mecque l'un et l'autre. L'accueil fait au docteur par l'Almamy a donné des armes à ses adversaires et pour le moment Karamokho brûle ses vaisseaux; en faisant acte de tolérance vis-à-vis d'un kéfir, il pense que cela lui profitera pour la restauration de son prestige, fort peu entamé jusqu'ici.

« Il est convenu que Karamokho fera faire copie des trois autres exemplaires et que l'après-midi nous signerons.

« Sur ces entrefaites j'apprends que N'Zenika, frère de Karamokho, qui, plus vieux que l'Almamy, jalouse son influence, et qui a fait à son frère des scènes de la dernière violence lors du passage du docteur, a quitté Lanfiéra pour ne pas me voir. Quand il a appris l'accueil que m'a fait l'Almamy, il a envoyé chercher ses femmes et ses captifs; grand émoi dont Karamokho, dans sa majesté sereine, ne laisse paraître aucun souci. Mais Dakourou s'excite, il part à la recherche de N'Zenika. Il revient peu avant la nuit et tout de suite m'entraîne chez l'Almamy pour signer, car il a de la persévérance dans les idées. L'Almamy voudrait remettre au lendemain, mais Dakourou et moi insistons; enfin c'est signé et, sans que je le demande, l'Almamy a signé lui-même. La hâte que j'ai montrée pour enlever la signature a sa raison d'être, je voulais le lendemain attaquer une autre question, et, faire signer le traité le soir, était gagner un jour.

. . . .

« Dans la journée l'Almamy m'a appris que les hostilités sont décidément ouvertes dans le Macina entre Ahmadou et Monirou; il me confirme que tous les Toucouleurs ont fait défection pour passer à Ahmadou. J'affecte peu de surprise à ces nouvelles et je traite sans passion cette question.

. . . .

« 4 avril. — Dans la matinée je vais voir l'Almamy, il me parle des nouvelles qu'il a reçues d'Ahmadou. Ce dernier est en marche sur D'jenné et Monirou se porte à sa rencontre. Karamokho me demande mon avis sur la situation et ce que nous ferons vis-à-vis d'Ahmadou. Je n'hésite pas à lui répondre, car j'estime que la franchise est encore la meilleure des politiques. Je lui dis que les événements qui se déroulent en ce moment dans le Macina : entrée d'Ahmadou, défection des Toucouleurs, guerre civile, je les ai prévus avant la prise de Nioro; que ma conviction est que, si Monirou ne peut pas être soutenu, Ahmadou prendra sa place dans le Macina, mais que nous ne l'y laisserons pas, que nous l'y poursuivrons. Ce n'est pas au musulman que nous faisons la guerre, c'est au chef fourbe et menteur, au tyran égoïste et sanguinaire qui, après avoir laissé mourir son père sans lui porter secours, a fait disparaître successivement tous les membres de sa famille et a ruiné les pays que son père avait conquis.

« Il me parle de Mamadou-Lamine[1]. Je lui montre que Mamadou-Lamine que j'ai connu personnellement a été un inconscient qui, après avoir été retenu sept ans en captivité par Ahmadou, a fini par nous faire, sous couleur de guerre sainte, la guerre au profit de ce dernier.

« Je lui parle à mon tour de Ouiddi; il me dit avoir sur lui une grande influence; je savais déjà la chose, Ouiddi est venu deux fois le

---

1. Faux prophète contre lequel nous avons dû faire colonne dans le bassin de la Falemé en 1885-86 et 1886-87.

voir. C'est un chef au caractère doux dont les guerriers ne sont pas bien redoutables. Un Peul d'Ahmadou-Addou vaut cent Peuls de Ouiddi. Quant à Ahmadou-Addou, par les renseignements qu'il me donne, j'en conclus qu'il est sujet à des crises d'épilepsie.

« Je prends alors la parole pour faire sentir à Karamokho que son pays et Lanfiéra en particulier, si déshérités sous le rapport des caravanes, prendraient une énorme importance du jour où la route de San serait ouverte, mais que pour cela il faudrait que je puisse passer avec Ouiddi un traité analogue à celui que je viens de passer avec Dakourou.

« Quant à Ahmadou-Addou, il n'en saurait être question ; entouré de toutes parts par des pays nos alliés, il sera bien obligé lui aussi de laisser libres les routes des caravanes.

« Je lui demande si avec un homme donné par lui je pourrais me rendre auprès de Ouiddi.

« Karamokho saisit très bien l'importance de la question ; à ma dernière demande il me dit qu'il est préférable d'écrire. Il va chercher un homme, il fera la lettre demain.

« Il ajoute qu'Ahmadou et Monirou, chacun de leur côté, ont envoyé sonder Ahmadou-Addou et Ouiddi, mais qu'aucun des deux n'a accepté d'ouverture. Son avis est que, si une colonne française entre dans le Macina, Ahmadou-Addou se joindra à elle. »

. . . .

Ainsi, pendant les douze jours de mon séjour à Lanfiéra j'eus de nombreux et intéressants entretiens avec ce musulman à l'esprit élevé et droit. J'avais besoin de capter sa confiance et j'y avais réussi ; or le but que je me proposais et que j'ai atteint était de mettre au service de notre cause l'influence considérable dont disposait l'Almamy sur les chefs peuls Ahmadou-Addou et Ouiddi, aussi bien que sur le Dafina.

En prévenant l'Almamy contre les entreprises d'Ahmadou-Sheikou, en lui montrant que son entrée dans le Macina pouvait amener la ruine tant du Dafina que des pays à l'ouest entre Lanfiéra et San, je mettais ces divers pays en garde contre les propositions que notre ennemi pouvait leur faire. Du même coup je rendais plus difficile l'accession d'Ahmadou-Sheikou au trône du Macina ; il devait dans la suite perdre du temps à tenter un rapprochement avec les Peuls du Sud, et ces préoccupations devaient l'empêcher d'organiser à nouveau la lutte contre nous en même temps que m'assurer à moi la sécurité de la route vers l'Est.

Quelques jours après, je recevais de Ouiddi une adhésion formelle à notre politique d'alliance contre Ahmadou-Sheikou.

Mais ces questions de si haute gravité ne sont pas mes seules préoccupations à Lanfiéra. J'ai amené de Koumbara un de mes hommes chez lequel j'ai constaté une attaque de petite vérole. Je l'ai isolé dès l'arrivée et lui donne mes soins.

Le 4, Badaire me déclare qu'il a la dysenterie depuis quelque temps déjà. Son état s'aggrave subitement. Je le traite avec la dernière énergie et, au bout de huit jours d'un régime des plus sévères additionné d'ipéca à la brésilienne et de purgatifs, je le remets sur pied. Sa guérison est favorisée par l'excellent lait que je trouve en abondance auprès des Peuls qui sont établis non loin de Lanfiéra. Enfin un autre de mes hommes est dans l'incapacité de faire un pas.

Plusieurs de mes animaux sont très fatigués, d'autres sont blessés, ils ont besoin de repos.

Pendant ce temps, l'Almamy de Bossé, dont j'ai parlé, s'agite et tient des conciliabules dirigés en même temps contre l'Almamy de Lanfiéra et contre moi. Il ne parle de rien moins que d'appeler le Dafina à la guerre sainte. Je le laisse s'agiter tout en me tenant au courant de sa conduite; Alpha-Karamokho n'est pas homme à se laisser surprendre par cet écervelé.

Je profite des quelques loisirs que me laissent mes multiples occupations, pour aller explorer la rivière dont j'ai parlé. Elle coule à 6 kilomètres de Lanfiéra à peu près, dans la direction du Nord au Sud. Son régime est très marécageux, le lit se perd au milieu des herbes et des îlots, le courant est à peine sensible et la côte à Yéra est sensiblement celle de l'embouchure elle-même. Je m'explique alors ce que m'ont dit les habitants que, suivant la saison, le courant se portait dans un sens ou dans l'autre. Cette rivière, que j'ai baptisée plus tard rivière Sainte-Marguerite après l'avoir traversée près de ses sources, vient de l'est du Mossi, traverse tout le Yatenga, le nord du Dafina, et se termine aux abords de la Volta dans une sorte de lagune sur les bords de laquelle est le village de Yéra. Comme cette lagune est sensiblement à la cote de la Volta et que celle-ci, nous l'avons vu, marne d'une dizaine de mètres, il s'établit aux hautes eaux une communication entre la Volta et la lagune et il est évident, d'après les lois de l'hydraulique, que cette communication doit s'ouvrir sur le prolongement de la branche ouest de la Volta. Ainsi s'explique l'anomalie que je signalais de l'embranchement à contre-courant que j'avais constaté. Aux hautes eaux de la Volta, dont l'apport est plus considérable et le courant plus rapide, les eaux de cette rivière refluent dans la lagune et dans une partie de la rivière Sainte-Marguerite; aux basses eaux de la Volta, la communication est interrompue, la lagune ne se déverse pas.

Dans mes nombreuses conversations avec l'Almamy ou ses frères, car j'ai fait la paix avec N'Zenika, et un autre des frères ne quitte guère mon cantonnement, je prends les renseignements sur l'état politique et les coutumes du Mossi et des pays avoisinants.

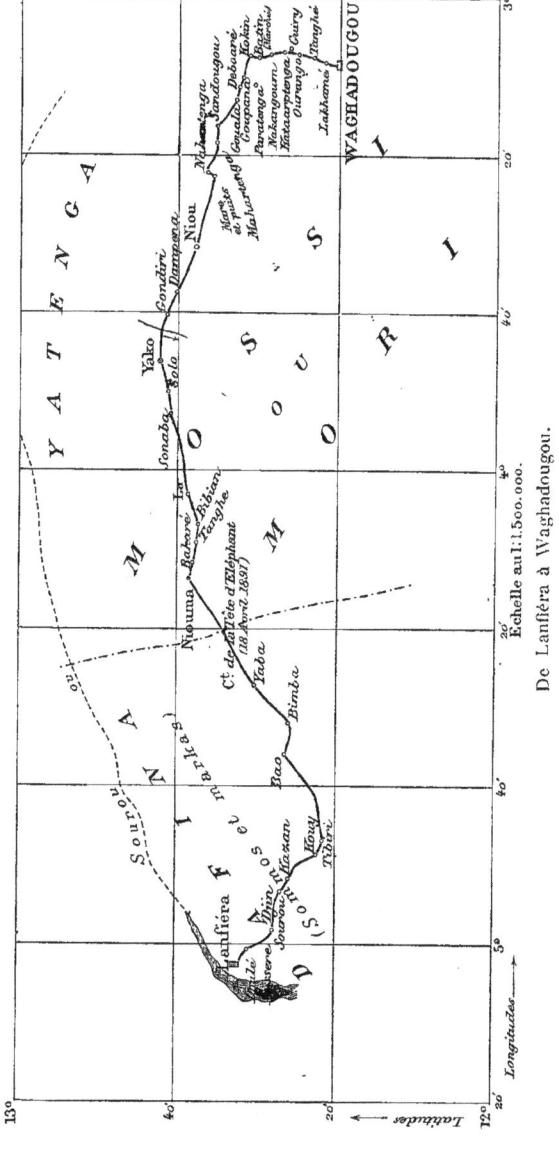

De Lanfiéra à Waghadougou.
Échelle au 1:1.500.000

Enfin, le peu de temps qui n'est point ainsi absorbé est consacré aux observations et aux calculs astronomiques.

Le 12, nous avons dans la nuit une violente tornade, témoignage de ce qu'on appelle à la côte le petit hivernage.

De tous côtés affluent nombre de gens qui viennent me demander consultation et guérison des maladies les plus variées ; j'ai grand'peine à me débarrasser de ces malheureux, aux cas desquels je ne puis à peu près rien. Les maladies d'yeux, ophtalmies ordinaires et cataractes, sont les plus fréquentes. J'apprends que quelques médecins noirs font et réussissent parfois l'opération de la cataracte ; le cas m'a été affirmé sans que j'aie eu l'occasion de le vérifier.

J'ai su par Crozat que le Naba de Waghadougou lui avait marqué une grande défiance, que les sorciers et les marabouts s'étaient coalisés pour représenter à celui-ci que la vue des blancs devait lui être fatale, que signer en tout cas un papier avec eux devait être sa perte.

J'obtiens de l'Almamy une lettre pour le Naba de Waghadougou, destinée à le convaincre qu'il n'a rien à redouter de ma venue, qu'il a tout à gagner à me bien recevoir et surtout que les relations qu'il pourrait avoir avec moi ne sauraient lui porter malheur.

J'organise définitivement mon départ pour le 14 avril. Je fais un volumineux courrier, partie pour le commandant supérieur, partie pour le sous-secrétaire d'État ; je le confie à l'Almamy, qui me déclare devoir le faire parvenir à San à bref délai.

Je ne sais encore par suite de quels incidents ce courrier ne parvint en France que quinze mois après, postérieurement, en tout cas, au courrier que j'expédiai de Kano par le Sahara, le 9 janvier de l'année suivante.

Je suis désormais en état de partir : Badaire est rétabli ; mon varioleux est en pleine convalescence ; quant à Fafouré, il peut marcher.

Je vois l'Almamy à la mosquée dans l'après-midi du 14. C'est pour lui jour de triomphe, car l'Almamy de Bossé a définitivement accepté sa défaite et lui a envoyé deux hommes pour lui demander son pardon. L'Almamy oblige ces hommes à me saluer. Je reste peu, car, ce que j'avais à dire à mon aimable hôte, je le lui avais dit dans la soirée de la veille.

A quatre heures et demie, je quitte l'hospitalier village de Lanfièra, guidé par le frère et un des élèves de l'Almamy ; à cinq heures et demie, je prends campement à Doulé.

Le 15, nous faisons étape à Djin ; le 16, à Kouy. En ce point l'Almamy m'a promis que Moussa-Keïta, marabout du Mossi, qui lui est personnellement très dévoué, se mettrait devant moi pour me faire entrer dans le Mossi, puis dans le Yatenga. Mais les choses ne vont point aussi aisément : Moussa a bien guidé le docteur; il ne peut le faire pour moi, dont la venue est depuis longtemps annoncée. Or il est exilé du Mossi et il serait certainement découvert et appréhendé en ma compagnie.

C'étaient au fond très mauvaises raisons; la vérité était qu'il croyait m'exploiter avec plus de facilité et que, me sentant sur mes gardes, décidé à ne rétribuer que des services effectivement rendus, il préférait renoncer avant de s'être engagé.

Nous allons bientôt prendre contact avec le Mossi; les difficultés vont singulièrement s'accroître au fur et à mesure que nous allons avancer vers l'Est. Au lieu de ces populations bambaras et bobos, rudes d'abord, mais au demeurant simples et droites, nous allons trouver des populations d'humeur en apparence moins farouche, mais chez lesquelles l'astuce et le mensonge entrent comme monnaie courante dans les relations.

Cette résolution de Moussa-Keïta, de ne point me servir de guide, me mettait en cruel embarras; j'avais compté sur lui en effet pour me servir d'interprète dans le Mossi à cause de sa connaissance de la langue bambara. Le nommé Abdoulaye que m'avait donné Crozat avait une si mauvaise conduite, il était tellement irrégulier dans sa manière de servir, que j'avais dû m'en débarrasser à Lanfiéra, en lui réglant sa solde. Il me reste bien un certain Tédian, homme du Mossi, qui a accompagné le docteur à son retour; mais cet homme, qui habite le Yatenga, doit me quitter à La, si je ne prends pas la route de son pays. Sur ce point je ne serai fixé qu'à Niouma, premier village du Mossi. J'ai envoyé de Ouoronkouoy, par une occasion que Ousman m'a déclarée être sûre, de très beaux cadeaux au Naba (roi) du Yatenga; s'il m'accorde l'hospitalité, il enverra au-devant de moi à la frontière; sinon, je poursuivrai ma route sur Waghadougou. On me dit bien dans chaque village, et Moussa me le répète, que les hommes portant les cadeaux sont passés et que probablement des cavaliers m'attendent à Niouma; mais rien n'est moins certain.

Dans la matinée du 17, j'ai une conversation des plus vives avec Moussa-Keïta au sujet de son manque de parole et, pour bien lui marquer qu'il se donne une importance que je ne lui reconnais pas, j'envoie mon interprète faire de vertes remontrances au Mansakié et à l'Almamy qui, ayant reçu des cadeaux de moi, ne sont pas venus me rendre visite. Ils arrivent tout penauds et je suis presque au regret d'avoir dérangé le pauvre vieux chef qui est quasi impotent. En leur présence j'expose le cas de Moussa, qui s'excuse de son mieux, mais persiste à ne pas partir ; toutefois il me donne son fils pour me conduire jusqu'à Yaba, frontière du Dafina.

Nous partons après midi, vers deux heures, pour camper à quatre heures et demie à Bao, parce qu'un de mes bœufs haut le pied est resté en route et que j'ai donné l'ordre de l'abattre.

Les villages de cette partie du Dafina sont presque tout entiers habités par les Sommos. Ils respirent la prospérité. La poterie est une industrie très répandue, et les grandes urnes de terre cuite recouvertes de chapeaux de même nature, qui servent à la conservation du grain, donnent de loin aux villages un aspect propre et coquet. On fait dans cette partie du Dafina grand élevage de bétail et de bourriquots.

A Bao, le soir, les hommes envoyés en arrière pour chercher la viande de l'animal abattu rentrent tard ; il est huit heures et demie quand tout le monde est au camp. Badaire, qui a attendu ce moment, vient tout à coup vers moi et m'offre un bouquet en me souhaitant à la fois ma fête et mon anniversaire de naissance ; cette délicate attention me touche beaucoup, aussi j'en profite pour lever les retenues, donner des gratifications aux engagés et aux porteurs, enfin j'offre un tam-tam que j'arrose de quelques jarres de dolo. Il est facile d'en trouver ; les habitants en ont fait une telle consommation qu'ils sont tous ivres.

Nous partons de bonne heure le 18 et nous sommes à Yaba à dix heures et demie. L'eau est ici très rare ; les puits ont de 10 à 15 mètres de profondeur ; ils sont difficiles à creuser, parce qu'une forte boue de roche ferrugineuse recouvre la couche aquifère. Les habitants sont sans cesse à la recherche d'emplacements meilleurs et à ce sujet consultèrent même Crozat lors de son passage. Il indiqua le point le plus bas d'un vallon situé à l'ouest du village, aussitôt les travaux commencèrent ; ils étaient interrompus lors de mon passage, parce que, me dit le chef, les femmes et les jeunes gens ne pouvaient pas s'entendre sur la question de propriété du puits lorsqu'il serait creusé. Serait-il aux femmes du village, comme il en est d'habitude? Serait-il aux jeunes gens qui l'auraient creusé? Or ici on doit, à cause de sa rareté, acheter l'eau ou payer une redevance fixe pour l'usage d'un puits. J'ai dû donner 10 cauries à un homme chargé par le chef de village d'aller montrer la mare où pouvaient s'abreuver les animaux.

La zone frontière inhabitée qui sépare le Dafina du Mossi et s'étend entre Yaba et Niouma a 25 kilomètres environ ; comme il n'y a pas d'eau en route, le Mansakié me conseille de partir le soir à la fraîche ; je n'aurai que peu d'eau à emporter.

Je suis son conseil et à quatre heures nous partons avec le fils du diatiké comme guide. A sept heures, nous prenons campement dans une belle clairière au milieu de laquelle est une tête desséchée d'éléphant.

Le 19 au matin, nous arrivons à huit heures et demie à Niouma, premier village du Mossi.

Les hommes du Naba du Yatenga ne sont pas à Niouma ; je partirai demain pour La, où se bifurquent les routes du Yatenga, dont la capitale est Sissamba, et de Waghadougou.

L'eau à Niouma est très mauvaise ; elle est rougeâtre et possède un goût de terre très prononcé. Le goitre est ici très fréquent ; j'estime que le dixième peut-être de la population en est affecté.

Le lendemain, nous partons pour La où nous recevons l'hospitalité chez l'Almamy. Celui-ci envoie auprès du Naba, qui déclare bien vouloir m'ouvrir la route de Waghadougou, mais non celle du Yatenga. Je n'ai qu'un parti à prendre, c'est d'accepter.

Quelques mots sur le Mossi sont de nécessité. Le Mossi est un grand empire qui occupe le centre de la boucle du Niger, sur une superficie de 100 000 kilomètres carrés au minimum. Au milieu des invasions qui ont ravagé le Soudan au travers des âges, le Mossi semble avoir conservé son indépendance et le caractère très spécial de sa civilisation. D'après le jugement que j'en puis porter, c'est le seul pays où se soient conservées intactes les coutumes d'une très ancienne civilisation noire — civilisation qui, au cours d'une longue période de paix et de prospérité commerciale, s'est affinée et a perdu le caractère de sauvagerie qu'il est de légende d'attribuer aux institutions noires.

La tradition fait remonter au commencement du monde, sans préciser davantage ce commencement, l'origine de la famille royale qui règne au Mossi. Le Naba (roi), premier de la race, eut trois cent trente-trois enfants entre lesquels il partagea à sa mort son pays. On m'a affirmé que cet état de choses existait encore. Il n'importe; ce qui est, c'est que le principe d'autorité au Mossi est très fortement organisé, parfaitement reconnu, que ses représentants sont très redoutés, sinon obéis. Les descendants de ce Naba originel portent tous le même titre; ils reconnaissent l'autorité du Naba de Waghadougou, qui prend la dénomination de Naba des Nabas.

Les Nabas se distinguent par le port d'une coiffure spéciale, sorte de béret blanc en coton, dont le turban égale ou excède même celui d'une casquette à trois ponts. Leurs femmes et leur domesticité se distinguent par le port aux bras ou aux jambes de larges ornements de cuivre, ayant, certains d'entre eux, la forme, plus étranglée vers les extrémités, des jambières de nos anciens zouaves.

Sorte de monarques fainéants, les Nabas quittent peu leur résidence, leur réclusion est presque absolue; outre un harem nombreux, ils possèdent des captifs, qui constituent une sorte de corps des pages. Ces enfants ont la coiffure des femmes et portent comme elles les ornements de cuivre dont j'ai parlé. Ils ne quittent jamais la personne du Naba et se montrent jaloux de ses moindres faveurs, au point d'amener sous le plus futile prétexte des rixes souvent mortelles.

Le cérémonial à la cour de ces roitelets est des plus compliqués, et les formes de la politesse sont très humiliantes. Quiconque leur parle doit se prosterner la tête vers le sol, le corps appuyé sur les bras, les mains fermées, les pouces dressés scandant par un mouvement vertical les paroles de supplique ou de simple salutation.

Les territoires sont très variables d'importance et certains Nabas sont aussi puissants que celui de Waghadougou lui-même. Aussi la défiance est-elle grande entre ces divers principicules qui redoutent sans cesse de se compromettre. L'autorité du Naba des Nabas, toute nominale qu'elle est, a le grand privilège d'être incontestée, sinon respectée; son prestige se maintient de lui-même, parce que tout vassal qui voudrait se donner de l'importance verrait immédiatement se liguer contre lui tous ses collègues jaloux de le voir s'élever au-dessus d'eux.

A discuter ce système politique, on lui trouverait peut-être des inconvénients; mais, je le demande, cette manie du nivellement est-elle si étrangère aux formes que l'Europe civilisée préconise?

On est bien obligé d'admettre que ce régime, tel que je viens d'essayer de le définir, a ses avantages, car la prospérité du Mossi est parfaite et remonte certainement à de nombreuses années. Le voyageur est étonné du calme et de la quiétude qui règnent aux abords des villages ; partout les terres sont en culture et les habitants vont et viennent, souvent sans armes, sur les chemins. Chose unique, le Mossi est le seul pays du Soudan où les villages ne soient pas fortifiés. Bien au contraire, les groupements importants n'existent point ; lorsqu'on vous nomme un village, c'est d'un district qu'il s'agit, district dans lequel les groupes de cases sont disséminés, séparés de 50, 100 mètres les uns des autres. Souvent plusieurs groupes appartenant à des chefs de cases distincts sont réunis sur un faible espace ; c'est pour pouvoir se prêter mutuel appui à l'époque des récoltes, des semailles, ou dans l'exploitation d'une industrie ou d'un commerce.

Au milieu de ce groupement se trouve une sorte de tour en terre battue, élevée de $0^m,70$ environ ; à la partie supérieure sont enchâssées des dalles de granit destinées à écraser le grain. Dans le Mossi, en effet, on ne pile pas le mil dans le mortier, on l'écrase entre deux pierres. Au pays bobo, la même coutume existe ; mais les deux pierres font partie du mobilier de la maison.

Les cases sont formées d'une enceinte circulaire en terre battue surmontée d'un toit de chaume.

C'est une déconvenue pour le voyageur, et le fait m'est arrivé souvent, que de se croire à destination, parce qu'il voit les cases du village qu'on lui a nommé ; c'est seulement à trois quarts d'heure ou une heure de là qu'il arrivera enfin au groupe qui est celui du chef ou de son diatiké. Autre inconvénient, pour des agglomérations aussi espacées, les puits cependant sont rares, parce qu'il faut leur donner grande profondeur et c'est souvent à longue distance qu'il faut aller chercher l'eau. Le Mossi, dans sa partie ouest surtout, est un pays très peu arrosé ; c'est une sorte de haut plateau sans ondulation où les eaux des pluies ne séjournent guère.

Le Mossi est un pays de culture, d'élevage et d'industrie.

Les cultures sont le mil, les niébés (haricots), le coton, l'indigo.

L'élevage porte surtout sur les chevaux, qui sont fort beaux, et les bourriquots, qui sont très estimés.

L'industrie prépondérante est celle du tissage du coton. Ce tissage se fait comme partout au Soudan, sous forme de bandes de 0^m,10 de largeur environ. Les cotonnades du Mossi sont très estimées, elles font l'objet d'un grand commerce, en particulier à Dori, où on les échange contre le sel apporté de Tombouctou. C'est du Mossi que viennent aussi à Dori les cauries importées au Soudan par la côte du Bénin.

En résumé, le Mossi est un pays riche et prospère, dont la population semble être au minimum de dix à quinze habitants par kilomètre carré.

Les habitants du Mossi sont agriculteurs ou commerçants. Grands voyageurs, on les retrouve sur tous les marchés importants du Soudan. Ils sont aussi industrieux, ils travaillent très bien les métaux et les cuirs, ils savent préparer la soie et la tisser, ou en faire des broderies qui ne manquent pas de goût. Ils viennent jusque dans le Kénédougou chercher les cocons qu'ils préparent et filent. Avec le fil, ils confectionnent des pagnes qu'ils teignent en rouge ou en jaune, et qui forment l'habillement exclusif des femmes des Nabas.

J'ai dit comment, à La, ne pouvant me dégager autrement, je me suis résolu à suivre la route de Waghadougou. L'Almamy, mon hôte, me donne le lendemain son fils pour me guider jusqu'à Yako.

A Yako réside un des Nabas les plus puissants, dont Crozat m'a dit grand bien, tout en me prévenant que le diatiké, un nommé Salifou, est un personnage aussi cupide que fourbe.

Je suis obligé de faire étape la matinée à Golo, pour abattre un bœuf à qui la vie que je lui fais mener est à charge. Dans l'après-midi, nous repartons pour Yako, où nous campons à trois heures et demie auprès du groupe de cases de Salifou.

Makoura et le guide se mettent à sa recherche, mais on n'arrive point à le trouver. Fort heureusement, on indique à mon interprète un certain Baba qui, paraît-il, dispose de quelque crédit et pourrait suppléer le diatiké absent. Cet homme vient à mon camp, il parle fort heureusement le bambara, il a beaucoup voyagé et a été jusqu'à Kita il y a peu d'années. Nous causons et je lui dis mon embarras de ne pas voir le diatiké. Il me dit qu'il est parti à un village voisin, mais qu'il ne peut manquer de rentrer, soit dans la soirée, soit dans la nuit.

« Mais, lui dis-je, je ne voudrais pas m'arrêter, mes animaux ne tiennent que par l'entraînement; si je m'arrête, je ne pourrai repartir.

— Oui, je comprends; mais tu ne peux partir sans voir le Naba, sans qu'il te donne un guide, et, pour cela, il faut que Salifou soit de retour.

— Mais, toi-même, ne peux-tu le remplacer?

— Jamais, les coutumes sont là. »

Je le retourne sans pouvoir en tirer plus, l'inexorable étiquette bride sa prétendue bonne volonté.

Je sens bien, à certains indices, qu'il y a au fond une petite comédie qui n'a qu'un but, celui de me faire chanter.

A quatre heures du matin, je fais prévenir Baba que, ne voyant venir personne, je pars et, en effet, quand il est en vue, je fais mettre les paillassons sur le dos des animaux. Il arrive en courant, me supplie de ne pas partir, que Salifou va arriver, que tout s'arrangera. Je n'écoute rien; mais, comme à point nommé, Salifou, à cheval, paraît au bout de la plaine et arrive au galop. D'un coup d'œil, je vois que son cheval n'a pas fait dix minutes de route. C'était donc bien un coup monté.

Rapidement, les deux hommes confèrent entre eux, et, cinq minutes après, Salifou m'apporte une poule blanche et un mouton.

Tout ce qui est blanc, poulet, mouton, kola, qu'on offre en signe d'hospitalité, est supposé revêtir un caractère spécial de cordialité; il faut traduire toujours : « Je t'offre ce mouton, blanc comme mon cœur l'est pour toi de toute mauvaise pensée. »

Aussitôt, Salifou part, sans se dévêtir, au village du Naba, qui est assez distant. Il revient vers neuf heures, pour me dire que le Naba m'attend soit dès l'instant, soit dans la soirée. Mon homme est retourné, il a eu l'intelligence de comprendre qu'il avait tout à perdre en persévérant dans son attitude première. Je le sens, maintenant, très disposé à me bien servir. Vu son état de fatigue, je remets au soir la visite au Naba et je lui demande une de ses cases pour passer la journée.

Sans l'attitude que j'ai prise le matin, je risquais de me trouver dans la situation de Crozat qui est resté dix jours à Yako avant de voir le Naba.

Une décision brusque désarçonne facilement le noir, alors qu'il traîne volontiers les choses en longueur, parce que, pour lui, le temps ne compte pas. Si Salifou et Baba avaient réfléchi qu'ils avaient le dessus sur moi, ils m'eussent laissé partir, car que pouvais-je faire, sans guide et sans interprète? J'aurais été obligé de venir à composition, s'ils avaient su attendre; ils n'ont vu, au contraire, qu'une proie qui allait leur échapper par leur faute, parce que leurs appétits étaient trop grands; ils ont fait tout de suite la part du feu.

A une heure et demie, nous partons pour voir le Naba. Les cases sont assez loin, car il nous faut trente-cinq minutes pour nous y rendre. On me fait attendre sous un arbre une demi-heure environ. Le Naba sort enfin et me fait chercher. La réception a lieu sous une véranda ouverte en assez mauvais état. Le Naba, homme de trente-cinq à quarante ans, est un puissant gaillard à la physionomie bien ouverte. Il est assis sur un tabouret minuscule, placé contre une pièce de bois aplanie et grossièrement sculptée qui lui sert de dossier.

A ses pieds sont rangés, couchés à terre, une douzaine de jeunes gens, ses captifs, qui portent, soit aux pieds, soit aux mains, de lourds anneaux de cuivre. Derrière lui, foule nombreuse. A terre pas une natte, pas une peau. Je prends le pagne de mon interprète pour m'asseoir.

Très sobre de démonstrations, le Naba accepte avec simplicité le cadeau que je lui offre; il me donnera un guide pour Waghadougou. Je partirai à ma convenance, toutefois il désire me donner un bœuf qu'il va faire chercher.

En sortant, de sa part, on m'apporte du dolo, des kolas et des cauries.

De retour au camp, je fais des cadeaux à Baba, au diatiké et aussi à un jeune Marka, Mahmadou, qui m'a servi d'interprète. Tout paraît marcher à souhait; je dis de me réveiller à l'arrivée du guide et du bœuf. Je me couche, tout heureux et tranquille de voir ainsi les choses bien en place.

Mais au Mossi les actes et les paroles ne sont pas toujours en harmonie, ou mieux le sont rarement : je devais m'en apercevoir le lendemain.

Dans la nuit, en effet, il n'arrive ni guide, ni bœuf.

23 avril. — Dès le matin, j'envoie le diatiké auprès du Naba. Pendant son absence, je fais un tour aux environs des cases et, ayant la veille

aperçu dans le Sud des collines de quelque relief, j'avise une butte d'où mon regard pourrait embrasser un peu l'ensemble du pays. Arrivé au sommet, je trouve des cailloux ferrugineux en monceau et, sur un des cailloux, un bout de natte sur lequel je m'assois. J'étais là depuis cinq minutes, très absorbé, lorsque vient à moi, sans que je me sois aperçu de son approche, un homme à l'air très menaçant, qui, d'un ton très élevé, me dit des choses que je ne comprends point; il porte même la main à son sabre. J'étais sans aucune arme, pas même un bâton; je me levai, lui touchai sur l'épaule et lui fis comprendre d'avoir à se calmer. Il me fit un signe et partit; je compris qu'il me disait de rester assis. Je me rassis en effet, mais la réflexion me vint que peut-être étais-je en train de profaner une des multiples formes des choses sacrées. Je me retirai lentement vers le camp, d'autant que je voyais au loin venir le diatiké.

Il amène le bœuf; le troupeau n'étant point rentré la veille, on a dû le chercher, là est la cause du retard. Nous partirons l'après-midi et passerons auprès du Naba pour lui faire une visite d'adieu.

Je fais abattre et demande au diatiké, pour passer les quelques heures chaudes, de me rendre à la case de la veille.

Je donne quelques ordres et me dirige vers cette case. A ce moment, j'entends une altercation très vive; en approchant, je trouve le diatiké et Baba en discussion très animée avec des gens surexcités. Salifou m'arrête au passage et me dit qu'il est question de moi.

Le sujet est ma profanation du matin, car j'ai bel et bien profané un endroit sacré où les sorciers déposent leurs poisons, médicaments, etc. La croyance est que tout non-initié qui y touche est frappé de mort. Leur fureur venait de ce qu'il ne m'était rien arrivé de ce genre. Baba prend chaleureusement ma cause en main et montre que j'ignorais que cet endroit fût sacré; après beaucoup de criailleries dans lesquelles le diatiké semble opposé d'avis avec Baba, les choses paraissent s'arranger, quand accourt en criant un de mes porteurs venant de la même colline et qui saigne abondamment d'une double entaille à la nuque.

L'individu qui est venu me trouver le matin et n'a pas osé me frapper n'a pas hésité à blesser un noir désarmé. Je vois l'homme qui s'en va à grands pas; je dis au diatiké de le faire arrêter. Sur son refus, je lui dis que je veux voir le Naba et je fais charger pour m'y rendre. Le camp est levé et nous nous rendons auprès du Naba. Arrivés sous un arbre auprès de sa case, je fais arrêter. A l'audience, les sorciers sont présents, mais déjà Baba et le diatiké qui, mis en cause, ne peut s'en tirer qu'en prenant ma défense, ont plaidé ma cause, celle-ci est gagnée; le Naba dit tout son mécontentement aux sorciers et se retire fort en colère.

Une demi-heure après, il envoie à mon camp me dire qu'il est désolé de ce qui s'est passé et qu'il m'en présente ses excuses. En même temps, il m'envoie du dolo.

Tout est bien fini et j'aurai mon guide dans l'après-midi.

Vers deux heures, causant avec Mahmadou, mon interprète provisoire, celui-ci prétendait qu'il préférait un sabre à un fusil. Je lui désignai alors mon revolver, il me demanda à le voir. Je le sortis de son étui, le déchargeai et fis jouer le barillet; cela fait, je remis les cartouches dans les chambres, et, en voulant remettre l'arme dans l'étui, que se passa-t-il ? Heurtai-je la détente ? En tout cas, un départ accidentel eut lieu. A me toucher était une foule nombreuse, et, parmi cette foule, beaucoup de jeunes gens de la maison du Naba. Sur le départ du coup, le vide se fit instantanément et au premier moment je crus que personne n'était atteint, mais en me levant, à 1 mètre de moi, je vis une trace de sang; je me précipitai en avant, et, à 4 mètres, trouvai un enfant de quinze ans couché à terre avec la balle dans le pied. La balle avait frappé à la partie inférieure du cou-de-pied entre le pouce et le premier doigt: je cherchai si elle était sortie, je ne trouvai rien; je la cherchai à fleur de peau, rien! Je me préoccupai dès lors d'arrêter l'hémorragie, car l'artère était coupée, et un filet de sang de la grosseur du petit doigt jaillissait à 20 centimètres de hauteur. Je fis une ligature au cou-de-pied, puis appliquai un pansement au perchlorure de fer. On emporta l'enfant. J'envoyai tout de suite chez le Naba m'excuser de ma maladresse.

Peu après, il me faisait appeler. D'un air très bon enfant et très enjoué, il me dit de ne point me faire de mauvais sang, qu'il savait qu'il y avait eu accident et pur accident, et d'ailleurs, ajouta-t-il : « C'est affaire entre toi et moi, cet enfant est mon captif, tu l'aurais même tué que je ne t'en voudrais point. Ils se tuent entre eux sans motifs, me dit-il; surtout — et la chose me fut des plus sensibles — ne pense point que je fasse de rapprochement entre l'accident de ce soir et la tentative de

Je trouve à terre un des pages du Naba qui avait reçu la balle dans le pied.

meurtre commise ce matin sur un de tes hommes. Je sais que de ta part il n'y a qu'un accident, de l'autre côté il y a eu préméditation et, si tu le désires, je te livrerai le misérable et tu le vendras si tu veux. » Je me gardai d'accepter. Le Naba, très instamment, me pria à diverses reprises de ne pas avoir de préoccupations. Je pris congé et fis charger après avoir envoyé un nouveau présent en argent.

Chose singulière, cet accident qui, avec un homme à l'esprit moins large, eût pu avoir des conséquences très désagréables, avait détendu les rapports.

J'étais mécontent de la solution de l'affaire du sorcier, mais je n'avais osé exiger le prix du sang. Le Naba, de son côté, en me faisant faire des excuses même publiques, savait très bien manquer à son devoir; mais la crainte des sorciers fut plus forte et il pensa que je me contenterais de cette réparation platonique. Sentant la situation et devant le peu de gravité de la blessure de mon homme, je m'étais contenté de faire répondre au Naba un peu sèchement que j'acceptais ses excuses. Mais, pour mon personnel, j'étais un peu ennuyé.

Lorsque l'accident fut arrivé, ma première pensée fut d'indemniser le blessé, pensée purement de charité; mais je pensai à temps que ce serait interprété comme acte de faiblesse et me bornai à informer le Naba que c'était pur accident. Ma tempérance du matin porta ses fruits : le Naba vit immédiatement une compensation à établir, chacun nous avions un blessé et il ne se mettait pas à dos les sorciers.

Dans la circonstance, Salifou me rendit les plus grands services : d'ailleurs il avait brûlé ses vaisseaux et, à la sortie de l'audience du matin, on avait dû le séparer d'avec le sorcier; ils avaient l'un et l'autre le sabre à la main.

A trois heures et demie avait enfin lieu notre départ de Yako; notre guide était un des pages du Naba. Salifou me fit la conduite et, très chaleureusement et sincèrement, je crois, me souhaita bon voyage.

A huit heures dix, nous sommes à Gondiri. Pas d'interprète mossi; nous finissons par trouver une femme qui parle le bambara. Le Naba fait apporter immédiatement de l'eau, qui est rare à Gondiri.

Le lendemain, l'attitude du Naba et du village entier est d'une extrême froideur. J'en ai la cause quand on m'explique que l'on craint que mon varioleux ne communique la maladie. Je proteste qu'il est complètement guéri, on n'en veut rien croire ; le prétexte est bon et l'on en use.

Toutefois, je vois le Naba. J'obtiens un guide qui, malgré moi, me force à camper à Dampena. Le lendemain 25, nous sommes à Niou, le 26 à Nahartenga, le 27 à Déboaré ; partout, accueil plus que froid, sous le même prétexte.

Mon guide de Déboaré doit me conduire à Waghadougou ; il me faut y arriver le jour même, car mes vivres sont à bout, mes animaux exténués, mes hommes sur les boulets. Et cependant, nous devons nous arrêter la matinée encore, car j'ai perdu un nouveau bœuf, mais le puits de Nakangoum où j'ai pris campement est si proche de Waghadougou que j'entreprends de m'y rendre dans l'après-midi. A cinq heures quarante, nous sommes à Lakhamé, nous franchissons un marigot desséché dans le lit duquel est un puits, et nous entrons sur le territoire de Waghadougou.

Un Naba, que les guides saluent au passage et qui me donne deux kolas, indique à mes guides de me conduire chez l'Almamy. A six heures, nous arrivons contre la mosquée où je fais prendre campement. J'envoie saluer l'Almamy ; il reçoit Makoura à peu près bien et promet de l'eau et du bois. En tout, il vient une jarre d'eau et point de bois. Hommes et animaux n'en peuvent plus et se couchent pêle-mêle, les premiers sans manger, presque sans boire.

J'augure mal de la suite ; d'ailleurs, j'ai depuis plusieurs jours le pressentiment que des difficultés m'attendent de la part de l'homme dont je suis justement l'hôte.

L'Almamy s'est montré très hostile au docteur l'an dernier. Son fils Tedlika est rentré récemment de la Mecque. L'un et l'autre sont affiliés à la secte des Tidiani. Leur haine de secte est certainement renforcée par quelques lignes que n'aura pas manqué de leur envoyer l'Almamy de Bossé. J'augure mal du lendemain. Nous prenons, Badaire et moi, un peu de bouillon froid et du café préparé avec des tiges de mil desséchées.

29 avril. — A quatre heures du matin, Makoura me réveille pour me dire que l'Almamy vient de lui transmettre l'ordre du Naba que j'aie à partir immédiatement de Waghadougou. Je vais trouver l'Almamy à la mosquée, lui représente la gravité d'une mesure semblable : je suis un envoyé, j'ai des cadeaux du gouvernement français et une lettre de l'Al-

Le campement au puits. La boîte à musique.

mamy de Lanfiéra à remettre. Peine inutile, on me répond : Ordre du Roi, il n'y a pas à discuter.

Rester est une solution mauvaise, il n'y a ni eau ni bois, puis c'est me mettre en insurrection. Je quitte brusquement l'Almamy avec résolution arrêtée de m'établir, à vingt minutes de la mosquée, à un puits auprès duquel nous avons passé la veille, de m'y maintenir au besoin et d'attendre les événements. D'ailleurs, d'homme du Roi je n'en ai pas vu et, en mettant ma décision à exécution, je lutte contre l'Almamy seul.

A quatre heures et demie, le camp est levé; à cinq heures, je suis au puits, m'installe sous un arbre et fais décharger. Pendant que je me trouve isolé, je prends rapidement un angle horaire.

J'envoie Makoura auprès du Naba qui, la veille, m'a donné deux kolas; mais il ne veut rien entendre, je suis brebis galeuse. Je réussis, par l'intermédiaire d'un marabout peul, à mettre le frère de ce Naba au courant de la situation, lui représentant qu'il y a là une tromperie de l'Almamy. Ma harangue n'a qu'un médiocre succès. Je rentre au camp, personne n'est toujours venu; d'ailleurs, je ne partirai pas, mes animaux ont besoin au moins d'une journée de repos et d'eau, mes hommes de même.

Un des pages du Naba vient rôder autour du camp, je lui propose de remettre au Naba la lettre de l'Almamy de Lanfiéra, il refuse; cependant je sais l'influence de ces pages sur ces rois fainéants, il me faut l'attirer. Je fais sortir une boîte à musique qui me reste. L'effet est produit, mais il n'ose encore s'approcher et, de peur d'être tenté, s'en va. Mais il revient bientôt. Entre hommes, femmes, enfants, j'ai bientôt cent cinquante personnes autour de moi. Le page s'apprivoise enfin : je lui fais manier l'instrument et lui fais dire qu'il est pour le Naba, comme aussi une selle persane, un sabre, beaucoup d'argent. Il me dit d'être tranquille, qu'il va parler au Naba, de rester où je me trouve. Un autre homme, qui a entendu, dit que certainement le Naba n'est pas informé, qu'il y va de ce pas. A partir de ce moment, une détente marquée se produit et l'on nous apporte des vivres de toutes sortes.

Le marabout peul vient me dire qu'il va plaider ma cause auprès du Naba, mais que je lui donnerai une paire de lunettes. On m'apprend en outre que le frère du Naba est également parti. Dans l'après-midi, on me dit de tous côtés ma cause gagnée; le Peul affirme que dans la soirée je recevrai du Naba un mouton blanc et du riz. Peu m'importe, j'ai gagné la journée, c'est l'important; rester à Waghadougou m'est indifférent, je n'y puis rien faire; je remettrais des cadeaux, puis serais balancé. Je ne puis lutter contre l'influence de l'Almamy et de son fils Tedlika.

CHAPITRE VI

De Waghadougou à Dori

Je me décide à partir de Waghadougou. — La tornade. — La fièvre. — Le départ. — En route vers l'Est. — Nombila, Oubitenga. — La rivière Sainte-Marguerite. — Laguéré; les Peuls méditent une attaque. — A Ouégou; l'obsession des cadeaux. — Je suis sur le point de m'emparer de vive force du marché. — Départ pour Kaya. — La mauvaise fortune enrayée. — Le nœud hydrographique de la boucle du Niger. — Excellent accueil sur le reste de la route. — La peste bovine. — Le camp à Pensa. — L'entrée dans le Liptako. — Terrible marche de Pina à Bangataka. — Diobbou. — La situation politique du Liptako. — Les prétendants à mon camp. — L'accaparement par Boubakar, fils de Boari. — L'entrée triomphale à Dori. — La traversée du Mossi est un fait accompli.

29 avril. — Il est cinq heures... Je sens que, malgré les trésors de patience et de diplomatie déployés, la partie est perdue. Rester davantage, c'est me mettre en révolte contre l'autorité du pays. Si encore j'avais chance d'obtenir quelque résultat! Mais non, les exemples de Binger et de Crozat sont là pour m'instruire. Le Naba de Waghadougou est une sorte de monarque fainéant, autour duquel sorciers fétichistes et marabouts font bonne garde, sous prétexte de faire respecter d'anciennes coutumes. Prisonnier de leurs mômeries, tous les actes officiels de sa vie sont réglés par eux; or n'ont-ils pas déclaré que le Naba

mourrait s'il venait à se trouver en ma présence? Les gagner est bien difficile, car mes dissentiments à Yako, qui sont ici connus, m'aliènent les sorciers, et l'Almamy, excité par son fils, pèlerin de la Mecque, refuse d'avoir relations avec moi. C'est, d'ailleurs, l'ennemi de l'Almamy de Lanfiéra.

Enfin, je n'ai pas d'interprète mossi et les Peuls qui pourraient me servir ont une terreur folle de s'employer, chose qui n'est point sans me surprendre. Je pense que c'est par crainte de l'Almamy. Et puis demain, si je persiste dans mon attitude, trouverai-je des vivres? Aujourd'hui j'ai pu en obtenir difficilement, et cela parce que les bruits répandus à dessein par ceux qui espéraient tirer de moi quelque cadeau étaient que le Naba allait m'envoyer son présent d'hospitalité.

Après m'être longtemps promené, en proie à toutes ces pensées, je m'arrête à la solution du départ pour le lendemain. Nous tenterons de gagner le Gourma.

Je m'approche des bagages sur lesquels les hommes sont assis, devisant entre eux. Cette journée de repos leur a rendu un peu d'énergie; l'abattement de la veille et de la matinée a disparu, mais l'inquiétude subsiste et se fait jour dans leurs discours.

« Allons, allons, leur dis-je, inutile de babiller autant; vous n'êtes pas des femmes, vous l'avez prouvé. Assez de paroles. Nous partirons pour le Gourma, puisque ici il n'y a ni à boire ni à manger.

« Avec des marchandises, de bons fusils et des cartouches, on est sûr de ne pas mourir sur les chemins. Et puis Dieu est grand!

— C'est bon; va devant, capitaine, nous te suivrons, dit Mahmadou-Billy.

— La tornade vient, les bagages sous les tentes! » Et aussitôt les hommes, avec entrain, se mettent à ranger les bagages pour la nuit.

L'horizon s'assombrit de plus en plus, sur plusieurs points on voit les nuages qui crèvent au loin; lorsque la nuit vient, de toutes parts les éclairs illuminent les ténèbres. Bientôt la pluie se met à tomber.

Le service de la nuit n'est pas réglé que la fièvre me prend; je me jette sur mon lit.

Tout à coup, vers huit heures, la sentinelle me signale que des hommes, se disant envoyés du Naba, demandent à me parler. Je sors de la tente. On ne peut tenir le photophore allumé à cause de la pluie; c'est à la lueur des éclairs que je vois quatre hommes, dont deux cavaliers, portant les insignes de la cour, qui viennent me transmettre l'ordre d'avoir à quitter Waghadougou sur l'instant.

Atermoyer? A quoi bon? Et puis il faut profiter des bonnes dispositions des hommes. Peut-être demain seront-elles changées.

« Abattez les tentes et chargez! »

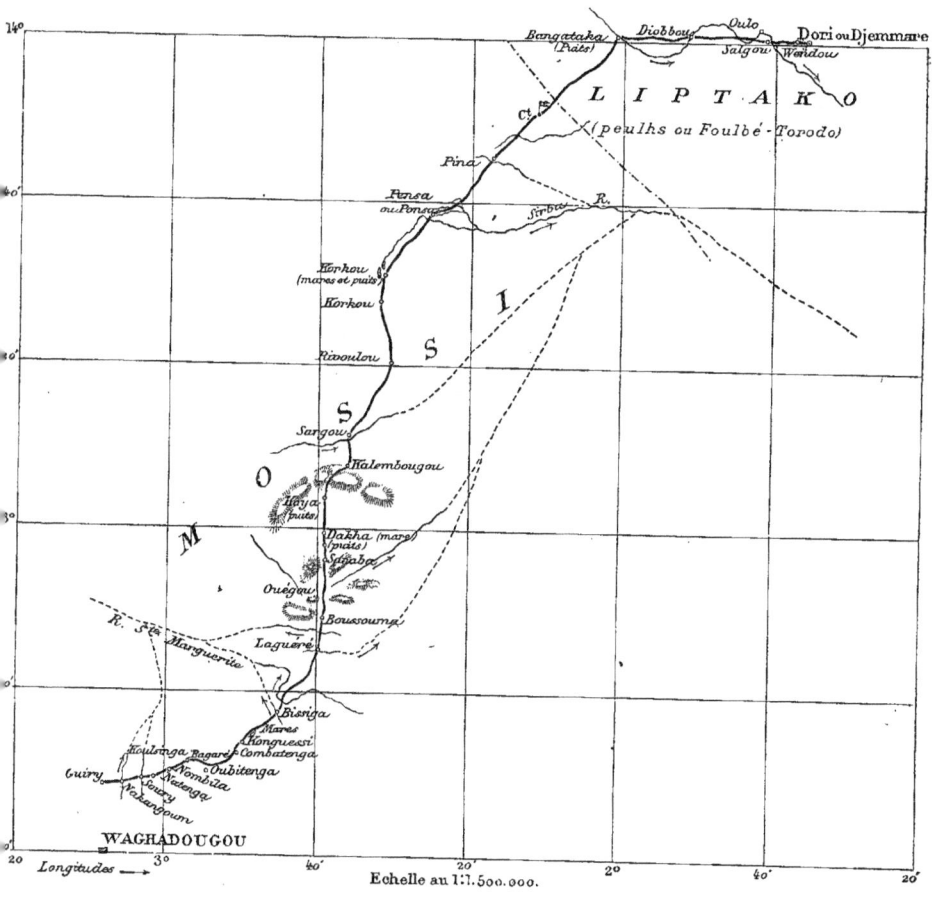

De Waghadougou à Dori.

L'ordre donné, je cause avec les envoyés. Je demande où est le guide. Il m'est répondu qu'il ne m'en est pas donné, que les hommes qui sont là n'ont qu'une mission : me conduire hors du territoire de Waghadougou, et qu'ensuite je devrai sortir du Mossi par la route qui m'a amené. Ils m'assurent qu'il ne me sera fait, d'ailleurs, aucun dommage.

Tant d'impudeur, je ne pouvais l'accepter; en proie à une violente colère, je traite ces misérables selon leur mérite. Puisque de telle manière sont appliquées les lois de l'hospitalité au Mossi, que l'on peut faire outrage à l'étranger qui vient pacifiquement visiter le Naba des Nabas, coutumes qui seraient indignes du pays le plus barbare, je quitterai à l'instant même le territoire de Waghadougou, et je saurai porter jusqu'au pays des blancs la renommée du mauvais accueil que j'ai reçu ici. Quant à la route, je défends au Naba lui-même de m'en imposer une : je prendrai, pour quitter le Mossi, celle qui me conviendra.

A huit heures et demie, on se remet en route, sans dire un mot; les hommes du Naba prennent les devants, je les suis. La pluie tombe toujours, mais très fine; à la lueur des éclairs seulement on peut distinguer les flaques d'eau du chemin.

Bientôt les guides, considérant leur mission comme terminée, nous quittent; on ne peut aller plus loin : l'obscurité, sillonnée d'éclairs de plus en plus rares, est profonde; bêtes et gens se heurtent aux arbres; je puis enfin distinguer une clairière sur le bord de la route, où je fais camper après une heure de marche.

On s'entasse comme on peut sous les tentes jetées à même le sol; la sentinelle finit par allumer un feu, et chacun s'endort sous la pluie froide qui nous transperce.

Le lendemain, je reviens au puits de Nakangoum, où je réussis, avec le peu de cauries qui me restent, à acheter des vivres pour deux jours. Le soir, je vais, en chassant, reconnaître une route vers l'Est, sur laquelle, le 1er mai au matin, toujours sans guide, nous nous engageons.

Ce que je veux, c'est à marches forcées m'éloigner de Waghadougou en gagnant l'Est, c'est-à-dire en tirant vers le Gourma. Les renseignements dont je me suis entouré depuis mon entrée dans le Mossi sont que sur la route de Dori est un Naba puissant, celui de Boussouma, dont je veux à tout prix, dans les circonstances présentes, fuir le territoire. Comme ceux de Yatenga et de Yako, il est aussi puissant que le Naba des Nabas, et comme eux tenu en suspicion à Waghadougou; cependant je n'ai guère à attendre de lui de marques de bienveillance, surtout que mes animaux et mes hommes, surmenés, ne représentent guère les équipages qui inspirent de la respectabilité.

Le départ de Waghadougou.

Le premier jour, nous campons à Nombila. Il n'y a plus de vivres que pour la journée; des Peuls qui viennent au camp ne savent que témoigner leur dédain pour toutes mes marchandises, les femmes ne veulent que de la cornaline, rien autre. Le moment des sacrifices est venu. Mon excellent ami Crozat m'avait dit, à Kinian, que c'était un article très demandé; sachant que je n'en possédais point, il m'en avait donné un collier de cinquante grains, que je gardais précieusement comme une dernière ressource. Sa vente, en effet, me rendit le service signalé de changer presque en opulence ma détresse.

Le lendemain, toujours marchant à l'Est, nous faisons étape à Oubitenga. Oubitenga est un emplacement de marché auprès d'une rivière, sans eau pour le présent, qui prend sa source un peu dans le Nord et se dirige vers le Sud. Le site est fort beau, la vue bien dégagée; des doubalels gigantesques ombragent une place très grande, au centre de laquelle est un marché couvert en très bon état d'entretien.

Oubitenga n'est pas un village, mais le marché qui s'y tient chaque semaine est commun à plusieurs villages; il est à mi-distance à peu près de Waghadougou à Boussouma et à 12 kilomètres environ au sud de Djitenga, centre également important appelé Djidda par les Peuls.

Grâce aux ressources acquises la veille, je puis faire des vivres qu'on apporte des villages voisins, en abondance, dans l'après-midi.

Le 3 mai, nous reprenons la route vers l'Est, guidés, pendant la première partie du chemin, par un Peul qui bientôt s'enfuit, quand je refuse de continuer la route de Boussouma sur laquelle il veut m'entraîner. Péniblement, par un chemin montueux, en terrain d'alluvions ferrugineuses, nous arrivons au bord d'un lit de ruisseau sans eau, que nous suivons jusqu'à un village dont j'ignore le nom, auprès duquel je donne l'ordre de camper.

J'envoie Makoura au village, pour obtenir des indications sur les puits; mais il lui faut parlementer longtemps avant de rien obtenir de gens dont il comprend très insuffisamment la langue et qui témoignent, comme partout en général, dans le Mossi, de sentiments peu hospitaliers.

Enfin, on part à l'eau. Une heure et demie après, ne voyant point revenir, je pars à mon tour, suivant les traces de mes chevaux; au bout de trois quarts d'heure j'atteins une rivière de 10 mètres de large environ et de 0^m,50 de profondeur, dans le lit de laquelle le courant est à peine sensible, coupé qu'il est de nombreux barrages à poissons.

J'installe, dans l'après-midi, le camp au bord de la rivière, que je baptise du nom de rivière Sainte-Marguerite.

Les relations s'établissent avec le village, dont j'apprends le nom, Bissiga, grâce à mon guide du matin qui, alléché par l'espoir d'un beau cadeau, est revenu.

La rivière, me dit-on, traverse tout le Yatenga. Me reportant aux renseignements que m'a donnés, à Lanfiéra, le frère de l'Almamy, j'en conclus que c'est la même rivière qui passe dans le Dafina, auprès de Bossé et de Yéra et qui joint la Volta en amont de Liri. D'ailleurs, le régime même de la rivière que j'ai sous les yeux donne toute apparence de vérité à cette supposition.

Il est temps de faire reposer un peu les hommes et les animaux. Nous n'avons pas vu d'eau vive depuis la Volta, et c'est avec bonheur que tous nous nous livrons aux douceurs du bain, que les hommes peuvent laver leurs hardes.

Du village, on nous apporte des vivres, et je puis acheter de la viande de boucherie aux bergers peuls qui viennent abreuver leurs troupeaux.

De plus en plus, les Peuls deviennent nombreux à mesure qu'on s'avance vers le Nord, parce que chaque année, venant du Liptako, ils visitent, avec leurs troupeaux, les cantons plus herbeux et plus arrosés du nord du Mossi.

D'après les renseignements que j'obtiens d'eux, je me persuade qu'il me serait difficile, de ce côté, d'atteindre le Gourma; mais ils m'affirment qu'à Boussouma, dont nous sommes peu éloignés, disent-ils, il me sera plus aisé de trouver des guides et des routes pourvues d'eau.

Devant ces bonnes raisons, nous partons le 6, au matin, dans la direction de Boussouma. Nous faisons étape à Laguéré. Le terrain se relève en remontant vers le Nord, et apparaissent bientôt, dans le Nord-Est, des massifs montagneux dont notre vue est déshabituée depuis Sikasso. Nous campons à Laguéré, auprès d'un grand entonnoir, qui n'est que la source captée d'une rivière qui se dirige vers le Nord-Est et qui, probablement, est la Sirba que nous recouperons plus tard, entre Dori et Say, avant Kakou.

Nous sommes arrivés escortés de guides peuls nombreux, qui ne se trouvent pas satisfaits de la récompense que je leur donne. Le Naba de Laguéré, Pous-Naba, vient me voir, et contre un morceau d'or, dont il veut faire un médicament, je traite avec lui de l'échange d'un bœuf porteur et d'un bourriquot, dont j'ai besoin.

La nuit, fort heureusement, l'on veille comme à l'habitude ; vers trois heures, je me lève, ayant cru entendre un bruit insolite dans la brousse. Le factionnaire, questionné par moi, n'a rien vu. Je fais le tour du camp et réveille mon interprète. Pendant que nous sommes à causer avec le factionnaire, un des guides de la veille se présente pour me prévenir qu'un parti de Peuls, à la recherche d'un cheval qu'on a volé, bat la campagne et me demande de ne pas tirer s'ils passent aux abords du camp. Je signifie à l'homme d'avoir à se retirer hors de portée ; il disparaît. Bientôt, sur les chemins qui conduisent, l'un au village, l'autre à la source, des groupes de cavaliers et piétons apparaissent, qui se portent, l'un dans la direction du camp, l'autre vers le village. Je déclare au premier que je vais faire tirer s'il ne s'éloigne ; il s'arrête ; l'autre, plus distant, continue sa marche. Les hommes sont bientôt sur pied. Je fais garnir les abords du camp en les embusquant derrière des rochers, et, dans cette situation, nous attendons le lever du jour. Pendant ce temps, le deuxième parti s'est avancé vers le village, les habitants sortent avec leurs arcs, leurs flèches et leurs lances, et leur premier mouvement est de se mettre en défense contre les Peuls.

Ceux-ci ont souvent la coutume de piller les villages mossi et de s'enfuir au plus vite avec leur butin vers les régions désertes qui bordent ou le Gourma ou le Liptako ; aussi les indigènes n'ont-ils qu'une très faible confiance en eux. Fort heureusement pour nous que la défiance des habitants de Laguéré fût éveillée, car, si le village se fût joint aux Peuls, nous aurions été enveloppés de tous côtés. Pendant le temps que mirent les Peuls à faire part à ceux-ci de leurs intentions, et surtout à les persuader, l'aube se levait, et le chef de village était prévenu par mes soins.

Or celui-ci tenait absolument au morceau d'or promis par moi la veille, qui devait lui permettre de guérir sa fille. Il le prit de très haut avec les nomades, leur disant qu'il m'avait accordé l'hospitalité et qu'il saurait la faire respecter.

Le soleil levé, il vint à mon camp faire son marché en même temps que les Peuls disparaissaient.

Peu de temps après, Pous-Naba nous servant de guide, nous partons pour Boussouma.

L'accueil que nous recevons est bon, mais le Naba du village me prévient que ce n'est pas lui qui peut m'assurer la route et des guides, que le vrai Naba a fondé un nouveau village à quelque distance au Nord dans la montagne, à Ouégou. Il est entendu que nous irons dans l'après-midi et que son beau-frère nous servira de guide. Je puis heureusement acheter des vivres pour la journée et le lendemain.

Au moment du départ, un cavalier se présente à mon camp, qu'on me dit être l'âme damnée du Naba de Ouégou, et déclare que lui-même fera la route avec moi.

Par des chemins de montagne très rocailleux, nous franchissons à grand'peine les quelques kilomètres qui séparent Boussouma de Ouégou; lorsque nous arrivons dans les territoires cultivés, le cavalier se détache pour demander l'hospitalité; nous devons l'attendre près d'une heure; puis, lorsqu'il revient, presque à la nuit, c'est hors de vue du village qu'il me propose de camper, en pleine brousse, sans arbres. Je proteste et malgré lui je me rapproche du village, pour camper sous l'unique arbre que je vois dans la plaine, à 500 mètres du village du Naba. Je demande de l'eau, il me dit qu'on va m'en envoyer — à acheter. Indigné de ce manque de formes, je rudoie mon cynique personnage et envoie, malgré la nuit, au village auprès du Bal-Naba, homme du Roi chargé des relations avec les caravanes. Péniblement je réussis à obtenir une jarre de quelques litres d'eau pour une trentaine d'hommes.

Les tribulations multiples que nous avions déjà eu à subir dans le Mossi n'étaient rien auprès de celles qui nous attendaient pendant les deux jours que nous dûmes passer auprès de ce maudit village.

Le lendemain, la question des cadeaux dure toute la journée sans qu'on arrive à s'entendre; je n'ai pas fait une concession qu'aussitôt on en prend acte pour exiger dix fois plus; toutefois je réussis à obtenir du Roi deux chèvres et quelques cauries quand, vers le soir, tout semble s'être arrangé. Mais des vivres pour le lendemain, je n'en ai point; de l'eau, il faut aller la chercher fort loin, trois heures sont nécessaires pour l'aller et le retour, et c'est en armes que les hommes doivent

Les Peuls avaient projeté de nous attaquer.

aller faire boire les animaux, à cause du mauvais vouloir des habitants.

Tout à coup, à la tombée de la nuit, le Roi renvoie les cadeaux, il veut un revolver et des cartouches. J'ai fort heureusement une arme de pacotille qui tire la même cartouche que nos revolvers, je l'offre ; mais ensuite ce sont des cartouches et encore des cartouches.

Le troisième jour, au matin, tout est rompu, je me résous à partir, lorsqu'on vient chercher Makoura et les cadeaux. Pendant ce temps arrivent de tous côtés, des villages des environs, des femmes avec des vivres et aussi de l'eau et du dolo, car c'est jour de grand marché.

Mon parti est pris ; lorsque Makoura qui s'attarde dans le village sera de retour avec des propositions à nouveau refusées, je me jetterai sur le marché fort heureusement situé à l'extérieur, et dans la panique nous nous emparerons du mil, du riz et de l'eau, car, depuis la veille après midi, nous n'avons ni un grain de mil, ni une goutte d'eau ; les hommes ne tiennent que par esprit de discipline et grande est, chez eux, la tentation de se jeter sur la femme qui passe, inconsciente certainement du danger qu'elle court. Ajoutez que l'exaspération de nos estomacs affamés est augmentée encore par un vent d'est qui souffle en tempête depuis deux jours, soulevant des nuages de poussière.

Heureusement tout s'arrange, le Roi m'envoie un bœuf et les femmes du marché, sur son ordre, m'apportent à acheter à profusion des vivres et de l'eau.

A partir de ce moment tout semblait bien terminé, quand, dans l'après-midi, quoique j'aie fait cadeau au Roi d'une superbe boîte à musique, l'obsédante question des cartouches revient. Le roi est un enfant volontaire d'une quinzaine d'années qui ne sait que s'amuser tout le jour avec deux jeunes autruches et un lionceau.

A ces nouvelles exigences j'oppose un refus formel ; alors ses envoyés passent aux menaces ; mais, assuré de vivres et résolu à partir le lendemain, je leur déclare qu'ils auraient tort d'assumer la responsabilité d'une attaque, que ce serait mauvaise affaire pour tout le monde. Me radoucissant ensuite, je déclare que les quelques cartouches dont je disposerai peut-être encore le lendemain, je ne les donnerai que lorsque le Roi m'aura accordé un guide. Toutefois, cet incident a pour effet de m'obliger à prendre quelques précautions de défense, à veiller et faire des rondes pendant la première partie de la nuit.

Un peu avant le jour, je donne les ordres pour charger; les hommes du Roi viennent, auxquels je remets un paquet de cartouches et une pièce de cinq francs pour chacun d'eux, et aussitôt j'ordonne la marche. A peine en route vers le Nord-Est, un guide sort du village et veut m'entraîner vers l'Ouest ; devant mon refus il prend enfin la route que je désire. Il est bientôt rejoint par un deuxième et l'un et l'autre, au cours de la route jusqu'à Kaya où nous sommes vers onze heures, me comblent de marques de prévenances et d'attentions, me cueillant des fruits, faisant boire les animaux, puis, arrivés au campement, s'ingénient à se rendre utiles.

Enfin la déveine semblait conjurée ; à partir de ce moment et en vertu de quels ordres, je l'ignore, je reçus partout jusqu'à la frontière du Liptako, de tous les Nabas que je rencontrai, l'hospitalité la plus large, la plus généreuse ; tous me munirent de guides excellents.

J'avais enfin triomphé et de leur défiance et de leur apathie, à force de patience et aussi d'énergie. Il est un moment au pays Noir où il faut savoir risquer sa vie pour ne pas donner une aiguille.

Ce résultat inespéré fut d'autant plus heureux que, dans les jours qui suivirent, la mauvaise fortune revêtit de nouvelles formes. Si la famine et l'hostilité des habitants étaient venues s'ajouter à l'épizootie qui, quelques jours après, devait anéantir mon convoi, le Mossi eût été peut-être le tombeau de ma mission.

De la région qui s'étend de Laguéré jusqu'au delà de Kaya et dont Ouégou occupe à peu près le centre, je dois dire deux mots : c'est un haut plateau sur lequel courent des chaînes rocheuses (grès et schistes) de forme tabulaire aux parois abruptes, souvent isolées les unes des autres, analogues aux reliefs que l'on rencontre dans le Haut-Sénégal entre Khayes et Koundou. Leur altitude varie de 50 à 200 mètres au-dessus de la plaine. Ce massif constitue un nœud hydrographique important, le nœud de la boucle du Niger, d'où descendent, au Sud et à l'Ouest, des rivières qui se rendent à la Volta et au Comoé, vers le Nord et l'Est, des cours d'eau qui vont au Niger.

Kaya, Sargou, Rivoulou, Korkou, Pensa, Pina furent nos gîtes d'étapes jusqu'à la frontière du Liptako ; partout excellent accueil, nourriture préparée offerte par les Nabas en grande abondance, vivres de toutes sortes qui étaient apportés au camp; à profusion aussi, grâce à la

présence des Peuls de plus en plus nombreux, nous trouvions du lait et de la viande. Aussi bien la chaleur de l'accueil et l'abondance nous étaient nécessaires, car c'était de la dure route que celle que nous avions faite depuis le départ de Lanfiéra le 14 avril et, lorsque à Pensa, le 14 mai, en toute sécurité, je pus donner deux jours de repos à mon monde, ce fut grande joie et délassement pour tous.

Je vois encore notre campement sous de beaux arbres non loin des puits. Une corde marque l'enceinte dans laquelle sont empilés les bagages protégés par une tente formant bâche ; à l'un des angles mon dioula (traitant) a étalé sa pacotille qu'il échange contre des cauries ; il fait des affaires superbes en débitant en menus morceaux du savon qu'il déclare être un remède souverain contre les maladies d'yeux; plus loin c'est Badaire qui fait ensacher le mil, les niébés (haricots) que Yéra achète aux femmes qu'il fascine par son regard langoureux ; un peu partout les hommes de l'escorte et les porteurs assis par groupes de trois ou quatre confectionnent leurs effets avec la toile multicolore que je leur ai distribuée le matin ; sous ma tente disposée en toiture, aidé de Makoura, je prends des renseignements auprès des Peuls du Liptako, tandis qu'assis auprès de moi, ne me quittant pas, le frère du Naba de Pensa occupe les longues heures de l'après-midi à transformer en rasoir, en le promenant sur la plante de ses pieds, un couteau d'un sou que je lui ai donné; le comble, c'est qu'il y réussit... presque.

Tout respire l'activité, la gaieté, surtout la quiétude. On a parfois besoin de ces instants.

Cependant de graves soucis m'assaillent. Depuis Rivoulou, mon convoi se désorganise chaque jour davantage. Mes animaux, bœufs et bourriquots, jalonnent la route de leurs cadavres. Je sais bien que les fatigues d'une marche ininterrompue depuis un mois y sont pour beaucoup; mais, ce que je m'explique moins, c'est de voir des animaux parfaitement sains la veille, morts le lendemain.

A Pensa, j'ai enfin l'explication. Il règne, me disent les Peuls, dans tous les pays de l'Est, une épizootie terrible qui anéantit en quelques heures les parcs les plus nombreux et les plus prospères. Les pasteurs qui connaissent merveilleusement les simples qui guérissent les maladies des animaux sont terrifiés de leur impuissance en présence de ce fléau qui les ruine. Leur affluence autour de mon camp a en partie pour cause le grand désir qu'ils ont d'obtenir de moi des grigris qui mettent leurs troupeaux à l'abri de cette peste. Je pourrais m'enrichir à faire le métier de vendeur d'amulettes.

Une autre de mes préoccupations est de déterminer la route à suivre.

Gagner à l'Est le Gourma était mon objectif primitif, j'y étais d'autant plus attaché que je pouvais ainsi atteindre Say par une route plus courte en même temps qu'inconnue, puisqu'elle traverse des régions encore inexplorées. J'étais en outre sollicité à la prendre pour des raisons politiques que j'exposerai plus loin. Mais les Peuls m'en dissuadent, disant qu'en cette saison il y a peu d'eau, que d'ailleurs les villages y sont rares et que j'y perdrai tous mes animaux de transport, non seulement par la maladie régnante, mais encore du fait de petites mouches qui pénètrent dans les narines des animaux et les tuent en quelques heures.

Restait la route de Dori (Djemmare pour les gens du Mossi). En atteignant Dori, je recoupais l'itinéraire du voyageur allemand Barth, mon illustre devancier; si je réussissais à me faire accepter, je pouvais m'ouvrir la route qu'il avait lui-même suivie jusqu'à Say.

Cette solution présentait pour moi deux inconvénients :

Je craignais d'une part de rentrer dans les pays musulmans, où les opérations contre Ahmadou-Sheikou, pendant ces dernières années, pouvaient avoir eu du retentissement. Dori est, en outre, en relations continues avec Tombouctou. Les caravanes maures parties de ce dernier point apportent à Dori le sel de Taodénit, qu'elles échangent contre les tissus du Mossi, le mil et l'or. Or Tombouctou était manifestement hostile aux Européens.

Considération plus importante encore, l'état politique du Liptako était des plus troublés. L'Amirou (émir) était mort et trois prétendants se disputaient le turban (couronne).

L'un, Boubakar-Amirou, avait été autrefois évincé par l'Émir défunt; ses droits étaient incontestables. Le deuxième, Boari, n'avait de droits qu'à défaut du premier, mais il avait une forte clientèle et était en particulier soutenu par son fils, Boubakar, brillant chef de bandes et les fils de l'Émir défunt. Du troisième, Ahmadou-Sheikou, je n'ai point à tenir compte.

Or l'interrègne, grâce à ces nombreuses compétitions, se prolon-

Le camp de Pensa.

geait au grand détriment de la sécurité publique, et bien indécis se trouvaient les notables auxquels la coutume du pays réservait le droit d'investir le nouvel émir.

L'intrusion d'un étranger, d'un kéfir (infidèle) surtout, dans ces dissensions politiques, ne pouvait être vue d'un bon œil. Et puis, sur qui s'appuyer dans la circonstance? Mon alliance avec l'un me mettait fatalement les deux autres à dos.

Toutefois, en raison de l'impossibilité matérielle de me dégager vers l'Est, je finis, après trois jours de pourparlers, par me résoudre à continuer ma route vers le Liptako.

L'étape suivante fut Pina. Entre ce point et le premier village, Diobou, dans le Liptako, existait une zone inhabitée de 50 kilomètres environ, sans eau dans cette saison.

Cette marche peu importante, en somme, pour laquelle toutes les précautions avaient été prises, fut une des plus terribles de la route. Les porteurs, affolés par les racontars des indigènes, entravent la marche, pendant que les animaux tombent le long du chemin, terrassés par la terrible maladie.

Je copie textuellement ici mon journal de marche :

« 18 mai. — A deux heures, je fais charger, malgré l'absence des guides, et l'on part bien fourni d'eau.

« A trois heures et quart, un bourriquot tombe frappé d'insolation. A cinq heures, c'est un bœuf qu'on est obligé d'abandonner. Enfin, malgré les protestations des guides, je prends campement à huit heures vingt minutes, parce que tout le monde est fatigué et que mes prévisions, basées sur des renseignements multiples, me font supposer que nous sommes à moitié route.

« Dans la nuit, je fais appliquer vingt coups de corde à un porteur qui a bu à la réserve d'eau; il est de plus mis aux fers.

« A quatre heures vingt-cinq minutes, le camp est levé. Les porteurs, malgré mes conseils réitérés, n'ont plus une goutte d'eau. Dès la première pose, un bœuf est à la traîne; il porte une lourde charge de munitions en deux caisses. A six heures, je donne deux hommes à Badaire et de l'eau, avec ordre de faire marcher l'animal jusqu'au possible, puis de l'abandonner et de faire porter les caisses. Je lui renverrai de l'eau et des hommes.

« La marche se continue assez bonne jusqu'à huit heures. Les guides (deux gamins), consultés, répètent chaque fois qu'on n'arrivera pas avant trois heures. Je n'ose donner d'eau à la pose de huit heures. A neuf heures vingt-cinq minutes, je distribue une musette, il en reste une et demie; six porteurs manquent. Je continue, convaincu que l'eau ne peut être loin ; une caravane est passée hier à mon camp à neuf heures; or elle devait être partie à trois heures des puits, donc nous devons être à une heure de marche de ceux-ci; toutefois, j'ai crainte de me tromper. Je prends toutes les musettes, toutes les peaux de bouc, et, seul avec les guides, car Makoura ne pourrait me suivre, n'ayant plus de monture, je pars en poussant mon cheval le plus possible (neuf heures cinquante). A dix heures vingt-cinq minutes, je suis aux puits de Bangataka[1]. Je trouve des Peuls complaisants qui m'abreuvent et aussi mon cheval, et nous emplissons les musettes et les outres. La plus grande d'entre elles est fixée sous le ventre de mon cheval et, au moment où je vais repartir (onze heures), le convoi paraît. Par Makoura, je demande aux Peuls de porter de l'eau en arrière jusqu'à Badaire. Six partent aussitôt.

« Peu à peu quelques porteurs arrivent; les Peuls remplissent bien leur mission.

« A partir de onze heures et demie toutefois, je ne vois plus personne. Vers une heure, je m'inquiète; j'envoie encore de l'eau, deux tirailleurs et trois porteurs vers Badaire, que je ne puis supposer bien loin. Mais, à deux heures un quart, je n'y tiens plus, je fais seller mon cheval et repars sur la route. A une heure de marche, 6 kilomètres environ (trois heures trente), je trouve les Peuls qui me rapportent des nouvelles de Badaire; il est arrêté et ne repartira qu'après la chaleur du jour. Je suis tranquille, d'autant que les tirailleurs doivent l'avoir rejoint; trois porteurs paraissent, je les fais rentrer et me porte en avant pour presser les autres. A quatre heures dix, je les ai tous relevés, sauf un seul qui porte ma cantine n° 3 (journaux, papiers, chronomètres). Je suppose qu'il s'est attardé et laissé rejoindre par Badaire. Je rentre au camp à cinq heures.

« A six heures seulement ma cantine 3 arrive et Badaire à six

---

1. Bangataka signifie : qui ne tarit jamais.

heures quarante. Les hommes ne rejoignent qu'à huit heures. Badaire a eu mille misères dans la matinée pour le transport de ces deux caisses maudites, les hommes demandant sans cesse une eau qu'il voulait ménager. Enfin, quand les Peuls l'ont joint vers deux heures un quart, il était arrêté depuis onze heures et demie.

« Irai-je dans la matinée du lendemain à Diobou? Je n'en sais rien encore. Cette marche a été de 50 kilomètres; mais quelques hommes, dont Baba et Yéra, en ont fait 80. »

Aux puits de Bangataka, j'étais à la limite du Liptako; il me restait à gagner Dori. Je pris le parti de m'arrêter au premier village du pays, Diobbou, distant de quelques kilomètres des puits, et d'attendre en ce point le résultat de mes négociations.

Tout était pour moi à redouter. Mes hommes étaient à bout de forces, ils portaient tous les charges des animaux morts; les derniers qui duraient encore n'avaient plus d'énergie, et la situation politique n'était pas sans me préoccuper.

Mais la vie du voyageur a de ces imprévus étranges qui ne sont pas à mon sens un de ses moindres attraits; de la situation la mieux préparée ne sortent souvent que des résultats insignifiants; à l'inverse parfois, d'événements dont vous n'avez pu diriger le cours, faute de les avoir pu prévoir, découlent des succès inespérés.

C'est ainsi qu'il en fut de notre entrée dans le Liptako. Ressources de toute nature en approvisionnements et animaux me furent spontanément offertes par ceux-là mêmes que je redoutais, et notre arrivée à Dori prit les proportions d'une entrée triomphale.

Je préfère laisser ici au lecteur la saveur de l'impression du moment en faisant la copie textuelle de mon journal de marche :

« Bangataka, 20 mai. — Au moment de faire charger à l'aube, j'y renonce à cause des fatigues de la veille.

« Au moment où je vais partir, vers deux heures, les guides viennent me dire que la crainte des suites d'une affaire de captivité entre le chef de Oulo et le Naba de Pensa leur interdit d'aller plus loin, qu'ils ont appris que le chef de Oulo était venu à Diobbou dans le but de s'emparer d'eux s'ils y paraissaient. Je prends la chose pour un mensonge nouveau, et comme, grâce à leurs mauvais renseignements, mes hommes ont souffert de la soif toute la journée de la veille, je les laisse partir sans la plus légère rémunération.

« Un Peul avec lequel j'ai causé la veille m'a dit avoir vu, à Dori, un blanc, alors qu'il était enfant et qu'il y étudiait l'arabe. « Il y a trente-neuf ans, me dit-il, car j'avais neuf ans et j'en ai aujourd'hui quarante-huit. » Les détails qu'il me donne se rapportent bien au célèbre voyageur, mon unique devancier, Barth. Tout le Liptako est venu le voir pendant les huit jours de son séjour.

« A trois heures, je pars avec un guide peul que je prends aux puits. Deux bœufs sont bientôt à la traîne; je suis obligé de faire décharger l'un. Deux autres sont à bout; nous ne pouvons aller ainsi longtemps.

« A cinq heures trente, nous sommes à Diobbou.

« Le chef de village vient à moi et me conduit au campement. Il me présente un jeune homme laissé par le chef de Oulo pour me guider le lendemain. Ce dernier est venu en effet au village dans la journée pour se saisir de mes guides. Ils ont eu raison de filer.

« Diobbou est un très joli petit village habité par des Mossi.

« A peine les charges sont-elles à terre qu'un cavalier dont le cheval a fait évidemment une longue course s'arrête en dehors du camp et demande à me saluer. Il est, me dit-il, le frère de Boubakar et envoyé par lui pour me guider jusqu'à Dori. Boubakar est l'héritier direct de l'Émir défunt; déjà il devrait avoir le turban, car ses droits légitimes sont incontestables; mais un autre parti puissant, soutenu par les fils et clients de l'ancien Roi, et qui a à sa tête Boari, réclame la couronne pour ce dernier. De là, perplexité grande de ceux que la coutume appelle à remettre le turban d'Émir, dont la mort du précédent Roi les a créés dépositaires. Boubakar doit être Roi par la coutume; mais, s'il est investi, c'est la guerre civile, et son adversaire est le plus fort. Pareil cas s'est présenté pour Amirou, qui n'a dû son investiture qu'à la puissance de sa clientèle, usurpant les droits de son frère aîné. Ces réclamations semblent avoir aujourd'hui une apparence légitime.

« Parti au Salam de trois heures, l'envoyé a parcouru les 45 à 50 kilomètres qui séparent Dori de Diobbou en trois heures environ.

« Nous dînons hâtivement de peu de chose, en particulier d'une sorte de soupe additionnée de farine de mil de mon invention, qui est une chose des plus appétissantes.

« On envoie aux puits, mais les hommes reviennent sans un atome d'eau. On en apporte un peu du village.

« Vers huit heures, deux nouveaux cavaliers paraissent et demandent à me saluer; on les introduit : ce sont les fils du Roi décédé, partisans de Boari; ils viennent de sa part. « L'homme déjà arrivé n'est rien, demain il disparaîtra de lui-même; d'ailleurs, me disent-ils, le vrai Roi, tu le reconnaîtras. »

« Peu après m'avoir quitté, il me font apporter deux beaux moutons; un renfort d'eau arrive aussitôt; quant à du mil, je n'ai qu'à faire un signe. Craignant que ce ne soient des impositions sur ce petit village très pauvre, puisque pour une tasse de lait de chèvre les habitants me demandent ou du mil ou du sel, je refuse.

« Une demi-heure après, arrive un autre cavalier accompagné de deux suivants, auquel les deux premiers témoignent un grand respect; c'est le propre fils de Boari, il vient me saluer de sa part. Lui et ses hommes me guideront le lendemain. Je regrette, j'ai accepté les offres de celui qui est venu le premier. J'obtiens la même réponse que précédemment : « Tu jugeras à Dori. »

« Je commence à être médiocrement tranquillisé, d'autant qu'en me quittant ils font apporter leurs nattes à 5 mètres de mes bagages. Je proteste avec la dernière énergie, je n'entends pas être gardé à vue, ni être le prisonnier de personne. On se rend, j'ai raison; on se recule de 10 mètres et c'est tout ce que je puis obtenir.

« La nuit se passe d'ailleurs très tranquillement.

« 21 mai. — Au petit jour, je fais chercher le guide du chef de Oulo et le Peul venu avec moi la veille et je pars. Mais aussitôt Boubakar, fils de Boari, et ses hommes dont le nombre s'est considérablement accru, car ils sont douze, se mettent en mouvement, enserrant le convoi. Pour le coup, c'est trop, je me mets en colère. Peine inutile, j'obtiens pour toute réponse qu'ils sont les véritables chefs du pays, qu'envoyés au-devant de moi, ils protégeront ma marche jusqu'à Dori *où je verrai le Roi.* Quant à l'envoyé de Boubakar-Amirou, il a en effet disparu.

« Je suis impuissant et je me résigne, d'autant que Boubakar, discret et réservé, superbe cavalier d'une grande beauté, mâle, énergique et posé à la fois, me plaît beaucoup.

« Les cavaliers faisant la haie, malgré la lenteur de mon convoi où bêtes et gens renâclent, car j'ai laissé un bœuf et un bourriquot à Dioubbou et j'ai un bœuf à la traîne, m'escortent jusqu'aux puits de Oulo, empêchant la foule de se porter au milieu de mes hommes.

« Nous prenons campement auprès des puits, les cavaliers sous un arbre voisin. Le chef de village, Mahmadou, dépositaire du turban de l'Émir, vient me saluer. On me demande si je partirai le soir pour Dori. Croyant lasser mes gardes du corps, je décide que non, vu l'état de fatigue de mes gens et de mes bêtes. Peine inutile. Voilà d'abord deux bœufs à abattre de suite et tout à l'heure viendront quatre bourriquots.

« Il faut se résigner; j'ai hâte, d'ailleurs, d'être à Dori. Si je puis m'y reposer une journée! Il y a quarante jours bientôt que j'ai quitté Lanfiéra et depuis nous marchons sans trêve.

« A trois heures cinquante, nous partons. A cinq heures quinze, nous sommes à Bargia; à sept heures, nous campons à Salgou. L'escorte s'est renforcée, elle est de vingt-cinq cavaliers.

« Un peu avant Salgou, Boubakar me quitte avec le plus grand nombre pour aller abreuver les chevaux.

« A Salgou, nous n'avons plus que les deux fils du Roi. Vers huit heures, arrive le frère du chef de Oulo qu'on me présente. C'est un des gardiens du turban, partisan de Boari. C'est lui en réalité le chef du pays, me dit-on. Il me guidera jusqu'à Dori.

« 22 mai. — Nous partons de Salgou à cinq heures quinze; nous faisons deux pauses; à la deuxième, nous sommes en vue d'un grand village que je prends pour Dori. C'est Wendou. Le terrain a changé d'aspect; nous traversons des lougans en terrains sablonneux, comme ceux du Cayor, mais la roche affleure en nombre de points; des dunes, sur lesquelles Dori apparaît enfin, bordent l'horizon.

« Entre Dori et Wendou, une grande cuvette verdoyante, ne conservant plus d'eau que dans les mares d'un lit de rivière qui la traverse dans sa largeur, une grande cuvette, dis-je, existe, qui doit être remplie en hivernage. L'emplacement, presque dépourvu d'arbres, en est vert, et ce vert repose de la monotonie de la brousse épineuse et grise qui a été notre spectacle depuis Pensa.

« C'est une véritable entrée triomphale que notre arrivée à Dori. Cinq ou six mille personnes se portent au-devant de nous et nous entourent: les cavaliers ont toutes les peines à maintenir la liberté de la marche, et en avant, gravement, Boubakar-Boari affirme par son

Entrée à Dori.

attitude qu'il est chef et roi, puisqu'il peut, lui musulman, faire entrer dans Dori un kéfir. A mon sens, c'était le but cherché, et l'on peut dire qu'il est atteint. La désolation doit être au camp de Boubakar-Amirou.

« On m'installe convenablement et, avec beaucoup de réserve, tout le monde me quitte pour que je puisse reposer.

« Boari, dans la matinée, m'envoie 60 kilogrammes de mil, plus tard 15 kilogrammes de riz et des œufs; j'aurai un bœuf dans la soirée. Je n'ai qu'à me reposer, Boari viendra me voir. »

Il était grand temps d'arriver. Mon beau convoi était réduit à rien. Dès le surlendemain, je perds les quelques bœufs qui me restent et la plus grande partie de mes bourriquots. Mes hommes sont à bout. Badaire et moi avons le plus grand besoin de quelques jours de repos.

Mais un grand résultat est atteint qui nous donne courage pour l'avenir. Le Mossi a été traversé par nous dans sa plus grande étendue.

CHAPITRE VII

De Dori à Say

Fétichistes et musulmans. — Le Coran. — Séjour à Dori. — La peste bovine. — Le traité de Dori. — Le Yagha. — Séjour à Zebba. — Le traité. — Je tombe gravement malade. — Triste départ. — Mauvaise route. — Entrée dans le Torodi. — La mauvaise fortune se lasse. — Tillo. — Accueil sympathique d'Ibrahima-ben-Guéladjio. — Le traité. — Arrivée à Say. — Le traité. — La traversée de la boucle du Niger est un fait accompli. — Le choix des routes.

Nous sommes désormais hors des pays fétichistes. Les sorciers avec leurs grossières et incompréhensibles coutumes sont derrière ; devant, au contraire, sont les marabouts de l'Islam, libres d'interpréter à leur fantaisie un livre sacré, immuable, qu'ils ne comprennent pas. Lesquels valent mieux, des sorciers ou des marabouts ? La question mérite de se poser ; elle mérite aussi d'être élucidée, car c'est la différence souvent très ténue qui sépare l'Afrique barbare de ce qu'on peut appeler l'Afrique civilisée. C'est là que gît le nœud du problème de la colonisation de l'Europe au continent Noir, car nous sommes de ceux qui comprennent par civilisation, assimilation. Quels sont les peuples les plus susceptibles de se prêter à la colonisation européenne, les fétichistes ou les musulmans?

Pour définir le problème, il faut prendre l'Afrique avant l'invasion de l'islamisme et se rendre compte des transformations que celui-ci a fait subir aux populations qui ont accepté sa loi.

De l'état de la société noire avant l'invasion de l'Islam, il est assez aisé de se rendre compte par l'état de barbarie des peuplades qui nous sont connues de l'Afrique occidentale ou méridionale, et qui, dans les temps modernes, n'avaient pas été pénétrées par la religion de Mahomet. Anthropophagie et sacrifices humains sont les plaies hideuses de ces sociétés sauvages, où le féticheur, grand prêtre d'une religion innomée, ministre d'un dieu qu'il ne saurait définir, ni par ses attributs, ni par les manifestations de sa toute-puissance, fait courber, sous la loi de ses sinistres fantaisies, le malheureux qui n'est pas initié aux mystères de son culte. Au Soudan, en général, ces hideuses coutumes n'existent pas ou n'existent plus, et il faut bien reconnaître que l'influence directe ou le voisinage de l'islamisme ont été l'unique cause de leur disparition.

Le féticheur n'est plus, le sorcier subsiste, et nous avons vu ci-dessus combien son pouvoir reste considérable.

Les pays bambaras, le Miniankala, les pays bobos, le Dafina, le Mossi, sont des pays où l'Islam n'a pénétré qu'en un petit nombre de points; pour les dénommer suivant l'usage reçu, nous les appellerons *pays fétichistes*.

Les pays qui sont *terre d'Islam* s'étendent au contraire de Dori au Tchad. L'Islam règne en maître aussi dans le Sahara. Dans ces dernières contrées, à côté du pouvoir temporel est le pouvoir religieux, qui le contre-balance. Alors même, ce qui arrive souvent, que le chef du pays est lettré musulman, auprès de lui se trouve toujours un personnage officiel revêtu spécialement des fonctions de grand prêtre et de Cadi. A lui ressortit l'interprétation du Coran en tant que code civil, politique et criminel.

Si nous nous élevons au-dessus des querelles religieuses qui ont tant passionné nos pères, qui au contraire ne nous passionnent pas assez nous-mêmes, nous devons reconnaître que le Coran, malgré quelques défectuosités de morale, est un merveilleux monument de l'esprit humain; c'est l'œuvre d'un génie, mais ce génie était homme.

Or, comme homme se disant inspiré de Dieu, Mahomet avait beaucoup souffert, et, lorsque la religion nouvelle qu'il apportait à ses frères arabes idolâtres voulut s'affirmer au grand jour, elle ne le put qu'au prix de luttes violentes, de guerres intestines, qui armèrent les unes contre les autres les tribus de même race, les unes converties, les autres réfractaires à la foi nouvelle.

Du vivant même de Mahomet, de sanglants combats eurent lieu, dans lesquels le prophète ne fut pas toujours victorieux. Il sentait qu'inférieur en nombre à ses adversaires, sa seule puissance résidait dans le fanatisme qu'il pourrait insuffler à ses adeptes, et, pour ce faire, il ne négligea pas les moyens. Ses entretiens, recueillis par Ali, son gendre, et qui ont formé le Coran, sont remplis de malédictions contre les infidèles, de détails sur les traitements à leur appliquer s'ils sont vaincus ; à chaque page il appelle aux armes les croyants, pour la défense de la foi, pour sa propagation. Mais, ce qu'il faut bien savoir, c'est que, par infidèles, le prophète entendait ses propres congénères, les membres mêmes de sa famille en hostilité contre lui. Quant aux juifs et aux chrétiens, nombreux dans Médine où il habitait, et qu'il désigne sous le nom de kitabi (hommes des livres de Moïse et de Jésus qu'il reconnaissait tous deux comme prophètes), il admettait qu'on pût vivre en paix avec eux, ou au contraire qu'on devait leur faire la guerre et les convertir, suivant qu'il en avait reçu à date récente de bons ou de mauvais services. Le Coran a été une arme de lutte, c'est ce qui en rend l'interprétation vraie si difficile, ou mieux si facile, parce qu'on y trouve argument de toute nature pour ou contre les kitabi.

Certains jugements portés par Mahomet contre les chrétiens, et qui se sont maintenus comme articles de dogme dans le milieu des fanatiques de l'Islam, sont aussi irrationnels qu'il le serait d'admettre que les proclamations d'un général sur territoire ennemi puissent devenir dans la suite des temps la ligne de conduite dont la nation ne devra plus s'écarter, vis-à-vis de l'ennemi temporaire.

Les premiers Khalifes, intéressés à maintenir l'interprétation la plus rigoureuse, se sont servis du Coran pour entraîner les Arabes à la guerre sainte, à la fois contre les fétichistes et contre les chrétiens, embrassés sous la dénomination générale d'infidèles (kéfirs). De l'esprit de lutte que le Coran laisse percer à chaque page est sortie la grandeur de l'Islam. Ce n'est que le jour où, après une ère de splendeur merveilleuse, l'Islam a été vaincu, que la nécessité de s'accommoder avec le vainqueur a fait fléchir la rigueur de l'interprétation, et que les savants ulémas ont su retrouver, dans le texte même du Livre, la distinction que le prophète faisait lui-même entre les fétichistes et les kitabi.

C'est du moins cette dernière interprétation qui prévaut partout où le musulman est en contact, en relations forcées avec les chrétiens; mais partout ailleurs où s'exerce la propagande de l'Islam, l'intolérance reste la sublime loi.

Ces réserves faites, le Coran est un livre merveilleux, à la fois code religieux, code civil, code politique. Sa loi, sous quelqu'une des trois formes qu'on la considère, est admirablement adaptée aux populations qu'elle doit régir. Elle est d'une extrême simplicité, tant au point de vue du culte qu'au point de vue de la vie civile et politique qu'elle a codifiée. Mahomet s'est borné à prendre les vieilles coutumes de la vie arabe, à les cimenter par le lien religieux. La plupart de ces coutumes sont d'origine patriarcale, il les a rendues immuables en les incorporant à sa doctrine.

Prenons quelques-unes d'entre elles qui semblent le moins en harmonie avec notre tempérament religieux, ou avec la conception que nous avons de la vie civile ou politique, nous verrons combien au contraire elles conviennent admirablement au milieu où elles doivent se développer.

La foi se manifeste par une seule et unique formule, qui est une synthèse parfaite du dogme entier : « *Il n'y a d'autre Dieu que Dieu et Mahomet est l'envoyé de Dieu.* » La répétition de cette formule, accompagnée de quelques autres qui indiquent les attributs de la divinité, telles que *Dieu est grand, Dieu est magnanime, Dieu est miséricordieux*, suffit à la prière.

La prière ou Salam se fait trois fois par jour, le matin au lever du jour vers deux heures, puis le soir au coucher du soleil. Le Salam est grandiose et simple à la fois; le croyant, tourné vers la Mecque, élève les bras au ciel pour invoquer, puis se prosterne et touche du front la terre pour marquer sa soumission à la divinité. Ces mouvements plusieurs fois répétés sont accompagnés des formules sacrées.

Avant chacune des prières, l'homme doit se purifier par des ablutions, car il ne peut se prosterner devant Dieu s'il n'est en état de pureté corporelle. Or, en introduisant cette pratique dans la religion, c'est l'hygiène corporelle que le prophète a ainsi imposée à des peuples qui, avant sa venue, vivaient au milieu de la saleté et de la vermine.

D'autres règles, portant proscription de la chair de certains animaux, n'ont eu pour but que d'en défendre l'usage reconnu malsain ; tels sont le lièvre, le sanglier, etc. La proscription du vin ou de boisson fermentée n'a eu qu'un objet, c'est de mettre un frein aux habitudes invétérées d'ivrognerie des Arabes.

La polygamie, sanctionnée par la loi musulmane, nous semble une monstruosité qui a pour effet de ravaler la femme au rang d'un objet de luxe. Tout d'abord l'infériorité de la femme n'a jamais été édictée par le Coran ; bien au contraire, mul-

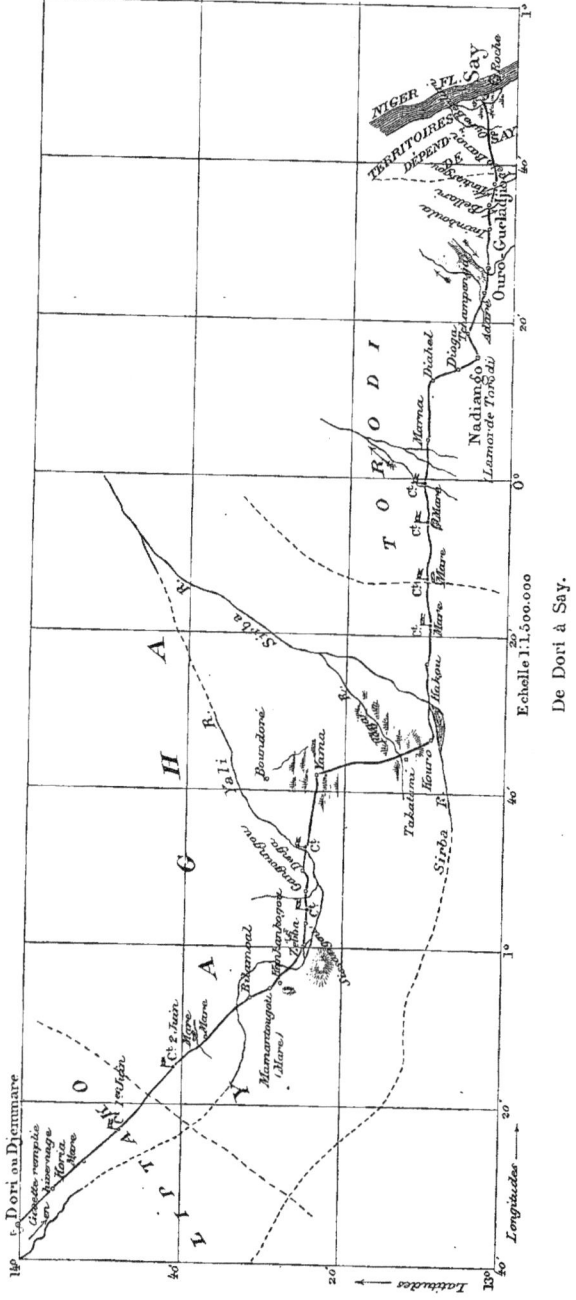

De Dori à Say.

tiples sont les prescriptions qui ont pour effet de la mettre sur le pied de parfaite égalité avec l'homme, sauf dans la vie politique. En outre, la polygamie est une tolérance réglementée et non une nécessité imposée par la loi.

La reconnaissance de la polygamie par Mahomet montre, au contraire, la connaissance parfaite que possédait le prophète, du milieu social que sa loi devait régir. La monogamie, sous la tente où la promiscuité est de tous les instants, par des températures énervantes, est une impossibilité. A sa suppression la morale n'a pu que gagner.

Au désert, l'homme doit lutter tous les jours pour sa propre existence et celle des siens ; les tribus sont isolées, elles ne peuvent se défendre que si elles sont fortes, partant nombreuses ; or la femme qui doit nourrir son enfant pendant deux ans, et quelquefois davantage, qui de plus est très vite fatiguée par la maternité, ne peut suffire à la tâche que la nécessité lui assigne. Ajoutons que la mortalité des enfants est très élevée, et nous verrons dans la polygamie une loi de défense sociale.

Au désert, comme aussi en tous pays où les voies de communication sont rares, les absences que fait l'homme pour ses affaires, négoce, expéditions, etc., sont longues. Il n'est pas rare de voir que le règlement d'une affaire un peu importante retienne l'homme un ou deux ans loin de son foyer. La polygamie dans ce cas est bien plus la sauvegarde de la famille et du droit de l'enfant que la consécration de la luxure.

Un autre reproche fait à la loi musulmane est d'avoir admis la captivité. Nous traiterons de manière spéciale, dans un chapitre suivant, de la captivité au pays Noir, qu'il faut avoir soin de ne pas confondre avec l'esclavage. Or est-il admis depuis si longtemps, à notre point de vue religieux européen, que l'esclavage doive être réprouvé ? Nous verrons que la captivité au Soudan est une forme de la domesticité, que la suppression n'en peut être envisagée qu'à l'échéance encore lointaine où les voies rapides de communications et la facilité des échanges auront modifié complètement les mœurs économiques des peuples.

En tout cas, ce que nous voulions faire ressortir par cette étude forcément brève, c'est que, si l'Islamisme est un bienfait pour les populations fétichistes qui l'embrassent, il est en même temps d'une assimilation très facile pour elles. Par la pratique du dogme, l'homme acquiert la notion de l'égalité de la créature devant Dieu ; les sacrifices sanglants disparaissent, aussi les vices qu'engendre l'ivrognerie ; les habitudes de propreté développent l'hygiène. Par la pratique de la loi civile, l'indigène s'affranchit du joug tyrannique de ses chefs auxquels échappent l'interprétation souveraine de la coutume et l'application de peines trop souvent fantaisistes, témoignage d'une justice toujours vénale. La pratique de la loi politique a pour effet d'éviter les querelles dynastiques et les guerres civiles.

La propagande de l'Islamisme se fait surtout sous ces deux dernières formes. Le noir est, dès l'abord, séduit par cette loi écrite dont l'interprétation et l'application auront pour effet de substituer au bon ou mauvais vouloir d'un chef la puissance d'un texte immuable dans sa forme, devant lequel petits et grands seront égaux. Aussi voit-on dans les pays fétichistes la loi du Coran presque partout admise et peu à peu contre-balançant l'influence des chefs, puis se substituant à elle. Dès que cette première conquête est faite, le reste suit bientôt.

Fait singulier, jamais, même dans les pays qui sont le plus réfractaires à sa foi, l'Islam n'a été persécuté ; rien ne montre mieux que son adaptation aux milieux n'implique qu'une acceptation de formes ; aussi n'est-il pas téméraire de dire que, si les voies pacifiques de propagande avaient été employées de préférence à la conquête violente, l'Afrique entière aurait aujourd'hui embrassé la foi musulmane.

Si nous revenons maintenant à la question qui a fait l'objet de cette étude, nous dirons que les difficultés que peut rencontrer un voyageur, pour être d'ordre différent dans les pays fétichistes et musulmans, sont à peu près de même valeur. Nous avons vu d'un côté des coutumes peu connues ou mal définies, un sorcier jaloux de ses prérogatives, auquel l'Européen porte ombrage ; de l'autre, une civilisation, une législation établies sur un livre d'interprétation controversée, même dans les milieux théologiques musulmans, et un marabout, sorte de tabellion de village, à l'esprit borné, qui traduit la lettre sans comprendre le sens et que sa fausse science rend d'autant plus intolérant.

Au pays fétichiste, l'Européen peut s'imposer assez aisément, à la double condition de savoir être généreux et de ne pas trop éveiller les susceptibilités des sorciers, en leur faisant une concurrence déloyale par la fabrication et le don de grigris (amulettes) et de médicaments.

Dans leur ignorance, les indigènes reconnaissent volontiers dans le blanc un être d'essence supérieure, à cause de ses armes, de ses instruments, de ses vêtements, de sa richesse, et en foule ils accourent autour de lui pour lui demander remède à tous les maux, la satisfaction de tous leurs désirs, de tous leurs appétits, même de ceux, et surtout de ceux-là, qui une fois éteints trouvent la science impuissante à les restaurer. Il faut savoir se tenir sur une extrême réserve, et, sans se désintéresser des souffrances réelles que l'on peut, que l'on doit soulager par humanité, ne pas se laisser entraîner, même pour éviter les obsessions, à traiter toutes les maladies, à donner satisfaction même platonique à toutes les demandes. La réputation la mieux établie par des succès incontestés, la popularité la plus légitimement acquise, ne résisteront pas à un accident que l'opinion publique s'empressera d'attribuer, non pas à l'impuissance de la science, mais à la malveillance du médecin; à cela les sorciers un instant délaissés aident autant qu'ils peuvent.

Au pays musulman et en particulier dans les régions du Soudan, où les Arabes fréquentent, très grande est aussi l'influence que peut acquérir le voyageur médecin; mais les écueils sont d'ordre plus délicat encore, car le musulman n'ira trouver le chrétien, être méprisé, qu'à la condition d'être radicalement guéri. Le succès répond-il à l'attente du patient, vous n'êtes pas assuré de sa reconnaissance; en revanche, l'insuccès vous assure sa haine. Ajoutons que jamais, en aucun cas, il ne faut donner un médicament qu'à la condition de le faire prendre devant vous, quelque peu dangereux qu'il soit.

Au pays fétichiste, la question religieuse n'a rien d'aigu; il en va tout autrement en terre d'Islam. Mais, là encore, il est possible au voyageur de se sortir d'embarras par la connaissance du Coran, qu'il est très aisé d'avoir plus complète que les marabouts qui interprètent le « Livre ».

Tout d'abord, il est de bonne garde d'éviter une discussion théologique avec un ignorant; mais, quand on ne peut y échapper, avoir soin de le faire devant un auditoire choisi et le plus nombreux possible.

Les musulmans reconnaissent l'Ancien Testament et aussi le Nouveau, avec cette réserve que Jésus-Christ n'est qu'un prophète qui a précédé la venue de Mahomet. J'avais coutume de bien établir que,

Captives de Pello faisant sécher le couscous.

comme eux, nous acceptions ces deux prophètes, Annabi Moussa et Annabi Jésu, mais que nos pères n'avaient pu connaître Mahomet, à cause de la grande distance qui les séparait de l'Arabie. « Les juifs se sont arrêtés, disais-je, à Moussa (Moïse), les chrétiens à Jésus-Christ. Si nos pères avaient connu Mahomet, peut-être l'auraient-ils suivi; mais je ne me reconnais pas le droit de changer la religion que je tiens de mes pères. » Rarement d'ailleurs, j'en arrivais jusque-là, j'avais saisi au passage la moindre allusion aux merveilles du pays des blancs, et la conversation était déviée.

En tout cas, je crois qu'au pays des musulmans, l'Européen n'a rien à gagner à cacher sa nationalité ou sa religion; il lui suffira, en général, pour se faire accepter, de connaître assez bien la loi et l'esprit du Coran pour ne pas commettre de faute que tout bon croyant imputerait à crime. C'est toujours en me déchaussant que je suis entré dans une mosquée, c'est dans une attitude respectueuse que j'ai assisté au Salam, soit au Soudan, soit dans le désert; mon attitude a toujours désarmé les plus intolérants, même les Toubbous, Rechad, Senoussis.

Si nous nous plaçons au point de vue spécial de la civilisation européenne, il est évident que les pays fétichistes sont plus aptes à la recevoir, ou mieux à l'accepter que les pays musulmans. C'est tout ce que nous pouvons en dire ici, car l'étude complète de ce sujet nous entraînerait trop au delà du cadre de ce travail, qui, je l'ai déjà assez oublié, doit être avant tout un récit.

Nous sommes à Dori, capitale du *Liptako*, aussi appelé Djemmare par les gens du Mossi. Dori est un centre commercial important, où les Arabes de Tombouctou apportent le sel en barres de Tosdénit, pour l'échanger contre des cotonnades qu'apportent les gens du Mossi, qui, en outre, amènent sur la place les noix de kola du Gondia et les cauries importées de l'Inde par les établissements anglais de la côte du Bénin. Le Liptako, comme le Yagha et le Torodi, sont des pays de domination peul ou foulbé, c'est-à-dire que sur la race autochtone, qui est d'origine sourhaï, s'est greffée une race conquérante, qui est le Peul.

En traitant de l'empire de Sokkoto, nous nous occuperons spécialement de définir les caractères généraux de cette race foulbé, dont les origines sont aussi ténébreuses dans le passé que ses destinées difficiles à définir dans l'avenir.

Les Sourhaïs, aujourd'hui en état de servage, peuplent toute la partie occidentale et septentrionale de la boucle du Niger et s'étendent sur la rive gauche dans le Djerma. Complètement asservies, ces populations ne présentent plus de caractères bien définis, tant au point de vue de la race que de la civilisation; elles se sont d'ailleurs très fortement mélangées avec les conquérants, et elles ont embrassé l'Islamisme.

J'avais perdu, dès l'arrivée à Dori, la presque totalité de mes animaux; mon premier soin fut de tenter de reconstituer mon convoi. Je ne voulais acheter que des bourriquots, car l'épizootie continuait à sévir sur les bœufs.

A propos de celle-ci, j'eus l'occasion de m'entretenir avec plusieurs hommes d'un certain âge, et l'un d'eux me disait que, de mémoire de Peul, on n'avait vu pareille hécatombe de bétail.

La mortalité est impossible à chiffrer, mais elle est immense.

Il y a un an, il n'était pas un Peul, dans toute la région jusqu'à Sokkoto, qui n'eût une centaine de têtes; aujourd'hui, les parcs de cinq ou six cents têtes sont réduits à dix, vingt, cinquante, au plus. C'est la ruine absolue, et ainsi s'explique le peu de générosité que j'ai partout rencontré sur la route.

La maladie est venue de l'Est. En janvier, un pèlerin de la Mecque disait que de ce point à Kano il n'avait pas vu un bœuf; en février, l'épizootie éclatait et dure encore.

Ce n'est pas la péripneumonie; cette maladie, ils l'ont vue en 1866, et l'année suivante le choléra a fait sur les populations de terribles ravages. C'est par villages entiers que les populations ont disparu (fièvre jaune de 1867). La péripneumonie n'attaquait pas toutes les têtes; de plus, parmi les bêtes atteintes, beaucoup guérissaient. Aujourd'hui, toute bête atteinte disparaît en deux jours, trois jours au maximum; c'est un véritable choléra. Nombre de cas ont été foudroyants; des parcs parfaitement sains le soir comptaient deux cents têtes frappées le lendemain. D'ailleurs, dans la brousse, les cobas[1], les bœufs sauvages meurent de cette même maladie.

Les symptômes et la marche de la maladie, que j'ai été à même

---

1. Grandes antilopes.

d'observer, puisque j'ai perdu plus de trente bœufs porteurs, sont les suivants :

L'invasion est signalée par le larmoiement des yeux, puis l'animal perd par le nez de l'eau sanguinolente ; la diarrhée fait ensuite son apparition, souvent elle est aggravée de dysenterie ; l'animal a l'œil morne, les oreilles tombantes, sa respiration est haletante, il ne mange plus, mais boit avidement tout breuvage qu'on lui présente ; trois jours après l'apparition du premier symptôme, il est mort.

Les conséquences de la peste bovine se sont fait sentir, en outre, dans l'ordre social et économique. Les pasteurs, qui tiraient toutes leurs ressources de leurs troupeaux, ont dû, pour subsister, se faire agriculteurs ; là où les lois de l'hospitalité étaient larges et généreuses, une mesquinerie cupide a pris place.

De cet état de choses je ressentis bientôt le contre-coup ; ordre me fut donné de la part de Boari, le 28 mai, d'avoir à quitter Dori dans les trois jours. On allégua que l'élection de l'Émir devait avoir lieu le quatrième jour et que, crainte de troubles, tous les étrangers devaient quitter Dori. La vérité était que la misère était grande et qu'à cette époque de l'année (moment des semailles) les ressources déjà restreintes se trouvaient affaiblies encore par la perte du bétail.

Je hâtai donc les derniers préparatifs et trouvai un concours aussi cordial que désintéressé chez le vieil Aliou, frère de Boari, qui s'était pris pour moi d'une bonne affection dont il me donna des marques nombreuses. Je pus acheter quelques bourriquots ; mais, pris par le temps, je dus accepter l'offre que me fit Aliou d'acquérir quatre bœufs venant de Tombouctou avec chargement de sel, et qui n'avaient pas la maladie.

Difficilement je pus faire à Dori les provisions de grains pour la route jusqu'à Zebba, et je n'étais pas, de ce fait, sans envisager l'avenir avec quelque inquiétude, ne sachant trop comment je pourrais nourrir mon nombreux personnel.

Le 23 mai, je signai avec Boubakar, fils de Boari, délégué par lui, un traité plaçant le Liptako sous le protectorat de la France. J'estimais que Boari devait être élu Émir du Liptako ; cela fut en effet ; j'en appris la nouvelle à Denga, le 20 juillet.

Notre séjour à Dori fut des plus tristes ; cantonnés dans un groupe de cases qui étaient en bordure sur la plaine, nous recevions les émanations empestées de milliers de cadavres de bœufs qu'on n'avait pris la précaution ni d'enfouir, ni de brûler; de plus, la viande des animaux qu'on abattait était malsaine, car l'épizootie battait son plein et l'on n'abattait que des bœufs malades.

Tous nous fûmes plus ou moins atteints de diarrhée, mais en particulier Badaire et moi. Aussi étions-nous tous enchantés de quitter Dori le 1er juin.

A Dori, on n'avait pas manqué de me poser cette double question : « Où vas-tu? Dans quel but es-tu en route? » A cela, étant donnée la route que je voulais faire, je répondis : « Je suis envoyé au Sultan de Sokkoto par le Chef des Français; sur ma route je dois demander aux chefs la liberté pour nos caravanes de commercer et de circuler à leur gré. »

Dès ce jour, et jusqu'à Sokkoto, je conservai rigoureusement cette étiquette dont il m'eût été impossible, sans danger immédiat et sérieux, de m'affranchir.

Pour entrer dans le Yagha, nous avions à franchir une région déserte de 70 kilomètres environ; le convoi de dix bourriquots, quatre bœufs et quinze porteurs était un peu lourd; cependant nous arrivâmes dans de bonnes conditions à Bilamoal, premier village du Yagha, dans l'après-midi du 3 juin.

Pendant la nuit, treize de mes porteurs sur quinze désertèrent, sans que j'eusse les moyens de les faire joindre; les deux seuls chevaux, celui de Badaire et le mien, qui restaient, étaient incapables de se porter eux-mêmes; nous avions dû pour cette raison faire bonne partie de la route à pied.

Ces porteurs étaient le reliquat de vingt-cinq que m'avait procurés le capitaine Quiquandon; dix s'étaient déjà enfuis à Bobo-Dioulasso.

Quelles raisons les portèrent à s'enfuir? Je n'ai jamais pu me l'expliquer; mais, s'ils m'emportaient cinq fusils[1], ils m'enlevaient aussi le souci que j'ai signalé d'avoir à les nourrir.

Le 4 juin, je pris mes dispositions pour m'assurer l'entrée de Zebba, capitale du Yagha, où, grâce aux guides que m'avait donnés Aliou, je

---

1. Fusils à pierre que j'avais distribués à quelques porteurs pour diminuer le nombre de mes charges.

fus bien reçu et à peu près bien logé. Le lendemain, je pus envoyer chercher à Bilamoal les bagages que j'avais dû y laisser.

Barth a gardé de Zebba, qu'il appelle la Cité du Désert, un mauvais souvenir; que pourrai-je donc dire à mon tour de cette ville de malheur où, quarante-cinq jours durant, je fus retenu par la mauvaise fortune qui prit toutes les formes pour me persécuter?

Le Roi est d'une avarice et d'une cupidité sans nom; son ministre Karfa ne l'est pas moins, mais joint à tous ses autres défauts un cynisme dont il est malaisé de se faire la plus légère idée.

Je fis de superbes cadeaux en arrivant; ils furent jugés insuffisants et les prétentions manifestées étaient telles que je dus faire charger pour partir; alors seulement ils furent acceptés. Je demandai une lettre et un homme au Roi, pour accompagner à Dori deux hommes que je voulais y envoyer chercher mes porteurs ou au moins mes fusils. Je dus payer fort cher et d'avance un homme qui ne remplit pas sa mission.

Les porteurs, en effet, arrivés dans le Liptako, tombèrent dans les mains de gens appartenant aux divers partis, et Boari, tant pour les ménager que par impuissance peut-être, ne put rien exécuter de ses promesses. Celui de mes hommes que j'envoyai revint quinze jours après seulement; mais, au lieu d'un serviteur dévoué, c'était un traître qui rentrait; il avait écouté en route les propositions de deux hommes du Macina envoyés par Ahmadou-Sheikou à Ibrahima-Guéladjio pour lui signifier son avènement au trône du Macina et lui demander son concours.

Pendant ce temps, confiant dans le retour de mon messager auquel j'avais donné quatre jours pour aller et revenir, j'achetais des bœufs pour remplacer les porteurs, ne pouvant trouver de bourriquots; tous mes bœufs (huit) meurent.

A ce moment (fin juin), probablement conséquence des fatigues, des contrariétés et aussi de la mauvaise nourriture, je fus pris d'une crise hépatique de la dernière violence, qui me laissa trois jours entre la vie et la mort et eut pour suite une dysenterie très grave, puis une rectite.

Les deux chevaux qui me restent, l'un venant de Khayes, l'autre de San, malgré tous les soins dont on les entoure, meurent à leur tour.

La mission, aux premiers jours de juillet, est réduite comme personnel indigène à dix-sept hommes, interprète compris ; comme animaux, à dix bourriquots.

J'avais réussi toutefois, toujours à prix d'argent, à faire accepter un traité qui, signé le 16 juin, est la paraphrase de celui de Lanfiéra.

En présence du mauvais vouloir du Roi que je ne pus voir une seule fois, et de son ministre, ne pouvant compléter mes moyens de transport, car tout ce que je pus faire fut d'acheter à un prix exorbitant trois bourriquots qui n'eurent pas la durée d'un feu de paille, je me décidai à partir avec ces seuls moyens, treize bourriquots. Je demandai au Roi un guide ; il me l'accorda, mais exigea d'avance un prix fantastique que je me refusai de verser.

J'eus, pendant mon séjour prolongé à Zebba (quarante-cinq jours), quelque compensation à mon infortune ; mon hôtesse Pello était pour moi aux petits soins, et nombre d'habitants du village, parmi les plus importants, venaient passer l'après-midi à causer avec moi. L'un d'eux, Oumar-Bello, m'avait donné, pendant la durée de mon séjour, le lait d'une vache qui malheureusement mourut bientôt. Il venait chaque jour silencieusement, s'asseoir, prendre de mes nouvelles et me demander si je n'avais pas besoin de ses services. Paté, neveu du Roi, m'amusait de ses fanfaronnades et régulièrement se retirait en me demandant devant tous si je ne voulais pas lui donner un poison pour se débarrasser de son oncle qu'il détestait. Un autre prétendant à la succession du Roi était Beloussa, un écuyer accompli, qui montait des chevaux superbes ; il réitérait souvent la même demande que Paté, mais en cachette. Il était fort riche et j'étais toujours assuré de trouver chez lui œufs, poulets, riz, mil, alors qu'il n'y en avait pas ailleurs.

Atikou était le plus fin, le plus lettré d'entre eux ; il était fils du Roi qui régnait à Dori au moment du voyage de Barth. Enfant, il l'avait connu, il conservait une amulette qu'il avait faite à son intention. A aucun prix il ne voulut me la céder. Ce fut par lui que j'obtins le remède de la lèpre que possédait le chef de ses captifs, célèbre dans le pays par les nombreuses cures qu'il avait faites. Une femme qui habitait les environs de mon cantonnement était atteinte de la maladie. Je pus la soigner et la guérir.

Le 19 juillet au matin, je quittai Zebba sans guide, Badaire et moi à pied, les animaux chargés au double du poids raisonnable. Je savais que je n'avais rien à redouter de mon coup de tête, car j'avais conquis

La rivière à Adare.

les bonnes grâces de la population, qui désapprouvait les mauvais et injustes procédés du Roi à mon égard.

De plus, pendant mon long séjour forcé à Zebba, j'avais attiré à moi et m'étais attaché par des cadeaux tous les gens de quelque importance venant du Torodi et de Ouro-Guéladjio, posant ainsi de solides jalons pour l'avenir.

A peine sorti de Zebba, la fortune sembla vouloir me rendre ses sourires. Je trouvai dans un homme qui habitait dans le même groupe de cases que moi-même à Zebba, et qui vint me rejoindre dès le lendemain de mon départ, un guide sûr, d'une intelligence et d'un dévouement au-dessus de tout éloge. Bubana (c'est son nom) est pour beaucoup dans le succès inespéré de ma mission à Ouro-Guéladjio, succès dont le contre-coup a eu les plus heureuses conséquences à Sokkoto, ainsi qu'on le verra par la suite.

Avec un aussi triste convoi, la marche fut d'une lenteur désespérante. L'hivernage est dans son plein, les animaux s'en ressentent, ils sont mous, se blessent facilement ; de plus, étant donnée la rareté des villages, nous campons fréquemment en pleine brousse, les mouches et les moustiques les harcèlent, leur défendant tout repos.

Nous faisons à Gangoungou l'étape du 19 juillet, que, malgré son peu de longueur, je dus même couper en deux.

Le lendemain, nous sommes à Denga où l'accueil qui nous est fait est des plus cordiaux, grâce à Bubana que je trouve en ce point, et à deux frères d'Ibrahima-Guéladjio qui ont quitté Zebba le même jour et me proposent de faire route ensemble. Craignant de les fatiguer par la lenteur de ma marche, je leur dis de prendre les devants et de saluer Ibrahima de ma part.

Après Denga, nous traversons le Yali, rivière de Zebba, qui va se jeter dans le Sirba, puis par de mauvais sentiers marécageux nous atteignons Yama à la nuit faite, le lendemain. C'est en vain que j'essaye d'acheter en ce point grains ou animaux. Je dois donner un jour de repos.

Le départ de Yama se fait le 23 ; nous avons grand'peine à nous sortir des fondrières marécageuses ; vers trois heures et demie, nous arrivons à la rivière Faga. Une grande plaine herbeuse de 600 mètres de large environ, limitée par deux bordures de très beaux arbres, constitue le lit d'inondation de la rivière ; présentement les eaux recouvrent

200 mètres environ; le lit propre de la rivière n'a guère que 40 mètres de large et 1m,10 de profondeur. On décharge, et le passage, commencé à quatre heures, n'est pas terminé avant cinq heures vingt. Je prends campement à 5 ou 600 mètres de la rive droite, non loin du village de Takatami. Après aussi dure journée, le repos nous était dû; cependant, ni hommes ni animaux ne purent fermer l'œil; les horribles moustiques étaient là par légions innombrables. Lorsque plus tard, à Argoungou par exemple, nous eûmes si fort à souffrir de ces maudits insectes, il nous venait encore à l'esprit, pour nous consoler, qu'il y en avait moins qu'à Takatami.

Aussi, dès que l'on put faire charger, chacun, malgré une nuit d'insomnie, était heureux de se mettre en route.

L'étape suivante se fit à Kouro, aux bords du Sirba; mais la rivière, qui occupe un lit d'inondation de 7 à 800 mètres en face de ce point, est difficile à passer; nous dûmes descendre le long de la rive gauche, le lendemain, pour venir passer en face de Kakou.

Le Sirba, affluent du Niger, vient du Mossi; il se jette dans le fleuve à Larba, au nord-ouest de Say. C'est la rivière la plus importante de la boucle du Niger que nous ayons traversée depuis la Volta. Barth l'avait traversée lui-même au prix de beaucoup de difficultés à Bossébango, village situé à 30 ou 35 kilomètres au nord de Kakou.

A Kakou, nous pûmes nous refaire par une journée et demie de repos au milieu d'une population très hospitalière. Tous les villages rencontrés depuis Zebba sont habités par les Sourhaïs, populations aux mœurs douces qui ne supportent qu'à contre-gré le joug des Foulbés; mais, plus attachées à leur sol qu'à leur indépendance, elles subissent sans se plaindre la loi du plus fort.

Nous pûmes trouver des vivres en abondance à Kakou; malheureusement j'avais des moyens très restreints pour les emporter, et je ne trouvais pas toujours d'animaux à acheter.

La nécessité me força à faire emplette d'un bourriquot aveugle qui fut par la suite une cause de soucis.

Les marches qui suivirent étaient destinées à anéantir mon misérable convoi. 40 kilomètres à peine nous séparaient de Marna, premier village du Torodi. Nous mîmes quatre jours pour parcourir cette faible distance; j'étais réduit à faire quelques kilomètres, laissant un certain nombre de charges à la garde de deux de mes hommes, puis je les renvoyais chercher, si bien que les animaux valides faisaient des marches très pénibles et que mes hommes étaient sur les dents.

La région étant complètement inhabitée, il était impossible de trouver des vivres ; les achats faits à Kakou furent épuisés le troisième jour, si bien que le quatrième nous dûmes vivre tous d'une unique boîte d'endaubage. En arrivant à Marna, le 30 juillet, je renvoyai hommes et animaux en arrière, pour aller chercher des bagages que j'avais dû laisser en route ; mais fort heureusement nos tribulations touchaient à leur fin.

Au départ de Kakou j'avais trouvé, venant au-devant de moi, Tillo, frère du Roi du Torodi. J'avais connu cet homme à Zebba, je me l'étais attaché, et il m'avait promis l'hospitalité dans son pays. Ce brave garçon tint parole. Il me fut du plus grand secours pendant cette triste route, et arrivé à Marna je pus, grâce à lui, obtenir des vivres et acheter deux bourriquots.

Partis de Marna le 3 août, nous étions à Nadiango, capitale du Torodi, le 5, dans la matinée. Grâce à Tillo, je pus là enfin me constituer un convoi ; en deux jours je me trouve à la tête de seize animaux valides ; il y a trois mois que je n'ai eu aussi brillant équipage. De chevaux point encore, mais je suis assuré d'en avoir bientôt.

J'ai tout souffert pour conserver mes marchandises, j'en suis récompensé désormais, car nous sentons tous que la bonne fortune revient et qu'il me sera possible de faire bonne figure auprès d'elle, de l'enchaîner peut-être ; or elle n'a, comme toutes les jolies femmes, que des faveurs de compassion pour les miséreux.

Mon séjour dans la capitale du Torodi fut de courte durée, d'ailleurs rien n'était à y tenter. Je ne pus, malgré de superbes cadeaux, me faire recevoir du Roi ; quant à un traité, il n'y fallait pas songer. La puissance du Roi est nulle et son pays est certainement celui de tous les pays foulbés de la rive droite du Niger dont l'état de décadence est le plus accentué.

Le chef incontesté du pays entre Say et le Liptako, devant lequel les Rois de Say, du Torodi et du Yagha ne sont que des marionnettes, c'est Ibrahima, fils de Guéladjio, Roi d'Ouro-Guéladjio.

Ouro-Guéladjio est situé sur le territoire même du Torodi. Cette enclave a été donnée en toute propriété à Mohammed-Guéladjio, père du chef actuel, par le Roi de Gando.

Dans les renseignements historiques que Barth donne sur Mohammed-Guéladjio par lequel il fut reçu lors de son passage, l'illustre voyageur a fait une erreur capitale. En disant que les ancêtres de Mohammed-Guéladjio et lui-même étaient les Rois de la partie nord du Macina actuel et que leur capitale était Konari, il a dit vrai ; mais, ce qui est inexact, c'est que les Guéladjio soient des Bambaras. Les Guéladjio sont des *Peuls purs*, mais suivant en cela la coutume de beaucoup de chefs de cette région qui prenaient des femmes aabées (non peuls), sourhaïs, gourma, bambaras, etc... Mohammed-Guéladjio lui, épousa des femmes bambaras, filles de différents Famas de Ségou ; l'une, Kourbari-Massassi, de la famille de Bodian, fut la mère d'Ibrahima, le Roi actuel ; une autre, une Diara, celle-là, fut la mère de Mamantougou ou Mamé.

Ce Mamé était venu à Zebba lorsque je m'y trouvais ; j'avais réussi à l'attirer et à lui faire quelques cadeaux ; mais je savais que le Roi du Yagha l'avait fortement prévenu contre moi, comptant qu'Ibrahima-Guéladjio me ferait un mauvais parti. Dans le but de l'y amener, après lui avoir envoyé le fusil que je lui avais donné à l'occasion du traité, puis des chevaux, il avait retenu Mamé pour le faire assister à la scène en plusieurs tableaux, dans laquelle mon interprète, la veille de mon départ de Zebba, dit au Roi mon mécontentement de ses procédés, et aussi mon refus de me fier à sa parole, en lui payant à lui, d'avance, les services du guide qu'il me promettait pour le lendemain.

Mamé m'attendait au contraire dès la première étape à Denga et me proposa de me guider ; mais, déjà pourvu de Bubana, je déclinai son offre, de peur de le lasser par la lenteur de ma marche.

Ce n'était pas toutefois sans appréhension sérieuse que je quittai Nadiango, le 6 août. Je fis étape à Adaré et de ce point, le 7 au matin, j'envoyai Bubana et mon interprète à Ouro-Guéladjio.

L'accueil que j'y devais recevoir pouvait influencer considérablement le reste de ma route et un point capital pour moi était d'arriver à pouvoir parler au Roi, à être reçu par lui. Or, ni dans le Mossi, ni dans le Liptako, ni dans le Yagha, ni dans le Torodi, je n'avais pu y parvenir, et les multiples difficultés que j'avais rencontrées tenaient en presque totalité à cet ostracisme dont j'étais l'objet. C'était d'autant plus difficile à réaliser que chacun arguait des précédents. Pourquoi le recevoir, disait-on dans le Torodi ; a-t-il été reçu à Zebba, à Dori ? J'avais beau me défendre, peine inutile, c'était siège fait.

Mes appréhensions furent vite dissipées; à 2 kilomètres d'Ouro-Guéladjio, je trouvai Mamé venant à ma rencontre. A peine installé, je reçus du Roi de multiples présents d'hospitalité, puis il me fit dire que dans l'après-midi il me donnerait audience.

Cette question de ma réception avait vivement passionné l'opinion. Ibrahima était seul de son avis, il y persévéra. « Mon père, disait-il, a reçu le blanc venu il y a longtemps (il parlait de Barth); il n'en a éprouvé aucun mal, j'en veux faire autant pour celui-ci. Je sais qu'il a été malheureux dans le Yagha, mais je sais aussi que c'est un homme loyal et honnête, d'après ce que m'ont rapporté mon frère et Bubana; enfin il vient de Ségou, le pays de ma mère, et un homme qui vient de Ségou doit être chez lui à Ouro-Guéladjio. » Ibrahima-Guéladjio, quoique d'un âge avancé, soixante-cinq à soixante-dix ans, n'a perdu sa mère que depuis fort peu de temps; il a conservé pour sa mémoire un culte profond.

Ouro-Guéladjio comprend trois mille habitants environ, entièrement unis entre eux, aimant passionnément leur chef. Ce sont les quelques Peuls qui ont accompagné Mohammed-Guéladjio dans sa fuite lors de ses revers, et les captifs bambaras de sa maison, ceux-ci fort nombreux. Quelques vieux restent encore, mais les jeunes ont conservé les traditions de dévouement à la famille des Guéladjio. Quand un captif bambara s'échappe des pays voisins, il tente de venir chercher refuge à Ouro-Guéladjio; Ibrahima, si on vient le réclamer, ne le rend jamais, il en donne un autre. Aussi dit-on dans toute la région : le *grand village bambara*, en parlant de Ouro-Guéladjio.

Reçu par Ibrahima à diverses reprises, je ne tardai pas à prendre dans son esprit une position inexpugnable, et cependant, avec un homme au caractère moins droit, j'aurais pu éprouver des ennuis très sérieux, qui eussent pu même totalement compromettre l'avenir.

L'homme dont j'ai parlé, qui, envoyé par moi à Dori, y avait trahi mes intérêts, arrivé à Ouro-Guéladjio, s'en fut trouver Ibrahima, lui représenta qu'il était son parent, et que, l'ayant retrouvé, il ne voulait pas le quitter.

Ibrahima, qui tient à voir augmenter son village, l'accueillit bien et ne demanda pas mieux que de s'entremettre auprès de moi pour que je payasse à Baba sa solde et lui rendisse la liberté.

Me basant sur l'engagement signé par Baba au départ, je m'y

refusai. Quelque grand que fût son désir d'être agréable à cet homme qui venait se fixer auprès de lui, Ibrahima, voyant clairement que le droit était entièrement de mon côté, n'insista pas; mieux même, il ne tarda pas à reconnaître avec moi que cet homme était un ignoble imposteur, qui avait voulu abuser de sa bonté pour amener ma perte, et il l'abandonna.

Un deuxième danger me vint des hommes arrivés de Bandiagara, envoyés par Ahmadou-Sheikou, et qui s'étonnèrent qu'Ibrahima me reçût ainsi à bras ouverts. Informé de leurs manœuvres, j'abordai directement l'obstacle un jour que je fus reçu par Ibrahima et déclarai devant une nombreuse assistance que nous étions les ennemis d'Ahmadou Sheikou : « mais que ce n'était pas le musulman que nous combattions, mais bien le chef déloyal et fourbe qui nous avait mille fois trompés. D'ailleurs, les pays que nous lui avons enlevés, nous les avons rendus aux Bambaras, en mettant à Ségou, Bodian, — un Kourbari, dit Ibrahima; — à Nioro, Dama. » Le coup droit avait porté; les envoyés d'Ahmadou reçurent l'ordre de quitter Ouro-Guéladjio le soir même.

Enfin le terrain dans lequel j'étais cantonné était occupé en partie par une ancienne femme de Mamadou-Lamine, le prophète de Goudiourou[1], qui, lors de son retour de la Mecque, resta sept ans à Ouro-Guéladjio, s'y maria et eut des enfants.

Avec Baba et les Toucouleurs de Bandiagara, cette femme tenta de faire de l'agitation contre moi; mais, les Toucouleurs expulsés, Baba tombé à plat, elle se tut.

Avec tout autre homme, ces embarras m'eussent été fort pénibles; Ibrahima n'y trouva au contraire que l'occasion de rendre hommage à ma droiture, à ma loyauté.

Lors de ma deuxième entrevue avec lui, deux jours après mon arrivée, pour lui faire mieux comprendre l'objet de ma mission, je lui

---

1. Mamadou-Lamine, après son départ d'Ouro-Guéladjio, se rendit à Ségou auprès d'Ahmadou-Sheikou. Celui-ci, craignant en lui un rival, le garda en une sorte de captivité jusqu'en 1885, époque à laquelle redevenu libre il vint à Kita où je le vis. Il venait demander au commandant supérieur l'autorisation de rentrer dans son village Goudiourou aux portes de Médine où il prenait l'engagement de se tenir tranquille. Mais, dès l'année suivante, il levait l'étendard de la guerre sainte, se portait sur Bakel, puis, repoussé de ce point après un sérieux combat, gagnait la haute Falémé. Il nous fallut deux rudes campagnes pour venir à bout des bandes de ce fanatique, qui fut enfin tué non loin des rives de la Gambie.

donnai les traités que j'avais déjà passés ; après les avoir lus, sans que je lui fisse d'ouverture d'aucune sorte, il retint le traité de Lanfiéra et me dit qu'il allait me faire le semblable, que je pouvais préparer le texte français. Le 12 août, le traité d'Ouro-Guéladjio était signé, et, sur l'ordre d'Ibrahima, l'Alcaly y ajoutait quelques mots à l'adresse du Sultan de Sokkoto, qui me furent dans la suite de la plus grande utilité.

A Ouro-Guéladjio, je pus compléter mon convoi, acheter un cheval pour Badaire; Makoura fut remonté au moyen d'une bête un peu apocalyptique que me donna un fils du Roi de Torodi, venu pour me voir à Ouro-Guéladjio. Enfin, moi-même, je reçus d'Ibrahima un superbe cheval blanc qui devait me conduire à Tripoli, où il a aujourd'hui ses invalides. Les hommes le baptisèrent Guéladjio.

Le 18 août, au matin, nous quittons Ouro-Guéladjio et, après étape à Tintiargou, nous entrons à Say le 19.

Après l'accueil d'Ouro-Guéladjio, celui de Say se commande; le Roi qui ne reçoit jamais, je le vois au moindre désir que j'en exprime ; le traité va de lui-même, c'est toujours la paraphrase du texte de Lanfiéra. Dakou entre, sans s'en douter, à pleines voiles dans l'histoire contemporaine, car le début de chaque traité, même celui de Sokkoto, est l'acceptation de la parole de Dakou.

Enfin nous avions atteint, après huit mois de labeurs et de fatigues, la branche descendante de l'immense artère africaine : *la traversée de la boucle du Niger est un fait accompli.*

En ce point j'ai une décision des plus grandes à prendre; depuis longtemps j'entasse les renseignements qui doivent m'éclairer.

Trois routes s'offrent à moi pour gagner Sokkoto, puisque tel est le but que je me suis assigné pour les indigènes :

1° La route du bord du fleuve, rive droite, de Say à Ho (40 kilomètres nord de Gomba); traverser à ce point et prendre la route de Gando;

2° Descendre le fleuve en pirogue jusqu'à Ho pour prendre en ce point la même route par la rive gauche. Ces deux voies sont celles que me conseillent de prendre et Ibrahima-Guéladjio et le chef de Say.

La troisième route par Argoungou est impraticable, outre qu'elle est défendue par le Lam-Dioulbé de Sokkoto; j'y serai certainement pillé, me dit-on. La route du Dendi (route de Barth) est difficile et également très peu sûre.

Malgré les vives protestations du Roi de Say, je me décidai pour la route d'Argoungou, ayant à cœur avant tout d'exécuter mes instructions.

Et, à ce sujet, il ne faut pas oublier que, malgré le dur labeur accompli (il y a huit mois que nous avions quitté Ségou), ma tâche véritable : reconnaissance de la ligne Say-Barroua — n'est pas encore commencée.

Quel regret cependant pour moi que de ne pouvoir prendre la route du bord du fleuve! Précisément la partie du Niger, entre Say et Gomba, qu'il m'était facile de suivre, soit par eau, soit par terre, est la seule qui n'ait pas encore été explorée.

CHAPITRE VIII

De Say à la frontière de l'empire haoussa

Le Niger à Say. — Géographie physique et polititique de la région entre Niger et Mayo-Kabbi, de Say à Gobéri. — Ce qu'on entend par Dalhol. — Les Dalhols et la mer Saharienne. — Sel et natron. — Hommes et choses du Djerma. — Vols et vexations. — Une caravane haoussa en marche. — En station. — Situation critique à Torso. — La sortie du Djerma. — Le Serky de Guiouaé et la « veine du blanc ». — Hommes et choses du Kabbi. — Je soigne le fils du Roi. — J'obtiens une lettre du Roi de Kabbi. — Pénible départ pour la frontière haoussa.

Say est une ville sans grande importance commerciale. Elle est située dans la vallée même du Niger, sur la rive droite. En hivernage, ou mieux aux hautes eaux du Niger, une dérivation du fleuve l'isole de la terre ferme ; en saison sèche, ce bras est un marais assez difficile à franchir. La chaîne de collines qui borde la vallée est peu élevée sur la rive droite, la hauteur est d'une quarantaine de mètres environ ; la chute du plateau au-dessus du marais dont je viens de parler est d'une vingtaine de mètres. Sur la rive gauche au contraire, des falaises argileuses très ravinées s'élèvent assez brusquement au-dessus du fond de la vallée à 60 mètres environ.

En face de Say, le Niger coule dans une vallée bien définie, il mesure 300 mètres de large, sa profondeur est de 4 à 5 mètres. La crue devant Say atteint sa plus grande hauteur en septembre et octobre.

Say n'a pas non plus d'importance politique. Le Roi, qu'on appelle généralement du titre de Mody-Bô (lettré), est en réalité sous la tutelle du chef d'Ouro-Guéladjio.

Dans la matinée du 27, je pris congé du Roi dans des formes très courtoises, lui apportant en cadeau un certain nombre de gros d'or que je lui avais promis. Rentré chez moi, je vis bientôt arriver un superbe cheval qu'il m'envoyait en présent. Bai brun, très membré, mesurant 1m,54 au garrot, *Mody-Bô*, comme les hommes l'appelèrent bientôt, devint la monture de Badaire.

Le Roi, après avoir fait toute l'opposition possible à mon intention de me porter sur Argoungou, m'avait promis un guide pour me conduire à Tond-Hiou, première étape de la route; il me l'envoya sur la rive gauche, le lendemain, jour fixé pour le départ.

Rendu au bord du fleuve avec Abdou, homme de confiance du Roi, deux grandes pirogues commencent le transbordement. Trois voyages enlèvent la presque totalité des charges; le quatrième, le peu qui reste et trois chevaux à la nage. La grosse difficulté est le transport des bourriquots; le fleuve est un peu agité et réellement c'est une opération dangereuse; il faut toute l'habileté des piroguiers et le sang-froid de mes hommes qui tiennent les animaux dans les embarcations, pour y arriver, car celles-ci donnent une bande extraordinaire. Enfin, c'est sans encombre que tout arrive sur la rive droite. Je passe moi-même après avoir donné 7000 cauries (7 francs) pour le prix du passage; il y a bien des récriminations pour obtenir plus, parce qu'il semble que l'on peut tirer sur moi à boulets rouges; j'ai eu en effet la main à la poche toute la matinée; mais je ne me laisse pas fléchir. A dix heures, je prends pied sur la rive droite, la rive haoussa, comme disent les gens de Say.

Dans l'après-midi, nous recevons une tornade épouvantable; il tombe en une heure plus de 0m,10 d'eau; le fleuve monte de 1 mètre environ, car la roche signalée par Barth, située en face du camp, qui découvrait dans la matinée de 0m,70, est recouverte complètement sans que le moindre remous en marque la place

28 août. — Dans la nuit nous avons force pluie, mais les tentes seules et quelques menus objets souffrent; nous avons un très grand feu et

Passage du Niger à Say.

c'est dans mon fauteuil que je passe la dernière partie de la nuit. Au matin, on prépare les charges, le guide arrive et à six heures vingt-cinq nous partons.

Nous faisons assez péniblement l'ascension de la falaise, qui est abrupte et ravinée. De la crête, je prends une dernière vue de la vallée majestueuse du grand fleuve qui sera bientôt, je l'espère, pour le plus grand profit de tous, blancs et noirs, le véhicule de nombreux produits, et je m'éloigne, songeant que ce blanc filet d'argent était ce qui me tenait encore attaché à la mère patrie; que là-bas, au loin, dans l'Est, ses eaux baignaient des terres françaises; qu'enfin je vais entrer dans l'inconnu et que les pronostics ne sont pas rassurants.

Au moment du transbordement, un cavalier venu du Djerma disait en effet, à la vue des nombreux bagages qui encombraient la rive :

« Ah! il vient sur notre rive, le blanc; tant mieux, nous aurons beaucoup de marchandises bientôt, car nous le pillerons. — Mais, lui fit-on observer, il a de bons fusils. — Qu'importe! il a peu d'hommes. D'ailleurs, si nous ne l'attaquons pas tout de suite, nous le harcèlerons de demandes de cadeaux; s'il ne consent pas, nous prendrons. »

Je ne devais pas tarder à m'apercevoir que ce n'étaient pas là des menaces vaines. Mais, avant d'entrer dans le récit des tribulations sans nombre dont cette route fut émaillée, je crois nécessaire de donner ici une idée de la géographie physique et politique des contrées qui s'étendent entre le Niger et Sokkoto.

Le Niger ne reçoit par sa rive droite qu'un affluent important, c'est le Mayo-Kabbi. Mayo, en foulbé, signifie rivière; Kabbi est le nom du pays entre Sokkoto et Argoungou où la rivière se forme par la rencontre de deux autres dont nous allons parler, qui se réunissent sous les murs de Sokkoto. Le Mayo-Kabbi, en langue haoussa, s'appelle Goulbi N'Kabbi ou encore Goulbi N'Sokkoto, Goulbi ayant la même signification que Mayo. Le Mayo-Kabbi se jette dans le Niger en face de Goumba, après avoir arrosé Sokkoto et Argoungou. Il est formé : 1° du Goulbi N'Gandi qui vient du Sud, passe à Bakoura, Dampo, Yassakoua, Gandi, en ce point tourne à l'Ouest et par Koundous et Riri arrive un peu au nord de Sokkoto ; 2° du Goulbi N'Rima, lequel est formé de deux rivières; la plus orientale est aussi la plus septentrionale, elle passe non loin de Katséna, à Kamané et Zyrmi; la deuxième vient du sud de la province de Zaria ou Zozo, elle passe à Kaoura-Yankaba, Birni N'Goza, Boko, Dolé, Sansané-Issa et se rencontre avec la branche orientale à Tozeï. De ce point, le Goulbi N'Rima se dirige vers le Sud-Ouest, passe à Vourno et rencontre le Goulbi N'Gandi au nord-ouest de Sokkoto.

MM. Staundinger et Hartret ont, à la suite de leur voyage, fait modifier les cartes construites jusque-là seulement d'après les travaux de Clapperton et de Barth; ils ont fait de la rivière de Kaoura et de celle de Gandi une seule rivière. La version de Barth était la vraie. Ils ont été trompés par les lignes de marais qui se trouvent entre Magami N'Didi et Yankaïoua. Pour mon compte, je certifie que les rivières de Kaoura et Gandi sont différentes; car, arrivé à Yassakoua et manquant d'animaux, j'ai voulu charger mon canot *Berton* avec les bagages que je ne pouvais faire porter; j'ai dû m'arrêter à quelques kilomètres au Sud, à Dampo, la rivière venait directement du Sud par Bakoura. C'est par la voie de terre seulement que j'ai pu gagner Kaoura.

Un point important fixé par ces voyageurs est celui de Boko, qu'ils ont placé à sa latitude véritable, bien différente de celle admise d'après Barth; de ce fait, la courbe du Goulbi N'Rima est beaucoup plus au Sud que ne l'indiquent les cartes actuelles.

A l'inspection de la carte, il semblerait que le Niger reçoive d'autres affluents importants qui sont portés sur les cartes sous le nom de Dalhols. Il n'en est rien. Ces immenses tranchées, qui atteignent jusqu'à 20 kilomètres de largeur, ne sont pas des lits de rivières; j'essayerai ci-après, sans pouvoir donner ici une théorie complète qui nécessiterait de trop longs développements, mais que je me réserve d'exposer avec preuves à l'appui, j'essayerai, dis-je, de faire comprendre ce que sont ces phénomènes géologiques.

La région qui s'étend entre le Niger et le Mayo-Kabbi jusqu'à Sokkoto est très peu arrosée, mais cependant fertile et assez peuplée.

En partant de l'Ouest, elle est divisée politiquement en trois États, qui sont : le Djerma (foulbé) ou Zaberma (sourhaï), le Maouri (foulbé) ou Arewa (haoussa), le Kabbi indépendant. Au sud de ces États est le Dendi.

Le Djerma et le Dendi ont des populations de race sourhaï; le Maouri et le Kabbi sont habités par des populations de race haoussa. Indépendants les uns des autres, les chefs de ces divers États, dont les capitales respectives sont Dosso, Guiouaé, Argoungou et Bounza, reconnaissent cependant la suzeraineté du Roi du Kabbi dont le titre est Serky N'Kabbi.

Ils se sont affranchis de la domination des Empereurs de Sokkoto, depuis une trentaine d'années ; Argoungou, ainsi que je l'exposerai ci-après, était — et cet état de choses a duré jusqu'à une époque postérieure à mon passage — le boulevard de la résistance de ces contrées contre la domination de l'empire haoussa. Quelques mois après mon passage, Argoungou fut pris par l'Empereur de Sokkoto, pendant qu'Ibrahima-Guéladjio s'emparait du Djerma et du Maouri.

Malgré ces divisions politiques bien nettes, l'autorité des chefs du Djerma, du Maouri et du Dendi est plutôt nominale ; sur leur propre territoire, le moindre chef de village met facilement en échec cette autorité. Le prestige du pouvoir tient à l'homme seul qui en est investi,

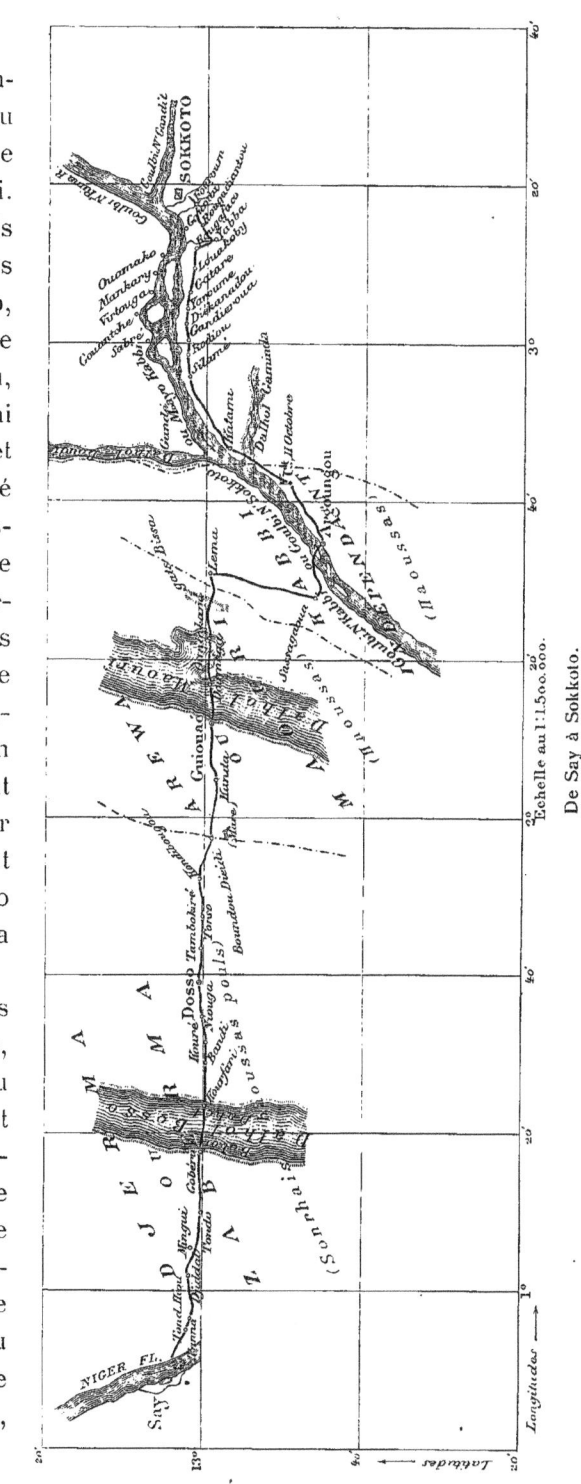

De Say à Sokkoto.

il a ou n'a pas la force de faire exécuter ses ordres. Dans le Djerma, le Djermakoy était d'une extrême faiblesse et incapable de se faire obéir; dans le Maouri, le Serky de Guiouaé avait dans sa capitale du moins un certain prestige, mais qui ne rayonnait pas bien au delà. L'un et l'autre, que j'avais fini par disposer assez favorablement, ne purent me faire passer (et l'on verra plus loin au prix de quelles vexations), qu'en invoquant que j'allais auprès du Roi du Kabbi : « Laissez aller ce blanc, disait le Djermakoy aux forcenés qui nous harcelaient, il va comme envoyé auprès du Serky N'Kabbi. Celui-ci le mangera[1], s'il lui convient. » Cette restriction avait bien sa valeur et j'étais bien décidé à montrer au Serkyon N'Kabbi que ce qui pourrait lui être agréable rencontrerait de ma part une opposition que chacun peut comprendre.

Nous sommes au 28 août, jour du départ de la rive droite, l'étape se fait après trois heures de marche à Tond-Hiou. En route nous avons rencontré nombre de gens se rendant au marché de Say avec du grain et du sel. Ce sel vient de la vallée de Foga dans le Maouri ; il est enfermé dans des prismes de paille de $0^m,40$ de longueur sur $0^m,10$ de hauteur. Un homme porte cinq ou six de ces paquets. C'est du sel terreux, couleur bistre, que j'ai vu sur le marché de Say ; il s'y débite sous la forme d'un petit cône de $0^m,04$ de hauteur sur $0^m,03$ de diamètre à la base. Il est obtenu à froid par simple lavage des terres salifères, tandis qu'ailleurs, dans le Bornou par exemple, on évapore dans des moules d'argile les eaux préalablement saturées par des lavages successifs.

Sans trouver à Tond-Hiou d'hostilité bien marquée, je rencontre cependant du mauvais vouloir et c'est avec beaucoup de difficulté que j'obtiens le lendemain un guide pour Djiddal.

En ce point l'accueil est bon, le vieux chef me donne un guide pour le lendemain en me conseillant de prendre une route qui descend un peu vers le Sud par Tondo et Kourfari.

A mi-chemin de Tondo nous rencontrons une dizaine de cavaliers

---

1. Il ne faut pas prendre cette expression *manger* dans son sens littéral. Les langues noires sont généralement peu riches, elles ne disposent que d'un nombre restreint de mots pour exprimer des idées similaires. Un individu, riche parce qu'il a de nombreux captifs, devient pauvre parce qu'il les vend et en dissipe le produit. Il a mangé ses captifs. Un autre commet adultère avec la femme de son voisin ; il lui a mangé sa femme. Un chef de bande s'empare d'un village, on traduit : un tel a mangé tel village. Ne disons-nous pas nous-mêmes : tel homme a mangé sa fortune, alors que, sous forme d'argent, ce serait un aliment de digestion difficile ?

qui nous barrent le chemin et veulent contraindre le guide à nous conduire à leur village, Bossadjio. Une vive altercation s'engage, le guide refuse énergiquement de les suivre; les coupeurs de route le prennent de haut, les menaces pleuvent; ce que voyant, je fais grouper le convoi en dehors de la route et charger les armes, puis le revolver à la main je signifie à ces malandrins d'avoir à laisser le chemin libre. Ils s'exécutent de mauvaise grâce et nous pouvons arriver à Tondo sans encombre. L'accueil qui nous est fait est bon; le chef de village est un vieillard parent du chef de Tond-Hiou; je lui fais un cadeau dont il est enchanté, il me promet son frère pour me guider le lendemain jusqu'à Kourfari. Il faut veiller toutefois, car le camp est entouré de gens qui profiteraient de la moindre négligence pour voler et se sauver. Je constate depuis deux jours combien est immodéré l'amour de la pièce d'argent, appelée katibidjé dans le pays. J'en puis profiter pour mes achats; mais aussi, chaque fois qu'on tentera de me pressurer, ce sera uniquement dans le but de m'en extorquer.

Le lendemain, nous partons pour Kourfari; au village de Gobéri, nous descendons dans le Dalhol-Bosso.

Le Dalhol-Bosso est une énorme déclivité qui offre les apparences d'un lit de rivière et qui, de Gobéri à Kourfari situé à la bordure orientale, mesure 8 kilomètres de large. La berge, aussi bien du côté occidental que du côté oriental, ne domine que de 3 ou 4 mètres le plafond du Dalhol et cependant il y a un changement radical dans l'apparence et dans la nature du terrain. A l'inspection on se rend compte que, quelle que soit l'importance des pluies, une rivière ne peut couler dans cette tranchée; il se trouve en effet des déclivités profondes dans lesquelles se forment en hivernage des mares d'étendue variable, mais il existe aussi des seuils plus élevés que les berges elles-mêmes et qui tiennent toute la largeur du lit. Si l'on étudie le terrain environnant, un fait d'importance capitale frappe l'observateur qui a quelque habitude de l'étude du sol. Si cette tranchée était un lit de rivière desséché, la direction suivrait celle des lignes de plus grande pente de la surface et la vallée serait constituée par des chaînes de hauteur en harmonie avec le relief environnant. Or il n'en est rien; la direction générale du Dalhol est oblique quand elle n'est pas perpendiculaire à ces lignes de plus grande pente. En poursuivant cette étude, on remarque bientôt des phénomènes d'érosion qui, au lieu d'être localisés comme il arrive ordinairement, s'étendent sur toute la longueur du lit ; on se rend compte qu'il s'est produit un phénomène d'un ordre particulier comme celui d'une immense colonne d'eau qui se serait frayé un chemin en écrêtant tous les reliefs du sol qu'elle a trouvés sur son passage. On se rend compte aussi que le phénomène n'a eu qu'une courte durée, car le lit n'a pas de pente qui ait permis en aucun temps un écoulement régulier des eaux ; le sol a été seulement comme raboté parallèlement à sa surface.

D'où pouvaient provenir ces masses d'eau et quelle était leur nature ? La constitution du sol et la faune spéciale qui se développe à sa surface vont nous permettre de le définir. Les terres du Dalhol sont des terres salifères, argiles et sables ; outre du sel, elles contiennent aussi du natron. Or la présence du sable au milieu de terres argilo-ferrugineuses qui constituent les terrains des abords des Dalhols, unie à l'existence des sels de potasse et de soude, atteste de façon indiscutable que les eaux qui ont déterminé par leur passage ces énormes tranchées étaient des eaux de mer.

D'autre part, la flore du Dalhol, nous l'avons dit, est très spéciale ; un arbre en particulier y domine : c'est l'hyphème, appelé aussi palmier flabelliforme ou palmier d'Égypte. Or, et ceci est une constatation que j'ai maintes fois vérifiée, partout où l'hyphème se montre sous ces latitudes, on retrouve à sa base le terrain du Dalhol. Du fait que cet arbre n'est pas dans la zone climatérique qui lui convient, puisqu'il croît seulement dans la moyenne et la basse Égypte, il ressort que les semences qui ont donné naissance aux sujets existants se sont trouvées mêlées aux terrains de transport entraînés par les eaux.

Je suis obligé d'écourter à cette place cette étude que je me réserve de faire plus complète, et de donner seulement la conclusion à laquelle je suis arrivé, conclusion dont j'ai vérifié les éléments au cours de ma route jusqu'au Tchad, puis dans ma traversée du Sahara, éléments qui ont été rapprochés et se sont trouvés en harmonie avec des constatations de phénomènes de même nature que je me suis rappelé exister le long du cours du Sénégal et du Niger. Cette conclusion est la suivante :

A un âge géologique relativement récent, alors que les fleuves Sénégal, Niger et Nil avaient leur cours déjà bien défini jusqu'à la mer, que le lac Tchad était vraisemblablement un lac formé par le Chari, lequel en sortait vers l'Est pour se jeter dans le Nil, à cet âge, dis-je, existait dans l'intérieur du continent, à l'emplacement actuel du Sahara, une immense mer intérieure.

Si l'on examine attentivement une carte d'Afrique, on remarque qu'il existe une ligne de soulèvement partant du nord-ouest de l'Atlas pour aboutir aux sources du Nil. Cette ligne est jalonnée dans le Sahara par les montagnes, au nord de Rhat, les monts Toummo, le massif du Tibesti, les hauts plateaux du Borkou, du Wadaï et les lignes de hauteur entre Oubanghi, Congo et Nil. La poussée intérieure qui fit émerger ces divers massifs eut pour effet de déterminer deux plans inclinés, l'un vers le Nord-Est (Méditerranée et Nil), l'autre vers le Sud-Ouest, et sur la pente de ces versoirs la mer Saharienne s'écoula partie vers la Méditerranée, partie vers l'intérieur du continent.

Occupons-nous en particulier du versoir sud-ouest. La plus grande poussée de la masse liquide déséquilibrée se fit sentir vers le fond des golfes; des sinus de la mer Saharienne, les eaux s'y précipitèrent sous de grandes hauteurs en masses énormes, qui se frayèrent chemin dans la direction de ces golfes prolongés, et, ainsi, elles déterminèrent ces lits momentanés qui sont les Dalhols. Leur course se prolongea jusqu'à la rencontre des grands fleuves, dont elles empruntèrent le lit pour arriver jusqu'à la mer. C'est ainsi qu'au nord de la boucle du Niger des indications de Dalhols arrivent jusqu'au fleuve; de même aussi les Dalhols Bosso et Foga joignent le Niger avant l'embouchure du Mayo-Kabbi. Le Dalhol-Boudi joint le Mayo-Kabbi au nord d'Argoungou.

Or le fait est digne de remarque. A partir du point où le Dalhol rencontre le lit d'une rivière, la végétation spéciale dont j'ai parlé et qui, en outre du palmier flabelliforme, comprend nombre d'espèces que je n'ai pu étudier, par défaut de connaissances spéciales, apparaît immédiatement, sur la rive qui n'est pas suivie par le courant, c'est-à-dire sur la rive où se produisent les dépôts; si le courant change de rive, la végétation change avec lui pour toujours suivre la rive opposée.

Pour compléter cet examen, il faudrait étudier le cours du Sénégal, du Niger et de leurs affluents dans la partie qui a été empruntée comme issue par les eaux de la mer Saharienne; ce serait sortir du cadre de ce récit.

Quant au versoir dont j'ai parlé, il est parfaitement indiqué sur les cartes, et l'étude altimétrique du Sahara permet d'en constater l'existence. Partant du Tchad à la cote 270, on arrive aux monts Tummo à la cote 800 sans aucune interversion du sens de la pente.

Une dernière remarque qui doit bien montrer que les Dalhols n'ont jamais servi de lit à des rivières, même temporaires, c'est que la largeur de leur lit va se rétrécissant du Nord vers le Sud, c'est-à-dire du point le plus voisin de leur commencement à leur point d'aboutissement vers leur embouchure dans le fleuve. La chose s'explique d'elle-même avec la théorie que nous venons d'exposer : elle ne saurait s'expliquer dans l'autre cas.

Du Dalhol les indigènes extraient du sel par le procédé que j'ai indiqué, et aussi du natron. On appelle kaoua dans les pays foulbés et haoussa le natron présenté sous la forme marchande qui est l'état cristallisé. La préparation est la suivante : les terres qui contiennent du natron sont d'aspect noirâtre ; à la suite de l'évaporation de l'eau des pluies, cette terre se tuméfie à la surface et, en enlevant la croûte, on trouve une terre blanche que l'on mélange avec un peu d'eau. Cette solution, on la laisse tomber goutte à goutte sur une plaque de fer fortement rougie au feu. On obtient par ce procédé une plaque de natron cristallisé qui, sous cette forme, s'exporte sur les marchés de Say et de Dori.

Du natron les indigènes font parfois usage pour remplacer le sel dans la préparation des aliments, mais il est surtout employé pour la mastication du tabac. Dans tous les pays foulbés et haoussa chaque homme est porteur d'une petite poire en cuir où se trouve sa provision de tabac séché, sans autre préparation que l'élimination des côtes. Dans le même récipient est un morceau de kaoua. Pour former sa chique, l'homme prend une pincée de tabac, la place sur le devant de la bouche, entre la lèvre inférieure et les dents ; puis, portant à sa bouche le morceau de natron, il en détache une parcelle qu'il mélange au tabac. Quoique chiquer soit une habitude très répandue, l'indigène dépourvu de natron préfère s'abstenir plutôt que de chiquer du tabac seulement.

Au Bornou, le natron se prépare comme le sel, par évaporation à chaud des eaux mères saturées au préalable.

Mais revenons au récit. Le 31 août au soir, nous campons à Kourfari, situé à la rive orientale du Dalhol-Bosso. Cette partie du Dalhol porte le nom de Dahel, tandis que la partie occidentale est désignée sous le nom de Boboï.

Plus nous pénétrons dans le pays djerma, plus l'hostilité des gens s'accentue, plus leur avidité devient gênante, plus se vérifie chaque jour la menace du cavalier rencontré au bord du Niger. Il est malaisé de se faire idée du cynisme éhonté, de la cupidité de cette race, de sa mauvaise foi, de ses instincts traîtres et pillards. A Kourfari, le soir, le chef me promet un guide pour le lendemain; mais, lorsqu'il faut partir, il faut renouveler les cadeaux qui avaient déjà péniblement arraché la promesse de la veille. Au moment du départ, le 1er septembre, tout à coup sur le chemin surgit un homme, la lance à la main, qui, d'un ton menaçant, s'adresse au fils du chef de Kourfari, mon guide :

« Comment, lui dit-il, as-tu laissé camper ce blanc dans ton village, sans me prévenir? Est-ce qu'aussi bien que ton père je n'ai pas droit à un cadeau pour lui permettre passage? Il a campé chez toi, mais il aurait pu aussi bien le faire dans mon village. Vous ne passerez pas sans que le blanc m'ait fait un cadeau qui me satisfasse. »

On me traduit les propos de cet homme qui est le chef de Karra, village situé à 7 ou 8 kilomètres de la route que nous suivons. Je lui fais répondre que je ne suis pas un dioula (traitant) dont on puisse exiger quoi que ce soit : je donne à qui il me plaît, et, poussant mon cheval, je le force à s'écarter du chemin. Il se retire en maugréant. Deux heures après, nous passons auprès des quelques cases qui forment le village de Bandi; j'envoie au passage saluer le chef. Celui-ci vient à moi et la scène du matin avec le chef de Karra se renouvelle. J'oppose le même refus et je sens que les fils du chef de Kourfari hésitent à continuer; ils ne se décident qu'en me voyant m'éloigner. A Kouré, nous campons à midi et demi, après avoir essuyé en route une tornade.

La saison des pluies, qui s'est ouverte le 6 juin pendant que nous étions à Zebba, bat en ce moment son plein; presque chaque jour depuis Ouro-Guéladjio nous avons tornade ou grande pluie; hommes et animaux s'en ressentent. Les récoltes sont presque à maturité et les mils atteignent une hauteur que je n'ai vue nulle part ailleurs. Cette région est d'une extrême fertilité.

A Kouré, je trouve un accueil meilleur que je n'espérais à cause des incidents de la route ; la journée se passe dans d'excellentes relations avec le village.

A l'entrée de la nuit, le temps est pluvieux ; au lieu de faire replier ma tente comme je le fais chaque soir de manière à surveiller mon camp de mon lit, je suis obligé de la laisser dressée. Comme à l'habitude, on a allumé des feux. Sous l'une des tentes qui sert de bâche pour les bagages, les hommes ont pris refuge contre la pluie ; sous la mienne, dressée sous un arbre en bordure d'un champ de mil qui longe le chemin conduisant au village éloigné d'une centaine de mètres, sont le lit de Badaire et le mien ; deux de mes hommes, mon chef d'escorte Aldiouma et mon domestique Benissa, sont couchés à l'intérieur. Mes cantines sont empilées contre ma couche ; un sac maure contenant mon linge de corps, mon képi, mon chapeau, mon revolver sont placés sur mes cantines.

Vers onze heures, je me réveille ; je mets la tête hors de la tente, je vois qu'à dix pas ma sentinelle veille auprès d'un feu bien clair ; je l'appelle pour m'apporter un tison à la lueur duquel je lis l'heure à ma montre. Au moment où je vais me recoucher, il me semble entendre comme le bruit du passage d'un homme au milieu des tiges de mil ; j'appelle en demandant : « Qui est là ? » Aldiouma se réveille et se précipite immédiatement dans la direction que je lui indique. Il revient, un moment après, me dire qu'il a bien cru qu'il y avait un rôdeur qui fuyait devant lui, mais qu'il n'a pu ni le voir, ni l'atteindre. Je me recouche en prescrivant au factionnaire de bien veiller et je me rendors avec la conviction que le rôdeur en a dû être pour ses frais.

Au matin, je suis bien obligé de constater que j'ai été victime d'un vol d'une audace inouïe ; tout mon linge de corps, mon képi, mon chapeau, les hardes de mon domestique ont disparu. Un léger bruit qu'a dû faire le voleur m'a réveillé ; c'était bien lui que j'avais entendu s'enfuyant au travers du champ de mil. J'envoie de nouveau de ce côté ; on retrouve mon képi, mon chapeau, le sac de Benissa éventré, objets dont le voleur s'est débarrassé quand il s'est senti poursuivi par Aldiouma ; mon revolver a échappé par miracle.

Je ne perds pas mon temps en vaines récriminations, je sais que le vol est permis vis-à-vis de l'étranger, même s'il est l'hôte du village ; d'ailleurs je dois arriver dans la journée auprès du Roi du Djerma (Djermakoy) auquel je me réserve de recourir, s'il est possible.

Le chef nous servant de guide, nous nous mettons en route pour Dosso où je me fais, comme de coutume, précéder à l'avance par Makoura. Le Djermakoy envoie au-devant de moi deux de ses hommes, qui me guident jusqu'au cantonnement, groupe de cases ruineux en mur mitoyen avec la propre demeure du Roi.

Celui-ci que je vois dans la journée m'accueille assez bien ; c'est un brave homme qui a une notion très exacte de sa faiblesse, qui se sent presque honteux de commander, même fictivement, à de semblables malandrins. Sa recommandation dernière au moment où je le quitte est de me dire : « Surtout fais bien veiller de jour et de nuit, car tous les voleurs et coupeurs de bourse de la région se sont donné rendez-vous à Dosso, à cause de la présence de la caravane haoussa. Contre eux je ne peux te protéger ; protège-toi toi-même. »

Le pays ne vit que de l'exploitation et du vol ; les caravanes haoussa sont les vaches à lait qui enrichissent pour plusieurs mois ceux qui ont fait montre de plus de hardiesse pour exiger, de plus de ruse pour dérober.

Le lendemain, je fais des ouvertures au Djermakoy pour un traité ; après avoir mûrement réfléchi et consulté, il me répond que, quoique indépendant comme Roi du Djerma, il ne peut passer un traité de quelque sorte sans l'assentiment du Roi du Kabbi qui réside à Argoungou. Je lui demande un guide pour me conduire auprès de celui-ci ; il me fait un prix tellement exorbitant que nous ne pouvons nous entendre ; mais il ajoute toutefois que le conseil qu'il me donne est de partir avec la caravane haoussa qui se mettra en marche deux jours après, qu'à sa suite j'ai grand'chance de n'être pas trop inquiété, parce que toutes les préoccupations des rôdeurs seront tournées du côté de la caravane.

Pendant ces trois jours de séjour à Dosso, j'eus occasion de prendre contact avec la population, d'en étudier les coutumes. J'appris ainsi à mes dépens que, pour avoir la permission de tirer de l'eau à un puits, il faut louer à un prix très onéreux la corde et le seau d'un habitant du village ; qu'il ne faut jamais accepter un cadeau, quelque faible qu'il soit, un poulet, une poignée de mil ou d'arachides. Le bon apôtre qui vous l'offre sous les dehors les plus simples ne manque jamais de vous affirmer que c'est un don d'hospitalité sans importance, dont il ne saurait avoir le mauvais goût de demander la moindre rétribution ;

n'êtes-vous pas l'hôte du village? Il n'est pas parti qu'il revient s'assurer que le poulet a été égorgé; le mil mangé; alors c'est d'un ton menaçant qu'il exige un cadeau décuple de la valeur de ce qu'il a apporté. Il n'y a pas à le convaincre de mauvaise foi, c'est un procédé d'usage courant, le village entier est là pour soutenir ses revendications. Il est vrai que vous trouvez immédiatement, si l'incident ainsi provoqué grossit, un défenseur parmi l'assistance; celui-ci le prend de très haut avec ces misérables, les chasse en les invectivant de belle sorte; mais, si vous acceptez ses services, vous vous êtes mis sur les bras une dette de reconnaissance que vous ne pourrez acquitter, c'est un maître chanteur qui a tous ces canaillards pour complices.

J'avais pris à Tondo, pour me servir d'interprète djerma et haoussa, un certain Peul du nom d'Ahmadou. Sans cesse bafoué et rudoyé par ces braillards, il ne me rendait que de faibles services; il était en butte à toutes les menaces et se renfermait dans un mutisme absolu chaque fois que je lui demandais un renseignement.

Le départ de la caravane haoussa a été fixé pour le 5 septembre au matin; nous partons ce même jour avec le fils du Djermakoy pour guide. En route nous rencontrons des fractions de la caravane qui attendent, sans cesse en alerte, que toute la caravane soit en mouvement. De tous côtés c'est une agitation extrême, les femmes sont bousculées, les porteurs sont adroitement débarrassés de leur charge de kola par des gens embusqués; ce ne sont partout que cris et bruits de querelles. Nous prenons les devants, et, sauf un léger retard provoqué par un bourriquot qui s'est déchargé et se fait chasser comme noble bête de vénerie, nous arrivons sans encombre à Tambokiré, à huit heures. Malgré mes protestations sur le peu de longueur de l'étape, le fils du Djermakoy m'oblige à camper. Vers neuf heures et demie seulement, la caravane arrive; elle marche avec une extrême lenteur, mais dans un ordre parfait. En tête sont quelques chameaux qui ont été loués pour la traversée du pays et qui portent quatre charges de kola, puis viennent les femmes très lourdement chargées des ustensiles de ménage et de cuisine, des pots en terre, de grandes calebasses, des escabeaux contenus dans de grands filets. Les malheureuses, outre ce pesant fardeau de 50 à 60 kilogrammes, portent souvent un enfant; derrière marchent les porteurs, en file indienne comme les

La caravane haoussa en marche.

femmes, ou seuls avec une lourde charge de kola, ou poussant les animaux, ânes, bœufs, mulets, chevaux aussi pesamment chargés. Sur les flancs marchent les propriétaires des charges, quelques-uns à cheval; en arrière enfin, fermant la marche, le Madougou, chef de la caravane, entouré d'une nuée de quémandeurs qui lui feront, au campement, durement expier l'honneur de l'avoir escortée pendant la route.

La race haoussa est essentiellement industrieuse et commerçante; je ne saurais mieux comparer Kano, la capitale commerciale de l'Afrique centrale, qu'à Nijni-Novogorod, et les caravanes qui en sortent, qu'à ces caravanes mogoles qui viennent apporter sur le marché de la grande cité commerciale russe les produits de l'Orient.

Chaque année sortent de Kano, entre mars et mai, une vingtaine de caravanes qui vont chercher au Gougia (nord du pays des Achantis) des noix de kola, pour les apporter sur le marché de Kano.

A cet effet, un certain nombre de commerçants se réunissent, qui ont résolu de partir ensemble; ils choisissent parmi eux un homme expérimenté, énergique et habile qu'ils désignent pour leur chef; il prend le nom de Madougou. Pendant la durée de la route, il a les pouvoirs semblables à ceux du Roi de Kano lui-même, c'est-à-dire que son autorité est absolue. C'est lui qui a charge de s'entremettre avec les autorités locales pour acheter le passage de la caravane; la réussite de l'opération dépendra de l'habileté avec laquelle il saura manœuvrer pour se soustraire aux taxes trop lourdes. Il est admis que la caravane ne peut faire résistance, il faut donc contenter chacun sans ruiner l'entreprise. Il a mission de répartir au prorata de l'importance des charges les impôts prélevés sur la caravane. A ces riches marchands, qui emmènent des esclaves chargés, des bourriquots, des mulets, des chevaux, s'en joignent en outre de plus humbles, qui ont, pour toute fortune, la charge qu'ils portent sur la tête.

Au départ, dans les paniers garnis de cuir, qui sont destinés à rapporter les kolas, on emporte les divers articles de l'industrie de Kano, des boubous, des pantalons ordinaires, d'autres plus riches, artistement brodés, des pagnes communs et d'autres spécialement renommés, appelés tourkédis, qui sont fortement teints à l'indigo pur et glacés d'un côté, puis des peaux préparées dont Kano fait un immense commerce.

La route est la même à l'aller qu'au retour; elle passe par Gandi,

Sokkoto, Argoungou, Guiouaé, Dosso. En aval de Say, généralement à Kirtassi, la caravane traverse le Niger, puis entre dans le Gourma, atteint Soudou M'Bodjio, aussi appelé Fada N'Gourma ou Noungou, capitale du Gourma, longe la frontière du Mossi et par le Gourounsi, le Mampoursi, le Dagomba, arrive à Salaga, capitale du Gondia.

En ce point, elle échange ses marchandises contre des noix de kola, puis, son chargement opéré, fait retour sur Kano où les premières caravanes arrivent vers le milieu d'octobre.

Chaque jour la caravane doit payer passage au village où elle campe; mais surtout la traversée du Djerma était[1], pour les malheureux caravaniers, la cause de soucis sans nombre, de pillages continuels, de vexations de tout genre. Je ne puis mieux en donner une idée qu'en citant la parole d'un de ces hommes auquel je manifestais mon étonnement de le trouver si calme en présence des exigences jamais inassouvies du chef de Tambokiré.

« Que veux-tu? Il faut passer; chaque jour, nous achetons nos têtes! »

Je ferai, en parlant de Kano, la monographie de la noix de kola; mais je veux donner ici une idée des fatigues supportées par ces caravaniers pour aller à la recherche du précieux produit.

Lorsque la caravane arrive au village où elle doit s'arrêter pour la journée, elle se rend à un emplacement connu à l'avance où se fait le déchargement des hommes et des animaux, et aussitôt la configuration, toujours la même, que doit avoir le camp, est marquée par les charges rangées sur le sol.

L'instant d'après, pendant que les esclaves conduisent les animaux à l'abreuvoir, puis aux pâturages, que les femmes font le marché et se livrent à la préparation du repas, tous les hommes qui ne sont pas laissés à la garde des charges se rendent dans la brousse ou dans la forêt, pour y couper des branches et des feuillages au moyen desquels des huttes en branchages sont immédiatement édifiées; puis, ce premier travail fait, on entoure le camp d'une enceinte continue avec des matériaux de même espèce. Ainsi, à la mode des légions romaines, chaque jour la caravane établit un camp dans une enceinte fermée,

---

1. Je dis *était*, parce que, depuis mon passage, ces régions comprises entre Sokkoto et le Niger sont rentrées sous l'autorité de l'Empereur haoussa, à la suite de la prise d'Argoungou.

qui a pour objet de la mettre à l'abri des entreprises des rôdeurs de nuit.

Pendant ce temps, le Madougou discute, soit au village, soit au camp, avec le chef et les notables, le taux de l'impôt qui sera prélevé en kolas ou en argent et vêtements. La discussion en général dure de longues heures au pays djerma, car le chef du village n'est pas seul à avoir des prétentions ; les chefs des autres villages, à grande distance, sont aussi venus, alléguant qu'ils ne sont ni moins puissants ni moins difficiles, partant, à satisfaire. Les rodomontades qui, en temps ordinaire, n'auraient d'autre effet que d'amener des rixes de village à village, ont au contraire pour résultat de rendre légitimes les exigences exprimées ; l'un n'a pas reçu satisfaction qu'il s'associe aux autres pour appuyer les revendications de celui dont on discute les droits. Lorsque cette tâche ardue est terminée pour les chefs, vient le tour des individualités turbulentes auxquelles il faut aussi donner satisfaction.

Enfin, on est tombé d'accord, le tribut est versé, mais jamais guère avant l'entrée de la nuit ; alors on barricade les portes de l'enceinte, et le griot (héraut) du Madougou annonce d'une voix retentissante aux échos d'alentour que les affaires sont réglées avec le village, à la satisfaction de tous, que la nuit il est défendu à quiconque de s'approcher de l'enceinte ou de tenter de la franchir, qu'il courrait risque d'être pris pour un voleur et qu'on tirerait dessus.

L'écho seul tient compte de ces menaces et les habitants mettent toute leur ruse et leur audace à pénétrer dans l'enceinte pour y voler.

Le lendemain, quand la caravane veut partir, nouvelles exigences ; si elles sont trop élevées, elle doit rester la journée pour parlementer ; sinon, le Madougou consent et presse la mise en route.

Au moment de notre passage à Tambokiré, la malheureuse caravane haoussa et la mienne furent plus qu'à l'ordinaire harcelées par des quémandeurs menaçants. La raison était que, quelques jours auparavant, le Roi du Kabbi avait demandé au Djermakoy de rassembler une colonne pour se joindre à lui, dans le but d'aller razzier un important village de la banlieue de Sokkoto.

Les guerriers s'étaient empressés de répondre à son appel et la caravane était obligée de supporter les vexations et les prétentions incessantes de tous ces fanatiques insatiables.

Je comptais personnellement m'affranchir plus aisément de ces misères, grâce à la présence du fils du Djermakoy et à l'ordre qu'il avait donné à chaque village de me pourvoir d'un guide. Je ne devais pas tarder à perdre cette illusion. Dès mon arrivée, j'avais envoyé au chef du village un cadeau qu'il avait accepté avec satisfaction, mais à ce moment il avait à s'occuper de la caravane.

Dans l'après-midi, un certain nombre de batteurs d'estrade tentèrent de pénétrer dans mon camp. J'eus toutes les peines du monde à les en expulser sans provoquer une bagarre. Ils s'éloignèrent dans la direction du village et revinrent accompagnés du fils du chef qui, fort insolemment, me rapportait mon cadeau. Je me bornai à le rendre à Badaire, qui le remit dans une caisse, et, malgré menaces de tout genre, je me refusai d'y ajouter la moindre chose. « Je suis un envoyé, leur dis-je, je ne puis être astreint à payer des droits comme une caravane de commerce ; que celui qui n'est pas content de ce que je lui donne, vienne prendre ! »

Peu habitués à entendre pareil langage, ils se retirèrent furieux, menaçant de la voix et du geste. Je n'en pris cure, mais j'installai, la nuit venue, un service sérieux de surveillance, aussi bien pour la garde des bagages que des animaux. Je doublai mes sentinelles et pris le parti de veiller une partie de la nuit. Vers neuf heures, le fils du chef revenait chercher le cadeau dédaigné. Je ne le lui rendis qu'à la condition qu'il me servirait de guide le lendemain. Il m'objecta que je devrais attendre le départ de la caravane, laquelle, faute de s'être entendue avec le village, ne pourrait encore continuer sa route.

Je trouvais gênant le voisinage de celle-ci qui attirait tous les gens en quête d'un mauvais coup à faire ; je désirais même m'en affranchir pour gagner l'Arewa ou Maouri, où je pouvais être assuré d'une meilleure protection de la part de l'autorité, et 30 kilomètres au plus m'en séparaient, que je voulais franchir au plus vite. J'insistai donc, promettant à cet homme un cadeau en argent, s'il voulait me guider le lendemain ; il consentit. Pendant ces pourparlers, un de ses hommes, assis contre la tente qui couvrait les bagages, réussissait à me voler mon petit appareil photographique ; je ne m'en aperçus que le lendemain.

J'ai dit que la maladie des bœufs sévissait encore, mais elle tirait à sa fin ; toutefois, un Djerma intelligent, qui possédait encore quelques têtes de bétail, craignant de les perdre, suivait la caravane et chaque jour abattait un animal pour le vendre en détail. Je fis marché dans la journée avec lui pour un petit bœuf; mais, lorsque je voulus le lui payer, il me déclara préférer n'être payé qu'à Argoungou, et en argent.

Le lendemain, nous partons avec le fils du chef du village, laissant à Tambokiré la caravane haoussa. A neuf heures, nous sommes au village de Torso, où mon guide refusant d'aller plus loin m'oblige à camper. Comme je poursuis mon idée de sortir du Djerma au plus tôt, j'envoie un cadeau au chef du village en lui demandant un guide pour l'après-midi. Il accepte mon cadeau et me fait promesse d'un guide qui viendra en même temps m'apporter la nourriture pour mes hommes.

Mon camp n'est pas installé que je sens que ces bonnes dispositions sont mensongères. En effet, l'attitude de la population est des plus malveillantes; à tout propos naissent des difficultés que j'ai grand'peine à calmer. Vient mon marchand de bœuf de la veille, qui me réclame le prix de son animal; pour éviter des contestations, je le règle à un prix supérieur à celui convenu. L'instant d'après, c'est un certain Salé, jeune homme audacieux, chef d'un village voisin, qui me réclame insolemment un tribut de passage; je l'éconduis, puis fais de même d'un deuxième.

Sur ces entrefaites étaient venus les fils de l'ancien Roi, prédécesseur du Djermakoy actuel, qui m'avaient offert, pour me guider, leurs services à un taux très élevé; ils veulent me persuader que partir sans la caravane haoussa serait une imprudence; je maintiens ma décision de partir le soir, trouvant qu'ils mettaient une réelle impudeur à vouloir traire deux vaches à la fois.

Je suis d'autant plus pressé de partir que je sens la situation de plus en plus tendue avec le village. Vers deux heures, le factotum du chef, qui devait me servir de guide et qui avait exigé à l'avance ses arrhes et les avait reçues, revient apportant le repas de mes hommes, mais à mon grand étonnement, en même temps, le cadeau du chef. Le voyant venir, j'avais donné l'ordre de chercher les animaux au pâturage; toutefois, je ne puis m'empêcher de demander une explication. Cet homme me dit qu'avant tout une question est à régler et il me représente mon marchand de bœuf qui n'accepte plus son prix et veut davantage;. j'ai beau protester que j'ai déjà donné plus que je ne devais, mais comme je veux partir, j'ajoute 2 francs. Cette affaire réglée, il faut, me dit-on, régler le tribut de Salé et des chefs voisins; le chef lui-même enfin trouve son cadeau insuffisant. Je m'insurge tout de bon cette fois et fais charger. Alors Salé et d'autres se jettent au milieu de mes hommes et des bagages et veulent employer la violence pour empêcher le chargement; à bout de patience, je saisis mon revolver et, l'appuyant sur le front de Salé, je lui fais comprendre que, s'il ne sort pas de mon camp, je lui brûle la cervelle. Pour un instant le calme revient, mais les têtes sont fort échauffées. Pendant ce temps, craignant de se trouver mêlé à une mauvaise affaire, mon Peul Ahmadou prend son arc et ses flèches et s'enfuit. Que faire sans interprète au milieu de ces forcenés que j'hésite, les voyant sans armes, à éloigner à coups de fusil? Je suis le conseil d'un sage, qui me dit qu'aller voir le chef du village est le plus sûr moyen d'arranger les choses. Je me rends à cet avis; le chef est tout miel et sucre : c'est un malentendu, les choses vont s'arranger, il est tard déjà, il me demande de rester à mon camp jusqu'au lendemain.

Le soir revient l'obsédante question du cadeau; il ne faut rien moins que de l'or, des assiettes, des gobelets, etc. Finalement on s'arrête à une pièce de flanelle blanche et 5 francs que je donnerai le lendemain quand le guide sera au camp. Salé revient à la charge, je le renvoie.

7 septembre. — Je voulais tenter de profiter de la nuit pour partir; mais ma seule ressource comme guide eût été mon interprète peul qui n'aurait pas manqué, aux premiers préparatifs, de s'enfuir pour prévenir le village. Réflexion faite, j'ai chance, en partant, d'avoir le lendemain sur les bras les villages de la route ; je me résous à rester, fidèle au principe que j'ai toujours maintenu, de sortir de jour et la tête haute.

Au matin, je fais charger; le factotum du chef arrive, qui, de nouveau, refuse le cadeau arrêté la veille; cette fois c'en est trop, c'est un parti pris de renchérir sur chacune de mes concessions. En route! Nous nous mettons en marche pour tourner le village; celui-ci nous est caché par un pli de terrain; j'entends bientôt le tam-tam et les habitants sortent en armes du village, qui avec arcs et flèches, qui avec une lance, qui avec un bâton. Je fais charger les armes, et, le convoi bien groupé, nous continuons à avancer. Je suis résolu à attendre l'attaque, car je ne me sens pas le courage de faire exécuter le feu sur cette centaine d'inconscients auxquels des femmes et des enfants sont mêlés et qui n'ont pas même à m'opposer un fusil à pierre.

Au moment où je pousse droit sur un des assaillants qui me tient en joue à cinq ou six pas, son arc bandé, le chef du village s'élance vers moi, les bras au ciel, attestant que c'est chose ridicule que ce qui va se passer et me conjurant d'arrêter.

Je me rends au désir de l'hypocrite et, sur-le-champ, par l'intermédiaire d'Ahmadou qui avait trouvé bon d'esquisser une deuxième fuite, on reprend la question du cadeau. Malgré tout l'esprit de conciliation que j'y veux mettre, on ne peut arriver à s'entendre. Je comprends qu'il me faut ruser pour éviter une effusion de sang inutile qui pourrait avoir pour effet de me fermer définitivement la route. Je déclare que, ne pouvant nous entendre, je vais changer mon camp que je trouve défectueux et qu'on reprendra les pourparlers quand j'aurai installé mon nouveau campement. Mon but est de profiter de la situation pour me rapprocher d'une mare que j'ai reconnue et dont la position, beaucoup plus rapprochée de la route que je dois suivre, présente cet avantage qu'en y prenant position j'aurai tourné le village.

Cette manœuvre s'exécute sans incident. Je m'installe et entoure mon camp d'une corde pour défendre l'approche des bagages.

Bientôt la foule grossit, devient menaçante ; ce n'est plus le village seul que j'ai sur les bras, mais bien tous les villages environnants qui ont rallié à l'appel du tam-tam. Les hommes sont assis sur les bagages, les armes prêtes ; j'ai mon revolver à portée de ma main, pendant que je parlemente pour les cadeaux. J'entreprends de gagner Salé, qui me semble le plus accessible ; j'y réussis par quelques concessions et l'instant d'après il me débarrasse d'un braillard qui fait mine de se jeter sur moi, mais que j'attends au bout de mon revolver. Plusieurs objets sont volés, que Salé fait restituer. Toutefois, l'horizon est des plus sombres ; sûrement les coups de fusil partiront avant la fin de la journée. Des rixes éclatent à tout instant, suscitées par entente entre eux pour provoquer un désordre à la faveur duquel ils se livreront au pillage. Le règlement même des cadeaux sur lesquels ils sont obligés de transiger, parce que la caravane haoussa est signalée et qu'ils ont hâte d'aller l'exploiter, n'amène qu'une détente passagère. Mon Peul, un instant revenu, s'enfuit à nouveau. Nous sommes à la merci du plus futile incident qui mettra l'un de nous aux prises avec un de ces forcenés, qui ont l'intuition que la voie de fait seule leur est défendue et se permettent le reste.

Je me faisais cette triste réflexion que, même chez les plus sauvages des peuples que j'avais fréquentés, j'avais pu trouver à éveiller un sentiment généreux ; le Djerma n'en possède aucun. Il est cupide, voleur et lâche. Un exemple montrera l'impudeur étrange de cette race. A côté de moi s'était assis un homme à qui, au milieu de tous ces événements, on avait omis de payer un achat fait la veille ; à un moment il s'éloigne et revient s'asseoir à la même place. Tout à coup il me demande où se trouve ma canne ; l'instant d'avant je l'avais auprès de moi, je la cherche en vain. C'était une canne de bois noir renfermant un stylet d'acier qui sortait de lui-même, si l'on imprimait une secousse un peu forte. J'appelle mon domestique et lui demande où il l'a mise, et mon homme de me dire :

« Inutile de la chercher, on te l'a volée.

— Si tu connais le voleur, lui dis-je, et que tu me la fasses rendre, je te donnerai vingt sous.

— Donne la pièce.

— Non, quand tu me rapporteras ma canne.

— C'est moi qui l'ai prise, mais je te la rendrai si tu me donnes une pièce de vingt sous. »

Je ne pus même en ce moment m'empêcher de sourire de tant d'impudence, et, sachant qu'une pièce de dix sous n'avait pour eux aucune valeur, j'entrepris de le mystifier en lui en proposant une. Il refusa de la prendre, et moi je persistai à ne pas lui donner plus. Il s'en alla furieux d'être obligé de garder la canne qui n'avait aucune valeur, car le stylet en était cassé.

Vers dix heures, aucune détente ne se produisait dans notre situation, qui ne pouvait au contraire que s'aggraver du fait de l'arrivée de la caravane haoussa et des dangereux parasites qu'elle traînait à sa suite.

Mais il existe une Providence pour le voyageur, et, comme à Gastiatbé[1] dans le Ferlo, au moment où je pouvais le moins m'y

---

1. J'avais quitté le matin mon personnel pour aller à l'avant chercher de l'eau qui manquait ; depuis huit jours déjà nous étions dans le désert. Arrivé à la mare de Gastiatbé, nous la trouvons desséchée ; les guides désespérés proposent d'aller au pays habité, mais il est éloigné de trois ou quatre heures, disent-ils. On se met en route. Un kilomètre plus loin, une tortue couverte de vase, que l'on poursuit, nous fait découvrir une petite mare. C'était le salut pour tous. Le lendemain, en effet, étant parti de nouveau à la découverte, je suis trois jours pour atteindre le premier village du Ferlo et le cinquième jour seulement je pus rentrer en communication avec mon personnel qui, lui-même, avait quitté la mare épuisée (Mission du Djoloff-Ferlo, 1879).

A Torso. — Sûrement les coups de fusil partiront avant la fin de la journée.

attendre, l'horizon s'éclaircit. Le rayon de soleil avait figure, c'était le Djermakoy. Celui-ci, allant joindre la colonne en formation dans le Kabbi dont j'ai parlé, avait rejoint, la veille, à Tombokiré, la caravane haoussa et, faisant route avec elle, arrivait à Torso. Mon Peul en désertion, craignant autant pour lui que pour moi, se précipite au-devant du Djermakoy qui lui demande de mes nouvelles. Ahmadou répond en racontant les événements du jour et de la veille. Le Djermakoy entre dans une violente colère; ses ordres ont été méconnus : « Le blanc est un envoyé, je lui ai donné la route jusque vers le Roi du Kabbi; si celui-ci veut le manger, il le mangera, c'est affaire à lui; mais j'entends que dans mon pays il soit respecté. »

Ses ordres ont été méconnus; il n'entend pas que ce qu'il n'a pas fait, lui, un chef de village se le permette. Tout me sera restitué sur l'instant; il me donnera un guide jusqu'à Guiouaé, capitale du Maouri; enfin, je ne donnerai sur la route que ce qu'il me conviendra. Coût de cet équitable jugement : 15 francs, que je verse allègrement, car je sais pouvoir compter sur la parole du Djermakoy; il est intéressé à ce que j'arrive le plus dodu possible auprès de son puissant suzerain, le Roi du Kabbi, qui pourrait lui faire expier durement un état de maigreur qu'il n'aurait pas mis tous ses soins à empêcher. C'est mon Peul, revenu avec les beaux jours, qui m'apporte cette bonne nouvelle; bientôt arrivent les fils du Djermakoy, qui m'entourent de prévenances, et les gens du village disparaissent pour ne laisser place qu'à des physionomies relativement sympathiques.

C'était une détente et nous en avions besoin, car multiples encore étaient les mauvaises heures que nous devions passer dans cet ignoble pays djerma. Dans l'après-midi, très humble et déconfit, le chef du village me rapporte les cadeaux qu'il m'a extorqués.

Le lendemain, j'ai le guide que m'a promis le Djermakoy; mais, en outre, celui-ci laisse un de ses conseillers avec la caravane, pour la garantir contre les bandes qui se sont réunies à l'occasion de la colonne en formation. Quant au Djermakoy lui-même, il rentre à Dosso, car il a reçu dans la nuit l'avis que la colonne n'aurait pas lieu. L'étape se fait à Kondibougou; les mêmes procédés, atténués cependant, se continuent; mais j'ai pris un parti bien arrêté de ne plus transiger et de pousser la situation à la crise, à la première occasion. Les misérables ne sont retenus que par la crainte salutaire que leur inspirent nos fusils; j'ai conscience d'avoir été au delà des concessions possibles; persévérer dans cette conduite serait faiblesse, dont je ne tarderais pas à être victime. Je puis mieux me défendre d'ailleurs, maintenant que je suis au fait de leurs ruses. Dans la soirée, Salé, qui a réuni autour de lui tous les jeunes turbulents et les fils de l'ancien Djermakoy, vient d'un air patelin m'apporter un mouton dont il ne veut pas de payement. Je fais mettre l'animal à un piquet, en arrière des bagages; dans la nuit il revient; il croit que l'animal a été tué, je le laisse un instant dans cette croyance et aussitôt il le prend de très haut et exige une somme énorme de trois pièces de 5 francs. Il est stupéfait quand je lui fais ramener son mouton qu'il refuse de reprendre. Je le mets à la porte et lâche la bête dans la brousse.

Le lendemain, 8 septembre, dernier campement à une mare située à peu de distance de la frontière du Maouri, et appelée Boundou-Dieïdi. Cette mare est en pleine forêt, j'y fais débroussailler un camp, dont je fais découvrir le plus possible les abords dans la journée. Toute la tourbe du Djerma est là, comme une ruche en effervescence. On est obligé de veiller toute la journée en armes autour des bagages. La bande de jeunes gens qui s'est attachée à mes trousses est là, aussi, au complet, qui tente de surprendre, sans y réussir, notre vigilance. Vers le soir, je suis informé par l'un d'eux du complot qui est arrêté de m'attaquer la nuit. En effet, bientôt, sur trois des faces de mon camp, des groupes nombreux s'installent; il n'y a pas de doute à conserver sur les intentions dont sont animés ces énergumènes. Je fais prendre le repas avant la nuit, et aussitôt, avec les matériaux que j'ai fait réunir dans la journée, on allume trois énormes bûchers à 10 mètres de chacune des faces. Je mets deux sentinelles et prends la première veille, en donnant comme instruction aux hommes de tirer, sans autre avis, dès que quiconque tentera de dépasser la ligne des feux. Mes hommes sont très surexcités par ces tracasseries continues qui, depuis huit jours, leur enlèvent tout repos; ils accueillent avec enthousiasme cet ordre, et dans un sentiment très noble de défi me demandent de veiller en faisant un tam-tam de guerre au nez de nos ennemis. J'accepte immédiatement et leur distribue des kolas, pendant qu'ils exécutent les danses bambaras les plus guerrières. L'effet ne tarde pas à se produire; en dehors des feux se forme un grand cercle de spectateurs qui ne sont autres que ceux-là mêmes qui avaient le projet de nous assaillir. Mes hommes s'animent de plus en plus et finissent par exciter l'enthousiasme des Djermas eux-mêmes qui, prudemment, agrandissent le cercle, quand un des danseurs s'élance trop près d'eux avec son arme chargée. Ainsi se passe la première partie de la nuit, jusqu'au moment où une forte pluie disperse les spectateurs, qui vont chercher refuge sous le couvert.

A mon camp est venu dans la soirée et y est resté pour coucher, un homme du Maouri, chef de Kanda, le premier village après la frontière; il doit me guider le lendemain pour entrer dans son pays. Il me dit, ce que je savais déjà, que je n'ai rien à redouter dans le Maouri, que les voleurs sont punis de mort par le Serky (roi) de Guiouaè.

Le 10 septembre au matin, après une nouvelle extorsion faite à la caravane, on se met en marche. Trois cents cavaliers sont autour de la caravane et de nous-mêmes. On se met en route bien en ordre. Non sans quelques difficultés, nous franchissons le premier échelon de la caravane; des partis se présentent pour nous barrer le chemin, mais s'écartent sur un mot de mes guides.

Au moment d'entrer dans la forêt, Sambo, mon guide du Maouri, me dit de bien veiller; je fais charger les armes; il y a de tous côtés foule de gens de mauvaise mine en quête d'un mauvais coup; on entend en avant les cris des femmes qu'on vole. Successivement nous traversons les échelons des porteurs et des femmes de la caravane qu'entourent des essaims de pillards; il faut parlementer tous les cent mètres; je laisse ce soin à mes guides, mais les bandits se bornent à des menaces; ils constatent, à notre attitude à tous, que nous serions morceau un peu dur à digérer.

Après trois heures de cette marche très lente, la forêt s'éclaircit; nous ne rencontrons plus de détrousseurs et ceux qui passent nous croisent venant de derrière. A un moment, Sambo part tout à coup à fond de train, exécutant sur son cheval une fantasia endiablée. Je lui demande l'explication quand il revient vers moi; il me dit que tout danger est écarté, que nous sommes sur le territoire du Maouri et de son propre village.

A une heure, nous arrivons enfin à Kanda, où je prends cantonnement dans les cases mêmes de Sambo.

Je passerai sur les quelques tribulations des deux jours qui suivent et qui sont la liquidation du passage dans le Djerma. Mon interprète peul m'abandonne et les jeunes gens du Djerma qui m'ont suivi à Kanda, furieux de voir ma persévérance à ne pas « les satisfaire », me menacent de m'attendre sur la route ; l'un d'eux même m'affirme qu'il ira jusqu'à Argoungou me recommander au Serky, son oncle. Il le fit en effet, mais sans succès, comme on le verra par la suite.

Le 12 septembre, précédé de Sambo, j'arrive à Guiouaé. Le Serky me demande de venir le voir sur l'instant. A l'audience, je me trouve en présence d'un colosse à la physionomie douce et rieuse, il me rappelle beaucoup le Naba de Yako. Bonne réception à la suite de laquelle il me fait conduire dans un très beau groupe de cases appartenant au chef de ses captifs.

Mais une épreuve d'un nouveau genre m'attendait à Guiouaé. Le Roi de Kabbi avait donné ordre au Djermakoy et au Serky de Guiouaé de réunir leurs colonnes respectives et de venir le joindre, afin de faire une razzia dans le Kabbi-Haoussa (province de l'empire de Sokkoto située sur les deux rives du Mayo-Kabbi, entre Sokkoto, l'Arewa et le Kabbi indépendant). Cet ordre était parvenu au Djermakoy pendant que j'étais à Dosso et c'est l'exécution de cet ordre qui avait amené si providentiellement ce dernier à Torso, pour me tirer d'affaire. Contre-ordre d'ailleurs étant arrivé, le Djermakoy était retourné le lendemain à Dosso, laissant la pauvre caravane et moi-même en butte non seulement aux vexations ordinaires de la route, mais encore harcelés par ces faméliques qui, non prévenus en temps utile, venaient joindre la colonne en formation.

Pourquoi contre-ordre avait-il été donné ? Je l'ignore ; mais, le jour de mon arrivée à Guiouaé, le Serky m'annonça qu'il partait le lendemain dans la nuit pour joindre avec sa colonne le Serky N'Kabbi, afin d'opérer une razzia contre un village dont il ne me donna pas le nom : « C'est ta chance, » ajouta-t-il. Je ne compris pas d'abord ; mais on m'expliqua que, sur les conseils de ses marabouts, le Roi du Kabbi avait décidé de jouer une grosse partie sur ma tête. Il devait tenter d'enlever un très fort village fortifié (tata et triple fossé), Gandé ; si l'opération réussissait, c'est que ma venue dans le pays ne devait pas avoir de conséquences fâcheuses ; s'il échouait, ma venue était néfaste et le moins qui pouvait m'arriver était de rebrousser chemin par la route qui m'avait amené.

On peut penser si, dans de semblables conditions, je fais des vœux pour la réussite de la colonne, malgré le peu de sympathie que j'éprouve pour ceux qui tentent la fortune sur ma tête, et si j'attends avec impatience des nouvelles.

Elles arrivent enfin, dans l'après-midi du 16, par un Peul qui m'a servi plusieurs fois d'interprète et qui entre dans le terrain du cantonnement en criant : « La veine du blanc ! La veine du blanc ! » Renseignements pris, la tentative a eu un succès inespéré ; rien n'a échappé ; le village a été pris le 15 au matin, en plein jour, à dix heures ; résultat : douze à quinze cents captifs, un butin immense et en tout deux hommes blessés. Le Serky N'Guiouaé a pour sa part cent dix captifs ; or là les prises sont personnelles, chacun n'a que ce qu'il prend par lui-même ou par les captifs qu'il a amenés avec lui.

« Tu peux maintenant aller à Argoungou, tu seras bien reçu, » me dit le Peul.

Le 17, dans l'après-midi, le Roi rentre en triomphateur dans Guiouaé, au son des tam-tams et de grandes trompes analogues à celles de nos piqueurs de mail-coachs. La grande place du palais est couverte de peuple. Ses guerriers le précèdent, traînant de nombreux captifs enchaînés, les musiciens font rage devant la porte du palais. Le Serky paraît enfin lui-même, tenant sur le devant de sa selle un bambin de trois ou quatre ans, pauvre orphelin arraché aux bras de sa mère tuée probablement dans le pillage et qui, effrayé de tout ce bruit et de la vue de la foule, se serre avec effroi contre la poitrine du colosse.

Singulier contraste, bien fait pour aiguiser la verve des philosophes auxquels je livre la scène, sans plus de commentaires.

Le Roi me fait mander aussitôt rentré dans son palais, il est radieux : « C'est ta veine, me dit-il à peine suis-je entré ; le Serky N'Kabbi est enchanté et m'a chargé de bien te saluer et il t'attend. »

Il est heureux comme un grand enfant ; mais surtout le pauvre petit être, qui est déjà très en confiance avec lui, le ravit ; il le caresse, joue avec lui comme s'il était son propre fils. Je trouve inutile d'exciter sa pitié, car de lui-même il me promet de le faire élever, qu'il le gardera auprès de lui, et qu'il fera même racheter sa mère s'il peut la retrouver.

Mes affaires se ressentent de la joie qui l'anime et, de fait, j'obtiens ce que je veux ; le Roi me doit un chameau pour prix de marchandises cédées par moi ; mais, comme je veux partir et que celui-ci n'est pas arrivé d'un voyage de sel, il me prête deux chameaux de son père pour porter mes charges jusqu'à Argoungou. Son fils est mon guide jusque-là.

J'avais soumis préalablement au Roi la question du traité et j'en avais reçu la même réponse que du Djermakoy : « Cela, c'est affaire au Serky N'Kabbi ; nous ne pouvons que nous incliner devant la décision qu'il voudra prendre à ce sujet. »

Le 20 septembre après midi, je quitte Guiouaé. Je vais camper à Douméga, le lendemain à Oulakaré, le 22 à Léma, le 23 à Sassagaoua.

De Guiouaé à Douméga, la route traverse le Dalhol-Maouri qui a en cet endroit plus de 20 kilomètres de large. L'étude générale faite au commencement de ce chapitre me dispense d'en donner une description particulière. Toutefois, je dois dire que le Dalhol-Maouri s'embranche au sud de Guiouaé sur le Dalhol-Foga qui donne un sel renommé.

Sassagaoua est sur le bord occidental du Dalhol dans lequel le Mayo-Kabbi a creusé son lit. Nous remontons sa rive droite jusqu'à hauteur d'Argoungou et là je trouve d'immenses pirogues envoyées par le Roi pour prendre mes bagages. Les animaux doivent passer un peu plus au Nord. Il nous faut en pirogue deux heures et demie pour passer d'une rive à l'autre ; le Mayo a trois bras reliés entre eux par les terrains inondés en ce moment et couverts de rizières. Badaire passe au Nord avec les chevaux et les bourriquots, mais a la mauvaise fortune de me noyer deux de ces derniers.

Argoungou, où j'arrivai à deux heures et demie, le 24 septembre, est un village énorme, le plus grand que j'aie vu depuis Sikasso, entouré d'un très fort tata dont le développement total est de près de 6 kilomètres ; il est à peu près inexpugnable par le fait de sa situation.

Pour faire le siège d'Argoungou, ce ne sont point les hommes qui manqueraient au Lamido-Dioulbé de Sokkoto, et le temps, d'un autre côté, n'est pas un facteur à faire entrer en ligne de compte au pays des noirs ; mais la colonne qui devrait faire le siège d'Argoungou devrait être nombreuse, car le village, à l'inverse de toutes les autres villes fortes du Haoussa, n'a pas de vide ; il contient une population que j'estime à vingt mille habitants qui, tous ou presque tous, seraient des défenseurs actifs, car au premier signal les bouches inutiles gagneraient l'Arewa et le Djerma.

Le Serky N'Guiouné revenant de la prise de Gandi.

La plage est largement approvisionnée par les immenses rizières du lit du Mayo et en outre elle ne saurait être coupée de l'Arewa vers l'Ouest sans que l'armée haoussa ait enlevé les trois seuls villages qui constituent le Kabbi indépendant, Sassagoua, Goulma, Zaoua, villages très forts, très peuplés, largement approvisionnés, séparés de l'Arewa par une région déserte de 35 à 40 kilomètres sans eau, même en l'hivernage de cette année. Nous avons beaucoup souffert de ce fait dont je n'avais pas été prévenu, dans la longue marche de Léma à Sassagoua.

Le tata d'Argoungou est à l'Ouest, en bordure sur le fleuve même qui, aux hautes eaux, atteint en ce moment 12 à 14 kilomètres de largeur; à l'Est, 60 kilomètres le séparent des premiers villages de la route Gando-Sokkoto. Au Sud-Est, sur la route de Gando, il y a 45 kilomètres sans village; au Nord-Est, la distance est de 90 kilomètres environ jusqu'à Sokkoto, avec une partie déserte de 35 kilomètres environ.

Or, pour subsister, l'armée assiégeante, d'après les explications détaillées que je viens de donner, devrait, on le voit, tirer ses vivres de Gando ou de Sokkoto. Supposons cette armée de quarante mille hommes seulement, on peut se rendre compte du nombre immense de porteurs qui seraient nécessaires et qui, sauf sur la route de Sokkoto, mais laquelle est longue, auraient de grands espaces à parcourir sans eau.

Affamer la place, comme le font habituellement les noirs, au moyen d'un blocus qui va tous les jours se resserrant, est à peu près impossible du côté du Mayo, pour les raisons que j'ai exposées; Argoungou resterait donc en communications avec ses greniers d'hommes et d'approvisionnements : l'Arewa et le Djerma.

Si je me suis longuement étendu sur la force d'Argoungou, c'est pour bien faire saisir ce qui semble à première inspection une anomalie; avec ses quatre villages seulement, le roi d'Argoungou est le chef souverain du Djerma, de l'Arewa, du Dendi, parce que, en butte depuis la fondation de l'empire haoussa par Othman Fodia, aux menaces et entreprises de tous les Lam-Dioulbés, il y a victorieusement résisté, et qu'il est le vrai boulevard de la résistance de tout le pays entre Mayo-Kabbi et Niger contre la domination peul. J'ai omis de dire que le Djerma est peuplé par les Souhraïs, et que les habitants de l'Arewa et du Kabbi sont des Haoussa.

Non seulement, sous son chef actuel, Argoungou a pu défier les tentatives d'agression des Haoussa, mais il n'est pas d'année qu'il n'inflige quelque sanglant outrage au Lamido-Dioulbé de Sokkoto. L'année dernière, le Serky N'Kabbi s'est avancé jusqu'à 20 kilomètres de Sokkoto, forçant tous les villages à fermer leurs portes, mais ne trouvant personne pour l'arrêter en rase campagne ; cette année, c'est la prise de Gandé qui a eu dans tout le Haoussa, ainsi que j'ai pu en juger depuis, un retentissement capable d'ébranler le trône du Lamido-Dioulbé.

Celui-ci a compris qu'il fallait à tout prix en finir ; il a juré de ne plus se raser la tête qu'il n'ait pris Argoungou et il a convoqué dans ce but le ban et l'arrière-ban de ses forces.

Pour revenir à mon arrivée à Argoungou le 24 septembre, ce ne fut qu'à la tombée de la nuit que je pus prendre, après la venue de Badaire, le campement qui me fut assigné à 200 mètres en dehors du village.

Mon premier acte fut de protester énergiquement, disant que j'étais un envoyé venu pour voir le Roi et que tous les chefs chez lesquels je m'étais arrêté au cours de ma longue route m'avaient donné l'hospitalité auprès d'eux dans leur village.

Mon indignation, qui fut prise au sérieux par les hommes du Roi, était pure comédie, mais comédie bien préméditée pour les causes que je vais exposer.

Le Serky N'Kabbi est très redouté et l'opinion générale est qu'il est capable de tous les crimes ; il a tué son propre fils, de même aussi son principal chef de colonne, pour les motifs les plus futiles ; un autre de ses fils qu'il paraissait affectionner beaucoup, il l'a rendu infirme ; toutes choses parfaitement exactes, puisque le Roi s'est donné la peine de s'excuser à moi de ces actes, en invoquant la raison d'État.

Mais pour les gens du pays et pour les caravaniers haoussa en particulier, entrer à Argoungou, c'est entrer dans l'antre du lion.

Pendant mon séjour forcé à Guiouaé, de différents côtés, des gens que j'avais intéressés à ma cause par des cadeaux, et aussi les principaux dioulas de la caravane, me donnèrent les conseils suivants pour mon séjour à Argoungou :

Ne pas accepter l'hospitalité du Roi s'il me la donne dans le village, parce qu'un beau jour il me fera attaquer et piller ; camper au contraire en dehors du village, non loin de la caravane ; j'aurai en outre l'avantage, de cette manière, de ne pouvoir être affamé, parce que je pourrai toujours m'approvisionner au marché de la caravane. Si le Roi me fait appeler, n'y pas aller; j'entrerais dans son palais pour n'en pas sortir.

Il avait, disait-on, le projet de faire de ma peau une fois tannée un tapis pour recouvrir le banc d'argile qui lui sert de trône.

Ces avis, inspirés évidemment par une terreur sans pareille, étaient unanimes; la chose transpira et le Roi de Guiouaé, lors de son retour, s'empressa de démentir de lui-même tous ces racontars, en me disant que je n'avais rien à craindre en allant à Argoungou, que le Roi m'attendait.

Après avoir mûrement réfléchi et m'être avec soin renseigné sur le personnage, je sentis qu'il me fallait prendre position dès mon arrivée, que sinon on me mettrait le pied sur la gorge et que le moindre dommage qui pourrait m'arriver serait perte de temps d'une part, extorsion de cadeaux sous toutes les formes, de l'autre.

Comme certainement les conseils qui m'avaient été donnés étaient connus du Serky N'Kabbi, la plus grande faute que je pouvais faire était de les suivre; d'un autre côté, mon but n'était-il pas de voir le Roi et d'essayer d'obtenir de lui la promesse écrite que les mauvais traitements, les vexations de tous genres qui avaient marqué ma route depuis Say seraient à l'avenir épargnés aux caravanes des Français?

Mon premier acte est donc de demander l'hospitalité dans l'intérieur du village. Surprise des hommes du Roi, qui déclarent qu'il est impossible d'accéder à ma demande.

Le lendemain, on vient me demander les cadeaux que je dois faire au Roi. Je réponds qu'en effet je suis chargé de porter au puissant Roi d'Argoungou des cadeaux de la part du Chef des Français, mais que, ces cadeaux, je les remettrai en personne. « Mais, me dit-on, c'est contre tous les usages; le Roi te recevra quand il voudra, dans huit jours, dix jours, certainement pas avant; mais le cadeau doit être fait le jour même de l'arrivée. — Moi, je suis un envoyé; ma mission est de voir le Roi, pour lui porter la parole que j'ai reçue et lui présenter les cadeaux qui m'ont été remis pour lui. Si je ne dois point voir le Roi, pas de cadeaux. »

Les hommes du Roi sont interloqués; ils se refusent à aller porter même ma réponse et, toute la journée, emploient tous les moyens, la menace même, pour me faire céder; mais je tiens bon. Enfin on informe le Roi et à la nuit je reçois la réponse de tenir les cadeaux prêts, qu'il me recevra de bonne heure le lendemain.

En effet, le 26 au matin, j'entre dans Argoungou pour aller à l'audience du Roi ; j'ai eu soin d'emporter avec moi les traités.

On me conduit dans une des dépendances du palais; on m'y installe commodément et bientôt, par l'intermédiaire du premier ministre, commence un interminable va-et-vient qui ne dure pas moins de deux heures. Finalement, le Roi demande à voir les traités ; il les garde pour se les faire lire tout de suite, puis il demande les cadeaux ; on les porte, rien ou à peu près ne trouve grâce devant lui ; je m'y attendais. Toutefois le Roi va me recevoir ; j'ai promis de changer ce qui ne convient pas, car on y a mis des formes très correctes; mais la lecture des traités prend grand temps, les marabouts sont de parfaits ignorants, c'est à tout moment qu'on vient demander l'explication de tel ou tel passage. Je déclare au bout de deux heures que je ne puis attendre davantage, que le Roi me fasse appeler quand la lecture des traités sera terminée. Je sors du palais pour traverser une foule littéralement ahurie de m'avoir vu entrer et sortir du palais sans aucune arme, avec mon interprète pour unique escorte.

Les racontars vont bientôt leur train et me sont rapportés ; il faut que j'aie des grigris bien puissants pour faire preuve de pareille audace.

Le soir, le Roi m'envoie dire qu'il a lu les traités et qu'il ne demande pas mieux que de m'en donner un semblable, mais à la condition que je reprendrai ou la route de Say ou la route du Noufé par le Dendi (route du Sud). Je ne réponds pas ; je verrai le Roi le lendemain et tâcherai de le convaincre. Mais non, il est inutile que je retourne au Palais, je n'ai qu'à remettre les cadeaux que j'ai promis de changer, et le Roi me renverra les traités, si je persiste à prendre la route de Sokkoto.

Je refuse, je porterai moi-même les cadeaux au Roi. De nouveau on cède et, le lendemain, je rentre dans le palais. Avant tout, j'exige la remise des traités ; si le Roi consent à en faire un, le marabout du Roi viendra le faire à mon camp; puis, sur l'assurance formelle que je vais voir le Roi dans un instant, je montre les nouveaux cadeaux. Ils ne trouvent point grâce; le Roi veut un autre beau fusil (j'en ai déjà donné un la veille), de l'argent, de la poudre. Je fais la sourde oreille ; puis, quand je me suis bien assuré que le Roi n'ose se décider à me recevoir parce qu'il craint ma puissance plus ou moins occulte (n'a-t-il pas déjà la preuve de ma veine dans la récente affaire de Gandé?), lorsque je me suis bien assuré que j'ai le dessus de la situation, je me décide à frapper un grand coup. Je déclare aux ministres qui sont autour de moi que je n'ai pas l'habitude d'être berné, que deux fois, sur le désir du Roi, je suis venu pour le voir, que désormais je change d'avis et que je ne remettrai plus les pieds au palais. Cela dit, appuyé d'un geste de violente colère qui les fait s'enfuir épouvantés, je quitte seul le palais, laissant mon interprète ramasser les cadeaux pour les rapporter au camp.

Pour le coup, c'est de la terreur que j'inspire; je suis arrivé à mes fins; c'est pour moi le seul moyen de dominer ces brutes.

De la journée je ne revois les hommes du Roi; le lendemain seulement ils viennent timidement me demander le complément des cadeaux. Non, rien. Je donnerai le fusil au Roi contre le traité. Les pourparlers s'engagent sur ces nouvelles bases, mais le Roi est inflexible; un traité, si je dois prendre la route de Sokkoto, il ne peut y consentir, car je le montrerai au Lamido-Dioulbé; or il doit stipuler la liberté de route pour les caravanes; le Lamido-Dioulbé et tout le Haoussa y verraient de sa part une concession envers eux. Non jamais! Jamais!

Je me rends bien compte que je n'obtiendrai rien. Je suis d'ailleurs autorisé à partir par la route qu'il me conviendra, à prendre même celle de Sokkoto.

Prendre la route de Dendi ou celle de Say, c'est tourner le dos au but, je ne puis y consentir; essayer de gagner l'Adar, il faut traverser le Mayo-Kabbi, et sans guide, sans pirogues; comment entreprendre ce passage? Me faudra-t-il donc partir sans avoir obtenu aucun résultat, après d'aussi pénibles efforts? Non, je reste : je vais attendre les événements. Conduite méritoire, je vous l'affirme. Depuis Léma, je n'ai pu dormir; à Sassagoua, à cause des moucherons; à Argoungou, à cause des moustiques et des moucherons qui y sont en quantité invraisemblable. On enfume le camp toutes les nuits et malgré cela même nos hommes ne dorment pas. Badaire et moi, nous passons nos nuits assis dans notre pliant. Le jour, les hommes dorment et se ressentent ainsi moins de la fatigue; mais c'est à peine si nous pouvons voler une heure ou deux de sommeil.

En outre, mon dioula ne vend rien ou à peu près; les vivres sont rares et hors de prix, il n'y a pas un poulet dans tout Argoungou.

Le premier jour, le Roi m'a envoyé, chose qui paraîtra singulière, un superbe porc de plus de 100 kilogrammes.

Enchantés sur l'instant, nous voyons en perspective grillades, jambons, saucisses et le reste. Mais, horrible malechance, ces animaux se ressentent de l'immonde nourriture à laquelle ils sont condamnés, nourriture dont on pourra se faire idée quand j'aurai dit que de sept heures du soir à sept heures du matin les portes d'Argoungou sont hermétiquement closes, que nul n'en peut sortir, et que les fosses fixes ou mobiles, les égouts collecteurs sont choses absolument inconnues. Argoungou est certainement la plus immonde des agglomérations noires qu'il m'a été donné de voir.

Le fait est toutefois digne de remarque que cette ville est peut-être la seule dans l'Afrique centrale où le porc existe. Il y en a par centaines et ils sont énormes, preuve qu'au point de vue de la graisse, la quantité peut remplacer la qualité de la nourriture.

Deux jours se passent pendant lesquels j'essaye, par de petits moyens, de faire revenir le Roi sur sa décision : peine perdue. Mais, chaque fois que les hommes du Roi viennent au camp, ils me mandent d'aller voir un de ses fils qui est malade. Je refuse avec persévérance ; avec non moins de persévérance ils insistent en faisant finalement les offres les plus capables de me séduire ; le Roi donnera deux chameaux; puis les offres montent, je vois qu'il y tient beaucoup. Un point capital est de savoir si je peux quelque chose à l'état du jeune homme ; le troisième jour je me laisse fléchir et, sans rien demander, je me rends au village.

Le fils du Roi, jeune homme de dix-sept à dix-huit ans, robuste gaillard, bien sain, a été victime, il y a un peu plus d'un an, d'un terrible accident. Un jour qu'il faisait froid, il s'était assis contre le mur d'une case ; c'était pendant l'hivernage ; à la suite d'une forte tornade survenue dans la journée, la terre de la muraille avait été détrempée. Pour se réchauffer, il fit apporter et plaça entre ses jambes un canari en terre, rempli de braise : tout à coup le mur de la case s'effondra et l'ensevelit à moitié, brisant le canari. A ses cris on survint, et on le dégagea. Mais la partie interne des cuisses était profondément brûlée et aussi toute la jambe gauche, derrière principalement, de la fesse au mollet.

Soigné tout de suite, l'enfant guérit assez vite ; mais, de peur de le faire souffrir, on s'était trop facilement rendu à son caprice des premiers jours, de ne pas vouloir étendre la jambe gauche, si bien que, lorsque les cicatrices furent fermées, il était infirme; la jambe gauche était collée à la cuisse. Seulement alors le Roi, informé, vint le visiter; lorsqu'il vit l'ineptie commise par ceux auxquels était commis le soin de sauver son enfant, il n'hésita pas : prenant le pied, il ramena brusquement la jambe à sa position normale; fort heureusement, l'ankylose des os du genou n'avait pas eu le temps de se produire.

Les chairs furent profondément déchirées; mal soignée, la plaie qui en résulta ne pouvait guérir depuis un an; de plus, par suite du manque forcé d'exercice, l'articulation semblait ne plus vouloir fonctionner. Par tous il était considéré comme incurable, et la conduite du Roi était très fortement blâmée, parce que, à envisager son état présent et celui de l'année précédente, on trouvait que cet état avait été aggravé par la brutalité du Roi.

Je fis un nettoyage complet qui me demanda près de trois heures, puis trois pansements successifs à la teinture d'iode. Les résultats sur ce sujet jeune et sain furent surprenants; le quatrième jour, j'étais certain d'une guérison complète et rapide; j'autorisai mon malade à marcher un peu avec une béquille, car mon premier souci avait été de rétablir le jeu de l'articulation et j'y avais réussi. Sans prévenir personne, je n'y retournai pas le soir comme de coutume, le lendemain pas davantage; le Roi m'envoya supplier dix fois dans la journée. Refus. Il était bien établi désormais qu'en continuant mes soins, la plaie pouvait guérir et que le jeune homme pourrait marcher comme par le passé. C'était ce que je voulais forcer tout le monde à bien reconnaître; mais je déclarai ne vouloir continuer le traitement qu'autant que le Roi me donnera ce que je suis venu chercher : une lettre dans laquelle il prendra l'engagement que librement et, en toute sécurité, nos caravanes pourront circuler du fleuve de Say à la frontière haoussa.

Deux longs jours s'écoulent sans que le Roi consente à accepter mon ultimatum; il faut les instances réitérées de la mère du jeune homme qui entrevoit la guérison assurée de son fils, la pression unanime de l'entourage du Roi; il faut enfin que chez ce dernier la certitude de la guérison de l'enfant qu'il est unanimement accusé d'avoir rendu infirme contre-balance le sacrifice d'amour-propre qu'il doit faire pour revenir sur sa parole.

Enfin, le 4 octobre, j'entre en possession de la lettre qui stipule les conditions que j'ai posées. C'est bien là le maximum des concessions possibles de la part d'un tyran dont le récent succès de Gandé a encore surexcité la morgue. Jamais je n'eusse pu réussir, sans le soin que j'avais eu dès le début, de prendre un empire absolu sur son esprit superstitieux.

En retour, je dois soigner le fils du Roi et donner un beau fusil.

Entre temps, je ne puis acheter aucun animal, ni bourriquot, ni chameau; car ces derniers, assez nombreux en saison sèche, succombent très rapidement ici en hivernage, à cause des mouches et des moustiques; pour cette cause, on les envoie pendant cette saison dans les pâturages de l'Adar. Il faudra à nouveau charger les deux chevaux pour gagner Sokkoto.

Quant à la direction à prendre, je n'ai le choix qu'entre deux routes, celle de Gando et celle de Sokkoto. La première sud-est est à écarter, la seconde seule reste. Quant à gagner l'Adar, il n'y faut pas songer; d'abord, il faudrait traverser le Mayo-Kabbi; mon petit bateau ne peut me servir, j'aurais à faire un trop grand nombre de transbordements qui nécessiteraient deux ou trois jours pendant lesquels je serais sans défense contre le plus faible parti de pillards; de plus, il me faudrait, sans guide, traverser une zone frontière déserte d'une soixantaine de kilomètres, pour arriver dans un pays sur lequel je suis mal renseigné, dont je n'ai pu, par aucun moyen, me ménager l'accès, puisque Adar, d'une part, Kabbi, Arewa et Djerma se pillent mutuellement, l'avantage toutefois restant toujours aux Maures de l'Adar; enfin, je n'ai pas d'interprète.

Pour toutes ces raisons, la route de Sokkoto s'impose; je puis la prendre sans guide, car, une fois hors de la zone frontière déserte, j'arrive en pays haoussa très peuplé, et puis j'ai la caravane dont je pourrai suivre les traces pour traverser la zone frontière.

C'est dans ces conditions, tous les animaux de selle chargés, Badaire, Makoura et moi-même à pied, que nous nous mettons en route le 10 octobre, à dix heures et demie du soir. Je suis obligé de marcher de nuit, parce que la route est longue et que l'état de fatigue de mes animaux me rend la marche impossible de jour.

J'ai reconnu dans la journée la route jusqu'au point où, entrant dans la brousse, elle devient unique. Pénible, assurément, cette marche où alternativement mon interprète et moi nous nous relayons pour chercher le sentier enfoui au milieu de hautes herbes de 4 et 5 mètres de haut; il y a près d'un an qu'aucune caravane n'est passée par ce chemin et j'ai voulu prendre l'avance de la nuit sur celle qui nous suivra demain, afin de ne pas faire à sa suite une marche que sa longueur rendrait impossible pour mes animaux.

A cinq heures du matin, je campe, bêtes et gens renâclant. Nous faisons de nouveau une marche de nuit, le soir du 11, celle-ci très courte, car la route nous est barrée par une rivière dont le passage nous demande deux heures et demie le lendemain. Enfin, le 12, à midi, j'arrive à Katami, premier village du Haoussa; mais les derniers animaux ne sont au camp qu'à quatre heures.

Enfin nous avons atteint le territoire du puissant Empereur de Sokkoto; je ne sais ce que l'avenir m'y réserve; mais, ce dont je ne puis douter, c'est que les cinquante jours qui viennent de s'écouler compteront parmi les plus durs du voyage.

Pour n'y plus revenir dans la suite, je vais donner ici le récit succinct des événements qui, à peu de temps de là, modifièrent l'état politique du Djerma, du Maouri et du Kabbi.

A mon arrivée à Sokkoto, je trouvai sur le trône un nouvel Empereur, le Lam-Dioulbé Abdherraman.

Son avènement remontait à huit mois à peine. En homme énergique et conscient de la situation de l'empire, il avait juré de tirer vengeance des humiliations continuelles que le Roi d'Argoungou infligeait à son autorité. Il avait fait serment de ne pas se raser la tête sans avoir pris Argoungou et, au moment de mon arrivée, la prise récente de Gandé avait encore aggravé ses griefs contre son farouche voisin. Il avait donné des ordres pour convoquer le ban et l'arrière-ban de ses troupes, prescrit à chacun de ses vassaux et au Roi de Gandé lui-même de lui envoyer leurs contingents.

La lettre que je lui portais d'Ibrahima-Guéladjio, qui l'assurait de son dévouement, le mit au comble de la joie.

Ce ne fut pas chose aisée que la réunion de cette colonne dont le point de concentration indiqué était Kaoura, pour le Haoussa. Ibrahima devait amener les contingents de la rive droite du Niger (Liptoko, Yagha, Torodi, Say).

En février, la colonne haoussa put se mettre en mouvement. Pendant que l'Empereur se portait sur Argoungou par l'Est, le Roi de Gandé l'attaquait par le Sud et le frère de l'Empereur par le Nord. Après les premières escarmouches, on se résolut à faire le siège de la place. De son côté Ibrahima-Guéladjio avait passé le Niger et était entré dans le Djerma. Aussitôt le Djermakoy fit défection et, s'alliant à Ibrahima, se porta avec lui contre le Maouri. Le Serky N'Guiouaé fut défait et tué aux environs de Sassagoua, et l'investissement d'Argoungou se trouva complété par les troupes d'Ibrahima qui s'établirent sur la rive droite du Mayo-Kabbi.

Il semblait qu'il en était fait d'Argoungou; mais une panique se mit parmi les troupes haoussa qui repassèrent la frontière. Avec une rare énergie, l'Empereur refusa de rentrer à Sokkoto, réunit une nouvelle colonne et, de nouveau, se porta sur Argoungou, qui peu après succomba.

Nama, le Roi du Kabbi vaincu, fut exécuté. Makaroui, celui de ses fils que j'avais soigné et guéri, fut tué au début du siège par un de mes hommes, déserteur de mon escorte.

Le frère de l'Empereur et son héritier présomptif qui, par tradition ancienne, portait le titre de Serky N'Kabbi, réunit sous son autorité le Kabbi-Haoussa et le Kabbi indépendant, et fit d'Argoungou sa capitale. Je ne sais comment furent partagés le Maouri et le Djerma. Ils furent, m'a-t-on dit, attribués au Roi de Gandé. En tout cas, Ibrahima-Guéladjio fut largement pourvu aux dépens du Djerma.

Ces divers renseignements me parvinrent à Kouka vers le mois de mai 1892.

Ainsi se trouva vérifiée une prophétie qui courait à Argoungou, pendant mon séjour, qui était dans la bouche de tous, inventée probablement à plaisir par les marabouts du Roi, pour me le rendre hostile : « Argoungou tombera au pouvoir du Lam-Dioulbé, le jour où un blanc venant de l'Ouest y trouvera passage pour se rendre à Sokkoto. »

CHAPITRE IX

De la frontière haoussa à Kano

En route pour Sokkoto. — Entrée dans la ville. — Visite au Oiziri. — L'audience du Lam-Dioulbé. — Étude ethnographique de la race peule. — Définition du Soudan. — Ses limites, ses divisions. — Torodo ou Toucouleurs. — La dynastie haoussa. — Liste chronologique des Empereurs de Sokkoto. — Le nationalisme haoussa. — Mon escorte est fatiguée. — Symptômes de relâchement. — L'Empereur m'oblige à lui vendre des marchandises. — Changement imposé d'itinéraire. — Conséquences heureuses de la dette contractée vis-à-vis de moi par l'Empereur. — Je remonte ma caravane. — Le traité de Sokkoto. — Le départ pour Kano. — Désertion d'un de mes hommes. — L'arrivée à Gandi. — Bandawaky, roi de Gandi. — Boubakar, mon guide. — Je mets mon bateau sur la rivière. — Désertion d'Aldiouma. — La route de Dampo à Kaoura. — Les exorcismes pour l'entrée dans la brousse. — La ligne de partage d'eaux des bassins du Niger et du Tchad. — Les mauvais procédés de Boubakar. — Entrée dans Kano.

Katami, situé à peu de distance du Mayo-Kabbi, n'était certes pas un endroit fort agréable, car nous y fûmes dévorés par les moustiques; mais il nous sembla un véritable paradis. Enfin, fait unique depuis plus de cinquante jours, nous pouvions goûter quelques instants d'un vrai repos, fait d'une détente complète de corps et d'esprit. L'avenir n'était pas assuré encore, mais du moins nous nous trouvions au milieu de gens relativement civilisés, ou nous les jugions tels par le contraste. Nous pûmes aussi nous procurer un peu de poisson frais, luxe qui ne nous avait pas été permis depuis Say.

Dans de telles dispositions d'esprit, je fis séjour à Katami le lendemain ; mes pauvres animaux, terrassés par l'hivernage, en avaient le plus grand besoin. Comble de bonheur, l'hivernage lui-même était terminé ; nous avons eu en effet la dernière tornade, la veille du départ d'Argoungou, et nous allions pouvoir, avec du beau temps, aborder des pays nouveaux.

Qui n'a éprouvé combien est grande l'influence du ciel sur le moral? La chose qui semble la plus aisée par un beau jour ensoleillé se présente hérissée de difficultés insurmontables par un temps pluvieux ou couvert seulement. C'est que le soleil joue dans la nature le rôle de grand illusionniste, qu'il habille de couleurs chatoyantes les objets les moins faits pour séduire l'œil ou l'esprit hors de sa présence. Un rayon de soleil suffit à transformer en un paysage ravissant une mare infecte, flanquée de quelques arbres chétifs; la roche nue, inculte, terne et grise, s'irise des couleurs du prisme et semble une mosaïque inimitable ; le moindre monticule se hausse à la taille d'une montagne ; la végétation la plus banale se nuance de teintes délicates; l'homme semble meilleur, la femme plus belle, le danger est plus loin ; la plus légère satisfaction est une joie, le travail est un plaisir ; la plus petite difficulté vaincue vous fait sonner à l'oreille comme un chant de victoire, et le pauvre voyageur esseulé, loin de la terre natale, est heureux d'avoir un témoin de son dur labeur, qui dissipe pour lui les ténèbres de la route et lui met au cœur le rayon d'espoir qui l'aidera à persévérer sans faiblir.

Donc le beau temps est revenu, avec lui l'horizon s'est éclairci. Le 14 au matin, nous nous remettons en route pour gagner Silamé, également situé aux bords du Mayo-Kabbi. Nous trouvons à profusion vivres de toute nature, en particulier des œufs et des poulets dont nous sommes sevrés depuis Guiouaé.

Je puis aussi, et fort heureusement, trouver des bourriquots à louer pour gagner Sokkoto ; mes pauvres animaux sont à leur fin.

Le lendemain, toujours longeant la rive gauche du fleuve, nous venons camper à Diékanadou, d'où nous partons le jour d'après pour arriver à Louakoby.

En ce point, je me trouve à une petite journée de marche de Sokkoto. Dans la journée nous entendons des salves de coups de fusil qui signalent, me dit-on, l'arrivée, dans la ville, de l'Empereur venant de Vourno où il réside de préférence.

Quoique des dunes de sable courent parallèlement à la rive gauche du fleuve, les terres n'en sont pas moins très fertiles et couvertes des cultures les plus variées; les mils sont coupés, mais les niébés (haricots), les ignames, les patates, le manioc, les arachides couvrent des superficies de terrain considérables et s'étendent en tout cas de manière ininterrompue le long du chemin, jusqu'à la capitale.

Dans l'après-midi, j'expédie Makoura, avec un Peul que j'ai pris à Katami pour interprète haoussa, à Sokkoto, pour informer le Lam-Dioulbé de mon approche et lui demander l'hospitalité.

A la nuit faite, craignant que mes animaux ne puissent supporter la chaleur du jour, nous nous mettons en route pour abréger l'étape du lendemain. J'acquiers une fois de plus, à mes dépens, la conviction que les marches de nuit en terrain non connu sont de pures folies; même dans les conditions les plus favorables, on déploie un effort décuple pour un résultat insignifiant. De huit heures à minuit, nous dûmes peiner durement pour faire quelques kilomètres. En fin de compte, je dus camper au bord du chemin, parce que mes animaux attestaient, en refusant de se relever quand ils tombaient, de leur résolution de ne pas continuer plus longtemps l'expérience.

En ce point, qui fort heureusement n'était pas éloigné d'un village de culture, j'attendis le retour de mon interprète qui vers midi arrivait, la figure radieuse, accompagné d'un envoyé du Serky N'Kabbi, frère de l'Empereur. J'ai dit que ce titre porté par l'héritier présomptif, qui avait sous ses ordres les pays frontières de l'Ouest, devait surtout avoir toute sa signification, quelques mois après, par la prise d'Argoungou.

Au nom de l'Empereur, le Serky N'Kabbi me faisait saluer et m'invitait au plus vite à entrer dans Sokkoto, où une installation était préparée pour me recevoir.

Nous faisons une petite marche dans la soirée et le lendemain matin, dès le jour, nous entrions dans la ville. Droit nous poussons à la demeure du Serky N'Kabbi, qui, après un bout de visite où il se montre très gracieux, me fait conduire auprès du Oiziri (grand vizir), lequel a pourvu à mon logement à peu près au centre de la ville.

L'installation, sans être luxueuse, est suffisante; notre groupe de cases est sur la voie qui conduit à la porte de Kano.

Sokkoto est une grande ville, pourvue d'une enceinte en forme de rectangle, constituée par des murs en pisé de 5 à 6 mètres de hauteur environ. Cette enceinte est mal entretenue, elle tombe en ruine sur plusieurs points; mais pendant mon séjour l'Empereur passait chaque matin l'inspection d'une partie de l'enceinte et surveillait les travaux qu'il avait prescrits pour son relèvement. A l'intérieur de cette muraille, la ville est bâtie sans aucune symétrie, les cases sont sans élégance ni propreté: quelques constructions en pisé sont les demeures du Roi

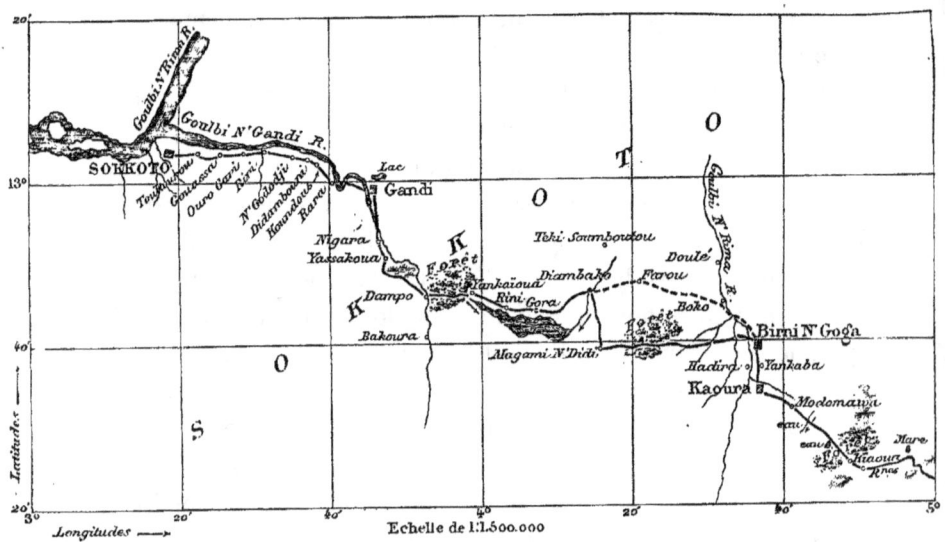

De Sokkoto à Kaoura.

ou des grands, mais elles-mêmes sont mal entretenues. De nombreux terrains vagues existent; les uns, desquels on a extrait les terres pour les constructions voisines, sont couverts d'excavations qui se transforment en cloaques infects à la fin de la saison des pluies, les autres sont destinés à servir de terrains de culture en cas de siège. Les palais du Lam-Dioulbé, du Oiziri, du Serky N'Kabbi, que j'ai visités, sont au-dessous de toute description; on m'en donna pour raison que l'Empereur faisait de Vourno sa résidence accoutumée, qu'il n'était venu à Sokkoto que pour réunir la colonne destinée à opérer contre Argoungou.

Le lendemain, je vais voir le Oiziri qui, de la façon la plus aimable, me met à l'aise, me parle de ma route, me demande l'objet de ma

Vue de Sokkoto.

mission. C'est un homme de quarante-cinq à cinquante ans, tête fine, un peu ascétique. Il est fils de la sœur de l'Empereur. Je lui remets les traités qu'il lit avec la plus grande facilité; il retient ceux de Ouro-Guéladjio et de Say pour les envoyer immédiatement au Lam-Dioulbé qui doit me recevoir le jour même. Bientôt en effet on vient me chercher. Quand j'arrive au palais, l'audience publique est terminée, l'Empereur s'est retiré chez lui; il faut aller chercher le chef des eunuques, qui seul a le droit de pénétrer dans les appartements privés. On me fait entrer dans une salle en assez mauvais état d'entretien, où, sur un banc d'argile, l'Empereur est assis. Tête difficile à définir, au milieu des turbans et du voile (litham) qui lui cache le bas du visage; les yeux sont vifs et intelligents. Aussitôt après les salutations, il me dit avoir lu les traités, celui de Ouro-Guéladjio en particulier, et qu'il me fera le semblable. Puis il me dit le plaisir qu'il éprouve à savoir que je suis venu de si loin pour le visiter. Il me parle ensuite d'Argoungou et, soulevant son turban, il me montre ses cheveux qui ne sont pas rasés comme il est de coutume chez les chefs musulmans; il me dit qu'il a fait serment de ne pas se faire raser la tête tant qu'il n'aura pas pris Argoungou.

Je lui demande de me donner, en quittant Sokkoto, des guides pour Vourno, Katzéna, Zinder et Kouka. J'ajoute que je prendrais volontiers une lettre de lui pour le Sultan d'Adamaoua, pour le cas où, de Kouka, je voudrais revenir par le Sud. Ces diverses demandes me sont sur l'instant accordées et l'Empereur ajoute : « Tu es ici chez toi; le jour où tu voudras partir, fais-moi prévenir, je te dirai adieu. »

Sur cette parole, je prends congé et rentré à mon logis je fais porter à l'Empereur, au Oiziri et au Serky N'Kabbi les cadeaux que je leur destine. J'ouvre à cette occasion une caisse zinguée où sont de merveilleuses soieries, des caftans brodés, des brocarts d'or et d'argent. Au retour de mon interprète, j'apprends que tous ont été satisfaits, l'Empereur en particulier.

L'impression que j'ai retirée de ces visites, c'est que ces hommes sont d'un niveau intellectuel très élevé, qu'ils sont très polis et, chose plus rare, bien naturels. Mais ils appartiennent à une race dont j'ai déjà entretenu le lecteur et dont je veux lui parler plus longuement ici. C'est la race peule.

Les Peuls, appelés aussi Poul, pluriel Foulbés, Fellata, Fellani,

Foulfouldé, sont disséminés un peu partout dans les bassins du Sénégal, du Niger et même du Tchad, des rives de l'Atlantique au Chari; dans le Soudan occidental[1], ils ne descendent guère au-dessous du 9e parallèle; dans le Soudan central, on les trouve jusqu'au delà de la Bénoué en Adamaoua et dans la région de N'Gaoundéré jusque sur la Haute-Sangha. Dans le Soudan oriental, on en trouve des groupes isolés, dans le bassin du Chari et dans le Ouaday.

Au physique, le Peul n'a pas l'apparence d'un noir; le teint est rouge brun, la taille élancée, flexible, les extrémités sont fines, les attaches nerveuses; le facies est sensiblement celui de la race caucasique, le nez est presque toujours aquilin, le front haut et large; les cheveux très fins n'ont pas l'apparence laineuse; longs, ils ne sont pas broussailleux; la femme n'a point le sein en poire de la négresse.

Au moral, le Peul se différencie encore plus de ses congénères noirs: il a l'esprit subtil, fin, délié; il saisit toutes les nuances, il est apte

---

1. Nous croyons le temps venu, pour éviter les équivoques, de donner une définition rationnelle du Soudan. On doit entendre par Soudan toute la région de l'Afrique centrale, qui s'étend de l'Océan au Nil, ayant pour limite au Nord les sables de la zone saharienne, s'arrêtant au Sud à la limite de la forêt dense. Le Soudan est un plateau qui se développe à l'altitude moyenne de 5 à 600 mètres, arrosé par les grands fleuves Sénégal, Niger, Chari et Bahr-el-Gazal, ce dernier affluent de la rive gauche du Nil.

La caractéristique du Soudan est d'être un pays de plaine, favorable à la culture des céréales et à l'élevage. La caractéristique de ses rivières est de prendre leur source à des cotes peu élevées, de n'être alimentées que par les pluies régulières. La caractéristique de sa climatologie est que l'année s'y divise en deux saisons bien distinctes : une saison de pluies de cinq mois, ininterrompue (juin à octobre), une saison sèche de sept mois, également ininterrompue, à de très rares exceptions près. La caractéristique des races qui le peuplent est de présenter, au point de vue physique, l'ensemble des plus beaux types de la race noire, au point de vue intellectuel et moral de renfermer les éléments les plus élevés dans l'échelle de la civilisation noire.

Au Soudan, les mœurs sont généralement douces; même parmi les peuplades les plus farouches, les coutumes barbares, telles que sacrifices humains ou anthropophagie, n'existent point. L'état social est bien équilibré, on y trouve la gamme complète des diverses formes de l'activité humaine, depuis l'humble pasteur jusqu'à l'homme d'État.

Cette immense contrée peut être divisée en trois régions, qui sont:

1º Le Soudan occidental, de la côte au Niger (branche orientale);

2º Le Soudan central, du Niger au Tchad et au Chari;

3º Le Soudan oriental, du Chari au Nil.

Le Soudan occidental comprend la Sénégambie; on dénomme plus particulièrement Soudan français la zone qui s'étend du Sénégal (de sa source à Khayes) jusqu'au Niger (branche orientale). Ces régions étaient autrefois improprement connues sous la dénomination de Haut-Fleuve; on a adopté la dénomination nouvelle sur les indications de ma carte des Établissements français du Sénégal et de la notice qui y était jointe (Challamel, 1886).

Le Soudan central comprend politiquement les grands empires du Sokkoto et du Bornou.

Le Soudan oriental, d'après les actes diplomatiques européens, ressortit à l'influence française sous la dénomination provisoire d'Établissements français du Haut-Oubanghi.

à toutes les besognes. Très policé, il séduit par l'urbanité de ses manières, de son langage, qui n'a d'inflexions rudes que ce qu'il faut pour rendre l'énergie de la pensée. Il a grand souci de l'hospitalité et l'exerce largement, mais il vaut mieux être son hôte que son ennemi, car il n'est pas dans ce cas de ruses et de pièges insidieux qu'il n'emploie pour vous perdre. Il est en outre d'une ténacité dans ses desseins, d'une endurance aux fatigues, d'une sobriété dans sa nourriture vraiment admirables. L'instinct de domination apparaît dans ses moindres actes; mais il sait aussi se plier aux nécessités, se faire humble et rampant pour arriver à ses fins. Pasteur, il n'aime que le bétail dont il vit; les produits de ses troupeaux lui permettent de s'assurer par l'échange les céréales qui lui manquent, les étoffes qu'il ne tisse pas; mais, pour acquérir le bétail convoité, il n'est pas de sacrifice qu'il ne fasse à son humeur ou à ses goûts. Vagabond par nature, il est partout, il n'est nulle part; le sol ne l'attache pas, il ne le cultive pas.

Ce qui frappe dans cette race singulière, c'est l'identité de l'individu, quel que soit le degré de l'échelle sociale où vous le preniez : perdu dans la brousse ou assis sur le trône d'un grand empire, c'est le même homme. Musulman, il l'est parce qu'il a été le propagateur de l'islamisme en Afrique, mais son fanatisme n'a rien d'intolérant. Les Peuls sont souvent des voisins gênants et de voisinage désagréable pour les chefs de pays où ils établissent leurs campements, car ils sont grands pillards, de bœufs surtout, mais ils arrivent toujours à s'imposer et à se faire respecter, quel que soit leur nombre. Ils couvrent le Soudan d'un réseau de campements à mailles larges ici, serrées ailleurs; mais il est inouï de voir combien ils sont renseignés sur toutes choses, principalement sur les questions politiques. Ils vivent entre eux, sans se mélanger aux noirs; ils ont des coutumes très patriarcales, — leur organisation est celle de la tribu. Leur vie de famille est pure et chaste : souvent ils n'ont qu'une femme, jamais ils n'en prennent plus de trois. Ils prennent grand souci de leurs alliances pour conserver la race.

Les femmes sont très belles, mais aussi très coquettes; elles ont d'étranges qualités de séduction; toutes les passions se lisent dans leurs grands yeux profonds, mais aussi elles sont moqueuses, souvent acariâtres. Les enfants sont pliés de bonne heure à une obéissance absolue.

Le noir, parlant du Peul, dit : « Cherche parmi eux, tu ne trouveras jamais un imbécile: » de la femme peule, il dit : « Laisse entrer une Peule comme captive dans ta maison, elle en sera demain maîtresse. »

Le Peul a du mépris pour le noir, il le juge comme un être inférieur ; qu'il soit petit ou grand, c'est pour lui un aabé (barbare, étranger). Il n'hésite jamais à venir au-devant de l'Européen ; d'ailleurs une de leurs légendes est qu'eux-mêmes sont blancs.

La race que je viens de dépeindre est la race peule pure, la race des pasteurs. Nous étudierons ci-après les croisements de cette race mère.

Mais une question doit être élucidée, si possible, avant d'aller plus loin. D'où vient ce peuple, qui n'est certainement pas originaire des régions africaines où il est aujourd'hui fixé? La question est très controversée et les ethnographes ne sont pas d'accord. Le général Faidherbe lui-même, dans sa préface sur les idiomes de la Sénégambie, se déclare impuissant à trancher cette question. Il penche toutefois à leur reconnaître une origine asiatique, « parce que seuls, dit-il, ils possèdent dans leurs troupeaux le bœuf à bosse et le mouton à nez busqué, originaires du plateau central de l'Asie ».

Quand, à eux-mêmes, on pose cette question, ils répondent par des légendes confuses ; cependant ils reconnaissent que le berceau de leur race ou du moins la région d'où elle a rayonné est le Fouladougou, pays situé au nord-est de Kita. Ce que l'on sait historiquement toutefois, c'est que les Foulbés possédaient vers le quatorzième siècle un grand empire, dont la capitale était Melle. Ils ont vraisemblablement rayonné de cette région vers les voisines, moins par la puissance des armes peut-être que grâce à leurs habitudes nomades. Ainsi ils ont atteint les pays Djoloffo en Sénégambie, le Fouta-Djallon aux sources du Sénégal, le Macina et le Haoussa vers l'Est. Que ce soit par la conquête ou par leurs migrations, ils ont fortement imprimé leurs passages dans ces diverses régions, et nombre d'entre eux se sont fixés à demeure dans ces pays et s'y sont mélangés à la population autochtone, tout en conservant toujours et partout la suprématie, ce qui tendrait à établir qu'ils ont dû s'imposer par la force des armes. La plus importante des races métisses issues du croisement des Foulbés et des populations noires est la race toucouleur, dont le berceau a été le Toro

(Fouta sénégalais). C'est une race guerrière et fanatique qui possède les défauts du Peul et du Ouoloff, sans avoir leurs qualités, la forfanterie du Ouoloff, sans en avoir la bravoure unie à la finesse souvent fourbe du Peul. Le Toucouleur a chassé les Peuls du Fouta sénégalais et c'est avec les Toucouleurs que le prophète El-Hadj-Oumar, Toucouleur lui-même, a fait la conquête de l'empire de Ségou. Les Toucouleurs sont appelés Torodo; ils sont considérés par les Foulbés comme la caste noble entre toutes; la vérité, c'est qu'ils possèdent des qualités essentiellement dominatrices, que le timide pasteur s'est habitué à respecter. Les Torodo sont encore répandus dans l'est du Macina, dans le Yagha et le Torodi. Les Foulbés sont partout dans la Sénégambie, dans la boucle du Niger; ils vivent au sud du Macina, entre San et Lanfiéra; ils sont dans le Liptako, dans le pays de Say, dans le Dafina, dans le nord du Moussi. Du Macina et du Dafina, peu à peu ils descendent vers le Sud, en s'immisçant au milieu des populations bobos. Lors de mon voyage j'en trouvai jusqu'auprès de Boussoura; or il y avait quelques années seulement que, sortant du Dafina, ils avaient passé la Volta et déjà ils avaient pris une très grande influence sur ces natures simples et timides que sont les Bobos. Les Foulbés tiennent le Haoussa sous leurs lois. L'Empereur de Sokkoto, le Roi de Gaudo et tous leurs grands vassaux sont d'origine peule.

La dynastie de l'empire haoussa, d'origine torobé, remonte au commencement du siècle seulement. Vers 1802, un marabout peul vénéré habitait le Koni (pays à hauteur de Vourno sur la rive droite du Gaulbi N'Rima); il leva l'étendard de la révolte contre le Roi haoussa du Gober et appela ses frères à la guerre sainte contre les infidèles Goberoua. Il s'appelait Othman, fils de Fodia. Ses débuts furent malheureux; mais, soutenu par son frère Abd-Allah et surtout par son fils Mohammed-Bello, non seulement il soumit le Gober, mais encore tous les pays de nationalité haoussa : Kabbi, Zamfara, Kano, Zozo, Baoutchi et Gaudo. Il fit même plus, il pénétra en 1808 jusque dans le Bornou et chassa le Sultan de sa capitale, Kars-Eggomo. Cette capitale qui, sous le Cheik Lamino, a été remplacée par Kouka, était située non loin des rives du Komadougou-Yobé, à l'est de Borsari.

A sa mort, vers 1817, il divisa son empire en deux parties [1].

---

1. Le tombeau d'Othman dan Fodia est à Sokkoto; il est l'objet d'une grande vénération et de nombreux pèlerins viennent le visiter.

À son fils Mohammed-Bello échurent avec le titre de Lamido-Dioulbé ou Lam-Dioulbé (terme peul) ou de Serky-Mouselmin (terme haoussa), signifiant tous deux Commandeur des Croyants, le Kabbi où il établit à Sokkoto sa capitale, le Koni, le Zamfara, le Katzéna, le Kano, le Gober, le Marodi, le Kazaourei, le Messaou, le Hadeïdjia, le Baoutchi, le Goudjba et le Zozo.

À son frère Abd-Allah fut attribué avec le titre de Serky N'Gaudo tout le pays de Gaudo entre Niger et Bénoué.

Les Empereurs de Sokkoto, successeurs d'Othman dan Fodia, sont dans l'ordre chronologique :

Mohammed-Bello (1817 à 1832). C'est sous le règne de ce prince qu'eurent lieu à Sokkoto les voyages de Clapperton ; Atikou, fils d'Othman (1832-1837) ; Aliou, fils de Mohammed-Bello (1837-1855). Sous son règne eut lieu le voyage du célèbre explorateur allemand Barth, partant de Kouka pour aller à Tombouctou par Sokkoto et Gaudo, et revenant à Kouka par ces mêmes points ;

Hamadou, fils d'Atikou (1855 à 1862) ; Aliou-Karami, fils de Mohammed-Bello (1862-1863) ; Aboubakar, fils également de Mohammed-Bello (1863-1868) ; Amadou-Rafai, fils de Cheik-Ousman, fils de Bello (1868-1873) ; Madiou-boun-Diabolou, fils de Bello (1874-1879) ; Oumar, fils de Mohammed-Bello (1879-1891) ; Abdherraman, fils d'Aboubakar, monté sur le trône en 1891, actuellement régnant.

On se rend compte par cette liste que l'ordre de succession tel que le prescrit la loi musulmane a été sévèrement maintenu. Cheik-Oumar, fils de Mohammed-Bello, étant mort avant d'accéder au trône, a été remplacé par son fils devenu héritier de ses droits, puis l'ordre normal a été repris parmi les fils de Mohammed-Bello, et après la mort du dernier le trône est échu à Abdherraman, parce que les lignées d'Atikou, d'Aliou et d'Aliou-Karami étaient épuisées.

Le Sultan Abdherraman était monté sur le trône au mois de mars 1891 dans des conditions particulièrement défavorables. L'audace sans cesse croissante du roi d'Argoungou (de nationalité haoussa, il ne faut pas l'oublier), qui s'était affirmée l'année précédente par le pillage de tous les villages des deux rives du Mayo-Kabbi jusqu'à Louakoby aux portes de Sokkoto, et plus récemment par la prise de Gandé, n'avait pas été châtiée et faisait courir de grands périls à la couronne.

J'extrais de mon journal les lignes suivantes, qui résument la situation politique au moment de mon arrivée à Sokkoto :

« 19 octobre, jour où j'ai eu ma première audience du Lam-Dioulbé.

« Le roi, âgé de cinquante-cinq ans environ, est jeune au pouvoir; il n'a pas eu le temps de s'affirmer; il a gardé Sokkoto comme capitale de nom, mais il réside à Vourno. Il est arrivé la veille de mon entrée, pour réunir soi-disant une formidable colonne: on en parle beaucoup dans la province intéressée et l'on semble y croire; ici on en parle peu et l'on y croit, je pense, encore moins.

« Comme sur l'autre rive, la domination peule est ici très chancelante. D'abord, les vainqueurs se sont alliés beaucoup avec la population haoussa et il est à peu près impossible de retrouver trace pure de l'élément conquérant; de plus, une longue période d'inertie et une relative prospérité commerciale ont émoussé et le fanatisme religieux et l'humeur guerrière. En outre, aux premiers temps de la dynastie, mais surtout depuis Aliou, on a pris la coutume de se désintéresser aussi bien des attaques du Gober que de celles du Kabbi, tant qu'elles ne touchaient point l'élément conquérant, analogie complète avec ce que j'ai vu dans le Yagha. A la suite d'un pillage de bœufs au détriment de Goungoungou fait par les gens du Torodi, le Roi du Yagha et les Torodo de Zebba répondaient d'une façon méprisante: « A quoi bon s'en inquiéter? Ce ne sont que des Tarkas[1] (Peuls non Torodo). Oh, si l'on s'attaquait au Lamorde[2], nous nous lèverions. » Ici on a fait de même depuis longtemps, on s'est désintéressé des pillages et attaques du Roi d'Argoungou, parce que Sokkoto n'avait, semblait-il, rien à en redouter; mais les actes d'audace de l'an dernier, puis la razzia récente de Gandé ont enfin réveillé les maîtres. Ils ont compris que les populations se désaffectionnaient d'eux, de jour en jour, davantage, parce qu'ils ne remplissaient point leur devoir et ils craignent aujourd'hui très sérieusement que les Haoussa du Kabbi indépendant ne se substituent à eux. Ils sentent un réveil du sentiment national maté

---

1. Les Torodo (pluriel de Torobé) traitent de très haut les Peuls, pasteurs qu'ils appellent Tarkas, sorte de synonyme de vil peuple. Pour se distinguer des populations asservies sourhaïs, djerma, etc., Torodo et Peuls appellent celles-ci Kado.
2. Lamorde en peul signifie capitale. Lamido, par abréviation Lam, signifie roi.

autrefois par la conquête, mais qui, depuis, s'est relevé en même temps que s'affaiblissaient et le prestige et la vitalité du vainqueur.

« D'où réaction ; le Roi a juré de détruire Argoungou, mais ce qu'il sent lui, à la frontière, on le méconnaît dans les provinces, et la colonne en formation est à l'état de mythe. Fait caractéristique, la langue peule est bannie aussi bien des relations officielles que des relations journalières. Le Peul qui me sert d'interprète est rabroué par le moindre Haoussa sans qu'il ose regimber, tout comme dans le Maouri ou le Kabbi. On veut faire, on le sent, du nationalisme haoussa, mais je crains bien qu'il ne soit trop tard, et le Roi, malgré ses promenades militaires de chaque jour autour du tata, ne paraît pas être à la taille du rôle qu'il devrait jouer pour conjurer la ruine, prochaine suivant moi, de son empire. »

Nous avons vu dans le chapitre précédent comment, grâce à son énergie persévérante, le Lam-Dioulbé Abdherraman, donnant démenti aux pronostics ci-dessus, put conjurer le péril qui menaçait l'empire, comment il s'empara d'Argoungou vers mars 1891 et fit rentrer sous ses lois le Kabbi, le Maouri et le Djerma.

L'hospitalité qui me fut offerte à Sokkoto était généreuse et large. Chaque jour, deux fois, une nourriture très abondante était apportée de la part du Oiziri, mon hôte. Vers midi, c'était le dégué ; le soir, du touho à la viande.

Malgré le grand désir de donner quelque repos à mon personnel surmené, je sentais que le séjour de Sokkoto pouvait avoir des inconvénients. Mes hommes, quoique Bambaras pour la plupart, parlaient le peul. Ils avaient été très travaillés dans les pays foulbés de la rive gauche par le désir de ne pas aller plus loin ; à Ouro-Guéladjio, je vis le moment où la défection de Baba amenait une désertion en masse. Les fatigues et les périls de la dernière partie de la route, le séjour à Argoungou, fait d'insomnie et d'abstinence, avaient achevé d'user leur résistance, et je sentais que la tentation était forte pour eux de renoncer. Deux sentiments les tenaient encore ; le premier était tout de loyauté : ils considéraient comme honteux de rompre sans cause l'engagement qui les liait à ma fortune ; ils savaient qu'ils se fermaient à jamais le retour au Soudan ou dans leur village ; le second, plus intéressé, était la certitude qu'ils n'obtiendraient de moi un centime de la solde qu'ils avaient acquise.

Quoi qu'il en soit, il eût été inhabile de ma part de ne pas compter avec le caractère très volage du noir et je pris immédiatement mes mesures pour organiser le départ.

Pour cela, il me fallait tout d'abord acheter des animaux. Je me heurtai dès le début à une difficulté insurmontable. Sokkoto n'est pas une ville de commerce; on n'y vit que du Roi et des grands. Dès qu'une affaire de quelque importance est à traiter, on va à Kano.

Tout ce que mon dioula (traitant) put faire, en onze jours, fut de réunir 33 000 cauries en vendant à vil prix de l'argent et de la soie.

Un événement que je n'avais pu prévoir vint me tirer de cette mauvaise situation, mais au prix d'un sacrifice qui me fut des plus pénibles.

Le Lam-Dioulbé, je l'ai dit, avait été enchanté de son cadeau. Le lendemain, il me fit demander de m'acheter des étoffes semblables à celles que je lui avais données. Je répondis en posséder encore, mais que je ne voulais pas les vendre; que je n'étais pas un commerçant, que je faisais bien débiter de la pacotille, mais dans l'unique but de faire vivre mon monde. J'ajoutai toutefois que j'avais coutume, quand un Roi me faisait semblable demande, de lui donner ce qu'il désirait et qu'en échange je recevais ce qui pouvait m'être utile pour la route. Pour le présent, ce qui m'était indispensable était d'avoir des animaux, des chameaux de préférence, et des vêtements pour habiller mes hommes.

Ceci posé, j'envoyai au Lam-Dioulbé un stock de très belles étoffes qui pouvaient lui plaire, ce qui arriva; mais, en me les renvoyant, il me faisait dire que je n'avais qu'à fixer le montant, qu'il prendrait volontiers tout ce que je lui avais fait montrer, sans en discuter le prix; que, quant au payement, il était au regret de ne pouvoir me régler immédiatement, qu'il me donnerait une traite sur Adamaoua; qu'à Yola un homme de confiance qui m'accompagnerait vendrait des esclaves et me verserait le montant de ma dette.

Désespéré de la tournure que prenait cette affaire de si peu d'importance cependant, je ne fais qu'un bond chez le Oiziri. Je lui explique d'abord que je n'ai envoyé des marchandises que pour permettre au Lam-Dioulbé de choisir celles qu'il pouvait désirer, que je ne puis me dessaisir de tout, il doit le comprendre, étant donnée la route qui me reste à faire; que d'autre part, le payement qui m'est proposé ne peut me convenir, car il m'éloigne de la route que le Lam-Dioulbé m'a permis de prendre, soit celle de Vourno, Katzéna et Zinder. Si j'ai accepté de vendre, c'est pour acheter des chameaux et des vêtements à Sokkoto, pour pouvoir continuer ma route.

Le Oiziri est de mon avis, je n'ai qu'à vendre mes marchandises et à acheter ce qui m'est nécessaire ; mais il doute que j'y parvienne, car Sokkoto n'est pas une ville de commerce. « Quant au Lam-Dioulbé, me dit-il, il n'a rien ; au pouvoir depuis un an, il a donné son propre bien et ce qui lui venait de la succession de son prédécesseur, pour se faire une clientèle et rallier le plus de monde possible autour de lui. Car, tu ne l'ignores pas, ajoute-t-il, les temps sont graves, » faisant allusion à l'expédition projetée.

Deux jours encore on s'agite sans obtenir de résultats : je n'ai ni crédit ni ressources ; de plus l'Empereur a été séduit ; son idée est arrêtée, il lui faut mes marchandises. De guerre lasse je propose de les abandonner. On se récrie en disant qu'on ne manquerait pas de raconter que le Lam-Dioulbé a abusé des lois de l'hospitalité pour me piller. Enfin je me vois contraint d'accepter la solution suivante : le Lam-Dioulbé fera une traite de soixante-douze captifs sur Yola, mais l'homme qui m'accompagnera négociera cette traite à Kano et me payera le montant de ma dette. Pour permettre cette opération, il a fallu quintupler le chiffre qui m'était dû. Un esclave à Yola est estimé 100 000 cauries : ma dette étant de 1 200 000, c'était un total de douze esclaves ; pour permettre la négociation à Kano, on a dû faire la traite de soixante esclaves pour le montant de la dette. Personnellement, en outre, le Lam-Dioulbé me donnait 1 million de cauries, soit dix esclaves, et 200 000 à mon interprète, soit deux esclaves, au total donc, soixante-douze esclaves.

Si j'ai insisté sur ce point, c'est pour montrer à quel degré sont développées les connaissances de commerce et le crédit dans le Haoussa.

Cette solution qui n'était pas pour me plaire eut cependant une conséquence inattendue et pour moi des plus heureuses. Le lendemain, sans avoir eu à m'en inquiéter, je trouvai sur la place le crédit le plus large *sur Kano*. Affluèrent immédiatement des gens, qui avec des bourriquots, qui avec des chevaux, pour me proposer leurs animaux *payables à Kano*. Moyennant des reconnaissances de la somme convenue pour l'animal, payable à Kano, je pus remonter en quelques jours une très belle caravane. Mes créanciers devaient faire la route avec moi ou me retrouver à Kano.

Pendant ce temps, sans que j'eusse eu besoin d'en faire le rappel, la promesse que m'avait faite le Lam-Dioulbé, au sujet du traité, s'accomplissait; le 28 octobre, il était signé. C'était à la fois un traité très complet, en même temps qu'un sauf-conduit dans lequel l'Empereur me recommandait à tous ses grands vassaux et aussi au Cheik du Bornou, mais en particulier de manière expresse à Mohammed-Bello, Roi de Kano, à Dibaïri, fils d'Aliou-Adama, Roi d'Adamaoua.

L'année précédente, les Anglais avaient envoyé à Sokkoto en même temps qu'à Kouka; leurs envoyés parvinrent alors que le Sultan Oumar était encore sur le trône; mais le Oiziri était en fonctions, car il détenait cette haute charge depuis neuf ans au moment de mon séjour à Sokkoto; il a pu m'affirmer que l'Empire n'avait d'engagement d'aucune sorte avec la Société royale du Niger.

Le jour même, je fais de très beaux cadeaux à l'occasion de la signature du traité et, dans l'après-midi, je vois le Roi en audience de congé. Je remercie le Lam-Dioulbé, au nom du Roi des Français, de sa bonne hospitalité, et l'assure que d'autres viendront après moi entretenir les bonnes relations désormais ouvertes entre les deux pays.

Je sors du palais pour aller chez le Oiziri, dont je prends congé dans les formes les plus cordiales de part et d'autre.

Le 29 octobre, au matin, a lieu le départ; un guide donné par le Oiziri, porteur de la traite de l'Empereur, doit me conduire jusqu'à Gandi où réside le frère du Lam-Dioulbé. Celui-ci me donnera un guide pour Kano, où il sera chargé de négocier la traite.

Les sentiments dont quelques-uns de mes hommes étaient animés se font jour au départ. Je constate en particulier la mollesse et la mauvaise volonté de l'un d'entre eux auquel je fais une observation. Il le prend sur un ton insolent que je réprime tout de suite en lui infligeant pour punition de porter son ballot d'effets. Mais, au sortir des portes, le passage est difficile, et, pendant les deux premiers kilomètres, les animaux inexpérimentés se déchargent les uns après les autres. Mon homme, profitant de ce que le convoi est disséminé sur un long parcours, s'esquive et ne revient pas; après deux heures de marche, son absence prolongée me semble louche, je reviens en arrière avec Badaire, au galop des chevaux, mais nous ne pouvons l'apercevoir. Aussitôt campé, j'envoie Makoura à Sokkoto prévenir le Oiziri que, si l'homme est entré à Sokkoto, je ne puis le contraindre à revenir, mais que je désire que ses armes et ses munitions me soient renvoyées. Le Oiziri me fait la promesse ; elle n'a jamais été tenue. J'appris plus tard que cet homme prit part au siège d'Argoungou dans les troupes de l'Empereur; il était habile tireur et tua plusieurs chefs importants, entre autres Makaroui, le fils du Roi d'Argoungou.

Le lendemain, sans m'arrêter davantage, je continue la route. Celle-ci longe le cours du Goulbi N'Gandi ou rivière de Bakoura. Nous faisons étape à Riri, à Koundous. Entre ce point et Gandi, nous sommes obligés le même jour de traverser trois fois la rivière, dont la largeur moyenne est de 50 mètres et la profondeur de $0^m,70$.

Le 1er novembre, nous sommes à Gandi. Bandawaky, Roi de Gandi, frère du Lam-Dioulbé, ainsi que je l'ai dit, me donne l'hospitalité.

C'est un homme de quarante à quarante-cinq ans, à l'œil intelligent, au visage fin, quoique dénotant un peu la fourberie. Il est gendre du Oiziri, lequel lui délègue une partie des fonctions extérieures qui ressortissent à sa charge et qu'il ne peut exercer lui-même.

L'empire haoussa est divisé en provinces qui ont chacune leur chef portant le titre de Serky. Dans la province, le Serky a droit de haute et basse justice, fait les levées de troupes, reçoit les impôts. La dignité est héréditaire dans la même famille, sauf ratification du choix par l'Empereur, qui donne l'investiture.

Auprès du Serky se trouve un Ghaladima, sorte de lieutenant nommé par l'Empereur, mais toujours choisi parmi les héritiers éventuels les plus proches, quand ce n'est pas l'héritier présomptif lui-même.

Les Serky des provinces doivent à l'Empereur obéissance complète, lui fournissent un contingent armé et entretenu à leurs frais pour ses expéditions, lui payent en outre un tribut annuel prélevé sur la rentrée des impôts. En dehors de ces liens de vassalité, ils administrent leur province de manière à peu près indépendante. Toutefois l'Empereur se réserve le contrôle de leur administration et, à cet effet, aux titulaires des grandes charges de la cour ressortissent un certain nombre de provinces qu'ils ont mission d'inspecter, dont ils centralisent les affaires pour en rendre compte à l'Empereur.

Ainsi du Ghaladima, héritier présomptif de l'empire, dépendent les provinces de Katzéna, Kazaourei, le Magazingara (environs de Magami N'Didi), le Kabbi.

Sokkoto et Vourno sont sous l'administration spéciale du Serky N'Kabbi.

Le Serky N'Saffara, fils du Lam-Dioulbé, surveille le Zamfara et le Daoura.

Le Oiziri a la haute main sur les provinces de Kano, Zozo et Adamaoua.

Étant données les occupations multiples du Oiziri, celui-ci délègue partie de ses pouvoirs à Bandawaky, Roi de Gandi, à la fois son gendre et frère du Lam-Dioulbé. Sa charge principale est d'aller hâter sur place la rentrée des impôts de Kano, du Maouri et de l'Adamaoua. Chaque année, Bandawaky se met en route pour faire cette tournée, qui dure sept à huit mois. Je devais plus tard le retrouver à Kano, d'où il partit pour Yola.

Bandawaky, exécutant les instructions qu'il avait reçues, me donna un guide qui devait m'accompagner à Kano et y négocier la traite dont j'ai parlé.

L'homme qu'il choisit s'appelait Boubakar; je fus surpris d'entendre cet homme me parler anglais, fort mal à la vérité, mais de manière suffisante toutefois pour me faire comprendre les choses les plus simples. Lorsque je lui demandai des explications, il me présenta un livret signé du capitaine Lansdale, qui l'avait engagé pour le Congo belge où il avait servi deux ans et demi. Boubakar, nonobstant sa connaissance des Européens, était un piètre personnage; il me créa mille soucis qui attiédirent fort ma générosité à le récompenser.

Le 3 novembre, au matin, nous quittons Gandi pour gagner Dampo où se détache la route directe de Kano par Kaoura.

Le premier jour, nous faisons étape à Yassakoua. En ce point, je m'aperçois que plusieurs animaux sont assez grièvement blessés pour que je ne puisse continuer à les charger. Une idée me vient alors, bien malheureusement comme on va le voir, d'utiliser le cours de la rivière. D'après la carte de Lannoy, construite sur les données rapportées de leur voyage par MM. Stanndinger et Ernst Hartrat, la rivière de Gandi était portée comme venant du Sud par Kaoura, B ni N'Goga, Gora, Dampo et Yassakoua. Ayant appris qu'à Kaoura seulement je pourrais trouver des animaux, j'entrepris de faire transporter par mon canot *Berton*, jusqu'en ce point, les bagages que ne pouvaient porter mes animaux. Malgré les protestations de Boubakar, je mis ce projet à exécution.

Le 4 au matin, je mis mon canot à l'eau et y fis transporter mes cantines et divers bagages, puis, le confiant à Aldiouma, mon chef d'escorte, je lui donnai pour instruction de le conduire jusqu'à Dampo où je devais faire étape le jour même. De retour au village, pensant qu'Aldiouma serait insuffisant en cas d'accident, je lui envoyai pour l'accompagner mon meilleur engagé, Mamady-Konaté, puis, faisant charger, nous nous acheminâmes vers Dampo où nous arrivions à dix heures.

Je prends campement dans l'intérieur du village et vers deux heures, un peu étonné de ne pas voir arriver Aldiouma, j'envoie au bord de la rivière. Rien n'est en vue.

Vers quatre heures, j'envoie deux de mes hommes, avec mission de descendre la rivière; ils reviennent à la nuit, n'ayant vu ni hommes, ni bateau.

Accompagné de Boubakar, de mon interprète et de deux hommes, je pars à mon tour à huit heures du soir par la route qui m'a amené. Celle-ci est obligée de s'écarter un peu de la rivière, à cause de marais qui se rencontrent entre Dampo et Yassakoua. Par les marais, nous allons à la rivière; on tire des coups de fusil, je lance des fusées avec ma canne-fusil. Rien! J'avoue qu'à ce moment la peur me tient autant pour mes hommes que pour mes cantines qui renferment mes papiers et mes chronomètres. Qu'est-il advenu? C'est l'idée fixe qui me poursuit, pendant que nous nous acheminons vers Yassakoua. Nous nous approchons des portes qui sont fermées, nous essayons de parlementer avec le cerbère; il s'y refuse; nous tirons des coups de fusil qui restent sans réponse; à plusieurs reprises, je tire des fusées. Rien ne se signale.

Il ne nous reste qu'une ressource, attendre là le jour; mais, avant de nous coucher, je tente un dernier appel en tirant coup sur coup les six cartouches de mon revolver, puis quelques fusées. Tout à coup nous percevons un bruit faible, mais qui a la résonance d'une arme à feu, à 5 ou 600 mètres à peine du côté de la rivière. Nous nous précipitons aussitôt dans la direction, en tirant de nouveaux coups de fusil auxquels

A Yassakoua. — Aïdiouma a déserté.

on répond de la même direction. Enfin nous arrivons et je trouve Mamady-Konaté gardant sur la berge les bagages qu'il a sortis du bateau.

Mon premier mot est, en arrivant auprès de lui :

« Et Aldiouma ? »

Mamady hésite, puis en détournant la tête répond :

« Il a déserté.

— Aldiouma a déserté, dis-je en proie à la plus grande surprise. Pourquoi ? »

Et Mamady de persister à répondre :

« Aldiouma y a parti. »

S'il était une désertion à laquelle je pouvais m'attendre, certes, ce n'était pas celle de cet homme auquel j'avais toujours accordé une absolue confiance et qui m'avait donné de nombreuses preuves d'attachement. J'appris alors qu'Aldiouma avait trouvé à Gandi un homme originaire comme lui du Toro, qui lui avait laissé entendre qu'il serait bien mieux au repos à Gandi que d'aller courir les aventures à la suite d'un infidèle. Aldiouma s'était laissé ébranler et le hasard avait voulu que je lui fournisse le lendemain une occasion propice. Certainement, si je ne l'avais pas laissé seul, il ne fût pas parti.

Il fallait cependant sortir de situation. Boubakar y pourvut. Au passage il avait vu, campés sous les murs de Tombo, des Asbenaoua (dénomination sous laquelle les Haoussa désignent les Touareg noirs de l'Asben (Aïr) et de l'Aden), il fut les trouver et leur proposa de leur louer leurs bourriquots. Quand il fallut convenir du prix, ce fut chose malaisée ; ils émirent des prétentions léonines auxquelles je dus souscrire en partie.

A sept heures du matin, nous arrivons à Dampo.

On vide les cantines, tout a été mouillé, et les quelques clichés impressionnés qui me restent ont bien chance d'être perdus. C'est ce qui arriva.

J'eus à cet égard une malechance absolue. Je n'ai pas rapporté de mon voyage une seule photographie. J'avais, de Sikasso, expédié un certain nombre de clichés en boîtes bien fermées et j'avais eu soin de noter dans la lettre d'envoi que les clichés expédiés étaient impressionnés seulement et non développés ; j'indiquais en outre la personne à laquelle il fallait les remettre à Paris pour les développer. La division du travail a voulu qu'en arrivant à Paris la lettre fût remise à un bureau, pendant que les clichés allaient à un autre ; on ouvrit des deux côtés : mais il n'est pas besoin de dire que les épreuves furent si mal impressionnées de ce procédé qu'elles n'en revinrent pas.

J'ai dit au chapitre précédent que mon appareil me fut dérobé à Tambokiré ; c'étaient les épreuves que j'avais prises de Sikasso à Tambokiré qui furent perdues à Yassakoua.

Je pris juste le temps à Dampo de me convaincre que la rivière venait du Sud, de Bakoura, ainsi que je l'ai dit au chapitre précédent. Craignant le mauvais effet de la désertion de la veille, je fis rapidement détruire quelque matériel pour alléger mon convoi ; je fis charger mon cheval et à deux heures et demie nous partions de Dampo pour Yankaïoua où nous campions le soir.

De ce point, en cinq jours nous gagnons Kaoura, en passant par Rini, Gora, Diambako, Magami N'Didi et Birni N'Goga.

A Birni N'Goga, nous avons traversé la rivière de Kaoura et, remontant sa rive droite, nous avons rencontré sous les murs de Kaoura un affluent venant du Sud-Est. Kaoura est bien sur la rive droite, à l'inverse de ce que portent les cartes sur les indications du voyage de M. Stanndinger.

Je profite de la présence à Kaoura d'une caravane qui se rend à Kano, pour acheter, toujours contre du papier remboursable à Kano, les animaux qui me sont nécessaires. Nous nous y arrêtons deux jours, pendant lesquels je suis en proie à une rechute du mal qui m'avait déjà terrassé à Zebba.

Kaoura est une assez grande ville, munie d'une enceinte (Birni) ; elle est la capitale de la province de Zamfara. Le Lam-Djoulbé Oumar y est mort l'année précédente et s'y trouve enterré.

A Kaoura, les caravanes se dirigeant sur Kano s'attendent de manière à se trouver en nombre pour franchir la forêt de Goundoumi, qui s'étend de Modomawa à Yanmaïtoumati, pendant la traversée de laquelle elles se trouvent en butte aux pillages des cavaliers du Gober et du Marodi. La situation ne s'est pas modifiée depuis le temps de Barth, on le voit.

Le 14 novembre, au matin, nous partons de Kaoura pour faire étape à Modomawa.

A Modomawa. — Je force le passage.

Le 15, au matin, la caravane entière se met en route; nous tenons la queue. Arrivée à l'entrée de la forêt, elle s'arrête; les femmes et les porteurs posent leurs charges et les marabouts de la caravane se portent sur le chemin pour s'y mettre en prière. Ces prières sont accompagnées de mômeries et d'exorcismes, de signes cabalistiques tracés sur le sable. Les marabouts et le Madougou, la tête couverte, restent un temps très long à ces exercices; pendant ce temps, mes animaux se déchargent avec entrain. Un conflit de plusieurs membres de la caravane avec mes hommes m'irrite; ils veulent contraindre ceux-ci à enlever leurs sandales et, comme ils ne se comprennent pas mutuellement, les Haoussa tentent d'employer la violence. Nous ne sommes pas longs à les éloigner; mais, pour éviter une rixe probable, je fais mettre ma troupe en route, et, poussant en avant, je m'engage sur le chemin, au milieu des marabouts effarés de cette profanation.

J'appris qu'ils en furent quittes pour recommencer; le rituel veut que, les prières étant terminées, les femmes passent les premières, puis les porteurs, tout le monde déchaussé; les cavaliers doivent aussi mettre pied à terre. Comme les Haoussa ne sont rien moins qu'intolérants, la réconciliation fut bientôt faite.

La marche fut pénible; toutefois, ayant trouvé de l'eau vers trois heures et demie, je m'arrêtai malgré les protestations du Madougou; la caravane alla camper une heure plus loin. Nous avons, au cours de la marche, passé auprès des ruines de Kiaoua, ancienne capitale du Zamfara.

Le lendemain, on part à quatre heures et demie; à huit heures, nous traversons le Goulbi N'Dourou qui n'est autre que le Goulbi N'Rima, lequel se réunit à Tozei à la rivière de Kaoura. Ce n'est qu'à deux heures quarante-cinq que nous arrivons au petit village de Dourou. La nuit, il fait un froid excessivement vif.

Le 16, on est en route à six heures et demie; nous parcourons ce jour-là une superbe forêt, véritable forêt vierge, la première que j'aie vue au cours de mon voyage. A trois heures et demie, nous sommes enfin à Yanmaïtoumati; les animaux sont très fatigués de ces trois jours à toute vitesse; quant aux Goberoua, il n'y en a pas eu trace. Cependant les attaques ne sont pas de pures légendes, car une caravane qui nous suivit à cinq ou six jours fut assaillie, et, pendant mon séjour à Kano, trois cavaliers envoyés en courrier au Liam-Doulbé, pour mes affaires, furent enlevés.

Yanmaïtoumati, comme aussi Gardio, le village qui suit, est entouré d'un large fossé de plus de 10 kilomètres de développement ; il enceint le village et ses champs pour mettre les habitants à l'abri des entreprises du Gober et du Marodi, qui se servent surtout de cavaliers pour leurs razzias.

Ce sont ces fossés que Barth a signalés comme des canaux, dans les

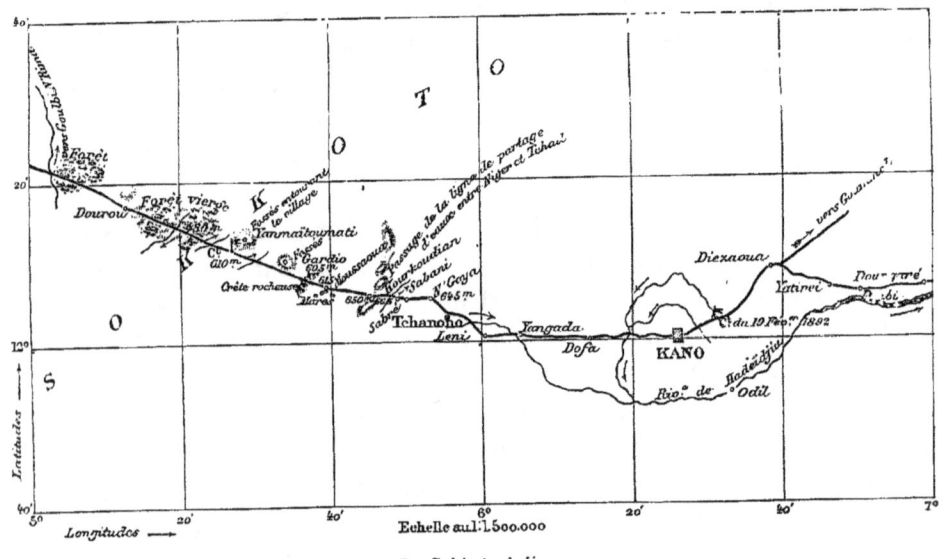

De Sokkoto à Kano.

villages de la même région qu'il a traversés un peu au nord de la route suivie par moi-même.

Les étapes suivantes qui se parcourent sans incident notable, mais à petites journées, sont : Gardio, Moussaoua, Kourkoudian.

A la sortie de ce village, le 20 novembre, nous passons par un col peu élevé par rapport au village, mais dont la cote est 665. Ce col est situé sur une arête rocheuse qui est la ligne de partage des eaux entre le bassin du Niger et celui du Tchad. Kourkoudian, à la cote 650 mètres, est le point le plus élevé de la route entre Say et Koukaoua. Ce jour-là nous campons à N'Goya. Le lendemain, laissant à notre droite le grand village de Tchanono, entouré d'un Birni, nous venons camper à Yangada.

Le 22 novembre, nous partons de Yangada. Je constate que plus nous approchons de Kano, plus mon guide met ses soins à être désagréable. Il a toutes les exigences et joue au tyranneau ; il s'imagine que seul il peut me ménager une bonne réception du Roi, et à l'avance, en bon Haoussa d'ailleurs, il a supputé le revenant bon que ses services pourraient lui rapporter. Mais ses façons de protecteur ne sont pas sans lui créer avec moi des conflits dans lesquels il est furieux de n'avoir pas le dessus. A Magami N'Didi, son village, par lequel il m'a contraint à passer, alors que la route véritable est au Nord, puis à Moussaoua où il m'a contraint à m'arrêter, nous avons eu de sérieuses prises de langue qui se sont liquidées pour lui par des humiliations. Les motifs futiles en apparence n'ont pas pour cause unique l'aigreur de son caractère orgueilleux ; ce qu'il comptait, c'était m'exploiter sous toutes formes, en m'imprimant la conviction que je ne pourrais entrer dans Kano si tel n'était son bon plaisir, et plus la distance se rapprochait, plus croissaient ses exigences inassouvies.

Le jour du départ de Yangada, il se montra d'une humeur de dogue ; sur la route, il prit de propos délibéré une avance sur le convoi, destinée à me forcer quand même à faire une étape beaucoup trop longue, parce qu'il voulait arriver le jour même aux portes de la ville, alors que l'état de fatigue de mes animaux me défendait de le faire. Je finis par le joindre très au loin sur la route, et là son insolence fut telle que je lui signifiai son congé. Il le prit de très haut, en affectant de rire de mes menaces, et sa verve moqueuse ne connut plus de limites quand il me vit les mettre à exécution. J'arrêtai en effet le convoi sur place dès qu'il m'eut rejoint, et le laissai, lui, continuer sa route.

Aussitôt qu'on a mis bas les charges, je fais rapidement déjeuner Makoura, lui donne des vivres pour le lendemain, et, lui remettant en main le traité de Sokkoto, je l'expédie avec mon cheval à Kano, pour demander au Roi l'hospitalité.

Boubakar, furieux de ma résolution, attend Makoura sur la route et lui déclare qu'il l'empêchera d'entrer dans Kano.

Le lendemain, 23 novembre, je me remets en marche avec le convoi, de manière à me rapprocher de Kano, pour attendre le retour de mon interprète. Nous prenons campement vers dix heures au bord de la route, sous un superbe ficus où se tient en permanence un petit marché. Cet endroit s'appelle Rini-Asbenaoua, parce qu'il sert régulièrement de point de ralliement aux gens d'Asben quand ils entrent dans Kano ou en sortent. Birni N'Kano est devant nous à 600 mètres dans l'Est.

J'avais compté trouver mon interprète au plus loin en ce point; je campe un peu inquiet, redoutant les mauvaises menaces de Boubakar.

Mes inquiétudes toutefois se calment, quand j'apprends par des passants que Makoura est entré en ville, mais qu'il ne pourra être de retour que le lendemain, parce que dans la matinée il a dû aller à l'audience du Roi, lequel ne se trouve pas en ville, mais bien à un village de plaisance appelé Fanisao, situé à quelques kilomètres dans le Nord-Est.

Enfin, vers quatre heures et demie, Makoura arrive radieux : l'ordre du Roi est d'entrer dans Kano le soir même. Pendant que j'envoie chercher les animaux et qu'on les charge, je me fais raconter les incidents du jour et de la veille.

La veille, Boubakar et Makoura ont fait la route ensemble, l'un suivant l'autre; mais, comme ils arrivaient dans l'après-midi devant les portes du Birni, Boubakar s'est arrêté dans une case voisine de l'enceinte, de manière à n'entrer que le lendemain. Makoura a voulu continuer, mais s'est vu barrer la route par le Serky N'Kofer (maître de la porte) qui, prévenu par un homme que Boubakar avait envoyé au-devant, lui a déclaré que les hommes du blanc n'entreraient point sans le guide du Lam-Dioulbé. Force fut à Makoura de faire comme Boubakar, de s'arrêter. Le lendemain, ils entrèrent de concert dans Kano et se rendirent auprès de Madiou, intendant général du Roi et son factotum. Malgré les plaintes de Boubakar, dont la rage fit explosion, il suffit à Makoura de montrer la lettre portant le cachet du Lam-Dioulbé, pour qu'aussitôt Madiou se prosternât très humblement et donnât l'ordre de les conduire tous deux immédiatement à Fanisao, auprès du Roi. Boubakar ne s'attendait pas à ce coup de théâtre; il ignorait que j'eusse une lettre du Lam-Dioulbé; sa morgue tombant aussitôt, il partit avec Makoura, en lui demandant de ne rien dire au Roi.

A l'audience, Boubakar fut appelé à parler le premier, pour rendre compte de sa mission; il ne put le faire sans élever quelques récriminations. Le Roi dit alors à Makoura son étonnement que je ne me fusse pas entendu avec Boubakar; mais, quand, l'instant d'après, ayant pris la lettre, il vit le cachet du Lam-Dioulbé, alors toute l'assemblée de se prosterner, pendant que le Cadi recevait la lettre des mains du Roi. Celui-ci, l'ayant lue à haute voix, arriva au passage où le Lam-Dioulbé me recommandait au Roi de Kano dans les termes les plus emphatiques pour l'amour-propre de ce dernier, avec force formules d'honneur et d'affection. A ce moment, me dit Makoura, le Roi et l'assemblée furent pris d'un vertige véritable, et, au milieu d'une explosion d'enthousiasme, le Roi, rendant à Makoura la lettre, lui donna l'ordre d'aller me chercher sur-le-champ, qu'il était honteux que Mon Importance pût se morfondre dans l'attente, qu'il voulait que le soir même, à quelque heure que ce fût, j'entrasse dans Kano.

A cinq heures quarante-cinq, nous passons la porte du Birni, mais ce n'est qu'à six heures et demie que nous arrivons au cantonnement que nous prenons péniblement aux lanternes.

Je me couche, harassé de corps et d'esprit, mais je puis m'endormir bercé par cette douce pensée qu'une seule grande étape me sépare encore du but: le Tchad.

CHAPITRE X

Séjour à Kano

La visite au Roi à Fanisao. — Madiou, intendant du Roi. — Je suis harcelé par mes créanciers. — Nouvelle audience du Roi. — Le palais de Kano. — Je suis obligé de vendre de l'or, mais je me venge sur Madiou. — Je soigne le Roi. — Mon départ est différé sous divers prétextes.

Kano métropole commerciale du Soudan. — Sa population, son marché. — Industrie de Kano. — Son commerce. — Monographie du kola. — La captivité au Soudan. — Transformation économique que peut seule amener sa disparition. — L'aïri ou caravane au sel. — Le mouvement commercial de Kano avec la Tripolitaine par le Sahara.

Divers incidents de mon séjour à Kano. — Les agents de la Royal Niger Company. — Madiou, en quête de médicaments, me donne des détails précis sur l'expulsion du Bornou, d'Européens venus l'année précédente à Kouka. — Quels sont ces Européens? — Je puis enfin me rendre compte des vrais motifs qui retardent mon départ. — Le Roi de Kano n'aurait pas voulu me laisser prendre la route du Bornou. — Je finis par obtenir guide et lettre pour le Ghaladima du Bornou.

J'expédie, par Tripoli, un courrier en France. — Je fais la charité.

Je vais parler de mon séjour à Kano, qui se prolongea malgré moi au delà de mes prévisions. J'avais bien compté que le règlement de mes affaires demanderait quelque temps, mais je n'aurais jamais cru être, pour cette cause, retenu pendant trois mois et demi.

Ma première audience du Roi eut lieu le lendemain, j'en extrais le récit de mon journal.

« 24 novembre. — De bonne heure, Madiou me fait prévenir de me tenir prêt à partir pour aller voir le Roi à Fanisao. À six heures et demie, je suis chez Madiou, avec lequel je m'entretiens un instant; il me désigne alors l'homme qui va me conduire au Roi.

« Nous partons; je suis étonné de la propreté des rues et plus encore de voir de nombreux bourriquots chargés d'un double couffin plein d'ordures. Je me renseigne et j'apprends que ce sont des individus qui achètent ces immondices pour les porter dans leurs lougans[1]. Nous traversons le marché, désert à ce moment, mais fort propre, quoique bien des toits de cases soient ruinés. Je remarque de nombreux ruisselets et nombre de mares, mais toujours bien dégagés, pas d'immondices. Après le marché, nous dirigeant vers la porte nord, nous traversons le quartier arabe ou des Tourankés, nom donné aux agents des maisons arabes de Ghadamès en résidence à Kano.

« Toutes les maisons sont fort belles et propres, à deux étages pour la plupart; elles ont un aspect confortable. Beaucoup sont fermées par des portes lamées de fer; d'autres, ouvertes, laissent voir des vestibules bien bétonnés, souvent couverts de tapis, sur lesquels sommeillent des Arabes douillettement enveloppés de couvertures.

« Nous poursuivons et sortons enfin du Birni après avoir traversé une sorte de terrain de vaine pâture. Nous prenons la route de Damagharam. Une heure vingt après, nous entrons dans Fanisao. Partout, le long du chemin et dans la ville, un grand va-et-vient de cavaliers.

« On me conduit dans une maison où l'on remise nos chevaux, puis nous nous acheminons vers le palais auquel on accède par une large avenue bordée de belles maisons en terre, très bien entretenues. L'entrée en est monumentale. Après avoir franchi le vestibule d'entrée, à l'ombre sous un auvent on me dit d'attendre. Nos gens pénètrent à l'intérieur.

« Deux longues heures durant, je vois défiler devant moi une quantité innombrable de gros turbans, puis les fils du Roi, conduits

---

1. Champs.

comme un pensionnat. Enfin je m'impatiente et déclare mon intention formelle de partir sur l'instant; on ne m'a pas laissé emporter mon pliant et je me morfonds debout au milieu des griots.

« Cette menace m'ouvre enfin la porte. Après avoir traversé une très grande cour remplie de gens en attente, j'entre dans une vaste salle où foule de gros turbans sont debout et, d'une voix grave, lancent à tout instant : Seun ! Seun ! entrecoupant de temps à autre d'une exclamation différente, bientôt suivie de nouveaux Seun ! Seun ! Disons tout de suite que le Roi, dans une alcôve voisine, est en train de revêtir, pour me faire honneur, un superbe pantalon, un superbe boubou, un superbe turban; c'est ce que témoignent les courtisans en disant : « Le roi met un beau pantalon. Superbe ! superbe !... Le « Roi met un beau boubou. Superbe ! superbe ! »

« Après ce petit lever, tout le monde s'accroupit, on me dit d'avancer. Je ne sais toujours où je suis, et, gravement, je salue un individu face auquel on m'a fait asseoir et qui, non moins gravement, ne me répond pas. Je prononce la formule de salut, que Makoura traduit en peul et Boubakar en haoussa; alors, à mon étonnement, une puissante voix, mais venant de gauche, me rend mon salut; je tourne la tête et j'aperçois très vaguement le Roi assis sur un banc d'argile élevé dans une alcôve sombre.

« Après les compliments d'usage, le Roi déclare qu'il me sera envoyé un beau mouton et cent cinquante kolas. Il rentrera, me dit-il, dans cinq jours à Kano, après avoir expédié au Lam-Dioulbé son fils, le Ghaladima, avec la colonne dont le Lam Dioulbé a tant besoin; il n'a pas reçu encore l'homme du Lam-Dioulbé, mais il fait partir sa colonne, cependant.

« Je prends congé : je retourne à la case où nous sommes descendus; là je dois attendre pour voir le Ghaladima. On vient enfin me chercher.

« J'entre tout de suite. Le Ghaladima est un homme de trente-cinq à quarante ans, sans rien de bien remarquable, c'est le fils aîné du Roi et son successeur désigné.

« Le Roi a bien un frère, mais ce frère a été destitué par le Lam-Dioulbé Oumar.

« Nous rentrons enfin à Kano; il est deux heures trente quand je suis de retour au cantonnement. »

J'ai omis de dire qu'à l'audience du Roi on a lu la partie du traité dans laquelle le Lam-Dioulbé m'adresse à ses différents lieutenants. Le passage où l'Empereur me recommande au Roi de Kano, haut et puissant monarque, a provoqué, comme la veille, le grand enthousiasme de l'assistance.

Le lendemain, je fais porter les cadeaux qui reçoivent bon accueil.

Je passe la journée à installer mon monde, mes animaux, mes bagages. Je compte passer quelques jours à Kano pour me ravitailler, donner un repos bien gagné, me refaire une caravane avec des chameaux; car, dès cet instant, mon idée arrêtée est de prendre pour le retour une des routes du Sahara et je veux habituer mes hommes à la conduite et au chargement des chameaux; puis je demanderai au Roi de me donner, suivant les ordres du Lam-Dioulbé, la route de Kouka.

Je ne me doutais guère, en faisant ces projets, qu'un long temps se passerait avant que je pusse les mettre à exécution.

Mon mauvais génie à Kano, du moins je le crus longtemps, fut Madiou.

Madiou, de son vrai nom Aliou, était, comme origine, un Saratedjio, nom que les Foulbés donnent aux habitants des pays frontières du Haoussa et du Bornou : Katagoum, Hadeïdjia, Goudjeba. Il avait d'abord étudié pour devenir marabout, puis, lassé de la profession, il était venu s'établir à Kano comme commerçant. Peu à peu, ses affaires avaient prospéré; grâce à son intelligence et à son activité, il était devenu très riche. Mohammed-Bello, alors héritier présomptif, fréquentait chez lui, et largement Aliou lui ouvrit sa maison en même temps que sa bourse. Lorsque le Roi son frère fut déposé par le Lam-Dioulbé Oumar, Mohammed-Bello monta sur le trône et, aussitôt, pour reconnaître les services que lui avait rendus Aliou, le prit pour trésorier, intendant général (Mohadji, Madié).

« Cette charge est, à Kano, des plus importantes. Le trésorier est chargé de la rentrée des impôts et de toutes les dépenses de la maison du Roi. Jamais cette fonction n'est attribuée à un membre de la famille royale, de crainte que les ressources considérables mises aux mains de l'intendant général ne soient détournées de leur emploi au profit d'agissements politiques. C'est généralement un des grands captifs du Roi, dévoué à sa personne et habile homme d'affaires, ou encore, comme dans le cas présent, un négociant connu pour sa probité et ses aptitudes. L'intendant général a à sa libre disposition tous les revenus de la province ou du royaume, car l'organisation que j'expose ici est commune à tous les pays foulbés et haoussa, également au Bornou; il a en même temps l'administration de la maison du Roi et quelquefois, comme c'était le cas pour Madiou, celle de la liste civile. Une fonction de si grande importance crée en faveur du titulaire une situation privilégiée, qui pourrait avoir de graves inconvénients, tels que concussions, détournements, etc., si la législation n'y avait pourvu.

L'intendant général prend possession, à son entrée en charge, du palais qui lui est assigné; il s'y installe, comme nous dirions, avec sa chemise pour tout apport, mais il en sort de même; sa fortune personnelle dont il confie l'administration à un tiers ne peut s'accroître en aucune manière pendant toute la durée de ses fonctions; riche ou pauvre il est arrivé, tel il sortira. Généralement l'intendant change à la mort du Roi; comme sa place est toujours enviée, il est rare que le nouveau Roi ne nomme pas un Madié pris dans son entourage. L'autre se retire et bien heureux si les accusations portées contre son administration par ceux qui l'ont jalousé au moment de sa faveur, n'amènent pas sa propre ruine.

Ce revers de la médaille est compensé largement par les honneurs, les satisfactions d'amour-propre qui environnent le titulaire de cette haute charge; il a grand état de maison, nombreuse escorte; les clients attachés à sa fortune lui font une cour plus nombreuse quelquefois que celle de l'héritier présomptif. Mais souvent aussi s'accumulent contre lui les haines des membres de la famille royale, quand il n'est pas assez habile pour garder une certaine retenue; s'il se laisse griser par sa faveur passagère, son sort est à l'avance marqué, il payera, peut-être de la vie, son intempérance et son orgueil.

Madiou (contraction de son titre et de son nom) était un habile homme entre tous, très attaché au Roi, très entendu en toutes les questions commerciales, qui avait pris au contact des Arabes un vernis de civilisation composite; mais il était menteur et fourbe. C'était le personnage le plus fuyant qu'on puisse imaginer, banal à n'avoir ni qualités ni défauts saillants. J'ai tout tenté pour le séduire pendant les deux premiers mois; j'étais désespéré de n'arriver à rien. Chaque jour il venait passer deux ou trois heures avec moi, s'entretenir de tout et de rien ; je ne pus jamais l'intéresser à mes affaires, malgré les offres les plus alléchantes. Combien de fois ne l'ai-je pas mis à la porte en l'accablant d'injures de toutes sortes, lui reprochant amèrement sa mauvaise foi, sa duplicité ! Le lendemain, sinon le jour même, il revenait sans prétexte s'asseoir à la même place, comme si rien ne s'était passé entre nous.

Un jour, sans cause, il m'envoyait pour mes hommes ou pour moi-même des charges de cauries, des dindons, du tabac, du café ; l'instant d'après il me faisait menacer de me faire emprisonner si je ne voulais payer mes dettes qu'il s'était engagé sur sa parole d'honneur à liquider.

Le règlement de mes dettes fut en effet le gros souci des premiers temps. J'avais parlé, dès mon arrivée, à Madiou de la traite du Lam-Dioulbé dont Boubakar était porteur ; cela n'avait pas paru digne de son intérêt, pas davantage que de celui du Roi auquel il me disait en avoir parlé. Boubakar, de son côté, préférait se payer lui-même sur ma créance en touchant une forte commission, plutôt que de s'en remettre à ma générosité ; aussi au bout de quelques jours vint-il m'annoncer qu'il ne pouvait trouver pour la traite que la moitié de sa valeur.

Je refuse d'accepter et fais prévenir Madiou. Celui-ci ne veut entendre parler de rien. Toutefois, comme le lendemain il m'envoie 200 000 cauries, je puis régler deux de mes créanciers qui ne sont pas Haoussa. Mais bientôt mes autres créanciers s'impatientent et je suis le premier à reconnaître qu'ils n'ont pas tort ; mais, comme je sens que céder est me mettre en mauvaise situation, que l'on s'empressera de ne pas me payer et que n'étant plus couvert par cet engagement je serai à la merci de Madiou, je déclare à ces gens que je suis incapable de les payer tant que la dette contractée vis-à-vis de moi par l'Empereur ne m'aura pas été remboursée. Je leur donne le conseil d'aller trouver le Roi pour porter plainte contre moi.

Cela ne fait nullement le compte de Madiou, qui me fait informer que le Roi, suivant la loi, me fera mettre en prison jusqu'à parfait payement. C'est complet ; je réponds que j'attendrai l'exécution de cette menace. La crise est à l'état aigu, je l'ai poussée à ce point pour forcer le Roi à intervenir. Le résultat est obtenu. Le 9 décembre, je me rends au palais, à l'audience du Roi.

SÉJOUR A KANO

« A neuf heures et demie[1], on vient me prendre, et, accompagné de Makoura, je me rends au palais. Celui-ci est situé dans la partie est de la ville. Dégagé sur tout son pourtour, sa façade est en bordure d'une grande place. Cette façade est constituée par un mur de 7 à 8 mètres de haut en excellent état d'entretien; une seule porte monumentale donne accès dans l'intérieur. Devant cette porte sont deux ficus sous lesquels attendent les chevaux des grands qui sont entrés dans le palais. Je mets pied à terre sous l'un d'eux.

« La porte franchie, nous traversons une première cour d'une quarantaine de mètres de longueur, puis une deuxième porte donne accès dans une autre cour de 100 mètres environ de longueur sur 50 de large.

« Au milieu est une grande case ronde dans laquelle on me prie d'attendre. Un quart d'heure après, Madiou vient me chercher et à sa suite nous entrons dans le palais.

« Nous franchissons une porte formant vestibule; dans les entre-piliers qui soutiennent les terres sont engrangées d'énormes quantités de foin; nous en sortons pour pénétrer dans une petite cour intérieure sur laquelle ouvre la salle d'audience. Tout est d'une propreté méticuleuse, il faut reconnaître que cet ensemble a grand air.

« Les gens sont somptueusement vêtus de pantalons et de boubous artistement brodés, par-dessus lesquels sont jetés de beaux manteaux de drap importés de la côte par les Arabes. Leur habillement est complété par un énorme turban qui n'est pas sans être quelque peu ridicule et dont la dimension marque l'importance du personnage.

« Les Haoussa sont les premiers à reconnaître d'ailleurs que l'exagération de leur coiffure est souvent grotesque, car on dit d'un sot prétentieux : « Il fait son gros turban. »

« Le vestibule fourmille de monde, de solliciteurs qui attendent à la sortie un personnage influent, de captifs à l'air important qui gardent les sandales et la canne de leur maître, de prisonniers enchaînés qui attendent leur condamnation, assassins ou voleurs de profession, écume de toutes les grandes villes, en Afrique comme ailleurs.

« Le rideau de la salle d'audience se lève pour nous laisser entrer. Je me trouve dans une grande case ronde en terre, de proportions que

---

1. Extrait du journal de route.

je n'ai pas vues encore. La masse des terres est contenue par des arceaux de bois très artistement établis. Le diamètre est de 10 à 12 mètres à l'intérieur, la hauteur au cintre est de 7 à 8. La salle est parfaitement éclairée et le sol est si admirablement damé qu'on dirait du bitume. Le Roi est assis au fond, sur une estrade recouverte d'un tapis de laine sur lequel sont empilées, bien pliées, sept à huit couvertures. Il porte un grand turban blanc et le litham[1]; il est vêtu d'un superbe boubou bleu, très finement brodé, par-dessus lequel est jeté un très beau manteau vert : passé à son bras gauche, retenu par un bracelet de cuir, est un poignard touareg à fourreau et poignée d'argent.

« De chaque côté du trône et en avant sont rangés, dans l'ordre de leur dignité, les membres de la Faada (Conseil).

« Je m'assieds face au Roi qui, après les premières salutations, me demande l'objet de ma visite.

« Je suis venu te saluer, lui dis-je, et ensuite t'entretenir de mes « affaires. »

« Mon interprète n'a pas achevé cette phrase qu'avant sa traduction en haoussa, le Roi part à fond de train pour me dire qu'il est impuissant à intervenir, qu'il ne peut obliger les gens à acheter vingt ce dont ils ne veulent donner que dix, que je dois me résigner.

« Je proteste qu'il n'y a pas là une dette ordinaire; que c'est une dette du Lam-Dioulbé et que lui, Roi de Kano, ne peut s'en désintéresser. Si telle avait été la pensée du Lam-Dioulbé, que sa signature pût être protestée, il eût accepté l'offre que j'avais faite, à Sokkoto, de lui abandonner mes marchandises. Mais, comme le règlement de cette affaire m'a obligé contre mon gré à venir à Kano, je serai payé intégralement ou bien je passerai aux profits et pertes, mais je n'accepterai aucune transaction.

« On refuse de faire honneur à la signature de l'Empereur ! » ajoutai-je enfin : « libre au Roi de Kano de laisser salir le nom du « Lam-Dioulbé ! Moi, je n'ai qu'une parole; je payerai les gens qui « ne m'ont fait des avances que parce qu'ils connaissaient le crédit « que j'avais sur Kano. »

« Un moment de stupeur de l'auditoire suit cette violente réplique. Le Roi prend enfin la parole pour dire :

---

1. Voile à la mode des Touaregs, constitué par un morceau de turban qui, détaché de la nuque, passe au-dessus du nez pour venir se rattacher sur le côté.

Palais du Roi à Kano.

« Attends encore ; je vais envoyer des cavaliers au Lam-Dioulbé
« avec une lettre ; s'il me dit de te payer, je le ferai.
« — Inutile. Le Lam-Dioulbé a mieux à faire que de s'occuper de
« semblable vétille (je faisais allusion à la colonne en formation) ;
« j'abandonne ce qui m'est dû. »
« Puis, me levant, je me retire. »

De retour chez moi, je fais appeler un Arabe auquel je propose de l'or à vendre et qui, le couteau sous la gorge, me le paye 7000 cauries le gros au lieu de 15000, prix courant ; mais il m'est indispensable de montrer à tous qu'un Français tient ses engagements.

Je vends 100 gros[1] d'or et aussitôt j'envoie convoquer pour le lendemain mes créanciers.

Ce coup droit atteint Madiou et le Roi dans leur sentiment le plus intime ; c'est nier à la fois la richesse et la générosité du Roi de Kano.

Mon or n'est pas vendu que Madiou accourt ; il a su que j'ai convoqué mes créanciers, il veut savoir comment je les payerai. Il me demande si j'ai de l'or à vendre, qu'il me le payera le double des Arabes ; je refuse.

Mais je lui avais promis des médicaments deux jours avant ; il me les demande. Je lui déclare que, dans ma situation précaire, la générosité doit être bannie ; que, ces médicaments, je ne puis désormais que les lui vendre.

« Combien ? dit Madiou.

— 600 000 cauries (600 francs). » C'est le montant actuel de mes dettes ; c'est un prix exorbitant ; il y a bien pour 5 francs, valeur réelle, de quinine, de salicylate de soude, etc.

« Accepté, » dit Madiou, à ma stupéfaction.

Je dois reconnaître que c'était perdre la partie en beau joueur. Le Roi ne pouvait se déjuger, puisqu'il avait dit devoir consulter le Lam-Dioulbé ; mais Madiou avait trouvé le moyen habile de me permettre le payement de mes dettes. Il règle, en effet, mes créanciers, le lendemain.

Il n'y a plus de temps à perdre ; maintenant il faut partir.

---

1. Le gros d'or ou mitkall pèse 3^{gr},8.

Madiou est tout miel et sucre; il me redemande des médicaments pour le Roi; je lui en donne, et le Roi m'envoie un chameau en me faisant dire que ce n'est pas là son présent de congé, mais seulement le commencement de ma caravane. Quelques jours après, des Touareg m'amènent, de la part de Madiou, deux chameaux à vendre. Je déclare ne pouvoir acheter que si Madiou veut avancer les fonds sur la somme qui m'est due. C'est accepté.

Puis viennent les lenteurs voulues, systématiques, que je ne m'explique pas jusqu'au jour où Madiou vient et, dans le plus grand secret, me confie que le Roi devient aveugle, qu'il me faut le soigner. Je vais faire visite au Roi une après-midi. Je pénètre dans les parties les plus reculées du palais; seuls, quelques eunuques silencieux veillent aux portes; un grand calme, une fraîcheur délicieuse planent dans l'atmosphère comme alanguie; une lumière discrète, tamisée par les grands arbres, repose la vue fatiguée par la réverbération des grandes cours qui précèdent les appartements intimes. A la consultation, Madiou assiste seul avec Makoura, mon interprète, et Gadiéré, traducteur de haoussa, captif de Madiou. Le Roi devient aveugle, la chose est certaine; un œil est complètement perdu par la cataracte, l'autre prend le même chemin. Je me retire après avoir constaté que rien n'est à tenter pour guérir le mal, car le Roi est déjà âgé; il a de soixante-cinq à soixante-dix ans. Je compose une potion à l'iodure de potassium et la donne à Madiou en lui disant que le Roi doit en prendre par jour une cuillerée à bouche. Je pense que ce dépuratif pourra enrayer le développement du mal en améliorant l'état général.

Cela fut en effet, et un mieux notable se produisit; mais je dus attendre plus de deux mois encore à Kano ce résultat, ne me doutant pas que les retards systématiques que l'on apportait à mon départ n'avaient d'autre but que celui de voir l'effet de ma médication. Il y avait aussi une autre cause, mais que j'ignorais alors. Nous le verrons plus loin.

Motiver le retard, d'ailleurs, était simple; le courrier envoyé au Lam-Dioulbé n'était pas de retour, et maintenant on considérait comme ignominieux pour la bonne renommée de l'Empereur et du Roi de Kano de me laisser partir sans me payer; puis le courrier avait été arrêté par les Goberoua dans la forêt de Goudomi. Après un nouveau temps, on se résolvait à envoyer un autre courrier, cela le 4 février; il rapporta la réponse du Lam-Dioulbé le 15.

Mon séjour à Kano put me permettre d'étudier à loisir cette ville, qui est la capitale commerciale du Soudan central.

Kano, dont le plan est ci-après, est une très grande ville entourée d'un Birni (enceinte) de 7 à 8 mètres de hauteur. Dans sa grande largeur, Kano mesure environ 8 kilomètres de diamètre, mais toute cette immense surface de terrain n'est pas couverte de constructions; en particulier les parties ouest et nord-ouest sont dépourvues de maisons.

A Kano, comme dans presque toutes les villes du Haoussa entourées d'une enceinte, les constructions sont en terre, de forme rectangulaire, à toiture plate.

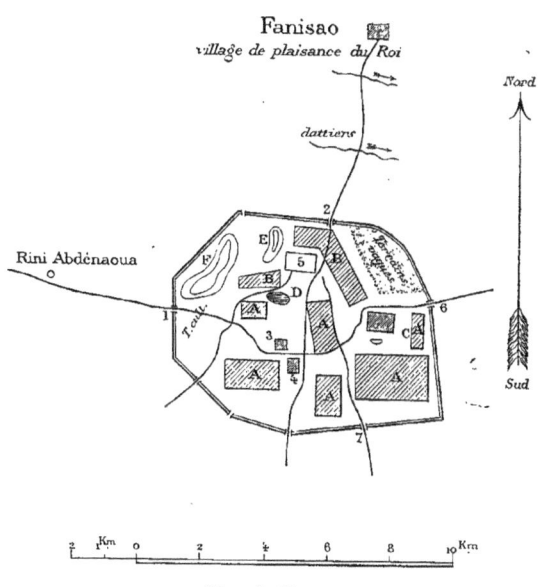

Plan de Kano.

Les maisons des Arabes, des grands personnages et des riches commerçants haoussa sont à un étage.

Kano est incontestablement la métropole commerciale du Soudan central; tous les peuples du Soudan et du Sahara s'y donnent rendez-vous. Le Touareg du Sahara y coudoie l'homme du Bornou et du Ouaday, le commerçant arabe traite affaires avec les indigènes des deux rives du Niger, de la Bénoué et du Tchad. Kano est, en outre, sur la route du pèlerinage; tous les musulmans du Soudan central et occidental qui se rendent à La Mecque passent par cette ville.

Toutes les terres, dans un rayon de plus de 100 kilomètres autour de Kano, sont en culture, pour permettre de nourrir l'immense population fixe et flottante. J'estime la première à cinquante ou soixante mille habitants; la deuxième, je ne puis la chiffrer, même approximativement, mais je ne crois pas être au-dessus de la vérité en fixant à deux millions le nombre des individus qui sont temporairement dans une année appelés à Kano par leurs affaires.

Le marché de Kano est journalier, et, sur l'immense place où il se tient, on trouve tous les animaux, toutes les productions, les produits de toutes les industries du Soudan et beaucoup d'articles européens. La foule qui encombre le marché, acheteurs et vendeurs, peut s'élever chaque jour à trente mille personnes.

Toutes les affaires se traitent en cauries; l'argent cependant passerait très aisément; il y est connu, mais il est rare, et les Arabes l'accaparent. Les transactions de quelque importance ne se font pas directement entre le vendeur et l'acheteur, il y a toujours un courtier intermédiaire qui est payé par le vendeur. Toutefois, quand la vente se fait à l'intérieur d'une maison, le propriétaire de celle-ci, qu'il soit présent ou non au marché, a droit à la commission due au courtier. Les courtiers, à l'ouverture du marché, règlent le cours suivant l'abondance ou la rareté des produits demandés; ils sont responsables devant le chef du marché du prix des marchandises qu'ils vendent; l'acheteur n'a pas à se préoccuper que le vendeur soit satisfait ou non: si le courtier a vendu, l'acheteur peut contraindre le vendeur à livrer.

Les cauries, difficiles à transporter (50 000, soit 50 francs, forment la charge d'un bourriquot), ne représentent guère qu'une monnaie de compte; la plupart du temps, les produits estimés à une valeur déterminée s'échangent directement les uns contre les autres.

C'est à Kano que se traitent toutes les opérations commerciales un peu importantes dans un immense rayon de territoire. Mais ce n'est pas seulement par son commerce que Kano brille d'un éclat incomparable, c'est aussi par son industrie propre, *industrie toute soudanienne*. C'est d'abord l'industrie du vêtement; on peut dire que Kano vêt les deux tiers du Soudan et presque tout le Sahara central et oriental. Chaque année de nombreuses caravanes partent de Kano, s'en vont à Salaga, au Gandjia, au Ouorodougou même, chercher la noix de kola qu'elles échangent contre les tissus de Kano.

La teinturerie est très renommée et, en particulier, certains pagnes nommés *tourkédis* teints à l'indigo pur, puis lustrés, font prime sur tous les marchés du Soudan et du Sahara.

Kano est encore célèbre par ses brodeurs et par son industrie de peausserie. Tous les cuirs baptisés du nom de maroquins, teints en jaune ou en rouge, sont préparés et teints à Kano, et sont, de ce point, exportés vers la Tripolitaine, la Tunisie, l'Algérie, le Maroc. Les peaux de bœuf admirablement tannées et assouplies sont indispensables à toutes les caravanes, tant de l'intérieur que du désert; enfin, les peaux de bouc de Kano, ou outres à eaux, sont recherchées au point que jamais une caravane ne partira de Kouka, par exemple, avant d'avoir fait venir de Kano sa provision de peaux de bouc (or la distance de Kouka à Kano est de plus de 600 kilomètres).

L'importance de Kano est donc capitale, et je n'ai cité que ce qui a trait à l'*industrie indigène*. Les transactions sur la noix de kola que Kano envoie chercher à la côte occidentale sont immenses, mais difficiles à chiffrer; cette noix est ensuite transportée de Kano jusqu'à Kouka et de là au Ouaday et à Khartoum.

Tout le monde sait aujourd'hui ce qu'est la noix de kola, qui s'est même introduite depuis quelques années dans la pharmacopée européenne. La noix de kola est produite par un arbre appelé *Sterculia cola*, il croît entre le 6°30′ et le 11° ou 12° degré de latitude nord. On trouve les kolas sur la Gambie, dans le Niokolo, dans le pays des Timénés, aux abords de la Mellacorée, mais les plus célèbres viennent du Ouorodougou et du Gandjia. Les fruits, analogues à un marron comme grosseur moyenne, sont contenus dans une coque présentant quelque similitude extérieure avec celle de la noix ordinaire; ils y sont réunis par trois ou quatre, à la manière des châtaignes dans leurs pelons. Le kola présente généralement sur son pourtour une raie noire, quelquefois deux, qui permet de le diviser sans le rompre.

La grosseur du kola est très variable : on en voit de la grosseur d'une châtaigne ordinaire, tel celui du Niokolo: d'autres atteignent la grosseur de la moitié du poing. La couleur générale est rouge brique foncé, mais dans certaines contrées, dans le Ouorodougou en particulier, il y a toutes les teintes intermédiaires entre le rouge et le blanc. Le kola du Ouorodougou se consomme surtout dans les bassins supérieurs du Niger et du Sénégal. Dans les pays bambaras, la noix de kola joue un grand rôle dans la vie ordinaire ou dans la vie publique; la couleur, dans ce cas, a une grande importance : le kola blanc est toujours un signe d'amitié, d'hospitalité. Demandes de mariage, acceptation ou refus, défi, déclaration de guerre, marque de soumission, etc., se traduisent par l'envoi d'un nombre de kolas de couleur déterminée.

Je veux parler ici spécialement du kola du Gandjia, qui est, lui, uniformément rouge et qui, moins fin souvent que le kola du Ouorodougou, est cependant de préférence acheté par les caravanes de Kano, parce qu'il se conserve plus longtemps.

J'ai dit ci-dessus l'itinéraire suivi par ces nombreuses caravanes ; j'ai dit aussi les tribulations sans nombre que sont obligés de subir les malheureux traitants qui vont si loin à la recherche de ce précieux produit. Ce que je veux dire maintenant, ce sont les soucis de tous les instants, les soins méticuleux dont le commerçant est obligé d'entourer sa marchandise pour pouvoir l'amener à Kano, à Khartoum même, dans des conditions qui lui en assurent la défaite facile et rémunératrice.

C'est à Kano que se confectionnent les paniers destinés au transport des kolas. Ces paniers sont des sortes de corbeilles dont l'ossature est formée de fortes branches d'osier ; ils ont la forme d'un tronc de pyramide à base carrée ; les faces et le fond sont garnis en cuir. Chacun de ces paniers contient de trois à quatre mille kolas ; deux paniers sont la charge d'un bourriquot.

Pour que le kola puisse se conserver frais, et traité avec soin il peut rester deux et trois ans en cet état, il lui faut une température humide et surtout qu'il ne soit pas exposé à l'air. Si « le vent entre », comme disent les Haoussa, le kola est perdu, il s'ouvre suivant la ligne de séparation dont j'ai parlé plus haut, comme s'il allait germer, puis se dessèche, se ride, devient dur comme un morceau de bois. Dans cet état, il a perdu 90 pour 100 de sa valeur.

Les soins employés pour le conserver frais sont les suivants : au moment de faire le panier, on garnit le fond et les parois de feuilles fraîches, feuilles de cé (karité) de préférence ; ces feuilles, on les mouille légèrement, puis on tasse les kolas dans le panier en les aspergeant d'eau ; on a soin de laisser le moins de vides possible, puis au-dessus on place une nouvelle couche de feuilles fraîches et humides, pardessus lesquelles on met encore du vieux linge mouillé ; enfin, on ficelle fortement avec une bonne corde, de telle sorte que le dessus du panier, quand il est fermé, présente l'apparence d'une pelote de laine.

Tous les quatre ou cinq jours au plus, il faut renouveler cette opération, qui se complique encore de ce fait qu'à chaque fois il faut faire un triage pour éliminer les kolas simplement piqués comme d'une tache de rouille, car, enfermés avec les kolas sains, ils les gangréneraient.

De ce que nous avons dit des fatigues de route et de ce que l'on vient de lire au sujet des soins de tous les instants dont la marchandise doit être entourée, on peut se rendre compte que le métier des caravaniers n'est exempt ni de fatigues ni de périls.

Quelle est la récompense de leur peine? Au Gandjia, l'un dans l'autre les kolas valent de 5 à 7 cauries; dans le Mossi, ils valent de 40 à 50; à Say, de 70 à 80; à Sokkoto, 100; à Kano, de 120 à 140 cauries; à Kouka, de 200 à 250 et 300 cauries. Malgré cette majoration considérable des prix, les caravaniers, tout compte fait, ne gagnent pas plus de deux fois la valeur qu'ils ont engagée dans l'entreprise.

Quelles sont maintenant les vertus de ce fruit qui, on peut le dire sans exagération, est la clef de voûte du mouvement commercial du Soudan?

Le noir attribue au kola toutes les propriétés bienfaisantes; il lui est aussi indispensable que la chique de bétel à l'Indou et à l'Annamite, que l'opium au Chinois, que la cigarette à l'Espagnol, que le chien à l'aveugle.

Le noir prétend que le kola l'empêche de souffrir de la faim, lui fait trouver bonne l'eau la plus détestable, lui donne l'endurance à la fatigue, restaure même certaines de ses facultés quand elles sont affaiblies.

Pour mon compte personnel, j'ai dû renoncer à son usage parce que deux noix de kola me donnaient une agitation fébrile, mais je ne lui ai jamais trouvé aucune vertu spéciale, sinon d'offrir quelque analogie avec le café. Les Arabes ont bien cette impression, puisqu'ils appellent le kola « gaoua Soudan » — café du Soudan. — Toutefois, à raison d'une astringence très marquée qu'il possède, le kola, quand on l'a mastiqué un moment, fait paraître fraîche et savoureuse une eau de qualité médiocre.

Les analyses scientifiques qui en ont été faites ont révélé dans sa composition la présence d'une forte proportion de tanin et d'un alcaloïde analogue à la caféine ou à la théine. Des produits qui en ont été tirés je n'ai rien à dire, l'usage seul peut en démontrer la valeur.

Ce qui est incontestable, c'est que, dans le Soudan entier, le kola est l'objet de luxe par excellence, accessible à peu près à toutes les bourses. Un homme qui se respecte doit toujours avoir sur lui un kola à partager avec son interlocuteur, voire même son esclave. C'est la prise de nos grands-pères, c'est le cadeau que tout le monde peut donner, que personne ne peut refuser sans une excuse valable. Avec un kola on voit s'évanouir d'elles-mêmes des difficultés qui avaient résisté à tous les efforts appuyés de cadeaux ; on se réconcilie avec son guide, quand il trouve qu'on le fait partir de trop grand matin ; on calme un créancier irrité ; on se débarrasse d'un solliciteur importun ; on enlève un marché indécis ; on soutire un renseignement précieux ; on ferme la bouche à un braillard ; on gagne le sourire d'une jolie femme ; on peut même capter les bonnes grâces d'un eunuque.

C'est assez dire que c'est la panacée universelle, et la puissance commerciale de Kano repose en grande partie sur les millions de kolas dont son marché est approvisionné.

Une autre branche importante du commerce de Kano, ce sont les captifs. Je dis à dessein captif et non esclave, car l'esclavage a été, s'il n'est plus, une plaie tout européenne. L'esclavage tel que les Arabes et les Européens, à leur exemple, l'ont compris, implique l'idée d'infériorité morale de la race asservie ; de là, à traiter comme un vil bétail les malheureux noirs, il n'y avait qu'un pas ; il a été franchi. On connaît les horreurs de la traite qui transportait de l'autre côté de l'Océan des milliers d'infortunés destinés à ne jamais revoir le sol qui les avait vus naître. Toute leur vie, ils devaient peiner durement sous le fouet du farouche et cruel commandeur. Serfs attachés à une glèbe étrangère, leur descendance était, à perpétuité, vouée au même servage, sans espoir de relèvement. Plus impitoyable encore, l'Arabe pousse la barbarie jusqu'à les priver des attributs de la virilité pour en faire les gardiens féroces de son harem.

Au Soudan, la captivité n'a rien de commun avec ces barbares coutumes. Le captif est toujours un prisonnier de guerre ; la vente des prisonniers couvre les frais de guerre du vainqueur. Guerre souvent inique, je le veux bien ; mais le spectacle que nous offre l'Europe, dans son histoire, ne nous permet pas d'être juges trop sévères en la matière. Toujours, c'est aussi vrai, le plus fort mange le plus faible ; mais n'est-ce point là une loi d'humaine nature, que cet instinct de domination qui force le plus faible à courber le front sous la loi du plus fort ?

Ce qui fait, au Soudan, que le captif est presque toujours traité avec douceur, c'est que son sort peut être partagé le lendemain par son propre maître; aussi est-ce en général avec résignation qu'au bout de quelque temps il accepte la perte de sa liberté. Une autre raison qui porte le maître à se montrer clément est que souvent la population servile est en plus grande proportion que la population libre, dans les grands centres comme Kano, ainsi qu'autour des grands chefs. A Kano, la population libre ne forme certainement pas le cinquième de la population totale de la ville.

Il n'est pas sans exemple qu'une révolte générale des captifs ait interverti les rôles; le plus connu de ces exemples est rapporté par Raffeuel dans son Histoire des Bamanas (Bambaras). A Ségou, au siècle dernier, les captifs révoltés mirent sur le trône un Diara captif comme eux et massacrèrent le Roi, un Kourbari-Massassi, et toute sa famille.

La situation du captif est digne de pitié, lorsqu'il est encore à l'état de prisonnier, c'est-à-dire tant qu'il n'a pas été acheté.

Après la razzia ou l'expédition de guerre, la population du village est

Une fille et son amie à Kano.

emmenée par le vainqueur; les vieillards sont sacrifiés; ou on les tue, ou on les abandonne; la population mâle adulte est enchaînée; les femmes, les enfants suivent, et le vainqueur regagne son territoire. Souvent, dans ces marches de retour très rapides, de nombreuses victimes succombent, les femmes et les enfants surtout, tant par suite de la fatigue que par manque de nourriture. Impitoyablement les traînards sont massacrés. Rares sont ceux qui réussissent à s'enfuir.

Arrivé au village, chacun prend son bien, qui pour le garder, qui pour le vendre. Des marchands sont là bientôt, comme des oiseaux de proie, qui viennent acheter la marchandise humaine pour la porter sur les marchés où ils peuvent en trouver le meilleur prix. C'est presque toujours les fers aux mains et portant de pesants fardeaux que les malheureux font ces routes souvent fort longues. On les voit passer hâves, chétifs, couverts de plaies et de vermine, nus ou vêtus de quelques lambeaux d'étoffe, marchant à pas pressés, poussés par le maître et par ses captifs plus durs que lui-même bien souvent, jetant de temps en temps en arrière un regard défiant, aiguillonnés par la crainte de voir s'abattre sur leur échine la dure lanière de cuir. Et ainsi, ils parcourent des distances énormes, nourris tout juste à ne pas mourir de faim, pour arriver à un marché le plus lointain possible, car le marchand a le souci de les dépayser pour s'en défaire mieux. Un captif offre plus de sécurité au maître qui l'achète, quand il est éloigné de son pays d'origine, car il y a moins de chances pour qu'il tente de s'échapper.

Au marché finissent en général les tribulations du captif, mais elles ont duré plusieurs mois déjà. A partir de ce moment, le marchand, intéressé à le faire valoir, le nourrit bien, lui donne aussi un vêtement; chaque jour on le conduit au marché, jusqu'à ce qu'il soit vendu.

Sa condition est dès lors celle du commun; les premiers temps, par défiance, le maître pourra lui conserver des fers, mais pour les lui enlever aussitôt que son attitude l'aura rassuré.

Il s'occupe des cultures, des réparations aux habitations; son travail est celui des enfants de la maison. S'il est intelligent, il s'élève vite au-dessus de sa condition, son maître l'associe à ses affaires, à son commerce, lui donne la gestion de ses intérêts, souvent de préférence à ses propres fils. Comme première récompense, son maître lui donne une femme, puis des esclaves, bientôt il est lui-même propriétaire. S'il vient à avoir de la famille, son sort est définitivement fixé, il ne peut plus être vendu, pas plus que ses enfants. En faisant prospérer les affaires de son maître, il fait les siennes propres, et, si sa bonne étoile l'a conduit sous le toit d'un Roi ou d'un chef de pays, il peut prétendre par son assiduité, son travail, son dévouement aux plus hautes destinées.

Dans tous les pays musulmans du Soudan, en effet, les grandes charges, les grands commandements territoriaux ou aux armées sont entre les mains des captifs qu'on appelle captifs de la couronne, ou grands captifs. Au Bornou, en particulier, ils sont tout-puissants. La raison de cet état de choses réside dans la suspicion dans laquelle les chefs tiennent généralement leurs parents les plus proches. Le proverbe arabe ne dit-il pas : « On t'a dit beaucoup de mal de moi? Ce ne peut être que mon frère ou mon oncle. »

La captivité doit être envisagée au Soudan comme une nécessité sociale et économique. Sociale, parce que la rémunération du travail ne peut se faire qu'avec les produits du sol et que chacun, ayant la terre à sa disposition, peut cultiver suivant ses besoins, sans aliéner sa liberté, puisqu'il n'obtiendrait en échange que ce que son propre travail peut lui donner.

Si la main-d'œuvre servile n'était point, comme la main-d'œuvre mercenaire ne peut exister, il n'y aurait pas de société, mais bien des individualités sans cohésion.

Je sais que cet état, idéal chimérique de certains, peut hanter le cerveau de quelques rêveurs qui y voient la suprême égalité; je regrette d'avoir à constater que, même dans les pays les plus arriérés, ces utopies n'ont pas cours, et que le principe d'autorité a toujours prévalu dans toute organisation sociale, quelque rudimentaire que j'aie pu la rencontrer; il est jugé indispensable, ne serait-ce que pour la protection du droit le plus sacré, le droit au travail.

Or, si l'on veut bien s'en rendre compte, du seul exercice de ce droit, l'inégalité prend naissance, à cause de la différence de production fatale entre les individus. Mais je crois que je m'égare dans des discussions hors de propos. Je terminerai en disant que la nécessité économique est de même ordre que la première, puisque la terre et ses produits ne pouvant être une rémunération, l'industrie et le commerce ne sauraient ni prendre naissance ni prospérer.

On peut entrevoir toutefois, et à brève échéance, je crois, la fin de cet état de choses; c'est lorsque la fortune mobilière se présentera sous une forme à la fois transportable, facilement transmissible et négociable; autrement dit, quand la marchandise monnaie sera d'un usage courant.

A ce moment, en effet, le loyer du travail sera possible, et la captivité disparaîtra d'elle-même. Il suffit, pour s'en rendre compte, de considérer que le captif, s'il est un luxe, est aussi une lourde charge. Au maître incombent sa nourriture, les soins de maladie; s'il meurt, le capital qu'il représente est perdu ; c'est pis encore si par accident il devient infirme.

Déjà, dans les pays voisins de la côte, les noirs ont compris tous les avantages de la domesticité libre ; ils savent qu'ainsi ils peuvent eixger du travail en échange du salaire et qu'ils ne sont pas obligés de nourrir, pendant de longs mois, une bouche inutile.

Cette transformation économique qui doit déraciner du sol africain cette plaie ignoble de la captivité, c'est à l'Europe de la mener à bonne fin ; mais toutes les sociétés anti-esclavagistes briseront leurs efforts contre l'inéluctable nécessité, tant que la question économique n'aura pas été tranchée.

Le siècle à l'aurore duquel nous serons bientôt, tiendra à honneur de rendre à l'Afrique cet immense bienfait en juste compensation de l'œuvre d'infamie des siècles qui l'ont précédé.

J'aurai terminé avec le commerce de Kano quand j'aurai dit quelques mots de la caravane au sel et du mouvement commercial vers la Tripolitaine.

Chaque année, vers le mois de septembre, part de l'Aïr ou Asben (région montagneuse du Sahara central) une caravane de trois à quatre mille chameaux appelée aïri. Cette caravane, chargée de céréales et de dattes, se rend à Bilma (sud de l'oasis de Kawar au nord du Tchad) pour y échanger son chargement contre le sel renommé qui s'y recueille. L'aïri, chargée de sel, fait retour à Tintelloust[1] et se dirige ensuite sur Zinder et Kano.

A Zinder, une partie de la caravane se porte sur Katzéna et Sokkoto.

L'aïri arrive à Kano vers janvier et là prend, pour les transporter vers Ghadamès, les produits des négociants arabes. Ce sont des plumes d'autruche, un peu d'ivoire et des maroquins bruts.

Ces Touaregs sont des Kel-Oui ; ils se chargent des transports pour un prix convenu à l'avance, et la plupart du temps les Arabes n'accompagnent pas les caravanes. Au Bir-Assion, situé à la frontière de leur territoire, les Kel-Oui remettent leur chargement aux Touaregs-Asgueurs, lesquels assurent le transport jusqu'à Ghadamès[2].

1. Capitale de l'Aïr.
2. Voir mon étude sur *Tombouctou et les Touaregs* (Revue de Paris du 1ᵉʳ mars 1894).

Quatre ou cinq cents Arabes, représentants des maisons de Ghadamès et de Tripoli, ont le monopole du commerce par le Sahara ; mais ce mouvement n'est, à mon avis, que le cinquième du mouvement commercial de Kano, qui, par conséquent, est, pour la plus grande part, aux mains des Haoussa.

Mon séjour à Kano, en dehors de la préoccupation incessante que j'avais de continuer ma route, n'eut rien de bien pénible. J'avais réussi à prendre dans l'esprit du Roi, de Madiou et de la population en général, une situation exceptionnelle. J'étais maître d'aller et venir à ma fantaisie et partout j'étais l'objet de prévenances et d'amabilités. Je revis à son passage, alors qu'il se rendait à Yola, Bandawaky, frère du Lam-Dioulbé, Roi de Gandi. Je lui dis les ennuis que m'avait causés Boubakar, lequel, par surcroît, s'était enfui de Kano avec la traite.

Je reçus aussi la visite de deux agents indigènes de la Royal Niger Company. L'un venait de la Bénoué ; il n'avait pu arriver à Sokkoto que le jour où j'en sortais muni du traité ; il me joignit à Kano, mais les embûches qu'il me tendit étaient vraiment trop faciles à démasquer pour que je m'y laissasse prendre. Un beau jour il disparut, fatigué de l'insuccès de ses perfidies. Un autre était ou se disait être le fils de Kossoko, Roi de Lagos ; il parlait bien l'anglais. Je n'eus qu'à lui offrir de me porter une dépêche à Kotonou pour qu'il s'empressât de partir avec mon papier, croyant tenir des renseignements de la plus haute valeur. Cette dépêche parvint en France six mois après que j'y étais moi-même arrivé ; le Gouvernement voulut bien, sur mon avis, payer quand même au messager le prix convenu, 100 francs.

Si je parle de ces faits, c'est seulement pour montrer que je n'ai pas ignoré les agissements de la toute-puissante Compagnie. Celle-ci s'est défendue avec ses moyens ; je n'en discuterai pas la valeur ; elle a tenté de me devancer à Sokkoto, à Kano, à Kouka, dans le but évident de me faire fermer les portes ; elle n'y a pas réussi, je me contente de ne pas lui en tenir rancune.

C'est aussi à Kano que j'appris la venue à Kouka et l'expulsion de M. Charles Makintosh, représentant de la Royal Niger Company dans la Bénoué. Ce fait, très important pour moi, eut une grande influence sur la suite de mon voyage ; mais en quittant Kano, et même longtemps encore après mon arrivée à Kouka, j'étais convaincu que l'Européen qu'on me signalait était mon camarade Mizon, parti de France presque en même temps que moi et qui, lui aussi, on le sait, avait le Tchad pour objectif.

Voici dans quelles circonstances ce fait vint à ma connaissance :

Un jour que Madiou était chez moi, c'était le 6 janvier 1892, l'obsédante demande de médicaments revint sur le tapis; c'était chez lui une passion, mais la seule que je lui ai découverte, je dois le dire. Il voulait pour le Roi de l'iodure de potassium et il m'en restait très peu. Ne voulant point lui en donner, je lui dis, me rappelant une parole de Mizon qui m'avait promis de me laisser à Kouka des médicaments, que je lui en enverrais aussitôt arrivé au Bornou.

« Mais, me dit Madiou, qui donc te donnera à Kouka des médicaments?

— Un de mes amis a dû y arriver, qui doit m'en laisser.

— Non, dit Madiou. Kouka est fermé aux Européens depuis l'année dernière. »

Je le pressai de questions, étonné de le trouver aussi affirmatif, alors que, déjà interrogé discrètement par moi, à diverses reprises, il avait éludé de répondre.

Comptant obtenir ce que je lui refusais obstinément, Madiou me fit le récit suivant :

« Il y a exactement douze mois, des blancs sont arrivés à Koukaoua, venant de l'Adamaoua ; ils ont fait au Cheik des cadeaux considérables ; ils ont aussi beaucoup donné dans son entourage. Ils avaient beaucoup de porteurs et de nombreux fusils.

« Dix jours après leur arrivée, le Cheik a réuni ce qu'il avait reçu personnellement, a fait rassembler ce qui avait été distribué au dehors et a fait reporter le tout en donnant l'ordre aux blancs de reprendre au plus vite la route par laquelle ils étaient venus, c'est-à-dire celle de l'Adamaoua.

« Puis le Cheik envoya au roi d'Adamaoua une lettre lui disant qu'il était libre d'avoir commerce avec les blancs, que quant à lui ce n'était point son désir, et de ne plus leur ouvrir à l'avenir, la route de Koukaoua. »

Pour préciser la date, Madiou me dit que cette lettre, transmise par le roi de l'Adamaoua au Lam-Dioulbé, arriva à Kano quelques jours après la mort de ce dernier (Lam-Dioulbé Oumarou, prédécesseur de Lam-Dioulbé Abdherraman, actuellement régnant), laquelle survint quinze jours avant le Ramadan, c'est-à-dire fin de mars 1891.

Ces renseignements me furent confirmés avec la même précision par un Arabe qui est celui auquel j'ai confié mon courrier deux jours après. Ils étaient rigoureusement applicables à la mission Mizon, celle-ci ayant parfaitement pu arriver à Kouka dans les premiers jours de 1891.

Sur la nationalité de ces Européens, je ne pus être fixé.

De ce jour-là seulement, je compris que le principal obstacle à mon départ n'était point le payement de ma dette, mais bien la crainte de déplaire au Cheik du Bornou. Dix fois déjà, Madiou m'avait déconseillé d'aller à Kouka, il voulait à tout prix que je partisse pour Yola. Les différents courriers envoyés au Lam-Dioulbé n'avaient que cet objet, et cela est si vrai que, lorsque, par une indiscrétion, j'eus connaissance de la réponse du Lam-Dioulbé qui parvint à Kano le 15 février, il était dit dans cette lettre au Roi de Kano de me donner un guide et des lettres pour la route qu'il me conviendrait de prendre. Or, quand le Roi me fit appeler pour me la communiquer, il ne me parla que du règlement de la dette, mais ajouta :

« Tu pourras partir quand tu voudras, je vais te donner une lettre et un guide pour le Roi d'Adamaoua. »

Je me récriai vivement, et, voyant ma volonté bien arrêtée, le Roi déclara qu'il me donnerait guide et lettre seulement pour le Ghaladima du Bornou dont la résidence N'Guéleva est à la frontière.

Jamais, ni le Roi ni Madiou n'auraient consenti seuls à me laisser prendre la route du Bornou, et, si le Liam-Dioulbé y a consenti dans la forme évasive que j'ai citée, c'est qu'il n'a pas pensé que l'interdiction pût s'appliquer à la personne d'un envoyé du Roi des Français aux Rois du Haoussa et du Bornou. On a surtout craint de mécontenter le Cheik, qui n'avait pu évidemment que viser le cas des commerçants européens. La suite du récit montrera la vérité de cette supposition.

J'ai dit que, le 8 janvier, je confiai à un Arabe, dont le frère quittait Kano, un volumineux courrier. Je l'adressai au Consul général de France à Tripoli pour le faire parvenir au Ministre ; contre remise, le porteur devait recevoir 250 francs.

Dans les derniers jours de mai, ce courrier était entre les mains de

M. Destrées, qui paya ma traite. Dans les premiers jours de juin, le Gouvernement, ma famille et mes amis étaient tranquillisés sur mon sort, car depuis un an on était sans nouvelles; mon courrier de Lanfiéra, comme je le sus ensuite, ne parvint que plus tard.

Cette longue période d'inaction à Kano ne fut guère favorable à la santé de Badaire pas plus qu'à la mienne. Badaire eut une très grave rechute de dysenterie dont j'eus grand'peine à le sauver. Sa convalescence fut facilitée heureusement par les vivres de toute nature que nous pouvions trouver, œufs, viande, volaille. Je pus acheter à un prix modique de magnifiques dindons importés de Tripoli par les Arabes; Kano est la seule ville où j'en ai trouvé. Quant à moi, j'eus une bronchite grave et un très douloureux rhumatisme articulaire.

Les derniers jours furent consacrés aux préparatifs et aux visites. Le Roi et Madiou se montrèrent particulièrement aimables et généreux. J'avais une superbe caravane de sept chameaux, quelques chevaux et des bourriquots.

Avant de quitter Kano, voulant remercier la population et aussi faire plaisir à mes hommes, je fis ce qu'on appelle une charité.

L'aumône est recommandée très expressément par le Coran; aussi les gens riches qui veulent se conformer à son esprit font, à l'occasion de certaines fêtes religieuses ou de famille, la charité aux pauvres. Tous les vendredis, le Roi fait distribuer des vêtements et des vivres. A cet effet, on envoie au marché où les malheureux se tiennent habituellement et on prévient que tel jour, à telle heure, il sera fait la charité dans telle maison. Un marabout est habituellement chargé des distributions; cet homme est obligé d'enlever ses vêtements qui sortiraient à l'état de loques des mains des faméliques qui se précipitent vers lui comme à l'assaut, malgré les captifs apostés qui font pleuvoir de toutes leurs forces les coups de fouet sur les échines qui sont à leur portée.

Je fis prévenir la veille au marché, et le lendemain, dès le jour, il y avait en rangs pressés dans la rue, devant ma porte, cinq ou six cents misérables. Toutes les infirmités et difformités étaient là représentées. Je donnai des cauries et des vêtements.

Jamais je n'ai vu spectacle plus écœurant; mes hommes, tous équipés d'une grande musette, prenaient les cauries dans la cour, pour les répartir dehors entre les pauvres.

A peine avaient-ils franchi la porte qu'ils étaient assaillis, bousculés, frappés même par des jeunes gens et des captifs tous très ingambes d'ailleurs, qui cherchaient à s'emparer du bien destiné aux pauvres. Lorsque par hasard un des distributeurs avait réussi, à force de lutter, à donner quelques cauries à un malheureux, c'était celui-ci qui, à son tour, était dépouillé, jeté à terre, maltraité. Armés de triques et de fouets, Badaire, Makoura et moi frappions à tour de bras sur tout ce qui se présentait à notre portée, échine, tête, bras, jambe; c'était en vain; il fut impossible d'arrêter même pour quelques minutes le pillage éhonté auquel se livrait cette bande de misérables. L'intervention énergique d'un chef captif de Madiou, vigoureusement appuyée par nous trois, laissa un moment de répit, grâce auquel plusieurs pauvres purent être gratifiés d'une obole, mais ce fut de courte durée.

Au total on distribua 200 000 cauries et cinquante vêtements. Mais j'étais dégoûté pour longtemps de faire la charité.

CHAPITRE XI

De Kano à Kouka

Le départ de Kano. — Le Roi me donne un guide pour Hadéïdjia et le Ghaladima du Bornou. — Les Touaregs tentent de m'enlever mes chameaux. — La rivière de Hadéïdjia et le Komadougou-Yobé. — L'arrivée au Birni-Hadéïdjia. — Le Roi me donne une escorte pour entrer dans le Bornou. — Je brûle mon canot *Berton*. — Le marais de Madia. — Hyphème et mer Saharienne. — Entrée dans le Bornou. — La réception du Ghaladima à Bakousso. — La première quarantaine d'observation à Kargui. — Le Kachella de Borsari. — Deuxième quarantaine d'observation. — Malam-Issa, Diakadia du Cheik du Bornou, vient nous prendre pour nous conduire à Kouka. — Le Komadougou à Koukabon. — La marche vers Kouka. — Pénible arrivée à Kalitoua. — Départ pour Kouka. — Le Salut des lances. — Nous campons au marché extérieur.

J'ai dit que le 15 février le courrier envoyé au Lam-Dioulbé par le Roi de Kano était de retour. Aussitôt les derniers préparatifs de départ furent faits et, sur ma demande formelle, le Roi m'accordait de prendre la route du Bornou; mais, au lieu de me donner un guide pour Kouka, il se bornait à m'assurer le passage jusqu'à N'Guéleva, résidence du Ghaladima du Bornou. Pour atteindre la frontière, le guide devait d'abord me conduire au Roi de Hadéïdjia qui, lui, devait, sur le vu de la lettre du Roi de Kano, me donner une lettre pour le Ghaladima.

Je vis une marque de la faveur du Roi dans le choix qu'il fit du guide qu'il me donna. Gadiéré était son nom, c'était le captif de Madiou dont j'ai eu à parler déjà. Je l'avais vu chaque jour pendant mon séjour à Kano et rien ne pouvait m'être plus agréable que d'avoir une personne de connaissance sur le dévouement de laquelle je savais pouvoir compter.

A cette marque d'intérêt véritable je fus très sensible ; mais ce ne fut que par la suite, en arrivant à Hadéïdjia, que je fus appelé à me rendre un compte exact de l'honnêteté des procédés du Roi de Kano et de son favori à mon égard. J'avais eu beaucoup à souffrir de leurs lenteurs, de leurs atermoiements ; mais je dois reconnaître que, sans leurs bons offices, je ne serais jamais entré dans le Bornou.

Madiou me disait la veille de mon départ cette parole que je pris sur l'instant pour une vantardise, car il m'avait souvent montré qu'il en était prodigue, et qui cependant était une absolue vérité : « S'il est possible désormais à un blanc d'arriver à Kouka, tu y parviendras avec le guide du Roi de Kano et la lettre dont il sera porteur. »

C'était donc dans les meilleures conditions que, le 19 février au matin, je quittais Kano après avoir pris de Madiou et de mes amis un cordial congé. Lorsque nous eûmes franchi les portes du Birni, je poussai un réel soupir de soulagement et cependant dans les murs de la grande ville j'avais joui d'une sécurité complète. Je laissais derrière moi de grandes sympathies ; l'avenir, d'autre part, n'avait rien de bien engageant, mais le point fixe était devant et chaque minute devait me rapprocher du but assigné à mes efforts. L'homme est ainsi fait que le changement le séduit, et n'a pas le tempérament de voyageur qui ne voit pas une suprême satisfaction à toujours pousser de l'avant vers l'inconnu, sans souci de l'œuvre accomplie la veille. Demain, c'est l'inconnu ; demain et l'inconnu l'attirent.

La première marche fut courte, ce qui est le cas général quand on quitte un lieu où l'on a fait un séjour de quelque durée. Les charges faites à la hâte sont toujours à revoir à l'étape, mais la situation se compliquait du fait que mes hommes faisaient l'apprentissage de la conduite et du chargement des chameaux.

Au campement que je pris dans la matinée à une dizaine de kilomètres de la ville, une aventure désagréable faillit m'advenir ; les Touaregs de l'Aïri, qui avaient leurs chameaux aux pâturages dans les environs, tentèrent de m'enlever les miens. Fort heureusement, allant à l'abreuvoir dans la journée, je pus m'apercevoir du guet-apens qu'ils tramaient et, grâce à une active surveillance pendant la nuit, leurs embûches furent déjouées.

Le stratagème qu'ils emploient et qu'il peut être utile de connaître est le suivant : ils poussent dans le bill (troupeau de chameaux aux pâturages) un chameau dressé à ne pas se laisser approcher, et le berger qui le poursuit fait mine de ne pouvoir s'en emparer. Devant l'inanité

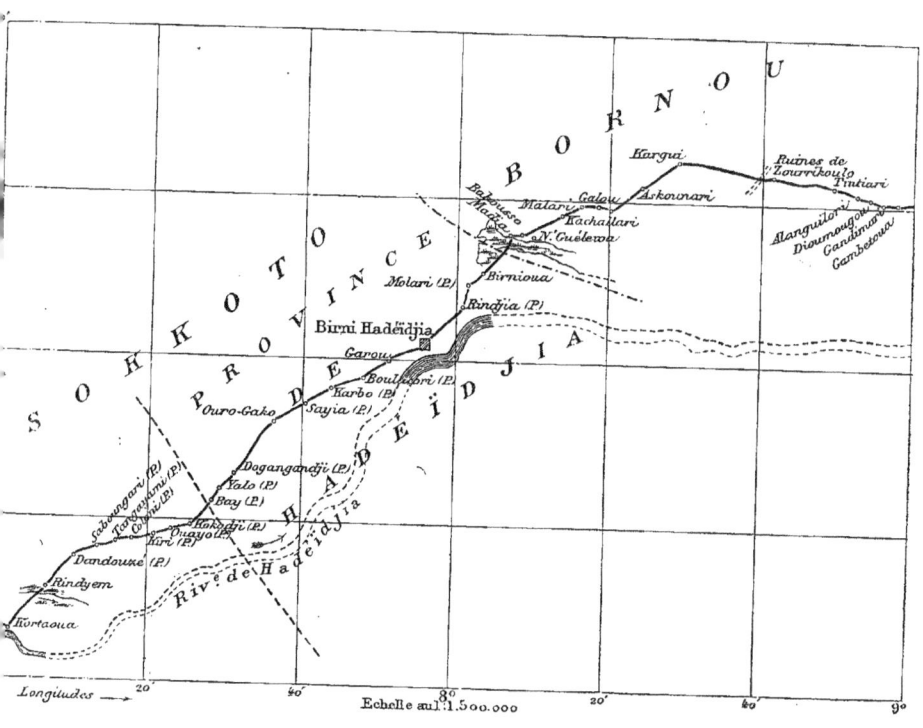

De Kortaoua à Gambétoua.

de ses efforts, le berger du bill accepte sans défiance de laisser l'animal au milieu des siens jusqu'à l'heure du retour au campement. Le Touareg insinue que l'animal rentrera avec les autres et qu'alors il pourra s'en emparer aisément. Puis, généralement il disparaît, laissant son chameau à la garde du berger inconscient. Celui-ci ramène le bill et, la plupart du temps, surtout en pays tranquille comme les environs de Kano, n'a pas le soin d'entraver ses chameaux en rentrant. Le Touareg n'a pas reparu, mais on sait qu'il viendra à un moment quelconque et l'on n'a garde de s'en inquiéter. La nuit vient, tout repose au camp, le Touareg veille ; posté à quelque distance de là, il s'arme d'une flûte spéciale dont tous les chameaux du Sahara connaissent très bien les modulations et en sourdine tire des sons auxquels les animaux ne peuvent résister ; instantanément, le fugitif en tête, c'est lui qui donne le branle, ils sont debout et s'acheminent vers l'endroit où le séducteur est tapi. Une demi-heure après, le bill entier a disparu, pour ne plus revenir, dans les profondeurs de la nuit ; quand le propriétaire s'aperçoit du rapt, le bandit a plusieurs heures d'avance et rarement peut être rejoint.

En allant à l'abreuvoir dans la journée, je fus étonné de voir un Touareg poursuivre au milieu de mon troupeau un chameau noir ; en suivant le manège de l'homme et de l'animal, je fus surpris du peu d'habileté que montrait le propriétaire à reprendre le fugitif ; j'avais là deux hommes sûrs auxquels je prescrivis de se défier. A la rentrée du bill, le chameau noir était parmi les miens ; le Touareg suivait à distance, semblant attendre que les animaux fussent parqués. Immédiatement je fis expulser l'intrus à coups de fouet. L'instant d'après, deux Touaregs venaient sans façon s'installer auprès des feux ; je leur fis dire d'avoir à s'éloigner du camp et de ne pas en approcher pendant la nuit s'ils ne voulaient recevoir un coup de fusil. Gadiéré me prévint alors de bien veiller et me mit au courant du stratagème que ma seule méfiance m'avait fait éventer. A la nuit faite, de divers côtés les flûtes firent entendre les sons les plus séduisants ; on dut veiller et longtemps, parce que, malgré leurs entraves, les chameaux tentaient de s'échapper. Vers minuit enfin, le calme se fit, les Touaregs lassés avaient abandonné la partie.

Nous les revîmes le lendemain, guettant l'occasion propice : ils en furent pour la fatigue de la marche qu'ils durent faire pour nous suivre à distance.

Les jours suivants, la route se poursuivit sans incident notable, sauf des lenteurs et des fatigues causées par la maladresse et l'inexpérience de mon personnel.

Nous faisons étape ainsi successivement à Diézaoua, Yatirei, puis le 22 février auprès de Kortaoua, sur les bords d'une grande rivière qui est celle qui passe à Birni-Hadéïdjia. Cette rivière vient de Yangada, passe au sud de Kano à Odil, puis auprès de Kortaoua, de là à Birni-Hadéïdjia ; elle n'est autre que le Komadougou-Yobé, le seul affluent important du Tchad avec le Chari-Logone. Une autre branche importante du

Komadougou passe à Katagoum, les rivières de Hadéïdjia et de Katagoum se réunissent dans le pays baddé au sud-ouest de Borsari. Le Komadougou formé par leur réunion, je devais le traverser plus tard dans le Bornou entre Madou et Koukaboni. J'aurai l'occasion d'en reparler.

Je m'aperçois que j'ai négligé un peu de faire la description du pays traversé. La vérité est que depuis Lanfiéra l'aspect général du terrain, sauf aux abords des grands cours d'eau, Sirba, Niger, Mayo-Kabbi, rivière de Gandi, est d'une uniformité parfaite. Partout des argiles sablonneuses que recouvre une végétation toujours la même depuis les rives de l'Océan. C'est un immense plateau courant à une altitude moyenne de 4 à 500 mètres, à peine sillonné de quelques rides et où par places affleurent des roches de forme tubulaire comme celles des bassins supérieurs du Sénégal et du Niger. Cette immense superficie, au demeurant peu arrosée, ne donne que des productions en petit nombre; ce sont : le mil dans ses différentes espèces, les niébés (haricots), un peu de riz, le coton, du manioc, des patates, des courges, etc. D'apparence désolée pendant la saison sèche, la campagne présente des aspects luxuriants en hivernage; les terres sont couvertes d'abondantes moissons. C'est aussi une région favorable à l'élevage; des bœufs y paissaient par milliers, mais l'épizootie a anéanti les troupeaux. Dans le Mossi, dans le Liptako et le Yagha, on fait grand élevage de beaux et bons chevaux; ceux-ci sont peu nombreux dans le Haoussa, mais le Bornou en produit des quantités considérables qui sont vendues sur les marchés de Kano et de Kouka.

A partir de Kortaoua la rivière de Hadéïdjia fait une courbe dans le sud et la route la quitte pour se diriger droit sur le Birni. Sur le plateau qu'elle traverse les eaux sont rares et de mauvaise qualité, les puits profonds. Le seul village de Rindyem où nous faisons étape, en partant de la rivière, est entouré d'une enceinte en terre; les autres, d'apparence assez misérable d'ailleurs, n'ont pour toute défense que des palanques formées de troncs d'arbres non équarris. Plus on s'éloigne de Kano, plus les apparences du bien-être et du confortable disparaissent; la population est pauvre, les infirmes sont en quantité considérable.

Les étapes à Dandouzé, Coloni, Kokodji ne présentent aucun intérêt. Nous rencontrons cependant d'assez nombreux campements de Foulbés porteurs. A quelques kilomètres de Kokodji nous entrons au village de Yalo, sur le territoire de Hadéïdjia. Ouro-Gako est notre première étape; le lendemain 27 février, dans la matinée, nous sommes à Karbo, pauvre bourgade avec un mauvais puits, d'où j'expédie Makoura et Gadiéré à Birni-Hadéïdjia pour saluer le Roi. Le soir, je viens camper à Boulacori où je trouve un confortable relatif dont nous étions sevrés depuis le départ de Kano. Ce sont des œufs, des poulets et du bon lait dont j'ai le plus grand besoin, car j'ai eu au long de la route une fièvre bilieuse grave; or j'ai dû marcher, faute de pouvoir m'arrêter dans des villages qui n'offraient aucune ressource.

Le 28 février, nous arrivons à Birni-Hadéïdjia, capitale du Hadéïdjia. La ville assez grande, au moins à en juger par ses dimensions extérieures, car je n'y suis pas entré, est située sur la rive gauche de la rivière dont j'ai parlé plus haut. Elle est entourée d'une muraille en terre, très élevée, en fort bon état d'entretien. Tout autour de l'enceinte se développe un très beau bois de mimosas. Sous les ombrages, d'innombrables écoliers de tout âge ânonnent tout le long du jour des versets du Coran qu'ils ne sont pas destinés à comprendre. L'étude du Coran, en effet, pour la majorité des élèves des marabouts se borne à un exercice de mémoire analogue à celui de nos enfants de chœur et de nos chantres qui psalmodient dans nos églises les hymnes et cantiques latins dont ils ne comprennent un seul mot.

La rivière qui, je l'ai dit, n'est autre que la rivière de Kortaoua, couvre la ville au Sud-Est et à l'Est; son cours se continue ensuite dans la direction du Nord-Est; dans le pays baddé, région frontière du Bornou, elle se réunit à la rivière de Katagoum, pour former le Komadougou-Yobé qui se jette dans le Tchad à une dizaine de kilomètres à l'est du village de Yo.

Sous les murs de Birni-Hadéïdjia la rivière a 200 mètres de large environ; elle coule dans un lit de gravier et sable. Au moment de mon passage, il n'y avait plus d'eau que par endroits, et cependant, quand plus tard je l'ai traversée à Koukaboni, j'ai trouvé une nappe d'eau courante. Ce fait semble une anomalie qui n'est susceptible d'être expliquée qu'en admettant des trajets souterrains qui, aux basses eaux, réunissent entre eux les différents biefs[1].

1. Dans une notice pour servir à l'étude de la carte des Établissements français du Sénégal, publiée en 1886 chez Challamel, j'ai fait la théorie hydrographique des rivières à débit variable

D'après les indications de Barth, la carte porte un troisième cours d'eau comme constituant, avec les deux autres, le réseau du Komadougou. J'ai eu occasion de traverser, entre Birnioua et Madia, ce que Barth a, par renseignement, porté comme une rivière. J'en parlerai quand le récit sera arrivé en ce point.

La réception qui me fut faite à Hadéïdjia fut des plus courtoises, grâce à la lettre du Roi de Kano et à l'entremise de Gadiéré. Après une journée de repos, je demandai à continuer ma route et, chose inaccoutumée, non seulement ma demande reçut accueil favorable du Roi, mais encore celui-ci tint très exactement son engagement.

Le Roi donna une lettre pour le Ghaladima du Bornou; mais, en outre, il adjoignit à Gadiéré un de ses Kachellas (capitaine) et six cavaliers d'escorte.

« Les gens du Bornou, me fit-il dire, par son premier ministre, ne sont pas honnêtes; ils manquent de bonne foi. Au lieu d'un guide, le Roi te donne un de ses Kachellas et une escorte. Si par ce qu'ils verront à N'Guéleva (résidence du Ghaladima), ils pensent que ta sécurité ne peut être menacée, ils reviendront après que, *devant eux*, le Ghaladima t'aura mis en route avec ses hommes; s'ils jugent qu'ils ne peuvent faire fond sur la parole du Ghaladima ou si celui-ci te refuse la route de Kouka, ils te ramèneront ici. »

L'acte du Roi était d'autant plus méritoire que les gens de son entourage montraient un grand scepticisme : « Mais, disaient-ils, que va-t-il faire au Bornou, ce blanc, puisque le Cheik ne veut pas en recevoir? »

Le 1ᵉʳ mars au matin, nous nous mettons en route; un envoyé du Ghaladima du Bornou se joint à l'escorte; il se tient vis-à-vis de moi dans un mutisme plein de morgue qui fait contraste avec la courtoisie des gens de Hadéïdjia. Nous passons à hauteur de Garou N'Gabès pour venir camper à Rindjia. Une température intolérable, unie à un vent d'est plus pénible encore, et de la dernière violence, a rendu la marche des plus fatigantes, d'autant que nous ne campons qu'à midi.

Au moment de partir de Rindjia, le lendemain, j'ai un homme malade qu'il me faut faire porter sur un chameau. Une de mes cha-

---

qui prennent leur source à des cotes relativement peu élevées et ne sont alimentées que par les pluies périodiques. Je prie le lecteur que la question intéresserait de vouloir bien s'y reporter.

melles boite, je dois la décharger en partie. Il faut me résoudre à un sacrifice pour alléger mes charges; je prends le parti de me séparer de mon canot *Berton;* il est de chargement difficile à cause de sa longueur; de plus il ne peut plus m'être d'aucune utilité. Il ne nous reste que le Komadougou à traverser, et dans cette saison les eaux sont basses, il y a des gués partout; pour la route du Sahara que je veux prendre une fois arrivé à Kouka, ce serait un luxe superflu. Cependant c'est un sacrifice qui me peine, sans que je puisse bien m'expliquer pourquoi. Il est venu de si loin ! J'aurais voulu pouvoir l'amener jusqu'au Tchad, quitte à l'y abandonner. Enfin la raison parle; entre un de mes hommes et lui je ne puis hésiter. Et au petit jour, pendant que l'on charge, cette pensée de l'abandonner ainsi m'obsède; je me résous à le brûler; je le fais ouvrir, j'entasse au-dessous du bois sec et de la paille et je mets le feu. La flambée superbe illumine la scène au milieu de laquelle s'agitent les hommes entassant les charges sur les chameaux hargneux qui beuglent lamentablement. Puis, quand les membrures ne sont plus que des tisons informes, je donne le signal du départ. Partis à cinq heures quarante, nous prenons campement à midi à Birnioua, dernier village du Hadéïdjia, non loin de la frontière.

Le 3 mars, nous entrons, en sortant du village, dans une forêt où l'hyphème domine: bientôt la route incline à l'Ouest pour longer le bord d'un marais de 3 à 400 mètres de large que nous passons en face de Madia, en un point où deux îles le divisent en trois bras. Le maximum de profondeur de l'eau n'est que de 80 centimètres.

Ce marais, qui se prolonge de quelques kilomètres encore dans l'Ouest jusqu'à Matamou, est la ligne d'eau que Barth a marquée comme étant une des branches du Komadougou. En réalité ce n'est qu'un marais qui peut-être à l'époque des grandes pluies déverse son trop-plein dans le Komadougou, mais qui, en dehors de cette époque, est sans communication avec lui.

J'ai dit qu'une végétation abondante d'hyphème en garnissait la rive sud, il en est de même de sa rive nord. L'hyphème d'autre part borde toute la rive gauche du Komadougou à hauteur du marais de Madia prolongé vers l'Est; j'ai pu m'en rendre compte *de visu* à Yo et par renseignements j'ai su qu'il en était de même entre Koukaboni et Yo.

A Bindjin. — Je brûle mon *Berton*.

J'ajoute que le sel qu'on consomme au Bornou vient de la rive gauche du Komadougou, de la province de Mauga[1] ; j'ai dit comment on le préparait ; or les terres salifères présentent, comme le terrain de Dalhol dont j'ai parlé au chapitre VIII, la végétation spéciale dont l'hyphème est le sujet le plus caractérisé.

Si d'autre part, pour les terrains que je n'ai pas parcourus vers l'Ouest, nous prenons la relation de Barth, nous retrouvons l'hyphème (palmier flabelliforme) dans le Dalhol de Tessaoua, puis nous le retrouvons à Kouraje sur les bords du Goulbi N'Rima ou Goulbi N'Sokkoto, soit sensiblement à hauteur du cours du Komadougou-Yobé prolongé vers l'Ouest.

En nous reportant à la théorie que j'ai émise au chapitre précité sur l'écoulement de la mer Saharienne, on verra que les flots de celle-ci sont venus mourir sur les bords du Komadougou et du Goulbi N'Rima, apportant avec eux, à la baisse des eaux, les sables salifères de transport et les semences de la végétation spéciale qui garnissait ses bords. Entre ces rivières, le Dalhol de Tessaoua a livré passage à des masses d'eau qui sont venues se perdre dans les bas-fonds marécageux au nord de Kano et qui sont repérées par les marais de Koulougou et de Madia. Autrement dit, la ligne de raccord du versoir sud et sud-est qui, au Nord, s'appuie aux monts Toummo et aux massif du Tibesti et du Borkou, avec le plateau central africain qui n'a pas été impressionné par le soulèvement ayant déterminé l'écoulement des eaux de la mer Saharienne vers l'intérieur du continent, cette ligne de raccord, dis-je, est marquée par le ruban très étroit de palmiers hyphèmes qui de manière ininterrompue borde les rives du Komadougou, se prolonge par les marais de Madia, passe au nord de Kano et joint à Kouraje le Goulbi N'Rima.

J'ai dit que Madia était le premier village du Bornou. Pour l'atteindre, j'avais suivi depuis Kano une route complètement nouvelle et exploré la province de Hadéïdjia jusqu'alors connue de nom seulement. Ma route se trouve comprise entre celles de Clapperton par Katagoum au Sud et celle de Barth par Goumel et Machéna au Nord. Point intéressant, il m'a été donné de relever en partie la rivière

---

1. Mauga, quoique nom de peuplade et de province, est synonyme de sel dans le Bornou.

de Hadéïdjia qui est, je l'ai dit, la branche principale du Komadougou-Yobé.

Je dirai tout de suite que quoique sur la carte les itinéraires semblent se confondre et que la route des caravanes de Kano à Kouka soit immuable depuis de bien longues années, je n'ai retrouvé de Madia à Kouka qu'un seul point de la route de Barth, Borsari. La cause en est que les villages de cette région se déplacent constamment à cause du manque d'eau et de la profondeur des puits. Quand les puits se comblent, les habitants préfèrent en creuser de nouveaux et déplacer leur village plutôt que de les curer, par crainte des éboulements.

Les villages ne sont pas, pour cette cause, entourés de Birni; au plus quelques-uns ont-ils des enceintes de troncs d'arbres. Borsari seul est pourvu d'une enceinte en terre en mauvais état.

Au moment de mon passage, tous les villages étaient en déplacement, le Ghaladima abandonnait N'Guéleva, sa résidence, pour se construire un nouveau village à Bakousso. Askounari aussi se reconstruisait à côté de son ancien emplacement. Boundi n'existait plus; lorsque je voulus me renseigner, on ne put que me répondre que Boundi voulait dire lion et qu'il y en avait beaucoup au nord de Bakousso. De même N'Gourou veut dire hippopotame. Sourrikolo a disparu. Au delà de Borsari, et pour la même cause, ma route n'a aucun point commun avec celles de Barth et de Clapperton et cependant nos itinéraires ne peuvent être très éloignés; les villages se sont déplacés et ont pris le nom de l'emplacement sur lequel ils ont été réédifiés.

De Madia, le 3 mars, je fis prévenir le Ghaladima de ma venue; le soir même il m'envoyait des guides pour me conduire le lendemain à Bakousso.

La distance est courte, en deux petites heures nous étions au village; j'eus quelque peine, par suite du peu d'état d'avancement des travaux de construction, à obtenir un logement.

L'accueil qui m'est fait a des dehors généreux, mais ce n'est qu'une apparence: je sens partout une réserve froide, presque hostile. Les gens sont pleins de morgue, ils manquent de chaleur et de franchise, ils distillent l'ennui. Le Ghaladima que j'envoie saluer et auquel je demande audience par Makoura et Gadiéré, me fait apporter des calebasses de nourriture très bien préparée et recherchée, mais me prévient qu'il me recevra peut-être dans la soirée. Pendant ce temps, il se renseigne, et, malgré les lettres des Rois de Kano et de Hadéïdjia, peut-être n'aurais-je pas été admis à le voir si Gadiéré n'avait défendu ma cause avec chaleur et levé les scrupules du Ghaladima en lui disant que je voyais seul tous les jours le Roi de Kano.

Enfin, à trois heures et demie, à la rentrée du Ghaladima de la mosquée, car c'est vendredi, on vient me chercher.

Je trouve le Roi sous une vaste tente circulaire surmontée du parasol, insigne de sa dignité. Un bourrelet de terre marque la projection de la tente ; le sol est battu dans ce cercle. Le Roi, sur un banc d'argile couvert de tapis, est assis à la coutume noire ; il porte une espèce de couronne faite d'un gros bandeau turc en étoffe dorée, par-dessus un turban blanc formant litham ; cependant la figure est découverte ; il est vêtu d'un lourd caftan de velours rouge, par-dessus des burnous blancs ; sur son puissant abdomen, des mouchoirs de soie à ramages chatoyants ; c'est un colosse dans le genre du Serky de Guiouaé ou du Naba de Yako avec lesquels il a quelque ressemblance.

La foule des courtisans, nus jusqu'au torse, tête rasée et découverte, lui tourne le dos ; au centre, un individu armé d'une puissante matraque terminée par une tête de 10 centimètres de diamètre me marque la place que je dois occuper. J'apprends plus tard que ce maître des cérémonies est en même temps l'exécuteur des hautes œuvres, Serky Diogaré.

Le Ghaladima est souriant ; je m'assieds et lui souhaite la bienvenue. Je suis heureux de voir le chef le plus puissant du Bornou après le Cheik. Envoyé d'une grande nation, je suis en route pour aller saluer le Cheik dont la renommée et celle de ses ancêtres, Lamino, Oumar, sont venues jusqu'à nous grâce aux envoyés d'autres nations qu'ils ont bien reçus. Je demande ensuite au Ghaladima de m'assurer bonne route, un bon guide, parlant peu autant que possible.

A ces derniers mots, des murmures se font entendre dans l'assistance ; je m'aperçois immédiatement que j'ai fait ce que nos marins appellent une gaffe ; il est défendu, en effet, de prononcer le mot Peul dans le Bornou. Il y a une haine très vivace entre Bornouans et Foulbés qui, d'ailleurs, n'englobe pas les Haoussa. Sans me déconcerter, j'en prends prétexte pour me railler moi-même, ce qui provoque l'hilarité de l'auditoire ; dès cet instant, j'ai partie gagnée.

Le massier, qui seul ose élever la voix, dit au Ghaladima qu'il faut m'accorder ce que je demande. Celui-ci remue les lèvres, et toute l'assistance de donner son assentiment. C'est accordé. Je me retire pour envoyer aussitôt mon cadeau qui n'arrive pas dans la salle d'audience. Aussitôt, et sans l'avoir vu, le Ghaladima m'envoie remercier.

Celui-ci, pendant toute l'audience, a souri en me regardant attentivement ; il a toujours marqué une approbation bienveillante.

Il a eu, je le confesse, un fier mérite de me recevoir par cette température torride ; car, malgré le jeu d'éventail de son captif, il était ruisselant.

Le surlendemain, 6 mars, nous quittons Bakousso avec un guide peul, qui doit me conduire jusqu'à Kargui où doit seulement, deux jours après, me rejoindre l'envoyé officiel du Ghaladima porteur d'une lettre pour le Cheik de Kouka.

Le Kachella de Hadéïdjia et ses hommes, ainsi que Gadiéré, me font la conduite pendant quelques kilomètres. A hauteur de N'Guéleva, je me sépare, non sans regret, de mes amis haoussa. Jusqu'au dernier moment ils ont rempli avec ponctualité et courtoisie leur mission, et, l'heure venue de la séparation, ce n'est pas sans une reconnaissance émue que je leur serre la main. J'ai déjà eu occasion, à Bakousso, de faire la comparaison entre les gens policés que je quitte et les rustres vaniteux et malveillants qui désormais seuls m'entourent.

Toutefois, comme mon guide du moment est un captif peul dont les préférences sont plutôt du côté haoussa que du côté bornouan, la transition est ménagée et en particulier à Askounari, le 6 et le 7 mars, l'accueil qui nous est fait est des plus aimables.

A Kargui, où nous sommes le 8 mars, sous divers prétextes, nous devons attendre jusqu'au 13 l'arrivée du guide et de la lettre. Les caravanes venant de l'Ouest se groupent en ce point pour franchir en nombre la fraction de la route entre Kargui et Gambétoua, qui est dangereuse à cause des incursions constantes des Baddés. Une escorte de cavaliers accompagne jusqu'à Gambétoua les caravanes qui, pour cette protection, sont obligées de payer au Ghaladima une redevance de 5 francs par bourriquot, de 10 francs par chameau. De même les caravanes venant de l'Est sont escortées par des cavaliers de Gambétoua.

Enfin, le 13 après midi, on se met en route. A deux heures du

A Bakousso. — Réception du Ghaladima.

matin seulement nous arrivons à Tantiari. Nous avons été retardés un peu dans notre marche par un chameau que je dus faire abattre le lendemain.

La route jusqu'à Borsari ne présente pas d'incident digne d'être noté ; elle fut pénible à cause de l'espacement des villages et de la rareté des puits.

A Borsari, où nous arrivâmes le 16 mars, nous étions entrés dans le Bornou proprement dit. Le Kachella Ména y représentait le Cheik ; je trouvai en lui un personnage affable, simple, loyal, qui, dès le premier abord, m'inspira confiance. Après une demi-heure de conversation avec lui, j'acceptai sans protester la décision qu'il prit à mon égard ; elle était cependant de l'ordre le plus désagréable. Il m'engageait à rester à Borsari jusqu'à ce qu'il eût prévenu le Cheik de ma venue ; mais il s'engageait à obtenir de lui qu'il me laissât venir à Kouka. Je fus gagné par la sincère franchise avec laquelle il m'affirma que de son opinion le Cheik ferait état, tandis qu'arrivant sous les auspices du Ghaladima j'avais grande chance pour ne pas parvenir jusqu'à la capitale. Kachella Ména reste dans mes souvenirs comme la personnalité la plus estimable que j'aie connue au Bornou ; avec Settima-Abd-el-Kérim, le premier eunuque, dont j'aurai à parler plus loin, il partage les seules sympathies durables que j'aie emportées de ce pays du Bornou, que les Haoussa et les Foulbés appellent à juste titre la « Terre du Mensonge ».

Ce fut pendant mes deux séjours à Kargui et à Borsari que j'arrêtai la conduite politique que je devais tenir pour arriver enfin à Kouka. Je vais dire comment je parvins à définir les grandes lignes dont je ne devais pas m'écarter. Il me faut pour cela revenir un peu en arrière.

Même après mon départ de Bakousso, j'étais convaincu que la question de mon entrée à Kouka n'avait pas fait un pas, car je savais que la personne et les actes du Ghaladima étaient tenus en suspicion, et le passage je ne l'avais obtenu que grâce à mes cadeaux.

Le point capital pour moi était de faire la lumière sur les causes de l'insuccès de l'expédition européenne qui m'avait précédé d'un an au Bornou, de manière à éviter les fautes qu'elle avait pu commettre et me mettre en garde contre les influences qui avaient pu la desservir.

A Kargui, où je dus subir ce que j'appellerai une première quarantaine d'observation, je fis la rencontre d'un Peul[1] qui avait fait le pèlerinage de la Mecque et avait résidé cinq ans en Égypte.

Il se trouvait que cet homme avait justement fait la route de Kouka en Adamaoua avec les Européens expulsés. Voici succinctement les renseignements qu'il me donna :

« Les blancs, au nombre de deux avec cinquante hommes, armés de fusils à tir rapide, et soixante-dix porteurs, sont venus d'Adamaoua porteurs d'une lettre du Roi de ce pays. Ils ont eu le tort d'arriver jusqu'à Kouka sans demander à entrer. On les a fait arrêter et camper au dehors et on leur a demandé l'objet de leur venue. Ils se sont dits porteurs d'une lettre de leur Roi pour le Cheik et que leur intention était seulement de venir faire le commerce. Je ne sais ce qui se passa exactement, ajouta le Peul, mais ils firent de très nombreux cadeaux au Cheik et à tous les grands; ils donnaient à pleines mains à qui venait les voir; de plus, chaque jour, entre quatre et six heures, ils se livraient à des exercices militaires. Toujours est-il que le Cheik qui est très timoré en prit ombrage : il leur fit rendre tous leurs cadeaux et leur donna l'ordre d'avoir à reprendre au plus vite la route de l'Adamaoua. »

Ce récit ne fit que me confirmer dans mes pressentiments, que c'était de la mission Mizon qu'il s'agissait. Mais les causes réelles de l'expulsion, je ne les voyais toujours pas.

Quelques jours après, à Borsari, où je subissais une deuxième quarantaine d'observation, j'obtins d'un autre Peul, que je pris comme deuxième interprète pour la route, des renseignements plus précis, qui me furent très précieux, car ce fut sur eux que je basai ma conduite. Cet homme était un captif de Shérif Shassimi, le consul des Arabes à Kouka, qui jouit auprès du Cheik d'une grande influence et qui fut le principal acteur de toute cette affaire qui se termina par l'expulsion des blancs.

Il me dit en substance que les Arabes voyaient de très mauvais œil l'arrivée des blancs pour faire le commerce à Kouka, parce qu'ils ne manqueraient pas de leur enlever en peu de temps le marché. Ils mirent tout en œuvre, Shérif Shassimi en tête, pour les faire expulser. Ils déclarèrent faux les cachets que portait la lettre des blancs, puis ils

---

1. Cet homme, appelé El-Hadj-Mohammed, je devais le retrouver plus tard à Kouka; il me servit à la fois de deuxième interprète et d'agent de renseignements. C'était un honnête homme, à l'esprit fin et délié, qui me rendit de très grands services.

firent ressortir au Cheik qu'avec les énormes ressources dont ils disposaient, ils auraient bientôt fait de se créer un groupe de partisans à la tête desquels ils s'empareraient du pays, que la preuve que leurs intentions n'étaient pas pacifiques était les exercices militaires auxquels ils se livraient chaque jour.

Enfin, ajoutèrent-ils, les blancs ne viennent au Bornou que dans un but : ils savent par leurs précédents explorateurs que le Tchad contient de l'or et du corail, et ils désirent s'emparer de ces richesses.

Toutes ces fables n'eurent qu'un trop facile crédit auprès du Cheik indécis et timoré; il expulsa sur-le-champ les Européens en leur envoyant quelques cadeaux après leur avoir retourné les leurs.

Mais un fait que me révéla mon narrateur, dans sa candeur, fait qui était de la plus haute importance, c'est que le lendemain du départ des blancs, tous les Arabes firent un cadeau collectif à Shérif Shassimi pour le remercier d'avoir fait chasser les Européens.

De ce jour seulement je pus démêler quelque chose; je savais où il me fallait chercher des alliés.

Je pus déblayer rapidement la situation; je savais où me renseigner. Les Arabes n'ont d'influence que par Shérif Shassimi dont la sœur est la première femme du Cheik; mais cette puissance elle-même a des points faibles, et j'eus vite fait de les déterminer. D'autre part, je savais que le péché mignon du Roi était l'avarice, et que ce n'était pas sans regrets pour les cadeaux qu'il avait dû rendre, qu'il avait obéi aux suggestions du Shérif. Enfin cette immixtion des Arabes dans les affaires du Bornou n'avait pas dû avoir lieu sans froisser l'orgueil des confidents du Roi. D'enquête en enquête j'arrivai à me faire une idée très nette des causes qui avaient déterminé l'expulsion des Européens, et des moyens que je devais employer pour obtenir au contraire un résultat favorable à mes desseins.

Je ne tardai pas à remarquer, dès les premiers jours de mon séjour à Borsari, la suspicion dont mes moindres actes étaient l'objet; tout le long du jour j'étais espionné, mes hommes étaient suivis, on tentait de les faire causer et, presque chaque jour, des figures nouvelles venaient pour repartir le lendemain, se dirigeant vers Kouka.

Enfin, grâce à la bonne impression que j'avais faite sur Kachella Ména, et à l'opinion qu'il acquit au bout de quelques jours que mes desseins n'avaient rien de ténébreux, que le but pour lequel j'étais en route était bien celui que je lui avais indiqué, grâce aussi aux renseignements qui lui parvinrent par les caravanes qui venaient de Kano, l'interdit qui pesait sur moi fut enfin levé.

Lorsque arriva le 29 mars, le Diakadia (homme de confiance) du Cheik, chargé de juger en dernier ressort de la décision à prendre à mon égard, il ne put, devant les bons rapports qui lui furent faits unanimement, qu'envoyer le lendemain au Cheik un cavalier pour le prévenir qu'il se mettait en route avec moi pour la capitale.

Le Diakadia, que je dois présenter au lecteur parce qu'il fut mon hôte pendant tout mon séjour au Bornou, était un captif de Cheik Ashim qui l'avait pris en affection et élevé. Malam-Issa était court, trapu et d'autant plus ridicule dans sa petite taille, qu'à l'instar des gens du Bornou qui veulent jouer au personnage, il accumulait vêtements et amulettes pour se donner l'apparence de l'embonpoint. Sa physionomie sombre et inquiète, au regard méfiant, le faisait paraître beaucoup plus âgé qu'il n'était en réalité, car à peine avait-il vingt-cinq ans; au moral, dénué de scrupules et cupide, il était fat, inintelligent, sans énergie. Certainement ces qualités négatives n'eussent pas suffi, même au Bornou, à lui assurer auprès du Cheik quelque faveur, mais il était le frère de Malam-Adam, par contraction Maladam, captif grand favori de Cheik Ashim, le seul homme qui eût une réelle influence sur le Cheik, qui possédât sa confiance illimitée.

Nous faillîmes, dès le premier jour, entrer en lutte par la stupidité du Diakadia; fort heureusement que Kachella Ména intervint pour le calmer et lui montrer qu'il était dans son tort.

Le 31 mars, nous quittâmes enfin Borsari; j'avais, dès la veille, témoigné à mon aimable hôte ma reconnaissance par un cadeau généreux. Le premier jour, nous campons à Madou. Nous éprouvons tout de suite quelques difficultés pour la nourriture; le Ramadan, grand jeûne musulman, a commencé le 29 au soir, à l'apparition de la nouvelle lune, et il est très difficile de faire manger les hommes pendant le jour. Malgré l'entremise de Malam-Issa, les habitants prétextent le rigorisme de leur foi pour se soustraire à l'obligation de subvenir aux besoins des hôtes du Cheik; or il est admis que le jeûne n'est pas d'obligation pour le voyageur, qui a la faculté de le faire à une date ultérieure, pourvu qu'il l'accomplisse dans l'année.

De Madou, l'étape suivante se fait à Koukaboni. C'est en avant de ce village que nous traversons le Komadougou; ses eaux, presque mortes, arrosent une grande plaine marécageuse où il se divise en une infinité de bras. Son lit principal a 60 mètres de large environ, l'eau est profonde de 50 centimètres.

Le lendemain, 2 avril, nous campons à Diggaé, non loin d'une autre branche du Komadougou que je vais reconnaître.

C'est un immense marécage qui, pendant la saison des pluies, est alimenté par une rivière, desséchée en ce moment, et que la route traverse à Messéri, à deux jours de marche de Diggaé. Cette rivière vient du sud de la province de Kerrékerré; elle joint le grand Komadougou à Badou.

A partir de Diggaé, la route jusqu'à Kouka ne présente plus le moindre intérêt; elle traverse un grand plateau argilo-sablonneux, sans ondulations, où les villages se réduisent à des hameaux de culture disséminés un peu partout; la route elle-même n'est pas fixe, souvent les guides s'égarent. Cette région est d'une grande fertilité, c'est le grenier de Kouka pour les céréales, mil et maïs principalement; on y fait aussi beaucoup d'élevage de chevaux, chameaux et moutons; les bœufs ont presque disparu, ils étaient là en quantité presque innombrable.

Les puits sont d'une très grande profondeur, j'en ai trouvé un de 38 mètres (puits de Gotofo). Leur construction exige un tel travail et les éboulements sont si fréquents, que les habitants prennent des précautions, inusitées ailleurs, pour tirer de l'eau.

L'ouverture des puits, revêtue de rondins, est un carré de 50 centimètres de côté environ. Il est défendu à une personne seule de tirer de l'eau, parce qu'elle ne pourrait remonter le seau que par mouvements brusques, au cours desquels l'eau, rejaillissant sur les parois, pourrait les détremper et faciliter les éboulements. Deux personnes se faisant face doivent remonter le seau sans imprimer d'oscillations à la corde. On comprend que cette méthode soit fort longue quand il s'agit d'abreuver les animaux; elle est aussi très fatigante, parce que les hommes ne peuvent déployer de force, par suite de la position que les bras doivent conserver.

Après Diggaé, nous campons à Dagaltaré, situé à quelques kilomètres au sud de Kars-Eggomo, ancienne capitale du Bornou, détruite par les Foulbés au commencement du siècle.

Le lendemain, nous gagnons Gogoro en passant par Messéri; le 5 avril, nous sommes à Gotofo; le 7, à Karna.

A ce moment, Malam-Issa, fatigué par la lenteur de mon convoi, dont presque tous les animaux, grâce à l'inexpérience de mes hommes, sont blessés, voulant d'autre part faire son Ramadan, ce qui en route était pour lui fort pénible, Malam-Issa, dis-je, veut brusquer les dernières étapes. Il a envoyé prévenir le Cheik et il faut pour lui que nous soyons le surlendemain à Kaliloua, village à quelques kilomètres de Kouka. Nous étions arrivés à Karna très péniblement à dix heures. A deux heures et demie du matin, nous partions pour camper seulement à dix heures quarante-cinq à Bamassou En ce point, le Diakadia me demande de repartir l'après-midi et lui-même partant à deux heures me dit qu'il m'attendra à Kaliloua.

A cinq heures on se met en route; bientôt le guide hésite, nous sommes dans une immense plaine dans laquelle rien ne peut servir de repère; nous nous égarons pendant que deux de mes chameaux refusent tout service. Dès que la nuit est faite, nous marchons à l'aventure. Je prends ma boussole, et nous cheminons au travers de la plaine morne. On tire des coups de fusil qui restent sans réponse. Nous trouvons cependant un chemin et, bientôt après, un homme de Malam-Issa qui vient au-devant de nous pour nous guider; mais à son tour il se perd et pendant une heure et demie encore nous errons sans pouvoir nous retrouver. Enfin, un grand rideau d'arbres apparaît, nous sommes à Kaliloua; il est dix heures et demie. Au milieu de l'obscurité, on campe comme on peut; bêtes et gens qui, depuis quarante-huit heures, marchent sans trêve, sont éreintés. J'ai deux hommes en arrière avec mes chameaux; vers le matin, j'envoie leur porter à manger et les relever.

Mais le jour n'est pas levé que les environs du village sont en grande rumeur. Des cavaliers arrivent ventre à terre, qui pressent Malam-Issa et moi-même de nous mettre en marche. Je déclare vouloir attendre le retour de mes hommes et malgré leurs protestations j'attends en effet. Je ne m'explique pas l'excitation de tous ces gens; l'un d'eux, devant mon calme, fait mine de vouloir forcer mes hommes à charger les animaux sans mon ordre; je suis obligé d'aller à lui et de lui indiquer clairement par une mimique des plus expressives qu'il outrepasse ce qu'il sera de ma volonté de supporter

Devant Kouka. — Le Salut des lances.

Enfin, vers huit heures et demie, mes hommes sont de retour; on charge; à neuf heures, nous sommes en marche. A peine sommes-nous sortis du village, que Malam-Issa se porte à ma hauteur et me dit que je dois marcher seul avec lui; que mes hommes doivent, avec Badaire, rester en arrière, à petite distance. Croyant voir dans cette demande un cérémonial convenu, je me rends à ses désirs. Au bout d'une demi-heure de marche, à une centaine de mètres, j'aperçois tout à coup une escorte de cent cinquante cavaliers environ barrant la route. Toutes les notabilités militaires du Bornou sont là, dans les costumes les plus fantastiques, depuis la cote de mailles et les casques des Sarrasins jusqu'aux lourds costumes ouatés, couronnés de coiffures étranges; les chevaux sont tous enveloppés de caparaçons ouatés.

Aussitôt qu'ils nous aperçoivent, la ligne s'ébranle et se lance en désordre à la charge; Malam-Issa a soin de se reculer et en un instant je me trouve entouré; j'ai cinquante fers de lance à moins de 10 centimètres de la poitrine et de la figure: les cavaliers prennent leur mine la plus farouche, en agitant horizontalement leur arme, pour me lancer d'un ton retentissant le « Lalé Laloua » de bienvenue, auquel je réponds par des « Oussé, Oussé » (salut, salut) que je sens devenir malgré moi de moins en moins fermes à mesure que la scène se prolonge. Cet exercice est d'autant plus dangereux que les chevaux s'excitent et que Guéladjio lui-même s'émeut.

Enfin, cette scène grotesque qui avait bien duré deux minutes prend fin et l'escorte nous précédant, exécutant de furibondes fantasias, nous nous remettons en marche à très rapide allure.

Heureusement j'avais été prévenu faiblement par Malam-Issa, mais de manière sérieuse par Abdallah, qui m'avait même laissé entendre que cette démonstration de très grand honneur, que l'on appelle le Saut des lances, serait poussée très loin, pour mettre à l'épreuve mon sang-froid; non prévenu, j'eusse été tenté de m'affranchir violemment peut-être de cet hommage d'un goût plus que douteux.

En arrivant au marché extérieur, vers dix heures, je n'eus pas à me méprendre sur l'impression produite par le calme que j'avais conservé; je trouvai un empressement des plus marqués à m'être agréable. Mais, en même temps, j'eus le regret d'apprendre que, vu l'heure tardive, l'entrée en ville était remise au lendemain. Malam-Issa fut obligé de s'incliner aussi devant l'ordre du Cheik; il ne fut pas autorisé à rentrer en ville et dut prendre son cantonnement à côté du mien.

Il ne me vint pas à la pensée que cet ordre pût remettre en question mon entrée dans la capitale; le Cheik m'avait envoyé chercher à dix jours de marche; il ne pouvait se déjuger sans m'avoir vu.

Ce fut pour tous une journée et une nuit de repos, dont nous avions grand besoin.

Enfin, le but de mes efforts était atteint, la traversée d'Afrique, de l'Océan au Tchad, rêvée autrefois par Barth, était un fait accompli.

CHAPITRE XII

Séjour à Kouka

Entrée à Kouka. — Ma réception par le Cheik. — Le Salam de Baïram. — Ma situation à Kouka. — La formation d'une caravane pour Tripoli. — L'hospitalité au Bornou. — Je ferme ma caisse. — La haine de Maladam.

Géographie physique et politique du Bornou. — La dynastie du Cheik Lamino. — Cheik Ashim. — Décadence du Bornou. — Settima-Abd-el-Kérim. — Rabba et le Baghirmi. — Danger imminent que Cheik Ashim ne sait pas voir.

Mohammed-el-Mousclmani. — J'acquiers la conviction que la mission européenne venue l'année précédente était de nationalité anglaise et composée d'agents de la Royal Niger Company. — Les nouvelles de la mission Mizon.

Kanori et Arabes. — Le commerce de Kouka. — Influence de la femme au Bornou. — La Maguéra.

Je mets le Cheik dans l'obligation de me laisser partir. — Fureur de Maladam. — J'organise ma caravane. — Maïna Adam me donne Maï, son fils, pour me conduire à Mourzouk. — Audience de congé du Cheik. — Visite à Maladam qui parle de me conduire à la mosquée pour faire profession de foi musulmane. — Je prends mes mesures pour me garder des menaces et des rancunes du grand favori.

Le 10 avril était le jour mémorable qui devait voir mon entrée dans la capitale du Bornou.

J'extrais de mon journal de marche le récit de cet événement.

10 avril. . . . .

Malam-Issa, dès le jour, me presse pour charger; cependant ce n'est qu'à six heures quarante-cinq qu'on se met en mouvement. Une foule énorme nous environne bientôt. Je marche derrière Malam-Issa, Badaire à ma droite, Makoura à ma gauche, les tirailleurs en ligne, en arrière de nous, baïonnette au canon, le convoi suit. Bientôt l'escorte s'ébranle, et la scène de la veille, un peu plus calme toutefois, car le Diakadia a trouvé lui-même sur mon observation que c'était outré, se renouvelle. Enfin l'on se forme, les cavaliers sont sur deux lignes, les lanciers en première, les hommes munis de sabres en seconde; entre les deux lignes, des hommes à pied munis de javelots en fer des Tédas[1]; derrière la deuxième ligne, l'orchestre.

En arrière, notre petite troupe conserve le même ordre. Tout Kouka est sur le Dendal, la grande artère qui, traversant la ville de l'Ouest, aboutit dans celle de l'Est, au palais du Roi. Il y a quarante mille personnes pour le moins. Le cortège est imposant, salué tout au long du parcours par les ouloulous des femmes. Celles-ci se taisent quand j'arrive à leur hauteur; mais, si je lève la main en disant « Oussé, Oussé », alors c'est une frénésie dont tout le monde s'égaye. Cette entrée triomphale qui arrache à Badaire l'exclamation : « On payerait cher pour voir cela sur le boulevard ! » se termine enfin devant le palais du Roi, où les différentes lignes et nous-mêmes, enfin, chargeons sur la porte. En avant de celle-ci sont massés tous les frères du Roi, coiffés du tarbouch sans turban, et les courtisans tête nue. Un certain nombre de porte-massues répondent à notre « Oussé, Oussé, Lalé ! » en brandissant leurs triques, puis de nouveau les lanciers m'entourent pour renouveler le Salut des lances. Le Cheik, que l'on est ainsi supposé saluer, regarde la scène avec ses femmes, de derrière les fenêtres grillées de l'étage du palais.

Le premier eunuque, Settima, sort pour dire à Malam-Issa de me faire camper chez lui. L'escorte entière nous précède. Nous campons en dehors de la ville de l'Est; c'est assez grand, sinon très confortable: toutefois ma propre case est fort belle; il faudra faire seulement de la propreté.

Dieu ! quelle quantité de poussière nous avons avalée pendant cette marche ! Les hommes me disent que, pour eux, la marche déjà très pénible l'a été plus encore de ce fait que sous le sable ils rencon-

---

[1]. Armes de jet à plusieurs pointes qui forment l'armement des Tédas ou Toubbous. Le nom sous lequel on désigne cette arme au Sahara est diangar-mangal.

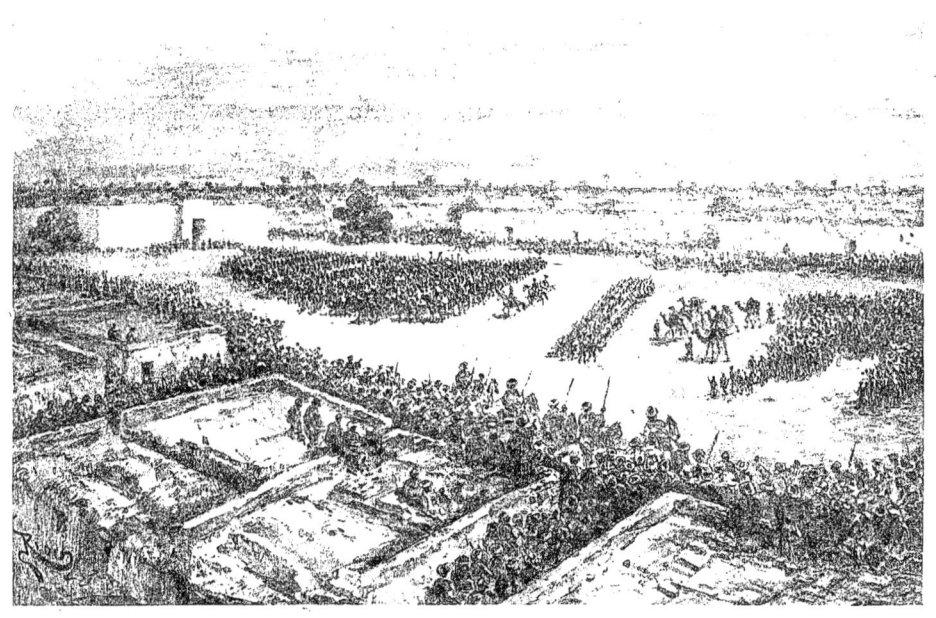
Entrée à Kouka.

traient quantité d'immondices fraîches déposées de la nuit, puis recouvertes à la manière des chats.

A peine installé, Malam-Issa arrive pour parler de la question importante. Maladam, me dit-il, me recevra à la nuit et me conduira au palais du Cheik. Je devrai me munir des cadeaux que je compte donner à l'un et à l'autre.

Cette double proposition me surprend, et tout de suite je prends nettement position. Je sais bien qu'on est dans le mois de Ramadan, et que, pour les musulmans fervents comme le Cheik et son entourage, le jeûne est très pénible et ne permet guère de traiter dans le jour les affaires sérieuses; la nuit est préférable, parce que l'homme a pu se restaurer et prendre des forces. Mais je sais ma situation précaire et j'ai déjà suffisamment pris contact avec le pays pour savoir que la moindre concession peut engager l'avenir.

Je réponds à Malam-Issa que je veux bien voir son frère le soir, mais que je me refuse absolument à être reçu par le Cheik en audience privée. Je suis un envoyé, et, comme tel, j'exige d'être reçu en audience publique et solennelle. Je ne veux pas qu'on puisse dire que j'ai vu le Cheik entre deux portes; ce serait indigne et de la grande nation que je représente et du Cheik lui-même. Quant aux cadeaux, je ne remettrai ce que je veux donner que quand le Cheik m'aura reçu et reconnu pour son hôte.

Je termine en disant : « Ces conditions sont formelles; si elles ne sont pas acceptées, je sortirai du Bornou. »

Au soir, on me prévient qu'il sera fait comme je le désire, et vers dix heures Malam-Issa vient me chercher pour me conduire chez son frère.

Cette visite ne me permet guère de juger mon hôte; à l'apparence, c'est un homme jeune qui semble grisé par sa faveur; l'expression de sa physionomie, sans être antipathique, révèle un caractère inquiet et soupçonneux. Sa rondeur est affectée, sa susceptibilité de parvenu qui n'a pas l'habitude du maniement des hommes et des affaires est sans cesse en éveil. Il veut bien me dire que le Cheik a approuvé ma manière de voir, mais qu'il ne pourra me recevoir le lendemain lundi, qui est le jour où les audiences chôment; que le mardi aura lieu ma présentation; que, pour les cadeaux, je les remettrai à mon heure. Je sors, gardant une impression plutôt défavorable de l'homme et de ses moyens; je ne me trompais pas.

Dans la journée, de chez le Roi est venu le repas du soir; c'est la cuisine arabe très proprement présentée dans des vases en bois.

Le lendemain arrive le présent d'hospitalité du Cheik : cinq grands vases bornouans en cuir renfermant un beurre fondu excellent, cinq pots de miel, quatre grands moutons du Choa, 100 kilogrammes de blé, 100 kilogrammes de riz et, le soir, un superbe bœuf de boucherie, présent d'une grande valeur, car les bœufs sont rares et ont décuplé de valeur par suite de l'épizootie. Puis, le soir encore, la nourriture préparée vient du palais.

Le lendemain, 12 avril, avait lieu ma réception par le Cheik. Jamais Kouka ne vit autant de frais pour un nazarra (chrétien).

Dès six heures, Malam-Issa vient me dire de me tenir prêt, et de me munir, avant de partir, de la lettre que je dois avoir pour le Cheik. Je lui réponds que j'ai multiples preuves de l'objet de ma mission, mais que je ne possède qu'une lettre collective adressée à tous les chefs des pays que je devais traverser au cours de ma route, que malheureusement elle est en français. « Cela n'empêche, emporte-la, me dit Malam-Issa.

— Mais je ne pourrai la lire à l'audience.

— Tu la remettras, on la lira sans toi. »

Tant de présomption me laisse rêveur; seul, l'ancien domestique de Nachtigal dont je parlerai plus loin pouvait afficher la prétention de la lire, mais j'avais été à même déjà de juger de l'étendue de ses connaissances et je pouvais être tranquillisé, ma lettre ne courrait aucun risque entre ses mains.

J'emporte donc ma lettre et le traité de Sokkoto.

À sept heures, nous partons; nous descendons de cheval à quelques mètres de la porte du palais, auprès de laquelle on me fait asseoir au dehors. Je vois ainsi arriver toutes les notabilités du Bornou, car la convocation pour le Conseil du jour est générale. Le protocole veut que les grands dignitaires arrivent à cheval et descendent d'autant plus près de la porte du palais que leur rang est élevé. Ainsi les membres de la famille royale font avancer leur monture jusqu'à lui mettre la tête dans la porte, puis les distances s'accroissent à mesure que l'importance du personnage diminue. Deux ou trois captifs, souvent plus, accompagnent à pied le dignitaire à toutes les allures de son cheval; au moment où il s'arrête, l'un d'eux saisit la bride de la main gauche en même temps qu'il prend l'étrivière de la main droite en présentant son échine, de manière que son maître, après avoir passé la jambe droite au-dessus de la selle, puisse se laisser majestueusement aller jusqu'au contact de la partie la plus dodue de son individu et ainsi prendre terre sans secousse. Parfois deux ou trois autres captifs aident le mouvement en soutenant de leurs bras le ventru personnage.

Ainsi, successivement, arrivent les membres de la famille royale, coiffés du simple tarbouch sans turban ; eux seuls conservent leur coiffure pour entrer au palais; les autres courtisans doivent enlever turban et bonnet, ainsi que leurs armes, leurs sandales, et laisser leur canne.

Une seule physionomie me frappe dans ce long défilé, c'est celle de Settima-Abd-el-Kérim, le premier eunuque; il me fixe longuement en passant, je fais de même, et j'ai comme l'impression que c'est la seule personnalité du Bornou.

Bientôt, sur un affût monumental, on amène devant le palais une pièce de canon; l'affût est en bois grossièrement équarri, l'essieu en bois, les roues de bois plein; la pièce repose à plat sur la crosse; gravement sort du palais un homme qui la charge.

J'attends longtemps ainsi; le Roi ne sort toujours pas. A neuf heures enfin, son entrée est signalée. Un moment après, le chef de pièce met le feu, le coup part, et, l'affût restant sur place, c'est la pièce qui est projetée à 4 ou 5 mètres en arrière et se trouve à plat sur le sol. On la remet sur son affût, et il n'en est plus question. Honneur exceptionnel qui m'est fait, car très rarement on la tire.

Mais bientôt je m'impatiente; le Cheik expédie toutes les affaires avant de me recevoir; il y a près de deux heures que je suis là en proie à une curiosité gênante, mais peu bruyante toutefois. Je me lève et me dirige vers mon cheval. A ce moment, Malam-Issa arrive, je vais être reçu à l'instant.

A neuf heures dix, j'entre. Deux soldats en uniforme sont à la porte, au port d'armes, très régulier d'ailleurs. Mohammed-el-Mouselmani est passé par là ; dans le portique, foule nombreuse, puis deux autres sentinelles, pantalon court, veste rouge avec bordure de galons jaunes. Dans la cour où je pénètre, vingt hommes sur deux rangs sont au port d'armes; à droite et à gauche, la foule des courtisans; enfin une grande tente est dressée en avant de la salle où se tient le Roi. Au milieu de la tente, dans une allée laissée libre, on me fait asseoir ; le premier rang de chaque côté jusqu'au Cheik assis au fond sur un banc élevé de 60 centimètres environ, est formé de tous les princes du sang uniformément vêtus de boubous bleus, d'étoffe européenne agrémentée de quelques traits de broderie seulement, et coiffés du tarbouch sans turban. Eux seuls d'ailleurs sont couverts. Le Roi, vêtu entièrement de soie blanche, turban blanc et litham, est assez distant de moi pour que je ne puisse distinguer qu'un masque bienveillant.

Je m'assieds et salue, puis j'expose en ces termes le but de ma mission :

« Je suis chargé par le Roi des Français de venir visiter et saluer le puissant Cheik du Bornou Cheïkou Ashim dont la renommée est venue jusqu'à lui par les voyageurs qui ont visité son grand-père Cheïkou Lamino (El-Amin) et son père Cheikou Oumar. Comme jamais aucun homme de ma nation n'est venu au Bornou, mon Chef m'a envoyé pour que connaissance fut liée et bonne amitié en résultât.

Le Cheik. — C'est bien ; tu es ici chez toi, considère-toi au Bornou comme dans ton propre pays.

Moi. — Je n'ai pas de peine à me faire illusion, car la magnifique hospitalité dont tu m'as honoré m'a beaucoup touché.

Le Cheik. — Tu es venu ici avec le bien, tu ne trouveras que le bien.

Moi. — Merci ; je désirerais obtenir de toi, pour retourner vers celui qui m'a envoyé, la route de Tripoli, moyennant que tu m'assures de bons guides.

Le Cheik. — Lorsque je t'aurai donné mon présent de congé, je t'assurerai la route que tu désires. »

Puis je me retirai, sachant que rien ne pouvait mieux disposer en ma faveur qu'une visite très courte.

L'impression générale fut toute en ma faveur et les Arabes eux-mêmes se sentant impuissants durent désarmer, au moins pour un temps.

Ce que j'avais prévu pour mes lettres arriva, le traité de Sokkoto fut lu par le Roi, mais ma lettre d'introduction resta inviolée. On fut bien obligé de confesser qu'on ne pouvait la déchiffrer et, le 17, elle me fut rendue pour que j'en fisse lecture à un marabout qui l'écrirait en arabe.

A Kouka. — Ma réception par le Cheik.

Voici le texte exact de la lettre qui se trouve entre les mains du Cheik de Bornou :

Cette lettre a été écrite à Paris, capitale de la France, le vingt-neuvième jour du mois de Morrahem 1308.

Elle est adressée par le Vizir Étienne au nom du Roi Carnot au Capitaine Monteil.

« Je t'ai choisi parce que tu connais bien les noirs et que tu as depuis longtemps vécu au milieu d'eux, pour faire le voyage suivant :

« Tu te rendras à Saint-Louis (Sénégal) pour de là gagner Ségou, puis les États de Tiéba, Fama du Kénédougou (*suit l'énumération de tous les pays, avec noms des chefs, que j'ai traversés jusqu'à Say*). De Say tu te rendras auprès du Lam-Dioulbé de Sokkoto, Abdherraman, fils de Mohamed-Bello, fils d'Othman-don-Fodia. Après l'avoir salué, tu lui demanderas de traverser ses États et une lettre pour te rendre auprès du Cheik du Bornou Cheikou Ashim.

« Le Bornou est un grand pays, ses Rois sont de grands Rois. Beaucoup de voyageurs sont allés à Koukaoua qui y ont été bien reçus, mais ils n'étaient point de notre nation, c'est pourquoi je te donne l'ordre à toi de t'y rendre.

« Rhaïs-Khalil (Denham), Raïs-Abdallah (Clapperton) sont allés au temps de Cheikou Lamino, ils ont assisté à la bataille de N'Gala qu'il a gagnée sur le Baghirmi, et à leur retour ont rapporté que non seulement c'était un grand guerrier, mais aussi un grand savant, un Roi juste, honnête et généreux.

« Abd-el-Kérim (Barth), Mustapha-Bey (Rholfs), Idris (Nachtigal) ont visité Cheikou Oumar en son temps; ils ont rapporté qu'il possédait toutes les vertus de son père.

« Cheikou Ashim, qui a pour ascendants de tels hommes, ne saurait différer d'eux et je suis convaincu que tu seras bien reçu de lui quand tu viendras le saluer de la part du Cheik de la grande nation française.

« Ta mission accomplie auprès de lui, tu lui demanderas de revenir vers moi par la route la plus courte, celle de Tripoli, moyennant qu'il t'assure de bons guides.

« Par ordre :

« *Signé* : Étienne. »

« P. S. — Je sais que tu as cherché en vain un exemplaire d'Alif-Lahila (Mille et une Nuits), je t'en donne un que j'ai tiré de ma bibliothèque et que tu remettras à Cheikou Ashim en mon nom.

« Par ordre :
« *Signé :* Étienne. »

J'ai ajouté ce dernier paragraphe à dessein ; Cheikou Ashim est un fin lettré, il avait, je l'avais appris, fait chercher de tous côtés cet ouvrage, il l'avait même demandé à Stamboul sans pouvoir l'obtenir ; rien ne pouvait lui faire plus de plaisir.

Le soir même, les cadeaux sont portés chez le Cheik et chez Maladam. Ils s'en déclarent fort satisfaits ; l'exemplaire d'Alif-Lahila fait en particulier les délices du Roi. Je fais aussi, sur le conseil de Malam-Issa, porter un cadeau à Settima-Abd-el-Kérim, appelé aussi Settima-Malam, et à la Maguira (Reine mère). Malam-Issa est le seul mécontent de ce que je lui donne, mais je n'en ai cure.

A partir de ce jour, le temps s'écoule sans grand intérêt. Je fais surveiller le départ des caravanes, mais de toute manière aucune ne peut se mettre en route avant la fin du Ramadan.

La fin du grand jeûne est marquée par une grande fête religieuse. Le matin, le Cheik quitte son palais et, en grande pompe, sort de la ville, pour faire, en présence du peuple et de l'armée qui l'imitent, le Salam de Baïram. J'en extrais le récit de mon journal.

28 avril. — J'avais envoyé complimenter le Cheik à l'occasion de la fin du Ramadan et lui avais fait un fort beau cadeau.

En remerciant Makoura, il lui avait dit : « Dis au capitaine que demain il verra ce que c'est que la puissance du Bornou. »

29 avril. — Vers six heures, on entend le tam-tam du Cheik qui sort du palais ; au moment où nous débouchons du marché, plusieurs lignes de cavaliers précédant le Cheik sont passées déjà. Il y a là six cents chevaux environ, les lignes sont espacées de 5 à 6 mètres ; on marche avec assez d'ordre. Toute la maison du Cheik et les grands captifs sont là ; devant lui marche son porte-lance, puis un porteur de cassolette ; enfin, lui-même, son cheval tenu par deux esclaves habillés de rouge, pendant qu'un autre tient ouvert sur sa tête un grand parasol bleu. Après avoir traversé le cortège, nous

SÉJOUR A KOUKA

nous arrêtons, et, quand le Cheik arrive à notre hauteur, nous nous portons vers lui et je le salue en brandissant mon bâton. Il me répond en prenant par le canon son pistolet qu'il agite. Nous saluons ensuite Maladam qui marche immédiatement derrière le Cheik. Pour répondre à la foule, ce soin d'élever et d'agiter le pistolet est dévolu généralement au captif qui tient la bride de droite.

Nous sortons ainsi de la ville vers le Nord, le long du mur de la ville de l'Ouest.

A 200 mètres du mur, une tente est dressée pour le Cheik, à l'intérieur de laquelle il se tiendra jusqu'au moment du Salam ; on nous fait placer derrière les chevaux de main et les chameaux de selle du Cheik ; en arrière de nous est l'infanterie, et, sur les ailes, la cavalerie en masses profondes.

Des enseignes multicolores sont devant les compagnies de cavalerie, de grands étendards sont fichés en terre autour de la tente royale ; l'un d'eux, vert avec des inscriptions et de nombreuses amulettes, est l'étendard royal, celui du Cheik Lamino.

Il y a là une masse de cinq à six mille chevaux et de quatre à cinq cents fantassins armés de fusils ; sans compter les nombreux porteurs de javelots.

Le Salam est des plus imposants ; le Cheik le fait devant la tente sous la direction du Cadi ; le peuple entier, en rangs pressés, suit le rythme des mouvements. L'armée n'y participe pas, les cavaliers restent à cheval ; nous faisons comme eux.

Trois quarts d'heure après a lieu le retour en ville et au palais ; le Cheik me fait mettre à quelques pas de lui, sur sa droite. Un esclave blanc, à cheval, porte son winchester. J'ai appris que c'était un Levantin, qu'un marchand arabe avait importé et vendu au Cheik pour 10 000 bouters[1] (37 500 francs, valeur réelle à Tripoli).

Je salue le Cheik quand il rentre du palais et regagne ma maison.

A partir de ce moment commencent les tiraillements. Je suis reçu par le Cheik en audience, le lendemain du Salam de Baïram ; il me dit qu'il m'accepte comme envoyé du Roi des Français et que, lorsqu'une caravane se formera pour Mourzouk, je partirai avec elle. Je devais attendre plus de trois mois et demi cet heureux moment. Je n'aurais

---

1. La bouter est le thaler autrichien à l'effigie de Marie-Thérèse et la date de 1769. Elle a seule cours au Bornou.

pas eu à me plaindre, si la date de ce départ n'avait été sans cesse reculée sous des prétextes divers, sans causes véritables. Des Arabes, en effet, désiraient partir pour rentrer à Tripoli; leurs charges étaient prêtes dès le commencement de mai et leurs chameaux achetés.

Voici comment s'organise le départ d'une caravane : deux ou trois traitants arabes ont épuisé leurs marchandises et acheté leurs produits; ils vont trouver leur consul, Shérif Shassimi, lui portent un présent pour lui et un autre destiné au Cheik, pour demander à celui-ci de leur accorder la permission de se mettre en route pour Mourzouk à une date indiquée, distante de deux ou trois mois. Une fois que cette autorisation leur est octroyée, ils se mettent à la préparation de leur caravane, achètent des chameaux, les engraissent, font préparer des peaux de bouc pour l'eau, des bâts, etc. Quinze jours avant le jour indiqué pour le départ, la caravane sort en dehors des murs de la ville, pour faire ses derniers préparatifs, procéder à l'arrimage des charges.

Pour obtenir cette nouvelle autorisation, il faut appuyer la demande de sortie de quelques cadeaux et souvent, malgré promesses, cette autorisation est différée. Une autre cause vient souvent enrayer le départ, qui ne tient point, celle-là, à l'âpreté au batchich du Cheik ou de son entourage. Les traitants arabes se jalousent fort entre eux et se jouent de fort mauvais tours. Au moment où la caravane semble sur le point de partir, un traitant qui ne devait pas en faire partie va trouver Shérif Shassimi, jamais les mains vides, bien entendu, et lui fait valoir qu'il voudrait bien partir, mais qu'il doit se préparer; qu'en conséquence, il demande au Cheik de vouloir bien retarder le départ de la caravane pour lui permettre de s'y joindre. Jamais cette demande n'est écartée; sous prétexte que les caravanes sont rares, qu'il faut être le plus nombreux possible pour la traversée du Sahara, le Cheik donne son assentiment et fixe une autre date. La raison véritable est qu'une joute à coups de cadeaux va s'engager; chacun va faire jouer ses influences dont il faudra aiguillonner le bon vouloir. Et ainsi on a vu des caravanes rester près d'un an sans pouvoir quitter le Bornou, alors que le départ en avait été fixé par promesse solennelle.

Telle était ma situation. Je savais que deux Arabes, Zaggar et Tarouni, voulaient partir, qu'ils avaient, depuis un mois déjà, demandé le départ. Chaque fois que j'en parlais au Cheik, il me disait d'attendre, qu'il n'avait pas sous la main un homme sûr auquel il pût me confier, mais que je partirais bientôt. Je tentai par tous les moyens d'intéresser Maladam à ma cause, même Shérif Shassimi; je dus bientôt reconnaître que c'étaient des puits sans fond, que tout l'or d'un Rothschild n'eût pas comblés.

Un propos qui me revint me fit mettre sur mes gardes et adopter une tactique différente. A l'occasion de la Pâque musulmane (Tabaski), furieux de voir le Cheik ajourner sans cesse l'exécution de sa promesse, je fus à l'audience sans lui faire porter le plus léger cadeau, alors qu'en cette circonstance il est de coutume de donner, même à ses amis, la Tabaski indiquant en même temps le commencement de l'année nouvelle. Dès le lendemain, le bruit courut en ville que ma caisse était vide, que dès lors je ne pourrais partir que si le Cheik voulait bien m'en donner les moyens.

Ce propos me fit faire de salutaires réflexions; je connaissais l'avarice de Cheik Ashim et son amour immodéré des présents. Si j'allais un jour me trouver à sa merci, parce que je me serais ruiné à le gaver, lui et son entourage, il me deviendrait impossible de quitter le Bornou. Sa générosité était trop parcimonieuse pour me mettre entre les mains une caravane organisée.

Cette réflexion me conduisit à analyser les causes qui avaient amené les longs séjours au Bornou de Barth et de Nachtigal. Je ne tardai pas à définir qu'ils avaient d'abord été ruinés par des procédés d'extorsion analogues à ceux qu'on employait vis-à-vis de moi, et qu'ils n'avaient pu en sortir que grâce à des envois d'Europe qu'ils avaient dû attendre pour payer leurs dettes, et grâce aussi à la générosité légendaire de Cheik Oumar, qui toutefois avait su faire attendre l'heure de ses largesses.

C'est ici le moment de parler de l'hospitalité au Bornou que les voyageurs, mes prédécesseurs, ont élevée à la hauteur d'une institution que grands et petits savent respecter. Mes illustres devanciers, je ne crains pas de le dire, ont été les jouets d'une singulière illusion que je crois devoir dissiper.

Il est hors de doute qu'au premier moment le voyageur qui arrive à Kouka et est reçu par le Cheik, est surpris par les formes de l'hospitalité. Le Bornou est un pays très riche où la vie est large et facile : bétail, poisson, céréales, chevaux, chameaux sont en abondance. Encore au moment où je m'y trouvais, la vie était d'un bon marché extraordinaire. Les provisions affluent dès le premier jour sous toutes formes; mais, si l'on compare les dons de bienvenue aux cadeaux qu'a donnés le voyageur, on se rend aisément compte qu'ils ne représentent qu'une somme infime. De mon temps, alors que l'argent était devenu infiniment moins cher qu'au temps de Nachtigal et surtout de Barth, 100 kilogrammes de mil valaient 1 bouter (3 fr. 75 à Tripoli), un cheval de 12 à 14, un chameau de 15 à 20.

Ce qui doit amener la ruine du voyageur inexpérimenté, ce sont les cadeaux multiples faits à tout propos, fêtes, audiences, etc., au Cheik ou à son entourage. Ils ne sont jamais rendus sous forme de provisions, jusqu'au départ du voyageur, moment où le Cheik et ceux qu'il a gratifiés sont tenus, *d'après la coutume du pays*, de lui rendre sous la forme de provisions de route ou d'animaux la valeur des présents reçus. Cela est vrai pour les envoyés des chefs, mais ne l'est point pour les Européens.

Il faut ajouter à cette première cause de ruine la passion du toukouna (batchich). Chaque fois qu'un captif apporte à votre maison un présent, si petit soit-il, une calebasse de nourriture, un poulet, etc., il pose à terre auprès de vous l'objet ou l'animal et attend. La coutume est de lui donner un toukouna. C'est peu de chose pour l'homme du pays; de l'Européen il est en droit de tout exiger et celui-ci est sûr d'être gratifié d'une injure ou d'un geste de mépris, en donnant à l'esclave dix fois la valeur de ce qu'il apporte.

J'ai vu donner 2 bouters à des captifs qui apportaient la nourriture du soir; ils s'en retournaient mécontents.

Or qu'on veuille considérer la situation du voyageur qui est inexpérimenté, qui, de plus, est seul, presque sans prestige. Séduit par ces apparences généreuses, il donne volontiers, de peur de déplaire ou de se faire taxer d'avarice dans un pays où l'on a la main si largement ouverte, et il se ruine.

Pour Nachtigal et Barth qui n'avaient, ni l'un ni l'autre, l'expérience des pays Noirs, c'est ce qui arriva; de plus, venus par le Sahara, ils furent agréablement surpris de l'abondance de toutes choses qui contrastait avec les privations qu'ils venaient de subir. Un jour vint où ils ne pouvaient sortir du Bornou que si le Cheik leur en fournissait les moyens. Et ce jour, malgré la générosité bien véritable de Cheik Oumar, ils l'attendirent longtemps.

Dès que j'eus les yeux ouverts sur le péril, j'employai des moyens radicaux ; je fermai résolument ma caisse ; dès ce jour plus de cadeaux ; comme toukouna, je donnais ce qui me plaisait ; au moindre geste de dédain, Badaire reprenait l'objet ou l'argent donné et ne rendait plus. Par ce moyen, je m'affranchis des exigences des captifs ; ceux-ci, il est vrai, se vengèrent en ne m'apportant qu'une faible proportion de ce qu'on les chargeait de me remettre.

Je fis plus : pour ne pas me ruiner, je fis mine de l'être, et chaque jour je faisais vendre de menus objets, tout juste de quoi acheter des vivres ; nous connûmes ainsi des jours de misère. Mais la tactique porta les fruits que j'attendais. Après deux mois, il fut bien avéré que tout ce qui me restait se réduisait à 100 gros d'or que j'avais offert de vendre pour connaître le prix que j'en pourrais tirer. Or, en réalité, j'en avais 300 qui, même au prix dérisoire où je vendis plus tard, 1 thaler et demi le gros, devaient me mettre en main 450 bouters, et il me restait de très belles marchandises et objets précieux pour une somme au moins double.

Le résultat que j'avais escompté se produisit ; il pouvait se présenter une caravane, on était persuadé que je ne pourrais me joindre à elle, faute de pouvoir me gréer en temps convenable si le Cheik ne me donnait pas provisions de route et animaux.

J'avais, en coupant court à mes largesses, acquis la haine du grand favori Maladam, et il ne rêvait rien moins que me retenir et même plus encore, tant son outrecuidance était grande. Je dirai tout à l'heure comment je réussis à déjouer les intrigues de mon ennemi et à sortir du Bornou, laissant une réputation de libéralité qui mit le Cheik dans un grand embarras et le contraignit à me laisser partir.

Auparavant je désire donner quelques détails sur le Bornou, ses habitants et sa capitale.

Le Bornou est situé presque en entier dans le bassin du Tchad[1] ;

---

1. J'ai adopté pour *Tchad* l'orthographe usuelle, mais en kanori la prononciation serait plutôt *Tsade*, *Tsadi*. Les gens du Bornou l'appellent aussi *Komadougou* (amas d'eau).

il est borné à l'Ouest par l'empire haoussa, au Nord par le Sahara, à l'Est par le lac Tchad et le Chari qui le sépare du Baghirmi, au Sud par l'Adamaoua.

Le Bornou est arrosé par le Komadougou-Yobé et ses affluents. Cette rivière se jette dans le Tchad à quelques kilomètres à l'est de Yo. En dehors de cette rivière, le Tchad ne reçoit à l'Ouest et à l'Est aucun tributaire. Sur sa rive sud, au contraire, on trouve le Komadougou de N'Gala et le grand fleuve qui à lui seul l'alimente, le Chari-Logone.

Le Tchad est, nous l'avons dit, un lac sans issue, formé par le Chari. Nous avons expliqué dans la théorie de la mer Saharienne comment il semblait logique d'admettre qu'autrefois le lac n'était probablement qu'une expansion du Chari qui devait en sortir vers l'Est pour rejoindre le Nil aux environs de Berber, comment le soulèvement, partant des sources du Nil pour aboutir à l'Atlas, a eu pour double effet d'amener l'écoulement des eaux de la mer Saharienne et de séparer le Tchad de son exutoire naturel, le Nil.

Les contours du Tchad sont peu connus, sauf du côté de l'Ouest et sur une partie de sa rive sud. Ses eaux n'ont été parcourues que par un seul Européen jusqu'à ce jour; c'est Overweg, le compagnon de Barth qui est mort sur ses rives. Par lui, on sait que le lac est parsemé d'un grand nombre d'îles, habitées par une population de pêcheurs qui n'ont encore aujourd'hui que des relations assez tendues avec les habitants de la terre ferme et vivent dans une indépendance à peu près absolue du Bornou; ce sont les Boudouma.

Je ne m'étendrai pas sur l'historique du Bornou que Barth et Nachtigal ont traité de manière à ne rien laisser à désirer à ceux que ces études spéciales intéressent. Je me bornerai à donner quelques détails sur la dynastie régnante dont Cheik Ashim est le cinquième représentant.

On sait que la race des anciens Rois du Bornou, tombée à un degré de décrépitude difficile à dépeindre, fut impuissante au commencement du siècle à conjurer la ruine du pays, qui fut envahi par les Fouliès. Ils détruisirent la capitale Kars-Eggomo, située non loin des rives du Komadougou-Yobé, dans la province du Bornou propre.

Un chef kanembou, El-Amin-el-Kameni (surnommé Lamino), releva l'épée tombée des mains du monarque fainéant et chassa les Fouliès qu'il poursuivit jusqu'à Kano. Peu à peu son autorité issue de ses victoires s'affirma au détriment de celle du Roi qui, réduit à l'état de rouage encombrant, fut peu à peu absorbé, puis disparut. Lamino fonda Koukaoua, à 14 kilomètres environ à l'ouest du Tchad, dans une grande plaine de sables où se trouvaient en grand nombre des kouka (baobab), d'où le nom de la ville, Koukaoua (cité des baobabs), par contraction Kouka. Au temps de Cheik Lamino, la mission anglaise, commandée par Denham, composée de Clapperton et Ouduey, parvint au Bornou en partant de la Tripolitaine et révéla l'existence du lac Tchad aux géographes européens (1823-1824).

Le successeur de Lamino fut son fils Cheik Oumar, qui monta sur le trône vers 1838. Quoique n'ayant plus à compter avec la dynastie nationale, puisqu'il en avait fait disparaître le dernier représentant, Oumar, considéré comme un usurpateur, se contenta du titre religieux de Cheik qu'avait porté son père et que ses successeurs conservèrent, il n'osa pas prendre celui de Sultan.

Le règne de Cheik Oumar fut très long; c'était un monarque bon et généreux, mais malheureusement très faible, qui ne sut pas maintenir les qualités viriles de la population. De la fin de son règne date la décadence du Bornou.

Dans les dernières années de sa vie, il avait donné toute sa confiance à un homme de grande valeur intellectuelle et morale qui était son premier eunuque. Settima-Abd-el-Kérim, que j'ai pu connaître et juger à Kouka, était de par ses fonctions le gardien des traditions; c'était à lui qu'incombait la haute responsabilité de la transmission du pouvoir en cas de mort du souverain, et cette transmission doit se faire conformément aux prescriptions du Coran. Celui-ci a édicté que l'ordre de succession est du frère au frère plus jeune, à son défaut au fils de celui-ci. Le fils ne peut succéder à son père qu'en cas d'extinction des autres branches. Or Cheik Oumar avait un frère que j'ai connu à Kouka et qui s'appelait Abba Nas. Cheik Oumar exigea sous serment de Settima-Abd-el-Kérim que la couronne ne sortirait pas de sa descendance directe et il désigna l'ordre dans lequel ses fils devaient se succéder.

A la mort de Cheik Oumar (1881), Settima remit le turban à Boubakar, fils aîné et préféré de Cheik Oumar. Cheik Bokar, comme on l'appelle plus généralement, était adoré dans le Bornou, à cause de son caractère franc et généreux; c'était un guerrier heureux et habile. Son avènement fut accueilli avec enthousiasme; malheureusement il mourut au bout de trois ans et demi de règne, alors qu'il préparait une expédition contre le Ouaday.

Settima désigna pour lui succéder son frère Cheik Birahim qui ne régna qu'un an: puis, à la mort de celui-ci, il investit Cheik Ashim qui occupait le trône depuis neuf ans environ au moment de mon séjour à Kouka.

Cheik Ashim était âgé de cinquante à cinquante-cinq ans; il était honnête homme et fervent musulman. Il avait une physionomie intelligente et ouverte, éclairée par un regard doux et profond. C'était un penseur doublé d'un philosophe et d'un lettré, mais il était d'une extrême mollesse, aimait la bonne chère et les femmes; il était incapable d'un acte d'énergie. Je crois qu'il était généreux de nature, mais il était obligé de refréner ses penchants à cause des charges énormes qui pesaient sur sa liste civile.

Il n'avait pas moins de quatre palais dont un situé entre Kouka et le Tchad appelé Gaouaugué, quatre cents femmes et trois cent cinquante enfants dont cinquante fils en état de monter à cheval. Ajoutez à sa descendance directe son oncle, ses frères et les fils de ses frères qui vivaient sur la cassette royale, et l'on peut comprendre qu'une sage économie devait être de rigueur dans l'administration de ses biens. Il détestait non seulement la guerre, mais même le mouvement. Une fois par an il allait dans la ville de l'Ouest pour faire lire un Coran à la grande mosquée, la veille de la fin du Ramadan; une autre fois il sortait de la ville pour le Salam de Baïram; enfin il faisait un séjour de trois semaines à Gaouaugué. Le reste du temps il restait enfermé avec Maladam, ses femmes et ses livres. Il avait la passion des montres.

Jamais il ne prit part à une expédition, et, quoique de tous les côtés de l'empire vinssent des marques de désobéissance des grands vassaux, indices précurseurs d'une tourmente prochaine, il persistait à rester dans son inaction. Il avait souvenance de la chute de la dynastie légitime et il craignait le succès d'un général heureux. Un homme en particulier lui semblait redoutable, qu'il tenait systématiquement en dehors des affaires et des grands commandements à cause de la popularité dont il jouissait; c'était Abba[1] Kiari, fils de Cheik Bokar. Cheik Ashim savait que Settima-Abd-el-Kérim avait fait à Cheik Bokar le même serment qu'à Cheik Oumar, de donner la couronne à sa descendance directe après la mort de Cheik Ashim; aussi l'un et l'autre étaient-ils englobés dans une même haine et le Cheik se fût certainement défait brutalement de Settima et d'Abba Kiari s'il n'avait craint une révolte générale de la population.

Le Cheik était impopulaire; on disait de lui que le seul souvenir que l'histoire enregistrerait de son règne serait d'avoir mis le mil à bon marché, faisant allusion au prix fixe qui avait été imposé par lui sur le marché de Kouka, pour empêcher l'accaparement de cette céréale, base de la nourriture de la population.

Un moment, pendant mon séjour, le Cheik songea à une révolution le palais qui eût consisté à remplacer Settima-Abd-el-Kérim par le tout-puissant Maladam, de manière que celui-ci fût chargé, à sa mort, de la transmission de la couronne. Il n'eut pas l'énergie de mettre la chose à exécution, et, comme il eut la faiblesse de pressentir quelques personnages à ce sujet, on fit des gorges chaudes de son projet. « Ma-

---

1. Abba signifie prince.

ladam, disait-on, a bien des attributs que Settima ne possède plus, mais Settima pourrait lui donner bien d'autres qualités qu'il ne possède pas. »

Ce dernier avis était le mien. J'avais eu dès le premier jour l'idée que Settima était le seul homme sur lequel je pusse faire quelque fonds et je fis tout ce qui était en mon pouvoir pour communiquer avec lui. Il me fut interdit d'aller le voir ; mon interprète même ne put pénétrer chez lui et lui parler ; mais, par un intermédiaire que je voyais constamment, je lui faisais savoir indirectement tout ce que je croyais nécessaire de porter à sa connaissance.

J'engageai bien vite la lutte contre Maladam; qui eut à supporter de moi de terribles assauts qui ébranlèrent même sa faveur ; Settima marquait les coups : nous étions alliés, parce que nous avions le même ennemi. Un jour que dans une audience du Cheik je venais de rabrouer Maladam devant tout le Conseil et de mettre le Cheik lui-même dans une situation fausse, Settima, qui s'était placé en face de moi contre un pilier, me donna des marques d'approbation qui ne me laissèrent aucun doute sur le concours que je pourrais attendre de lui, le cas échéant. Ce n'était pas une illusion, je devais en faire l'expérience. Si je suis sorti de Kouka, si je n'ai pas été traîné à la mosquée par Maladam pour y faire profession de foi musulmane, si je n'ai pas été attaqué par lui-même à la tête de ses troupes le jour où j'ai pris la route de Tripoli, je le dois à Settima-Abd-el-Kérim et à lui seul.

Ce que je viens de dire du Cheik et de son entourage témoigne suffisamment de l'état de décadence dans lequel se trouvait le Bornou. Faiblesse du pouvoir, compétitions des princes, intrigues continuelles qui paralysaient les bonnes volontés, avaient pour résultat une véritable anarchie qui se faisait sentir bien plus encore dans les provinces éloignées que dans la capitale. Le Roi de Zinder n'avait depuis longtemps payé aucun tribut ; on n'osait l'exiger, il eût fallu employer la force et le Cheik y répugnait de crainte d'un insuccès. Le Ghaladima traitait les affaires non en vassal soumis, mais de puissance à puissance ; le Ouaday commettait des pillages constants dont on ne lui demandait aucun compte. Les gens du Ouaday inspiraient au Cheik timoré une véritable terreur ; à dix dans Kouka ils faisaient la loi. Je vis ce spectacle singulier d'une caravane venue du Ouaday au mois de juillet, dont les hommes, au marché, frappaient les femmes, poignardaient les habitants inoffensifs sans qu'on osât réprimer leurs déportements. La guerre contre le Ouaday eût été la guerre populaire entre toutes; c'était le cheval de bataille d'Abba Kiari et la population tout entière voyait en lui le chef qui tirerait vengeance des vexations restées depuis si longtemps impunies.

Au Sud-Est, du côté du Baghirmi, un péril plus grand encore menaçait l'empire; il devait fondre sur lui peu de temps après mon départ. On me montra un jour au palais le fils du Ban du Baghirmi qui venait d'arriver à Kouka. Je demandai l'objet de sa venue, on me dit que c'était pour implorer le Cheik afin d'obtenir du secours contre un puissant chef de bandes de l'Est qui, en quelques années, avait pillé les provinces les plus riches du royaume et qui, à ce moment, faisait ses préparatifs pour se porter sur la capitale du Baghirmi.

El-Hadj-Mohammed, le Peul que j'avais trouvé à Kargui et qui m'avait si fort aidé pour arriver jusqu'à Kouka, grâce à la précision de ses renseignements, était dès les premiers jours entré à mon service comme deuxième interprète. C'était un homme intelligent et droit, qui avait beaucoup vu et retenu. Il avait fait le pèlerinage de la Mecque et, pour se rendre à la ville sainte, avait longtemps séjourné dans le Ouaday, le Kordofan, à Khartoum, puis au Caire. Il avait l'esprit très juste, on pouvait attacher toute créance à ses dires. Chaque matin il arrivait et, deux heures durant, nous faisions la conversation quand je ne l'utilisais pas pour le règlement des affaires. Par lui, je savais tous les bruits de la ville, les nouvelles du dehors, par lui je pus définir les intrigues qui se nouaient à la cour, intrigues dont j'étais souvent le pivot, à cause de la guerre ouverte qui régnait entre Maladam et moi.

El-Hadj-Mohammed me définit ainsi la situation du Baghirmi.

Lorsque Gordon eut réoccupé Khartoum comme délégué du Khédive, il se mit en devoir de donner la chasse aux marchands d'esclaves. Ceux-ci, des Arabes, avaient des bandes armées nombreuses qui opéraient des razzias dans les régions arrosées par le Bahr-el-Gazal et le Chari, razzias dont ils venaient vendre les produits à Khartoum. Une de ces bandes, comptant, dit-on, plusieurs milliers de fusils, était commandée par un certain Zoubir. Gordon l'aurait attiré, puis fait disparaître et aurait ensuite agi de même avec son fils. Rabba, l'homme de confiance de Zoubir, aurait repoussé toutes les ouvertures et se serait établi avec ses bandes dans le Dar-Banda et le Dar-Fertit. L'occupation de Khartoum par les Mahdistes n'avait guère modifié sa situation, parce que tout ce qu'il pouvait envoyer à Khartoum, ivoire ou esclaves, était confisqué et que la poudre dont il avait besoin était accaparée par le Mahdi. Par suite de ces événements Rabba se trouvait emprisonné et la puissance de sa bande qui reposait sur son armement diminuait sans cesse. C'est alors que successivement il s'adressa au Ouaday et au Baghirmi pour demander qu'on lui ouvrît une route vers le marché de Kouka afin de s'y approvisionner. Mais les Rois de ces pays, sentant le danger, refusèrent, craignant d'augmenter la puissance de leur turbulent voisin qui avait déjà ravagé leurs plus riches provinces. Rabba fit son choix, et, le Baghirmi lui offrant la proie la plus facile en même temps que la route la plus courte, il ouvrit les hostilités contre lui. Telle était la cause de la venue à Kouka du fils du Ban du Baghirmi. Cheik Ashim ne sut pas voir que la conquête du Baghirmi pouvait avoir des conséquences désastreuses pour le Bornou; il refusa le secours qui lui était demandé.

Nous avons appris depuis, en Europe, que Rabba mis en appétit, après avoir pris le Baghirmi, s'était emparé de Kouka, et que Cheik Ashim battu s'était enfui vers Zinder. J'ai cru saisir dans la confusion des noms qu'Abba Kiari en avait profité pour se substituer à Cheik Ashim.

D'après El-Hadj, Rabba avait bien songé au marché de Yola où la présence des Anglais lui eût permis de largement se munir d'armes et de munitions, mais cette voie lui était fermée à la suite, disait El-Hadj, du massacre par Rabba de deux Européens qui venaient du Sud. Je pensai sur l'instant qu'il s'agissait de Crampel dont j'étais étonné de ne pouvoir obtenir aucune nouvelle.

En ce qui touchait les autres missions européennes, je fus plus heureux.

C'est à Kouka que je fus définitivement fixé sur la nationalité des blancs qui, venus d'Adamaoua l'année précédente, avaient dû y retourner sans être autorisés à séjourner dans le Bornou. Cette certitude, je l'acquis d'un Européen établi depuis de longues années à Kouka et dont j'ai déjà cité le nom.

Giuseppe Valpréda, connu au Bornou sous le nom de Mohammed-el-Mouselmani, était un Piémontais originaire de Monte-Caliéri, ainsi que je l'appris par sa conversation. Parti de Tripoli en 1869 avec Nachtigal, comme domestique, il avait séjourné avec lui à Mourzouk, puis l'avait accompagné dans sa mémorable autant que périlleuse exploration du Tibesté. Il était arrivé à Kouka en même temps que Nachtigal en 1871. Là il avait créé à son maître de multiples soucis et finalement l'avait trahi. Voici en quelles circonstances.

Industrieux, actif et surtout excellent cuisinier, Giuseppe s'était fait bien venir, grâce à ses divers talents, du Cheik Oumar et de son ministre de l'époque, Lamino, lequel était un gastronome distingué.

Se croyant sûr d'une rapide fortune, il se sépara de Nachtigal avec retentissement, en allant trouver le Cheik pour lui dire qu'il souffrait de servir un chrétien alors qu'au fond du cœur il était mulsuman et ne demandait qu'à le prouver en se convertissant. Le bon Cheik Oumar perça à jour la mauvaise action, mais ne s'opposa pas au changement de religion de Giuseppe, qui prit le nom de Mohammed-el-Mouselmani.

Lorsque, peu de temps après, Lamino vint à mourir, la rumeur publique accusa Nachtigal de l'avoir empoisonné, parce qu'il l'avait visité pendant sa courte maladie. Mohammed fut un des plus acharnés contre son ancien maître. C'est alors que Cheik Oumar, pour soustraire Nachtigal à une fausse situation, lui donna les moyens d'aller visiter le Kanem et le Borkou.

Mohammed, qui avait cru tirer la fortune de son apostasie, ne put jamais acquérir la moindre influence ; il soignait les jardins, entretenait les fusils apportés par Nachtigal, faisait quelques plats de gala.

Glanant ici ou là, il eut deux ou trois femmes données par le Cheik, puis des esclaves qu'il vendit et dont il envoya le produit à Tripoli.

Au temps de Cheik Bokar, il eut un instant de faveur; il l'accompagnait à la guerre ; mais sa fortune s'effondra à la mort de celui-ci. Depuis, il comptait chaque jour de moins en moins; il habitait contre le mur du palais une petite maison et on le considérait comme le captif du Cheik.

Déçu dans ses espérances et l'âge ayant modéré ses ambitions, le mal du pays s'empara du malheureux qui par tous les moyens essaya de quitter le Bornou pour rentrer à Tripoli. Il n'avait pas compté avec la situation qu'il s'était faite tant par son apostasie que par la position où il s'était placé de ne vivre que des présents du Cheik. Lorsqu'il parla de vouloir partir avec une caravane, on lui répondit que mulsuman il ne pouvait quitter la terre d'Islam ; il eut beau protester que son but était de retourner à Tripoli qui était du domaine du Sultan de Constantinople, on persista à croire qu'il voulait rentrer au pays des chrétiens. Il mit tout en œuvre pour faire trancher ce point de dogme ; il intéressa à sa cause le consul d'Italie à Tripoli qui, à son tour, obtint l'intervention du Waly auprès du Cheik ; enfin le Cadi, disposé par des dons appropriés, sur le serment que fit Mohammed de rester musulman et de ne pas quitter Tripoli, décida que la loi ne s'opposait pas à ce qu'il pût sortir du pays qui avait vu sa conversion.

Ce premier nœud tranché, Mohammed se prépara, mais au dernier moment tous ses projets s'en furent à vau-l'eau.

Captif du Cheik, tout ce qu'il possédait ou avait reçu devait faire retour à la couronne, y compris ses enfants eux-mêmes, puisqu'ils étaient nés de captives qu'on lui avait données et qu'il avait épousées (il avait deux garçons de treize et quinze ans) ; il lui fallait aussi restituer les esclaves, chevaux, bœufs qu'il avait vendus et dont le produit, on le savait, avait pris la route du Nord. Mohammed m'avoua à moi avoir expédié plus de 8000 talaris.

Incontestablement c'était la loi du pays et il ne pouvait venir à l'idée de personne que les revendications du Cheik ne fussent pas justes. Mais Mohammed ne l'entendait pas ainsi ; il était avare ; il ne sut pas se résigner à un sacrifice de quelque importance qui lui eût permis de sauver la plus grosse partie de ses économies. Au contraire, il se mit à vendre tout ce qui pouvait lui rester, jusqu'à son cheval, et il attendit les événements. Zaggar, auquel j'en ai parlé pendant la route, me dit que si Mohammed avait voulu faire venir de Tripoli la valeur de 2000 bouters en marchandises, il fût parti quand il aurait voulu. Au contraire, Mohammed prétendait que le Cheik devait lui organiser sa caravane. Quant à ses enfants, il ne s'en souciait aucunement.

Mon arrivée à Kouka sembla à Mohammed le salut si longtemps attendu. Dès le lendemain, il me faisait tenir un mot en italien de piètre sorte, dans lequel péniblement je pus lire : « Un malheureux Italien depuis vingt-quatre ans prisonnier au Bornou vous salue ; il a la fièvre, il vous prie de lui envoyer de la quinine. »

J'envoyai par le porteur 3 grammes de quinine qu'il s'empressa de vendre.

Le lendemain, il était chez moi. Je vis un homme âgé déjà, il avait cinquante-sept ans, bronzé comme un Arabe du Sahara, figure cauteleuse

Le Salam de Baïram.

de paysan madré au regard fuyant. Il venait se mettre à ma disposition pour toute besogne dont je voudrais le charger, même ma cuisine. Quel ne fut pas mon étonnement de voir qu'il avait presque totalement oublié sa langue mère, au point qu'il me devenait impossible d'user de ses services, même au cas où j'aurais voulu l'utiliser comme interprète !

A la longue seulement, la lumière revint dans son esprit et au moment de mon départ, ayant eu l'occasion de causer avec moi presque chaque jour, il avait à peu près réussi à se rendre intelligible. Mais accord des adjectifs, pluriel des substantifs, conjugaison des verbes s'étaient pour jamais effacés de sa mémoire. Le premier jour, en me saluant au départ, il me dit : « Sono Italiano e christiano. » Pauvre malheureux, il n'était plus ni l'un ni l'autre.

Ce fut Mohammed qui me permit de me convaincre que les Européens expulsés l'année précédente étaient des agents de la Royal Niger Company. Les premiers temps il s'était borné à m'affirmer que c'étaient des Anglais porteurs pour le Cheik « d'una lettera della Regina d'Ingleterra »; mais, très édifié sur les connaissances géographiques qui constituaient son bagage, j'attendais des preuves. Un jour que, dans une promenade à Gaouanqué, je discutais ce sujet avec lui, il me dit avoir vu sur un des papiers remis au Cheik : R^{al} $Nig.$ C^{y}, qu'il me traça sur un bout de papier. Je fus ébranlé, mais j'exigeai des preuves plus probantes; alors il me dit avoir pris des empreintes à la cire des boutons d'uniforme des soldats. J'obtins qu'il me les montrât et alors le doute ne me fut plus permis. Ces empreintes très nettes permettaient de lire en exergue : « Royal Niger Company Chartered », et au centre du bouton sur une étoile à trois branches : « Pax, Jus, Ars »; au dos, il y avait la marque de fabrique Firmin's Sons, London.

C'était bien M. Charles Makintosh qui était venu à Kouka; j'appris son nom par un de ses agents peu de temps après; mais Mizon ?

A quelque temps de là, je devais être fixé sur son compte. Un Peul vint à Kouka, par la route d'Adamaoua, et à peine arrivé se mit en relations avec mon interprète qui un jour me le présenta. Que venait-il faire au Bornou, fut ma première question.

« Rien que te voir, me répondit-il et me mettre à ton service; je connais bien les blancs, j'ai été longtemps au service de Charley à Ibbi; pour le moment, la traite est arrêtée, et, ayant appris ton arrivée au Bornou, je me suis mis en route pour venir.

— Mais Charley, lui dis-je, connaît donc mon arrivée ici?

— Oui, me dit-il, il l'a sue par Bandawaky et Boubakar. Il a été bien étonné, car lui on l'a mis à la porte l'an dernier. Il croyait si peu à ta réussite qu'il t'attendait par la route de Kano au Mauri et qu'il avait fait préparer à Ibbi une très vaste installation pour te recevoir.

— Mais Charley ne me connaît pas.

— Si, il te connaît bien; il disait de toi : « Le blanc qui est à Kano « a fait pour y venir une longue route; ce n'est pas un homme de ma « nation, mais je veux bien le recevoir. »

On le voit, l'homme était stylé, je n'avais pas besoin d'en savoir plus long pour connaître le motif de sa venue. En tout cas, si ce qu'il m'a dit est la vérité, je ne puis qu'être reconnaissant à M. Charles Makintosh de ses bonnes intentions.

Non moins intéressants et non moins précis furent les détails que le Peul me donna sur la mission Mizon.

« Les blancs étaient, me dit-il, d'une nation différente des Anglais et ne les fréquentaient point. Ils vinrent à Yola avec un bateau à vapeur. Puis, après quelques jours, ils remontèrent jusqu'à Garoua et de ce point ils partirent avec leur navire pour *chercher de l'eau vers l'Est;* mais ils furent arrêtés par la terre, et revinrent à Garoua au bout de huit jours.

« Ils redescendirent ensuite à Yola où ils furent les hôtes de Malam-Dibérou (Sultan d'Adamaoua), pendant plusieurs mois. Enfin ils partirent par terre cette fois pour se diriger vers N'Gaoundéré qu'ils ont quitté ensuite pour se diriger vers le Sud-Est, afin d'atteindre un grand fleuve qui devait les conduire à la mer, où ils embarqueraient pour regagner leur pays. »

C'était net et précis; la recherche de la communication entre la Bénoué et le Chari par les marais de Toubouri avait échoué; Mizon et ses compagnons s'étaient rabattus au Sud vers le Congo.

Mon Peul ajouta à ces détails d'autres non moins complets sur les missions allemandes de Morgen et Zintgraff, et me donna les itinéraires très précis du Kaméroun à la Bénoué.

Ces derniers faits se passaient les 6 et 7 juillet 1892. Quelques jours après, le Peul avait disparu; il y a présomption qu'il ait fait comme M. Ch. Makintosh, l'année précédente, qu'il soit reparti par la route qui l'avait amené.

Avant de parler des incidents qui marquèrent mon départ pour le Sahara, il me reste à dire quelques mots des habitants du Bornou, des Arabes et du commerce de Kouka.

Les gens du Bornou sont gras et taciturnes; ils aiment la bonne chère et les femmes. Propriétaires d'un sol riche et fertile, au cours d'une longue période de paix, leurs qualités militaires se sont peu à peu atrophiées et ils seraient incapables de résister, malgré leur nombre, à l'attaque d'un ennemi un peu entreprenant. Peu à peu, grâce à l'état de choses que j'ai exposé, qui amenait les Cheiks à confier les grandes charges à leurs captifs, les gens libres se sont désintéressés des affaires publiques et du métier des armes; tous les grands commandements sont aux mains des captifs et les guerriers sont eux-mêmes de condition servile, situation qui aurait de l'analogie avec celle d'un État européen qui n'aurait que des mercenaires étrangers à sa solde pour la défense du territoire national.

Le fond de la population du Bornou est de race kanori, sur laquelle s'est greffée une population kanembou venue du Kanori au temps de Cheik Lamino et à sa suite.

Les Arabes, au Bornou, peuvent se diviser en deux catégories : les sédentaires et les marchands. Certaines tribus arabes venues du Ouaday sont fixées sur le sol du Bornou, dans le Kérikéri à l'Ouest, à l'embouchure du Chari à l'Est. Ces tribus se livrent pour la plupart à l'élevage, mais en particulier les Choas du sud du Tchad. Là, dans les plaines basses de l'estuaire, d'innombrables troupeaux de bœufs et de moutons sont, pour les Choas, une source de grande richesse. Les moutons, en particulier, sont célèbres à cause de leur taille et de la qualité de leur viande. J'ai eu chez moi certains sujets qui mesuraient 1 mètre au garrot.

Les Arabes marchands sont, pour la presque totalité, des traitants des maisons européennes et arabes de Tripoli et de Mourzouk. Ils importent à Kouka des marchandises d'Europe et exportent des cuirs, de l'ivoire et des plumes d'autruche. Au moment où ce dernier article était très demandé sur les marchés européens, il s'est fait un chiffre d'affaires très considérable et l'on cite des traitants qui ont fait de grandes fortunes. Mais, comme il est difficile de suivre les cours des marchés européens, les Arabes, séduits par la perspective de grands profits, se sont jetés à corps perdu dans la spéculation sur ce produit ; il en est résulté, par suite de la baisse en Europe, des catastrophes très sérieuses.

C'est au cours de ces spéculations, de date relativement récente, que l'argent monnayé s'est définitivement implanté sur le marché de Kouka.

Kouka est une grande ville double, orientée de l'Ouest à l'Est et située dans une grande plaine sablonneuse, à 14 kilomètres environ des rives du Tchad.

La ville de l'Ouest est réservée aux traitants arabes et au peuple ; la ville de l'Est est la ville royale, qui contient les palais du Cheik et de sa famille et les demeures des grands dignitaires.

Entre les deux villes s'étendait autrefois un emplacement libre où se tenait le marché journalier, ce qui se fait encore aujourd'hui : mais cet espace s'est peu à peu couvert de constructions ; si bien que, n'étaient deux enceintes spéciales autour des deux villes, avec le marché, elles n'en formeraient qu'une seule. Une immense artère nommée Dendal, de 60 à 80 mètres de large environ, traverse dans toute leur longueur la ville de l'Ouest et le marché, pour venir aboutir à la moitié de la ville de l'Est devant le palais du Cheik.

Kouka s'étend environ sur 3 kilomètres de longueur, mais sa largeur n'est guère que de 2 à 300 mètres. A l'extrémité de la ville de l'Ouest se tient le grand marché hebdomadaire, tous les lundis.

Kouka est le seul marché du Soudan où les affaires se traitent en argent (thaler Marie-Thérèse). Il n'y a pas de monnaie divisionnaire ; on parfait les payements avec des cauries.

Le talari suit un cours journalier qui s'établit au début du marché ; sa valeur varie de 135 à 160 retals. Le retal vaut 33 cauries, mais on ne paye jamais qu'à 32, l'acheteur se réservant le trente-troisième comme courtage pour avoir compté les cauries.

Les procédés commerciaux et les produits sont sensiblement les mêmes qu'à Kano, mais il y a en outre à Kouka un grand marché de chevaux et chameaux.

J'estime la population de Kouka à cinquante ou soixante mille habitants.

Le Bornou est, je l'ai dit, terre d'Islam, mais les croyants ne font pas de prosélytisme ; ils sont, en général, assez tolérants. La majorité, ayant à sa tête le Cheik, suit le rite tidiani; les Quédirch sont assez nombreux; les Senoussi sont connus de nom seulement.

Un fait rare dans les sociétés noires en général, plus rare encore dans les pays musulmans — il vaudrait mieux dire peut-être que nous le croyons tel — fait que j'ai pu constater en tout cas au Bornou, est l'importance du rôle de la femme dans la vie privée et même politique.

Je crois que cet état de choses a été importé par les Kanembou, population saharienne en somme, et j'ai déjà eu l'occasion de dire, dans mon étude sur les Touaregs, l'indépendance grande dont jouit la femme dans le Sahara. Il en est de même chez les Toubbous, tant à Kawar que dans le Tibesti. En tout cas, à Kouka, la femme est très libre et indépendante; elle participe même aux affaires publiques. La Maguira, Reine mère, a la haute main sur de nombreux territoires, aussi bien que la première femme du Cheik, et toutes deux ont place au Conseil en certaines circonstances. Nous verrons que j'ai pu me servir utilement de cette grande influence de la Maguira pour sortir du Bornou.

J'ai dit quelle était devenue ma situation après un mois de séjour, comment j'avais dû fermer ma caisse, comment j'attendais, embusqué, une occasion de frapper un coup qui m'ouvrirait les portes de ma prison.

Vers la fin de juillet, j'apprends que le Roi a accordé le départ à Zaggar et à Tarouni pour le douzième jour de la lune, soit le 6 août.

Je fais vendre 100 gros d'or en cachette chez un Arabe, et fais immédiatement préparer les provisions de route pour soixante-dix jours. C'est du couscous de blé. Ce blé vient au bord du Tchad dans toute la contrée où l'on peut irriguer facilement.

Le 1er août, je suis prêt; il ne me manque que des animaux. A la caravane doit se joindre un riche négociant de Gatroun, Marabat-el-Hadj-Ali, auquel, depuis deux mois, le Roi a promis de me confier; mais comme six jours restent avant le départ et qu'il n'en a rien fait, il ne me faut plus perdre de temps.

Je fais sortir des cadeaux pour une valeur de 3000 francs environ, pour le Cheik et son entourage, et j'y joins un cheval que le Cheik fera vendre pour distribuer des kolas aux membres du Conseil. Les cadeaux du Cheik sont de telle nature que, connaissant son faible, je sais qu'il ne peut les refuser.

Lorsque le partage est fait, j'envoie mon interprète avec Malam-Issa porter le tout au palais. Il dira au Roi que c'est là mon salammat (présent de congé) et rien de plus.

Il se produit ce que j'attendais, un vrai coup de théâtre. Le Cheik est surpris et se trouve en fausse posture. Maladam est furieux à en prendre un coup de sang. Settima, aussitôt qu'il reçoit son cadeau, représente au Cheik qu'il manque aux traditions en ne tenant pas la parole qu'il m'a donnée. Quant à la Maguira, elle entre en violente colère et fait au Cheik une scène terrible : « Tu as sali ton nom, lui dit-elle, en ne tenant pas tes promesses, et le blanc vient de te faire honte en t'envoyant un salammat, alors que c'est toi qui lui en dois un. »

Le bouc émissaire de toute l'affaire est Maladam. En ville, la nouvelle se répand comme une traînée de poudre. « Quoi, le blanc que l'on disait ruiné a pu faire à tout le monde des cadeaux si merveilleux ! A quoi pense le Roi de se faire donner une si rude leçon ? »

Je ne perds pas mon temps à écouter aux portes. Dans la soirée même je vends 100 nouveaux gros d'or pour acheter des chameaux, des cordes, des bâts, des outres, tout le matériel enfin qui me manque.

J'emploie les journées avec une activité fiévreuse. Bientôt je suis à la tête de huit bons chameaux et du matériel pour en garnir douze. Rien ne me manque. Mohammed me fait des tortillons de pain biscuité ; j'ai de la viande conservée dans des vases en cuir pleins de beurre fondu. J'achète des poulets, etc.

Le 6 août enfin, Maladam vient chez moi pour me dire que « les paroles sont finies », que je partirai avec Marabat que le Cheik va faire appeler pour me confier à lui. En attendant, il m'apporte 100 thalers pour acheter ce qui me manque. Je remercie ; lui parti, je compte les pièces : il y en a 80 ; je renvoie le présent, car je trouve singulière cette manière d'agir. Au soir on me rapporte la somme complète, cette fois, et je donne 20 pièces à Maladam comme toukouna.

Le 11, je suis appelé au palais ; Maladam en sort pour me dire de le suivre. Nous nous dirigeons vers la ville de l'Ouest. En chemin il me dit que Marabat a décliné l'honneur de répondre de moi ; qu'il est vieux, infirme et presque aveugle ; que dans ces conditions le Cheik a décidé de demander à Maïna[1] Adam, le personnage le plus important

---

1. Maïna, en toubbou, veut dire prince, et maï, loi.

et le plus riche de l'oasis de Kawar, de me donner son fils comme guide jusqu'à Zeyla (Mourzouk). Maïna Adam est établi à Kouka comme traitant. Nous arrivons chez lui, et là on doit débattre les conditions : il lui faut à la fois un cadeau du Roi et de moi-même. Le cadeau du Cheik est arrêté à deux chameaux (50 pièces) et un très beau boubou.

Le lendemain, Maïna Adam vient chez moi avec Maï, son fils, homme de quarante à quarante-cinq ans environ, tête fine et énergique, abord franc et bien ouvert; il me plaît beaucoup. Nous tombons d'accord à 40 talari, que je verse immédiatement. Alors Maïna Adam me parle d'Idris (Nachtigal) et de Moustapha-Bey (Rholfs) qu'il a connus à leur passage. Puis, prenant une attitude très digne, il nous fait lever, son fils et moi, me met la main dans la sienne et me confie à lui dans ces termes : « Je te donne à mon fils; il te guidera fidèlement; tu n'as à craindre d'égarer un seul de tes hommes ou de tes chameaux. Il te gardera de tout mal, sauf de celui dont l'homme ne peut se préserver lui-même : la pluie du ciel ou l'épine du chemin. »

Puis, nos mains restant unies, il prononce une courte prière.

Tout est définitivement réglé. Le 12 août, je reçois du Cheik 100 tourkedis, cinquante toubous, deux chameaux, un cheval arabe que mes hommes baptisent Kouka, puis des pâtisseries. Je fais moi-même mes cadeaux à mes amis. Le 13, je suis reçu par le Cheik en audience de congé. Les choses se passent très cordialement. Je remercie sincèrement le Cheik de son hospitalité, de sa générosité et fais des vœux pour la prospérité du Bornou.

Je profite du reste de la journée pour faire visite à mes quelques amis et pour distribuer des secours aux pauvres. Grâce à quelques mesures énergiques, la scène est moins ignoble qu'à Kano.

Le soir, je vais faire visite à Maladam. Il est tout miel et sucre; il me demande si je reviendrai. Je réponds : « Non ». Puis la conversation, intentionnellement dirigée par lui, tombe sur la religion. Il me dit qu'il est étonné de voir un chrétien posséder aussi bien le Coran et en appliquer les préceptes : « N'as-tu pas fait la charité aujourd'hui? me dit-il. — C'est vrai, mais elle aussi prescrite par notre religion. — Je crois, ajoute-t-il, qu'au fond tu es musulman, mais que tu crains de faire ta profession de foi. Après-demain, avant de partir, tu viendras me voir; je t'accompagnerai sur la route; mais en chemin nous entrerons dans la mosquée. » Je n'ai garde de répondre; mais dès en rentrant j'expédie chez Settima pour porter les faits à sa connaissance et lui dire de prévenir le Cheik que je n'hésiterai pas à faire usage de mes armes, soit que Maladam veuille me faire entrer à la mosquée, soit qu'il veuille me gratifier du Salut des lances. Settima me fait répondre le lendemain qu'il veillera à ce que je n'aie rien à redouter; en même temps il m'envoie un chameau.

Le 14, on met la dernière main aux préparatifs. Je règle mes serviteurs et fais un superbe cadeau à Malam-Issa.

Toutefois j'ai peine à trouver le sommeil, tant je redoute pour le lendemain la haine de Maladam.

CHAPITRE XIII

De Kouka à Kawar

Départ de Kouka. — Kachella Ary-Maïna me guide pour sortir de la capitale du Bornou. — Effondrement de Maladam à la vue du Kachella. — Je prends un dernier congé des hommes du Bornou. — Le cap a changé en route vers le Nord. — Réunion de la caravane à Yo. — Barroua. — Aux bords du Tchad à N'Diédi et à N'Guegmi.

La caravane quitte les bords du Tchad. — Bir-Métimé. — Bir N'Gourtougou. — Bedouaran, la limite des pluies tropicales. — La « Tintoumma ». — « Il y a des diables dans la Tintoumma, qui prennent plaisir à égarer le voyageur. » — Agadem. — Dibbéla. — Les dunes mouvantes entre Dibbéla et Zau-Kébir. — Je suis très souffrant d'un point de côté. — Arrivée à Zau-Kébir. — Zau-Saghaïr. — Une alerte. — Bir-Mousketoun. — Arrivée à Bilma.

Considérations générales sur les routes dans le Sahara. — Chameaux et chameliers. — Les dunes et la route de Kouka à Kawar. — La polaire. — Le chameau et ses maladies.

L'oasis de Kawar. — Récolte du sel. — Les Toubbous-Dirkou et les Toubbous-Reschad. — Maï et Maïnas. — La zouaïa senoussi de Chimendrou. — Départ pour Arigny. — Anay.

Le 15 août, à quatre heures du matin, tout le monde est sur pied ; on arrime, on bâte, on charge. A six heures, tout est paré ; on se met en route pour aller prendre le chemin qui longe le mur de la ville de l'Ouest[1],

---

1. J'ai omis de dire que ma maison se trouvait dans la partie nouvellement construite entre les deux villes.

chemin que nous devions suivre jusqu'à l'extrémité nord du mur; c'est en ce point que prend la route de Kawar.

Au moment où le convoi s'ébranle et où je me dispose à en prendre la tête, Malam-Issa me rappelle que Maladam m'attend. Je lui réponds que je n'ai pas le temps. Il expédie un homme à son frère et me suit. Arrivé au mur de la ville, nous tournons à droite, et je puis voir des masses de cavaliers qui, ventre à terre, se portent vers la route de Kawar; c'est l'escorte de Maladam qui va se placer. Je m'arrête alors et, à haute voix, car la foule nous faisait cortège, je dis à Malam-Issa de bien prévenir son frère que si l'on tente de m'honorer du Salut des lances, je recevrai la charge mon revolver au poing. En même temps, j'ordonne de charger les armes. Malam-Issa, tout interdit, se précipite au galop sur la route, au-devant de son frère.

Arrivé sur le Dendal, quel n'est pas mon étonnement de voir un cavalier en pantalon rouge (insigne du service du Cheik), suivi de deux fantassins armés de fusils qui, sans me dire un mot, se porte en avant de moi et prend la route pour me guider. Je reconnais cet homme; c'est le Kachella Ary-Maïna. Il ne peut être là que par ordre.

Nous sortons ainsi de la ville au milieu des marques de sympathie de la population. Arrivés sur le chemin, Maï vient se joindre à moi; il ne doit me rejoindre que le soir avec ses animaux. Nous marchons pendant 500 mètres environ sans incident; tout à coup, à un détour du chemin, j'aperçois en bataille deux cents cavaliers et Maladam en avant d'eux. Je vois le geste qu'il fait pour porter sa troupe en avant, quand, ventre à terre, passe auprès de nous un cavalier qui joint Maladam et lui dit quelques mots. Celui-ci baisse sa main levée, regarde attentivement dans notre direction et aperçoit Kachella Ary-Maïna.

Je le vois s'effondrer littéralement dans sa selle. Le coup était pour lui inattendu. Il comprend que le Cheik, conseillé par Settima, a pris ses précautions pour l'empêcher de faire une sottise. Il avait si bien combiné son plan, cependant. On savait que le Salut des lances n'était pas fait pour m'effrayer; mais un cavalier maladroit, emporté par son cheval, pouvait, comme par accident, me percer de sa lance! Qu'eût pu dire le Cheik? Un kéfir de moins! Et Maladam était vengé. Fort heureusement que le Cheik et Settima avaient au cœur des sentiments plus nobles et un plus grand respect des lois de l'hospitalité.

Quand je suis à 50 mètres de Maladam et de sa troupe, je me porte

Sortie de Kouka. — Maladam m'attend avec un fort parti.

au-devant de lui et le salue. Je le regarde en face à ce moment; il est blanc de rage. Il me rend mon salut et, faisant faire une conversion à sa troupe, prend la route devant le convoi. Un kilomètre plus loin, il arrête et fait placer son escorte sur le flanc droit du chemin. Kachella Ary-Maïna toujours seul, et sans lui adresser un mot ou un regard, se met à la même hauteur sur le flanc gauche. Le convoi défile, je reste en arrière; je dis adieu à Maladam, le prie de saluer le Cheik de ma part; puis, me portant vers Kachella Ary-Maïna, je le salue et le prie de remercier le Cheik et Settima. A ce dernier nom, le Kachella, impassible jusque-là, ne peut s'empêcher de sourire et me souhaite bon voyage. Quand je me retourne, Maladam et son escorte ont disparu dans un tourbillon de poussière.

Une heure après, nous campions à Daouergou, où il était convenu que devait nous rejoindre Maï dans la soirée.

Déjà les Arabes et Marabat étaient partis, mais ils ne pouvaient quitter Yo sans l'arrivée de Maï, qui était leur guide comme le mien.

Mohammed a été autorisé à m'accompagner jusqu'à l'étape; il semble triste, et je ne puis m'empêcher de songer à la destinée de ce malheureux qui, vraisemblablement, ne pourra revoir la terre natale. Certes, il a commis une grande faute, car il a trahi son maître; mais l'expiation est terrible. Le mal du pays l'a saisi; s'il ne réussit à entrer dans la première caravane, il mourra. J'ai essayé de m'entremettre pour lui, mais je dus reconnaître que le mélange de nos deux causes ne pouvait avoir qu'un résultat nuisible pour tous les deux.

Au retour à Tripoli, j'ai tenté d'apitoyer Ahmet-Rassim-Pacha, le digne Waly, sur son cas; il m'a promis d'écrire au Bornou. C'était le seul service véritable que je pouvais rendre à cet infortuné.

Malgré l'aridité que pourra présenter peut-être la relation, je ferai pour la traversée du Sahara la copie textuelle de mon journal de route. Je crois que c'est le seul moyen de donner les renseignements que j'ai recueillis, sans rien omettre.

Je renvoie Makoura à Kouka avec son chameau acheter dix boubous, un kilogramme de savon.

Mohammed reste jusqu'à deux heures et refuse de manger, affectant une nostalgie un peu de commande peut-être, mais avec fonds de vérité. Il me dit que le Roi a expédié un homme à Yo parce que les

Arabes, refusant de partir avec moi, avaient pris les devants pour faire caravane à part. Or, un instant après, arrive un Toubbou avec un chameau, qui, aujourd'hui seulement, part rejoindre la caravane. Mohammed devait me donner jusqu'à la fin de faux renseignements.

Je lui souhaite au départ un retour prochain en Europe.

Enfin nous avons changé le cap et chaque pas sur cette direction va nous rapprocher de la patrie et de ceux que nous aimons!

Dans l'après-midi, en inventoriant le sac de cuisine, Badaire trouve huit cartouches. J'étais absent; à mon retour Sine, mon cuisinier, a disparu; je le fais en vain chercher jusqu'au soir.

Maï, parti à Kouka, rentre vers quatre heures. Makoura revient à la nuit avec dix boubous, un entonnoir, deux musettes en cuir. Kachella Ary-Maïna, me rapporte-t-il, était bien là par ordre du Roi; on a dit à Makoura (Malam-Issa) que c'était pour voir si Maladam me ferait un cadeau, mais la vérité est ce que j'avais pensé : Maladam avait mauvaise idée en tête; Settima l'a empêché de la mettre à exécution en faisant envoyer Ary-Maïna. Pas signe de vie du Roi. Tant mieux!

16 août. — Nuit tranquille. On charge, mais pour le départ on attend Maïna Adam, qui arrive à six heures.

Départ à six heures vingt. Nouvelles protestations de fidélité de mon guide. J'ai d'ailleurs entière confiance en Maï au moins jusqu'à Kawar, et je ne crois pas me tromper. Pendant la première demi-heure, je cherche Sine qui, à mon avis, est caché et n'a pas été à Kouka. Je prends enfin congé de Maïna Adam, qui adresse seul à son fils ses dernières recommandations. La route est mauvaise, les chameaux glissent sans cesse, on est obligé d'avoir un conducteur par animal. Hier, en examinant mes chameaux, Maï a constaté que deux avaient le dem (maladie du sang, coup de sang); il leur a donné de la graine de moutarde du pays. Il a défendu de donner du mil aux animaux.

En route, vaguant un peu, je blesse deux biches sans pouvoir les prendre. Mon nouveau cheval est une très bonne et vigoureuse monture.

Nous campons à neuf heures à N'Gouroua. A midi arrive un supplément de Toubbous avec six chameaux. Maï en a sept très chargés. Son père m'a demandé de lui prendre deux peaux de bouc à porter à N'Guegmi.

Maï vient me voir et me dit que nous mettrons deux jours encore pour aller à Yo, que la rivière est haute, mais que probablement par

Settima (homme du Roi) nous trouverons des embarcations. Il faudra acheter à Yo du blé (du grain, je pense, veut dire Maï, car nous ne nous comprenons pas très bien). A Yo, il y a du poisson, mais bien plus à N'Guegmi.

A compter de ce point, les chameaux étant entraînés, on marchera matin et soir.

Ma santé semble s'être rétablie comme par enchantement avec l'exercice et le grand air, mais que de mouches et de moustiques!

Un peu de pluie et beaucoup de vent, de neuf heures à deux heures et demie, mais le temps est couvert et orageux. Je doute de pouvoir établir la position de Barroua si ce temps continue.

17 août. — Les moustiques ne nous ont guère facilité le sommeil. On charge à quatre heures trente; à cinq heures trente, on est en route. Grâce au temps, relativement sec, le terrain n'est pas trop mauvais. Vers dix heures et demie, après avoir causé avec Maï qui me dit que, si l'on marche bien, nous serons demain à Yo, je m'éloigne pour chasser; mais je suis pris par des marais et ne puis rejoindre la route qu'à deux heures, après avoir payé 5 francs à des bergers pour me guider. En ce point, je ne sais si oui ou non la caravane est passée; à l'inspection des traces, je finis par définir qu'elle est en arrière. A deux heures quarante, je suis au camp, mais en route, par suite des réactions violentes de mon cheval, mon étui de revolver s'est ouvert et j'ai perdu ce dernier. La caravane a campé à dix heures quarante-cinq.

Au camp, tout le monde est en l'air, on est parti à ma recherche; enfin, à cinq heures et demie seulement, Maï rentre. J'achète 10 francs une chèvre que je fais tuer pour tous, Toubbous et nous.

18 août. — Nuit horrible, des moustiques à foison malgré le vent. Réveil à quatre heures trente. Départ à cinq heures quarante-cinq. Marche plutôt lente; il fait très lourd, les terrains inondés se multiplient. A neuf heures quarante-cinq, nous campons sous la menace d'une tornade. Grand vent avec accompagnement de pluie. A midi arrivent huit chameaux, qui joignent la caravane, puis, vers trois heures, Malam-Issa amenant à Maï trois captifs, dont un Samonné (castrat), de la part de Maladam. Il vient me saluer et me dit que Sine a prétendu que je l'avais renvoyé et battu.

Il va passer la nuit et repartira pour Kouka demain matin. Je suppose que les captifs sont pour remplacer les chameaux promis par le

Roi. Il est venu sur Sokkoto[1]; j'eusse autant aimé ne pas voir sa banale figure.

19 août. — Je dois, à cause des moustiques, passer partie de la nuit dans mon fauteuil. Au matin, Malam-Issa, après m'avoir salué au passage, repart pour Kouka. A six heures, on se met en route; la marche est horrible, les terrains inondés se succèdent sans interruption. A dix heures et demie, nous passons un marais de 1 mètre de profondeur; à neuf heures et demie, l'hyphème fait à nouveau son apparition; enfin, à dix heures et demie, nous arrivons à Yo et au Komadougou. Le courant de celui-ci est nettement accusé vers le Tchad; sa profondeur est de $1^m,50$; on a quelque difficulté pour le passage. Les tentes des Arabes sont sur la rive gauche. Zaggar se jette à la nage pour aider au passage des chameaux.

Dès une heure quarante-cinq, le passage est terminé; quand Maï est sur cette rive, j'envoie Makoura saluer avec lui Marabat, chef de la caravane; puis je distribue entre Maï et les Arabes les quartiers d'une biche que j'ai tuée le matin. J'achète deux énormes poissons secs de 20 kilogrammes pour 15 retals, soit moins de 50 centimes. Maï est campé plus à l'Ouest; je le joindrai demain. On a volé deux chameaux à la caravane; l'homme du Cheik, Settima, est à leur recherche. Tout le monde nous fait bonne figure; il faut espérer que la chose durera.

Enfin, nous avons franchi le grand affluent du Tchad; à la même époque, il y a un an, j'arrivais au bord du Niger.

Nous avons trouvé l'hyphème en grande abondance, une heure environ avant l'arrivée à Yo; mais il domine surtout sur la rive gauche du fleuve.

20 août. — Nous faisons séjour; j'achète un peu de mil et de blé, aussi un peu de riz, ces dernières denrées à des prix exorbitants; par compensation, le poisson est pour rien. On remet en état les peaux de bouc.

La caravane, définitivement constituée et réunie à Yo, se compose de :

1° Maï, mon guide, avec quatre chameaux et deux chevaux;

2° Ma caravane avec douze chameaux et deux chevaux;

3° Marabat-el-Hadj-Ali avec trente-cinq chameaux et un cheval;

---

1. Cheval que je lui avais donné et qui avait été jusqu'à Kouka la monture de Badaire.

Le passage du Komadougou à Yo.

4° Zaggar avec dix-sept chameaux et un cheval ;
5° Tarouni avec quatre chameaux et un cheval ;
6° Quelques Toubbous avec six chameaux.

Total : soixante-dix-huit chameaux, sept chevaux et quelques moutons;
Trente hommes en état de combattre ;
Trente jeunes esclaves.

Le soir, Maï me dit que le chef du fleuve exige 30 pièces pour le passage de ma caravane. Je l'envoie les chercher à Kouka. Maï m'a emprunté 2 pièces remboursables à Kawar; il me paraît intéressé plus que de raison, étant données mes marques de générosité. Zaggar abat un chameau qui a mangé des oignons; Maï m'envoie une épaule de mouton ; nous sommes en grande abondance de chair.

21 août. — Départ à cinq heures et demie. La route est horrible, plus mauvaise encore que les jours précédents. Nous campons à onze heures, après avoir franchi un marais très mauvais. La caravane est en entier réunie. Marabat paraît bien impatient. Les Arabes laissent marcher leurs chameaux à la mode du Nord, en kaflacad, c'est-à-dire libres, tandis que ceux des Toubbous et les miens, ou sont conduits à la main, ou sont attachés les uns derrière les autres.

Ces deux jours passés, le temps a été beau et les soirées d'une limpidité rare en cette saison. Il serait bien à désirer qu'il en soit ainsi quelques jours encore, pour me permettre de prendre les latitudes de Barroua et de N'Guegmi, puisque les longitudes me sont impossibles.

L'hyphème a disparu dès la deuxième heure de marche.

22 août. — Nuit bonne. On lève le camp à cinq heures vingt pour camper à neuf heures quinze à Barroua; marche lente : 10 à 12 kilomètres.

J'ai fait hier après midi visite à tous les membres de la caravane. Marabat est malade : il a la diarrhée ; je lui envoie du bismuth et deux pilules d'opium. Il m'a envoyé ce matin, avant le départ, un bon litre de lait de chamelle.

Barroua, situé sur un groupe de deux mamelons qui surplombent la plaine d'une dizaine de mètres, est en ruine. C'est une misérable agglomération sans aucune importance : tata ruiné en terre noire de marigot.

En m'éloignant sur le flanc de la colonne, j'ai vu des biches à foison ; mais impossible d'en abattre une seule.

Le bois manque totalement à Barroua ; nous avons dû en apporter du campement d'hier.

Je n'ai aucun moyen de déterminer Barroua, malgré la lettre de mes instructions.

1° Mes chronomètres sont arrêtés[1] ;

2° Toute distance lunaire est impossible, la lune étant à son vingt-huitième jour ;

3° Le temps, sauf ces trois jours derniers, s'est maintenu constamment couvert.

J'obtiens dans la nuit une latitude par Véga.

23 août. — Départ à cinq heures cinq minutes ; la marche est excellente ; à six heures et demie nous sommes en vue du Tchad que nous côtoyons jusqu'à onze heures quarante, heure à laquelle nous campons à N'Diédi.

Le temps menaçant au départ a crevé vers sept heures et demie, et une heure durant nous avons eu une petite pluie.

Marche : 26 kilomètres au Nord-Nord-Ouest.

Une tornade menace à la nuit, mais se réduit à un vent violent et frais qui assure à tous une bonne nuit.

24 août. — Départ de N'Diédi à cinq heures vingt. Marche très bonne ; on est à N'Guegmi, au bord du lac, à onze heures dix.

Nous avons eu en route plusieurs échappées très nettes sur le Tchad. L'eau est franche, le lac est dans son lit. N'Guegmi est situé sur le bord même du Tchad, en dedans d'une presqu'île qui détermine deux anses, dont celle que nous avons longée doit être fermée en saison sèche.

Longue conversation avec Zaggar. Au sujet de Maï, il me dit que c'est un homme sûr, mais âpre au gain ; je me suis aperçu de ce dernier défaut à diverses reprises, et aujourd'hui en particulier.

Marabat, qui m'a envoyé du lait hier, m'en envoie ce soir encore pour me remercier de ce que je lui ai donné pour sa diarrhée.

Ambre et grands anneaux d'argent forment la parure ordinaire des femmes kanembou des bords du Tchad. Beaucoup sont réellement jolies.

25 août. — Séjour à N'Guegmi. Je dois infliger une leçon à Maï,

---

1. Nos chronomètres ont tous deux refusé le service à Kouka après deux ans de marche ; les huiles étaient desséchées.

Campement des bords du lac Tchad près du village de N'Guegmi.

qui s'est chargé d'acheter pour moi poisson et mil et qui le prend avec un sans-gêne par trop grand. Il veut me vendre une brebis impotente à un prix d'éléphant; je la refuse; il en arrive à me l'offrir. Il m'emprunte 3 pièces, total 5, toujours payables à Kawar.

Pendant le séjour à N'Guegmi, on revoit les charges, on abreuve les animaux, on fait des achats de poisson sec pour toute la route. Ces poissons proviennent du lac; ce sont des carpes énormes; j'en ai acheté de plus de 70 centimètres de long et de 40 de large.

Les pêcheurs se bornent à couper la tête et la queue; ils les ouvrent ensuite, enlèvent la grosse arête du milieu et les laissent sécher au soleil, sur le sable.

Ainsi préparée, la chair possède un goût âcre extrêmement désagréable et qu'il est impossible de faire disparaître, même par un séjour prolongé dans l'eau froide ou chaude. A l'apparence et au goûter on dirait assez bien de la morue de mauvaise qualité.

En dehors de l'approvisionnement nécessaire pour la route, les caravanes emportent toujours un certain stock de poisson pour échanger à Kawar, et même dans le Fezzan, contre des dattes. C'est une marchandise de très facile défaite, les habitants en étant très friands: mais je crois que la raison vraie de l'estime de ces gens pour le poisson séché du Tchad a pour cause la rareté excessive de la viande de boucherie.

26 août. — Départ, à cinq heures dix, des bords du Tchad. Nous entrons dans des dunes fixes; la route varie du Nord 20 degrés au Nord vrai. A peu de distance nous traversons des formations crétacées qui affleurent par larges bancs.

De cinq heures cinquante à six heures quarante, nous traversons des lougans, où le mil est peu prospère, les derniers mils du Soudan! A neuf heures vingt-cinq, après une marche bonne, nous campons; le puits n'est pas loin; nous y irons ce soir.

Dunes de sable fixes, végétation peu florissante, acacias, tamaris, caparis soddata. Mais tout est vert, il semble même qu'il a dû pleuvoir beaucoup cette nuit; au campement, nous avons eu à peine quelques gouttes d'eau.

A midi trente-cinq, on se remet en route pour gagner le puits; à une demi-heure du campement, sur la gauche de la route, dans un bas-fond, est un emplacement de puits qui doit être le Bir-Azi. A trois heures quarante, on campe au Bir-Métimé (toubbou), Bir-el-Mam pour les Arabes.

C'est un cirque au milieu des dunes qui, assez abruptes au Nord, ont une pente très douce du côté du Sud. Les puits assez nombreux qui s'y trouvent contiennent une eau fortement saline; ils sont creusés par les indigènes qui viennent laver les terres pour en extraire le sel (manda); il s'y trouve de nombreux vestiges de moules et de fourneaux.

Le guide craint que nous ne trouvions pas d'eau au Bir-Koufeï; nous devons gagner Bedouaren (Belgadjifari) en trois jours (et j'arrivai le quatrième). Emport de vingt-quatre peaux de bouc d'eau.

Je suis le médecin de la caravane; outre Marabat, Tarouni est venu me demander de la quinine, puis Zaggar me demande de soigner son cheval.

27 août. — Séjour le matin pour achever de remplir les outres.

Départ à midi dix. Nous passons Bir-Alo (desséché) à cinq heures, et à cinq heures vingt nous prenons campement. Tornade qui ne donne que peu d'eau, et aussi un peu de pluie durant la nuit. J'ai perdu beaucoup d'eau en route; nous avons emporté vingt-quatre peaux, mais beaucoup fuient; on a chargé deux chameaux avec huit outres; mais, lorsqu'il en est ainsi, les peaux se drainent et laissent perdre beaucoup. Je fais faire le plein le soir; distribution faite, il reste quatorze outres pleines.

28 août. — Départ laborieux à quatre heures quarante; à huit heures trente-cinq, on campe au Bir-Koufeï, qui est desséché; formations calcaires, ou mieux calcaires desséchés.

Maï, qui, hier, a voulu m'emprunter des peaux vides, veut aujourd'hui une peau pleine; je la lui refuse.

Zaggar a perdu son cheval, d'une indigestion de mil, je crois.

Je finis, sur les instances de Maï, par lui donner une outre avant le départ, parce qu'il m'affirme que nous serons à l'eau le lendemain; il veut changer la route, parce que ses peaux n'ont pas tenu l'eau, et que Marabat, dont la caravane marche dans le plus grand désordre, n'en a guère.

A midi quinze, on part; à trois heures vingt, nous passons le Bir-Outâma (à sec); ce n'est qu'à huit heures que nous campons.

29 août. — A onze heures et demie, réveil; à minuit vingt, on est en route. Enfin, à neuf heures vingt, nous campons au Bir N'Gourtougou

(toubbou), Karoungou (arabe), mais le puits s'est effondré; il reste une

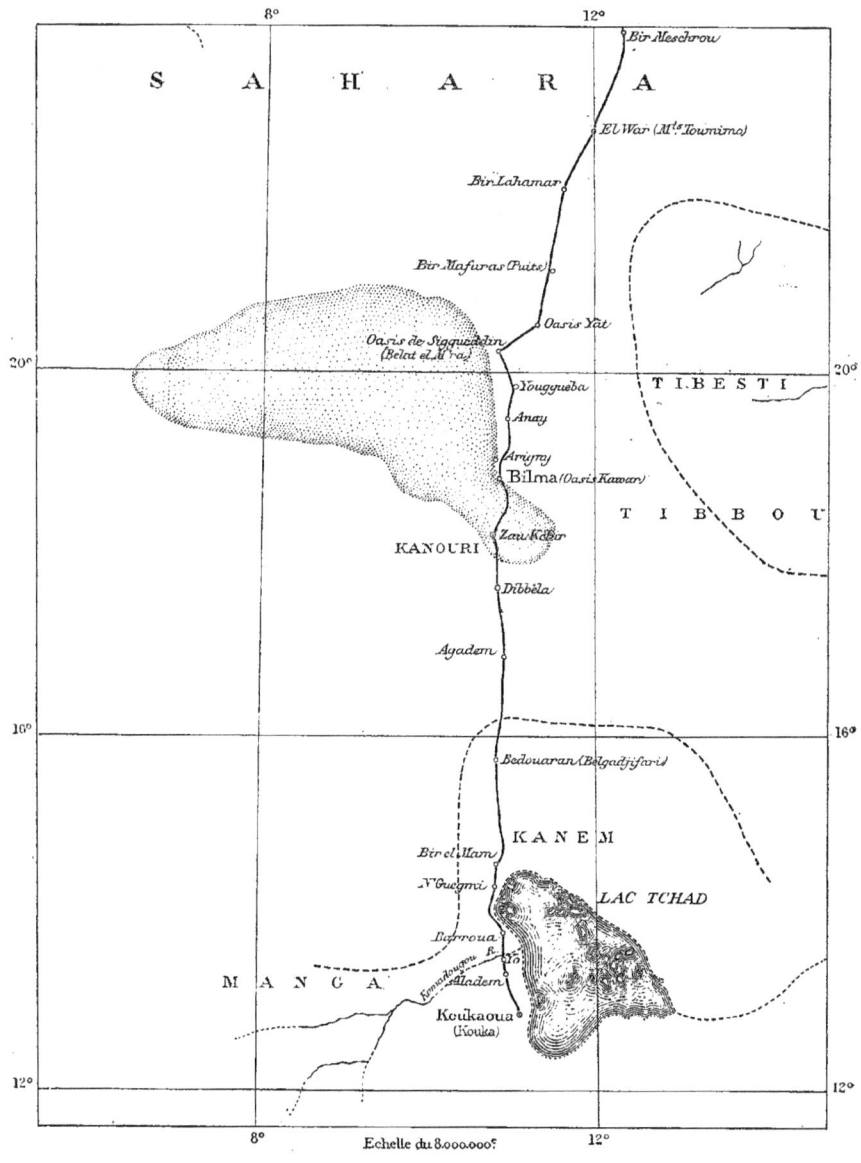

De Kouka à Bir-Meschrou.

mare qu'on a tôt fait d'assécher. Cela me rappelle assez bien Gastiatbé.

Malgré les récriminations des hommes, qui ont été des plus mous, je suis arrivé avec six peaux de bouc. On ne saurait négliger cette précaution d'arriver avec de l'eau au puits, quitte à la jeter une fois qu'on s'est assuré que le bir (puits) n'est pas mat (mort), comme disent les Arabes; sans cette précaution, on pourrait se trouver dans un grand embarras avant d'avoir terminé les travaux de curage ou de réfection.

Ce cas est assez commun sur cette route où il ne passe guère plus de deux caravanes par an.

Maï pense gagner Bedouaran demain dans la matinée, mais on partira après midi, pour marcher partie de la nuit.

Décidément, c'est bien de la dure route!

A deux heures quinze, on reprend la marche, pour camper à sept heures dix au fond d'une dépression où il n'y a plus d'eau, mais où des mares devaient exister il y a quelques jours encore. La végétation forestière s'éclaircit peu à peu, les graminées seules subsistent, mais prennent déjà l'apparence de la végétation des terrains de sable.

30 août. — A minuit cinquante, on se remet de nouveau en marche; vers quatre heures du matin, les arbres disparaissent, pour ne laisser qu'une maigre végétation herbacée et quelques tamaris.

Grandes dunes, toujours de même direction Est-Ouest. Sable dur; dans les bas-fonds, formations calcaires par bancs. Nous arrivons ainsi à Bedouaran (toubbou), Belgadjifari (arabe), à neuf heures cinq.

Tout le monde est épuisé par cette marche ultra-rapide. Depuis le 27, à midi, nous avons fait, avec les lacets, plus de 160 kilomètres; les hommes et les animaux n'ont pu reposer. Marabat est mécontent et a affecté de ne plus vouloir continuer, mais Maï a été inflexible. Il est arrivé à onze heures. Il a beaucoup d'enfants; il a dû en mettre sur les chameaux. Mais il est merveilleux de voir comment les bambins ont supporté cette marche énorme; il est des enfants de cinq et six ans, beaucoup de huit à douze ans, qui l'ont faite sans fléchir. Mes hommes, à moi, sont amollis; ils ne pensent qu'à se gorger d'eau.

On fait boire les chameaux après midi; l'excessive maladresse et la négligence de mes hommes provoquent des incidents désagréables.

31 août. — Tout le monde se lève après une bonne nuit de repos.

Nous avons eu dans la journée d'hier, vers quatre heures, un coup de simoun.

En causant, Zaggar et Maï me disent que c'est ici une mauvaise station, à mi-route de Kawar, à sept jours des Touaregs, autant du Kanem. De même, Agadem n'est pas sûr; quand, sur un de ces points ou en route, on trouve des gens, on ne parlemente qu'à coups de fusil.

Ici les puits sont au nombre de deux; un troisième, comblé, revêtu en bois; on a curé le meilleur, mais l'eau en est bonne.

Jusqu'ici, et pendant une journée encore, la route est marquée, mais dans la Tintoumma on ne marche qu'en se dirigeant par les étoiles.

Maï compte mettre trois jours et deux nuits pour gagner Agadem. On devait partir demain matin; on ne partira que demain à midi.

Plus de bois à trouver; on marche sans cesse.

La limite des pluies régulières est bien portée d'après Clapperton; d'ailleurs le point de Bogghechimga me semble être N'Gourtougou.

J'attribuerais volontiers la formation de ces bancs de calcaires récents à ce fait que le fond de la mer Saharienne était tapissé, comme le Pacifique, de bancs de coraux (madrépores) qui, lors du soulèvement général, sont venus presque à la surface, recouverts seulement d'une couche de sable, variable comme épaisseur.

Les eaux du ciel, drainées par les dunes, pénètrent jusqu'à cette couche; grâce à leur légère activité, elles attaquent cette couche calcaire. Lorsque le soleil pompe de nouveau cette eau, elle remonte sous forme de vapeur au travers de la couche de sable; cette vapeur est chargée d'acide carbonique et aussi de carbonate de chaux qui se dissout dans les eaux qui sont restées à la surface du sol; celles-ci évaporées, les carbonates et bicarbonates se déposent. Il se forme, en un mot, une sorte d'agglutination de sable et de chaux. Si je puis mieux m'exprimer, je dirai que c'est une sorte de pétrification des sables.

1ᵉʳ septembre. — Dès le matin je fais remplir vingt-six peaux de bouc, tout ce que je possède.

Départ à dix heures cinquante-cinq; à midi quinze paraissent les premières touffes de hâd[1]; la végétation forestière n'a plus que quelques très rares représentants; elle disparaît complètement vers six heures, heure à laquelle nous entrons dans la Tintoumma, vaste plaine de sable ondulée, avec une végétation très claire de hâd et d'herbe à panache[2].

---

1. Excellent fourrage pour les chameaux.
2. Sorte de graminée jaune de 20 à 25 centimètres de hauteur et qui est le seul fourrage qu'on trouve dans le Sahara pour les chevaux. Les chameaux aussi l'aiment beaucoup.

Nous campons à sept heures cinquante-cinq à un beau memnep (acacia) isolé ; la route a été Nord vrai.

Le chameau de Settima arrive à bout de forces ; je n'en serais pas fortement embarrassé si je n'avais un de mes hommes à faire porter et si je ne devais prendre de l'eau en quantité, car les hommes sont d'une faiblesse extrême contre la soif.

A une heure quarante-cinq, on repart ; bientôt mon chameau est à bout, je dois l'abandonner. A sept heures quarante-cinq, nous campons; même aspect général du terrain.

A deux heures vingt-cinq, on repart ; je sais que l'intention de Maï est de gagner Agadem demain. Les Toubbous, dont les charges sont très lourdes, ne peuvent emporter d'eau.

A neuf heures et quart, on s'arrête ; je fais demander à Maï si son intention est de continuer d'une traite; il a répondu affirmativement. Je me mets en violente colère ; on ne m'a pas prévenu, je n'ai pas de repas pour les hommes, et en outre c'est le moyen de jeter bas tous les chameaux, ce qui est, je crois, le but du guide, pour me forcer à en acheter ou à en louer à Dirkou. C'est d'ailleurs son sujet habituel de conversation depuis plusieurs jours déjà.

A neuf heures cinquante, on repart. L'aridité de la vaste plaine ondulée va s'accentuant et, par places, affleurent des bancs de roches plutoniques ferrugineuses et des crêtes de même nature, sans relief au-dessus du sol environnant; on les appelle barkadama-dama.

On va, on va toute la nuit, avec coups de tabala à l'avant et à l'arrière pour qu'on ne s'égare pas : c'est que là toute trace s'efface vite, et dans l'océan des sables la caravane mouchette à peine de quelques points noirs la zone qu'elle traverse.

3 septembre. — On veut sortir de nuit, parce que la polaire est le guide le plus sûr; de jour on s'égare trop facilement, il y a des diables, disent les Toubbous, qui se jouent de l'homme dans ces solitudes et l'éloignent de la bonne voie.

Quand, à quatre heures quarante-cinq, l'aube se lève, nous pouvons discerner devant nous les noirs rochers de la chaîne d'Agadem qui courent Nord-Ouest-Sud-Est. A huit heures et demie, nous campons à l'oasis; nous avons marché vingt heures. Je suis très fatigué, car je n'ai pu reposer que deux heures depuis quarante-huit heures.

Cette traversée de la Tintoumma est restée dans mon souvenir comme une des plus poignantes émotions de ma vie de voyageur. J'ai eu dans cette nuit terrible la perception angoissante de cet infiniment petit qui est l'homme, perdu dans cet infiniment grand qui est l'espace. Dans la nuit, à la clarté crue de la lune, l'immense plaine sans ondulation, sans vie, semble se confondre avec le ciel sans que le moindre trait d'horizon en souligne la démarcation; la caravane se déplace en silence, dans un recueillement sépulcral; tout prête à l'illusion du néant; le sens ne connaît plus la distance, la lumière se diffuse sans préciser les contours de l'objet.

« On voit des diables dans la Tintoumma, » disent les Arabes. Ces diables, je les ai vus.

J'ai dit les heures de marche du 2 et du 3 septembre. Lorsque ce jour, Maï donna l'ordre de faire accroupir les chameaux sans les décharger, j'ai dit que j'avais marqué mon étonnement de n'avoir pas été prévenu, si bien que je n'avais de repas préparé ni pour mes hommes, ni pour Badaire et moi. Lorsqu'on repartit à neuf heures cinquante, à la fatigue de la marche et de l'insomnie devait s'ajouter bientôt celle plus pénible de l'épuisement.

Il n'est pas onze heures que mes hommes prennent tous les prétextes pour rester en arrière et s'asseoir. Quand je constate leur absence, je retourne les chercher; car, s'ils s'endorment, c'est la mort certaine. De gré, de force, je leur fais rejoindre la caravane; mais bientôt moi-même je suis à bout, mon cheval aussi. Malgré toute mon énergie, un sommeil de plomb envahit mes paupières, je ne puis réagir; de même mon cheval, de temps en temps, s'arrête et s'endort, l'espace de quelque secondes, c'est vrai, mais assez pour que moi-même je me réveille.

Ce que je sens bien, c'est que, si je pouvais dormir quelques minutes seulement, deux ou trois, pas davantage, cet impérieux besoin disparaîtrait. Un de mes hommes avait trouvé le moyen de sacrifier au sommeil : sachant que je le réveillerais en temps utile, il partait comme un fou jusqu'au chameau en tête de la caravane et arrivé là, comme une masse, il se laissait aller sur le sol; instantanément il s'endormait; lorsqu'il arrivait à ma hauteur, quoique son assoupissement n'eût pas duré plus de deux minutes, car la caravane marchant très serré n'avait pas une centaine de mètres de longueur, j'avais grand'peine à le tirer de sa léthargie. Ne pouvant plus résister, j'entrepris de tenter la même expérience. Arrivé à la tête de la caravane, je me laisse tomber à terre et je m'endors, la bride de mon cheval dans la main. Toutefois je gardais le sentiment de la perception des bruits; j'eus parfaitement conscience que la caravane s'écoulait, puis que la queue me dépassait. Un moment encore je l'entendis s'éloigner, puis plus rien. Je me lève en sursaut, je saute sur mon cheval. J'étais bien éveillé. Je cherche des yeux la caravane, je ne vois rien; je prête l'oreille, je n'entends rien; la peur m'envahit, je veux chercher la polaire, je ne puis la trouver: la réflexion me vient que même en marchant sur elle je puis passer près de la caravane sans la voir. Cette idée m'affole; j'ai la tête perdue, une angoisse terrible me saisit à la gorge. J'appelle, on ne me répond pas.

Il me faut une force surhumaine pour reprendre un peu de sang-froid: les astres dansent devant mes yeux fatigués, la plaine de sable me semble une muraille d'une hauteur vertigineuse.

Enfin, je me ressaisis, je retrouve l'étoile à sa place dans le ciel, et je me mets en route, stimulant mon cheval. Je n'avais pas fait 300 mètres que je joignais la queue de la caravane. Je fis consciencieusement, on peut le croire, mon métier de chien de berger jusqu'au matin; mais les Arabes ont raison, « il y a des diables dans la Tintoumma, qui prennent plaisir à égarer le voyageur ».

Quelques rares bouquets de sivak font tache de verdure dans le milieu de la cuvette de 2 kilomètres de long sur 3 de large, qui s'étend à l'ouest de la crête rocheuse. Agadem est une cuvette que les pluies, quand elles sont abondantes, transforment passagèrement en un petit lac sans profondeur. Les eaux ont disparu de la surface; mais, comme sur la couche rocheuse imperméable s'étend une grande épaisseur de sables, l'eau des dunes et des rochers s'amasse au milieu de ceux-ci, et il suffit de creuser à une profondeur de 50 à 70 centimètres pour l'obtenir. C'est improprement que l'on parle des sources d'Agadem, il n'y en a point, sauf dans la montagne peut-être; mais, comme sur la côte du Sénégal, au pied des dunes ou dans les lits sablonneux de rivières desséchées, on trouve l'eau sur nombre de points de la cuvette à très faible profondeur.

Vers quatre heures et demie du soir, nous avons eu une alerte et aussitôt tous les hommes de la caravane de donner essor à leurs instincts guerriers, pendant que les guides allaient dans le Sud à la découverte de ceux que nous croyions avoir à redouter et qu'on disait

La caravane dans la Tintoumma.

être des Toubbous-Daza. On sut bientôt que c'étaient quelques hommes de Kawar filant sur Kouka avec des dattes. Ils donnèrent à Maï de bonnes nouvelles de Kawar.

Mon personnel se fait mal à ces fatigues qui demandent une énergie soutenue; j'ai trop gâté mes hommes, et à tout instant je suis obligé de recourir à des moyens de rigueur.

4 septembre. — Séjour à Agadem. Quatre Toubbous, avec quatre chameaux chargés de venaison sèche et des chiens, sont arrivés hier à la nuit. J'achète un sac de lahm[1]. Maï me dit que pour l'emporter plus facilement je pourrai le faire piler à Kawar.

Zaggar est, je crois, un brave homme, assez droit, généreux en tout cas. Il m'a donné un vase de beurre, un autre contenant de la viande conservée dans le beurre, deux calebasses en bois, le tout remboursable à Mourzouk. D'un vase de beurre, Maï qui est décidément un personnage très âpre, m'a demandé 11 talaris.

Marabat, que je soigne et dont j'ai conquis les bonnes grâces de ce fait, m'a fait la gracieuseté hier, au lever du jour, alors que tout le monde était harassé par une nuit de marche, de m'envoyer un demi-litre de lait de chamelle; j'ai été très sensible à cette délicatesse, d'autant plus que nous avons dû marcher quatre heures encore.

On a fait ce matin du fourrage pour quatre jours pour les chevaux, jusqu'à Zau: il n'y a en effet, au long de la route, que de la pâture pour les chameaux.

L'après-midi est torride, aussi bien que la matinée de huit à onze; mais à sept heures il se lève une brise forte, peu régulière comme direction, qui rend la chaleur de midi supportable, mais soulève les sables.

La salubrité de l'air et du sol est absolue; sans ce fait on ne pourrait, je crois, résister aux fatigues excessives que l'on est obligé d'endurer.

Les environs du campement sont dénués de toute végétation et c'est très loin qu'on a dû chercher la paille. La plaine riche en herbages, marquée sur la carte, est pure fiction.

5 septembre. — Séjour le matin, départ à midi quinze; c'est à une heure quarante-cinq seulement que nous arrivons à la lisière de l'oasis.

---

[1] Viande d'antilope séchée.

La pente de celle-ci est Nord-Sud, inclinant vers l'Ouest. Elle occupe le fond d'un cirque bordé au Nord-Est et à l'Est par des montagnes de 100 mètres environ de hauteur; de l'autre, ce sont des dunes qui forment le circuit. Ces montagnes rocheuses sont constituées par des grès ferrugineux, comme aussi la sole de l'oasis; mais en nombre de points se montrent des affleurements de gypse, soit par bancs, soit par intumescences.

Les dunes sont dénudées et sont souvent modifiées par les tourmentes; la pente abrupte est du côté du Nord.

Péniblement nous nous élevons jusqu'au col où passe la direction de la route; nous n'atteignons ce point qu'à deux heures trente-cinq.

La partie septentrionale de l'oasis est beaucoup plus riche en végétation que la partie sud. Les essences y sont plus nombreuses et atteignent un plus grand développement. Il y a plusieurs bouquets de palmiers d'Égypte, tandis qu'un seul sujet existe au Sud.

La marche se continue ainsi au milieu de dunes dont l'ascension mais surtout la descente sont très pénibles. Aucune trace de végétation, ou seulement des racines de plantes desséchées. Le vent a fait son œuvre et enseveli sous les sables mouvants la plaine riche en herbages et les antilopes de la carte.

La marche se poursuit très lente; il fait très chaud, avec une bonne brise, heureusement.

A trois heures cinq apparaissent quelques maigres touffes d'herbe, et c'est toujours la mer de sable aux larges ondulations privées de vie, la solitude sans horizon, sans autre repère que le ciel.

Ce n'est qu'à six heures cinq qu'on trouve quelques menues plantes fourragères pour les chameaux. On campe à sept heures cinq.

6 septembre. — Départ à une heure vingt du matin; même aspect désolé; à sept heures nous campons parce qu'on a trouvé quelques rares herbes.

A deux heures quinze après midi, la marche reprend; à quatre heures, grâce au mirage, nous apercevons les rochers Tiguerin et les roches de Dibbéla; à sept heures quarante, nous campons en plein sable, à hauteur des rochers Tiguerin.

La marche, Nord jusqu'à quatre heures, endure fortement l'Ouest à partir de ce moment.

7 septembre. — A une heure du matin, on repart; la marche, très

régulière, se poursuit jusqu'à six heures cinq, heure à laquelle nous arrivons à l'oasis de Dibbéla.

De dimensions restreintes, entourée, surtout à l'Est, de montagnes à demi ensablées, l'oasis présente quelques bouquets de palmiers et plus au Nord quelques arbres épineux. Elle est dominée de toute part par des dunes mobiles de 80 à 100 mètres de hauteur. L'eau s'y trouve à peu de profondeur comme à Agadem, mais elle a un goût détestable.

Un de mes chameaux a dû rester à la traîne, mais a pu rejoindre; je crains d'être obligé de l'abandonner.

Tout le plaisir de l'arrivée est gâté par Maï, qui déclare qu'on partira le soir à deux heures. Les Arabes n'en ont cure, pas plus qu'Hadj-Ali ou Marabat. Les animaux sont sur les dents. L'oasis est pauvre en fourrage, c'est vrai; mais il faut aussi compter avec les hommes, et ils sont éreintés. Je suis souffrant d'un violent point de côté qui m'empêche de respirer. J'envoie dire à Maï que, souffrant et ayant des animaux fatigués, je désire qu'on ne parte pas ce soir. Il répond que ce sera pour le lendemain.

Maï est d'une âpreté et d'un orgueil dont on peut difficilement se faire idée; avec cela, actif, intelligent et non dépourvu d'habileté. Ce qu'il cherche en ce moment, c'est à claquer la caravane pour faire à Kawar les affaires de ses compatriotes et les siennes propres.

La longitude à laquelle Dibbéla est portée sur la carte, par rapport à Agadem, n'est certainement pas exacte. Dibbéla est dans l'ouest d'Agadem.

En résumé, dans cette partie du Sahara, l'eau se trouve partout à peu de profondeur dans les sables, aussitôt que la roche affleure.

Le sous-sol est constitué par des bancs de roches qui retiennent les eaux dans les endroits protégés des mouvements des sables par les roches encore émergentes. Celles-ci se trouvent à peu de profondeur, mais sur la majorité des points.

Ces amoncellements de sables atteignent des hauteurs variant de 0 à 100 mètres. Les roches de Dibbéla sont celles d'Agadem; il s'y trouve un peu de gypse aussi et des fragments de quartz.

La sole de l'oasis de Dibbéla est à une cote moins élevée que celle d'Agadem. B = 480 mètres.

A onze heures dix du soir, on lève le camp et l'on se met en route. Dunes de sables mouvants sans végétation.

8 septembre. — On s'arrête à huit heures dix ; route Nord vrai. Au cours de cette route, j'ai dû abandonner un de mes chameaux. Total : deux depuis Kouka. Trouvé des sortes de vitrifications creuses et aussi des sortes de charbons de cornue qui auraient été délités par l'action des sables.

Nous repartons à deux heures cinquante-cinq. A cinq heures trente, nous sommes à hauteur de la montagne (Emi) Etioukoy-Imma n° 1. Nous campons à sept heures ; dure marche par le soleil, au milieu de dunes croulantes. La pente des dunes est, caractère général, abrupte du côté du Nord.

Avant de quitter le campement de midi, je me suis mis au côté gauche et aussi en arrière, sur la rate et le rein, deux carrés de toile vésicante. Je souffre horriblement d'un point de côté qui me tient tout le côté gauche de la poitrine. C'est, je pense, un engorgement de la rate. L'effet est considérable ; j'arrive au campement avec deux grandes poches d'eau. Je mets un cataplasme, puis, au moment du départ, je recouvre la plaie de bismuth et d'un linge fin. Ce point de côté, dont j'eus grand'peine à me guérir, qui en tout cas m'obligea à faire plusieurs jours de marche avec des vésicatoires, avait pour origine un coup de pied que j'avais reçu d'un de mes chameaux, dans la région gauche de la poitrine, pendant que je le marquais au fer rouge, la veille de mon départ de Kouka.

A onze heures quarante-cinq, on lève le camp de nouveau. Impossible de se rendre compte des directions et des distances, car on fait des lacets continus pour franchir les dunes. Les animaux fatiguent énormément, d'autant qu'il est impossible de trouver pour eux un atome de nourriture.

9 septembre. — A huit heures cinquante du matin, nous campons ; au jour nous avons relevé à 20 degrés au Sud-Est (Emi) Etioukoy-Imma n° 2. Nous avons aperçu depuis six heures les montagnes de Zau. J'ai bien souffert au cours de cette route, parce que le frottement du linge m'occasionne de l'irritation et que le résultat que j'ai cherché n'est qu'imparfaitement obtenu : le point de côté n'a pas disparu ; toutefois il y a une légère amélioration.

Quelques plantes permettent de restaurer les chameaux, mais les malheureuses bêtes n'en sont pas moins sur les dents.

A deux heures quarante, on repart. Même aspect ; toutefois on

Dans les dunes après Dibbéla.

peut mieux tenir la route; les dunes s'espacent. Cela va bien jusqu'au coucher du soleil, mais alors un de mes chameaux se couche. Le convoi a de l'avance; il faut renvoyer en arrière et surcharger les animaux en pleine nuit. Je finis par conduire le gros du convoi au campement à huit heures vingt, mais les hommes et les derniers animaux n'arrivent qu'à onze heures.

C'est une marche terrible; avec des animaux pesamment chargés, je ne l'eusse pas faite; cela, joint à mon état de santé, me laisse l'impression d'une des grandes fatigues du voyage, d'autant qu'il faut ajouter les nuits sans sommeil, qui sont quatre depuis le départ d'Agadem.

Zau-Kébir est un énorme rocher environné, à distance, d'autres moins importants qui, en arrêtant la marche des sables, maintiennent l'eau à faible profondeur et entretiennent une végétation qui repose de la monotonie et de l'écœurement de ces fastidieuses dunes. La végétation arborescente a de très beaux sujets assez nombreux; la provende pour les animaux est excellente. L'eau est bonne et abondante.

10 septembre. — Je me couche harassé, à midi vingt. La journée se passe à restaurer les animaux qui en ont un terrible besoin. Mais mes hommes sont d'une mollesse, d'une négligence impossibles à dépeindre. Au soir, deux chameaux sont égarés, j'ai eu cependant la précaution de mettre deux hommes ensemble et de les faire remplacer.

Je suis outré au dernier point de l'indigne conduite de tous mes hommes; leur mollesse peut amener de graves mécomptes, en faisant croire qu'ils sont sans résistance; or, avec les Toubbous et les Arabes, il est vite fait d'avoir mauvaise affaire. Je suis obligé de déployer une énergie, de montrer une rigueur sans pareilles, alors que mon état de santé demanderait que je pusse profiter d'un peu de repos. Je souffre horriblement de ce point de côté; l'abondante suppuration des deux premiers vésicatoires ne me procure presque aucun soulagement.

J'ai lieu de penser que Zau-Kébir et Zau-Kora sont un seul et même point[1].

11 septembre. — Nous partons à deux heures du matin de Zau-

---

1. *Kébir* veut dire grand en arabe; *kora* a la même signification en kanori.

Kébir, la route est au Nord ; quelques dunes, mais elles s'espacent de plus en plus ; les roches se multiplient, les lignes de dunes prolongent très directement les rochers vers l'Ouest, ce qui indique qu'elles s'établissent sous l'influence de vents du nord-est, puisque la pente abrupte est en outre au Nord.

Nous entrons dans le Zau-Saghaïr ou « Val pierreux »: des roches isolées de toutes formes et aussi des chaînons en constituent le circuit, qui est plus allongé dans le sens Nord-Sud que dans celui Est-Ouest ; ce sont des roches ignées ferrugineuses, des grès anciens et des gypses mous ; point de fossiles. Le pic le plus nord, que nous relevons à sept heures, en entrant dans les dunes, a une forme de soubassement de colonne surmonté par un cône très caractéristique ; ce piton sert de direction, de fort loin, en venant du Sud.

A neuf heures quarante-cinq, nous campons ; la grande roche qui signale l'emplacement de Bir-Mousketoun est au loin devant nous. Tout l'horizon est parsemé de roches plus ou moins bizarres de formes.

Vers quatre heures du matin, nous avons eu une alerte : Kirdy! kirdy (mauvais hommes)! Ce sont des Touaregs, affirme-t-on ; on a vu deux hommes au sommet d'une dune. Après un moment d'effervescence et des batteries de tabala[1], on se remet en route.

Un peu plus tard, vers sept heures, on charge sur deux hommes qui conduisent un chameau et quatre bourriquots. Ils donnent quelques dattes et l'on passe. Ce sont de paisibles gens de Kawar.

J'ai bien souffert de mon point de côté ; à peine puis-je me tenir à cheval.

A deux heures dix minutes, on reprend la route, les dunes s'espacent, nous sommes à Mousketoun à sept heures et demie ; les animaux ont besoin d'arriver, ils n'ont rien mangé de la journée. Fourrage et eau abondante dans un puits sans profondeur, au milieu des roches.

Quant à moi, je suis à bout ; je me mets un nouveau vésicatoire et me couche.

12 septembre. — Départ à trois heures et demie du matin. Au jour, nous distinguons très près les roches de Kawar, dont la plus

---

1. Gros tambour porté sur un chameau, qui sert à réveiller la nuit ou à faire rallier la caravane en cas de danger.

méridionale s'appelle Kilivi. A sept heures, après avoir tiré de nombreux coups de fusil, nous campons dans le bois de dattiers de Bilma. Attitude bonne de la population, pas trop d'indiscrétion, mais demande immédiate de médicaments. Je renvoie à l'après-midi.

On trouve ici un fourrage spécial pour les chameaux, appelé coïnder (safsaf par les Arabes). Zaggar, qui en a fait faire provision, m'en cède cinquante bottes, valeur de 1 thaler, remboursable à Dirkou. On m'envoie des dattes, même des dattes de Mourzouk.

Bêtes et gens ont besoin de repos.

Maï me parle déjà de vendre ou de changer mes chameaux.

Mon vésicatoire suppure abondamment, et, si la douleur n'a pas disparu, elle a notablement diminué.

Nous devons partir demain, mais Maï ne sait encore si nous irons à Dirkou dans la journée.

Les Arabes resteront ici demain. Ils ont du fourrage, des provisions ; ils veulent faire manger leurs animaux, disent-ils.

J'arrête ici momentanément la copie de mon journal, pour traiter quelques questions générales. J'ai dit pourquoi j'ai tenu, pour la traversée du Sahara, à conserver la sécheresse du journal : c'est uniquement pour que les renseignements soient plus apparents et plus faciles à utiliser et à contrôler.

Je voudrais dire en deux mots comment marche une caravane au désert.

Un principe rigoureux, c'est qu'une fois la caravane formée, aucun des éléments ne doit se séparer ; la division serait la perte.

Au signal donné par le guide ou le chef de la caravane, on doit abattre les tentes et charger. On se met en route aussitôt que tous les chameaux sont chargés.

En tête de la caravane le guide met un chameau conduit en main qui ait le pas bien égal. Les Arabes ont coutume de laisser leurs animaux marcher en kafla, c'est-à-dire en troupeau ; ils peuvent ainsi manger en marchant, et leurs conducteurs se bornent à stimuler les retardataires en se dirigeant vers eux.

Les Toubbous conduisent toujours leurs chameaux en main ou amarrés l'un derrière l'autre. Les charges ne sont que posées sur le bât, en équilibre ; le bât lui-même est seulement posé sur le dos de l'animal, sans poitrail ni sous-ventrière. Si une charge tourne, le conducteur qui surveille de derrière se porte vers le chameau en faisant entendre un claquement de langue ou un sifflement particulier. Instantanément l'animal s'accroupit; en un tour de main la charge est replacée, et sans autre indication l'animal se relève et rejoint les autres. Les Arabes, et particulièrement les hommes du Fezzan employés par les caravaniers, sont d'une habileté surprenante pour l'arrimage des charges et la conduite des chameaux; deux ou trois hommes suffisent pour charger une trentaine de chameaux et les conduire.

J'avais douze hommes et autant d'animaux, et jamais je n'ai pu avoir un seul animal convenablement chargé. J'ai fait, tout le long de la route, aidé de Badaire, le métier de chamelier.

Arrivé à l'endroit où l'on veut camper, le chef de la caravane indique l'emplacement de chaque groupe. On décharge, et immédiatement on conduit les animaux aux pâturages. Si l'on est à un puits, on fait boire les animaux le jour même, et, si l'on doit séjourner, ils partent pour ne revenir que de manière à être abreuvés de nouveau avant le départ.

Tous les Arabes sont munis pour toute la route de tentes coniques sous lesquelles ils couchent et où ils placent leurs marchandises précieuses. Au camp, on se repose, on se visite, on s'invite; de temps en temps on envoie d'une tente à l'autre une friandise; presque chaque jour on prend le thé. Les Arabes en caravanes sont grands amateurs de thé, qu'ils prennent très fort. Avant d'entreprendre une marche pénible, ils en prennent trois ou quatre tasses, afin de lutter contre le sommeil.

La route du Bornou à Mourzouk est incontestablement la plus dure de toutes celles du Sahara. Non pas que les points d'eau soient très distants, mais à cause des dangers qu'elle présente et du peu de fourrages qu'on y rencontre. Les Touaregs et les Oulad-Sliman du Kanem tombent fréquemment sur les caravanes, et les Toubbous, pour les éviter, ne prennent aucun repos. La marche de nuit ne serait pas possible dans toute la région entre le Tchad et Kawar si la route n'était exactement dans la direction du nord du monde. Il n'y a en effet aucune trace de sentier; seulement quelques repères fixes de distance en distance, mais la polaire est la meilleure des directrices. Quand, au lieu d'aller dans le Nord, les caravanes se rendent dans le Sud, alors fréquemment elles s'égarent.

La marche dans cette dernière direction est aussi beaucoup plus pénible pour les animaux, parce que le chameau n'est pas construit pour pouvoir s'élever sur une pente un peu raide. Or, je l'ai dit, les dunes sont à pic du côté du Nord; les chameaux doivent donc faire l'ascension des pentes raides en allant dans le Sud, tandis qu'ils les descendent en se dirigeant vers le Nord. Pour ces causes, on compte cinq à six jours de route en plus pour aller de Kawar à Kouka que pour faire la route inverse.

Il faut, je l'ai dit, toujours arriver aux puits avec de l'eau. L'eau se transporte dans des peaux de bouc tannées entières avec leur poil. Le cou sert à fermer l'outre au moyen d'une corde fortement serrée; il sert aussi à la remplir au moyen d'un entonnoir de fort calibre. Aux pattes sont amarrées de fortes cordes assez longues pour passer par-dessus le bât, de manière que deux peaux soient suspendues en s'équilibrant contre chaque flanc de l'animal.

En marche, quand on veut donner à boire aux hommes, on arrête un chameau porteur d'outres. On délie la corde qui ferme la gueule et on laisse couler l'eau dans un récipient.

Pour bien tenir l'eau, les peaux de bouc doivent être graissées avec soin au départ, et, chaque fois qu'une outre est vide, on doit la plier quand elle n'est pas tout à fait sèche encore.

On ne doit jamais laisser monter les hommes sur les chameaux quand ceux-ci ont une charge.

Le chameau est un animal quinteux, hargneux, difficile à nourrir, mais résistant et docile. On ne doit jamais le frapper sur la tête. Chez le chameau fatigué, la tête se congestionne très vite; on s'en aperçoit au battement précipité des paupières; le remède est de lui projeter du jus de tabac dans les yeux; c'est généralement suffisant. Si le mal ne cède pas, il faut saigner l'animal. Pour cela, on le fait lever et on lui incline la tête le plus bas possible en passant en même temps fortement la main sur l'encolure; la veine du chanfrein se gonfle; on prend alors un couteau; on pose le tranchant de la lame sur la veine, et soit avec la main, soit avec un petit bâton, on donne un coup sec sur le dos de la lame. Le sang gigle immédiatement. Il est noir; on le laisse couler jusqu'à ce qu'il soit redevenu vermeil; il suffit alors de laisser l'animal relever la tête pour que la saignée se ferme d'elle-même.

Un accident très fréquent chez les chameaux auxquels on donne des dattes est l'indigestion, dont le signe est la constipation. Sans perdre de temps, il faut saigner l'animal à la veine jugulaire, à une longueur de main de la naissance de l'oreille, puis lui faire absorber toute l'eau qu'il veut boire. Ne pas le charger de deux ou trois jours.

Une maladie très fréquente chez le chameau, très contagieuse et aussi très tenace, est la gale. Les caravaniers emploient, pour la guérir, un remède souverain : c'est une sorte de brai fait avec des noyaux de dattes pelés et, je crois, de l'huile. Avec cette substance on enduit les parties attaquées, et, avec un bouchon très rude de paille ou de feuilles, on frotte jusqu'à enlever la peau, de manière à faire pénétrer le médicament. Une caravane doit toujours posséder ce médicament, car la gale fatigue beaucoup les animaux.

Nous étions arrivés à Bilma le 12 septembre au matin. Bilma est la localité la plus sud de l'oasis de Kawar ou de Bilma.

L'oasis de Kawar est constituée par une immense barrière rocheuse qui s'étend du Nord au Sud sensiblement, sur une longueur d'environ 80 kilomètres.

A l'abri de ce rocher qui la protège de l'envahissement des sables, sous l'influence des vents de nord-est, s'étend une contrée qui n'a guère plus de 3 à 4 kilomètres de large dans la partie la plus étendue.

Grâce à la présence de l'eau qui s'y trouve partout à très faible profondeur, une végétation abondante de dattiers s'est développée dans les sables. Les fruits sont d'ailleurs de qualité très médiocre. Hors de ces dattiers, les productions de Kawar sont nulles, car il ne faut pas faire entrer en ligne de compte pour la nourriture de la population les quelques hectares de mil et de maïs et les jardins qui ne donnent quelques produits qu'à la condition d'être irrigués artificiellement.

La richesse de l'oasis réside dans l'exploitation des salines de Bilma. A l'inverse de ce que dit Barth, il n'est pas nécessaire d'inonder les terrains salifères pour obtenir le sel. Celui-ci se forme naturellement à la surface du sol par évaporation. J'ai vu que partout l'eau sourdait à la surface du sol, ou se trouvait à très faible profondeur. Les terres salifères sont en général aux pieds des dunes. Elles sont imprégnées par l'eau que celles-ci emmagasinent. Ces eaux traversant les couches salifères se chargent de sel ; pompées ensuite par les rayons solaires

Arrivée à Bilma.

vers la surface du sol, elles l'entraînent avec elles, et celui-ci se dépose quand elles se sont évaporées.

La fabrication du sel à Bilma consiste donc à le ramasser. Mais, pour le transformer en pains plus portatifs, on est obligé de saturer des eaux avec les sels recueillis et d'évaporer celles-ci à chaud dans des moules.

Le sel est l'unique ressource de l'oasis; sa vente permet aux habitants de se procurer les céréales, les vêtements qui leur manquent. Nous avons vu que l'aïri qui vient chaque année d'Asben leur apporte céréales et vêtements.

En dehors du commerce avec les Touaregs d'Asben, les habitants de Kawar font directement le transport de leur sel et de leurs dattes à Kouka.

Les habitants de Kawar appartiennent à la race tibbou ou toubbou. On les désigne sous le nom de Toubbous-Dirkou. Je crois que cette race est le résultat du croisement des populations du Fezzan avec les Kanori du Bornou. Ils sont noirs sans exception, de taille moyenne, souples, nerveux, endurants à toutes les fatigues et privations inhérentes à la vie du Sahara, mais à un degré moindre que les Toubbous-Reschad ou Toubbous des Rochers, habitants du Tibesti. Ils sont en général de mœurs douces, de tempérament peu guerrier, à cause probablement de leurs habitudes de commerce, sans lequel ils ne pourraient vivre. Au contraire, les Toubbous-Reschad sont arrogants, querelleurs, sans cesse par les routes, en quête d'un pillage. Il faut dire que le Tibesti ne produit que quelques dattes et des chameaux renommés, mais qu'il est éloigné de toute route commerciale un peu fréquentée.

Le chef, chez les Toubbous, porte le nom de Maï, les notables celui de Maïna. Le Maï est élu par l'assemblée des Maïnas.

La capitale de l'île est Dirkou, méchante bourgade immonde au bord d'un petit lac salé. Un castel en ruine et quelques cases infectes ne valent pas les honneurs d'une description. D'ailleurs le Maï n'y habite pas; sa résidence est à Aschenouna, dans la montagne.

La ville principale est Bilma, située à la pointe sud de l'île, dans un très beau bois de dattiers; puis vient Anay, à la pointe nord, protégée par un castel construit dans les roches, auquel on ne peut accéder qu'avec des échelles. Presque tous les villages de Kawar, s'ils ne sont pas sis dans la montagne, y ont au moins un refuge auquel des échelles qu'on peut retirer en cas de danger donnent accès. L'oasis est quelquefois en butte aux razzias des Touaregs, mais surtout à celles des Oulad-Sliman du Kanem.

Le personnage le plus important de l'île est Maïna Adam, le frère de Maï, qui réside habituellement au Bornou ; il est fort riche et possède à Kawar plusieurs villages, un troupeau de bœufs, de nombreux dattiers, et on dit aussi un très fort sac d'écus.

A Chimendrou, village situé à peu près au milieu de l'oasis, se trouve une zouaïa senoussi. Lorsque je questionnai Zaggar et Maï à ce sujet, ils me dirent que le marabout qui s'y trouvait donnait des prières, mais ne possédait aucune influence dans le pays. C'est bien ce que je fus amené à constater, car Maï ne me conseilla pas de me déranger pour aller lui faire visite ; il s'en abstint lui-même.

Maï, représentant de son père qui l'aime beaucoup, est en réalité le maître souverain de Kawar ; il y jouit d'une influence bien plus grande que le vrai Maï.

Le 14 septembre, nous quittons Bilma pour aller à Arigny, village de Maï situé dans la partie nord de l'oasis et dans la montagne.

Le séjour y fut de dix jours, qu'on employa à restaurer les animaux en leur donnant à discrétion des dattes et du coïnder. Je fis là connaissance avec les principaux Maïnas, qui se montrèrent très hospitaliers.

Le 24, nous quittons Arigny pour Anay, village à la pointe nord de l'oasis, où déjà Zaggar, Tarouni et Marabat étaient réunis pour essayer de louer des chameaux aux Toubbous-Reschad. Les pourparlers furent longs, à cause des exigences des nomades, et ils ne voulurent louer que jusqu'à Tedcherri, première localité du Fezzan, à cause de la présence dans le reste de la province des Oulad-Sliman de la Cyrénaïque, leurs ennemis.

Chaque jour, entre ces querelleurs avaient lieu des disputes et des luttes sanglantes qu'il était souvent difficile d'apaiser.

Pendant notre séjour à Kawar, nous eûmes à différentes reprises des ondées. On nous dit aussi qu'il avait plu abondamment cette année dans le Sahara, chose qui n'était pas arrivée depuis quatre ans.

La caravane fit à Kawar des achats considérables de dattes pour la nourriture des chameaux et aussi des chevaux. La datte est un excellent aliment qui soutient les animaux bien plus que n'importe quel autre fourrage et peut s'emporter sous un plus petit volume. Nous verrons qu'entre Bir-Lahamar et Bir-Meschrou il n'y a aucun fourrage pour les animaux. Zaggar caractérisait la nature des pâturages qu'on pouvait rencontrer entre Kawar et le Fezzan par ces mots : « Sey kadjié, Sey reschad », des pierres, rien que des pierres.

Après dix-sept jours de repos, l'heure du départ allait enfin sonner. Tous les hommes étaient en bonne santé ; Badaire de même ; mon malaise avait disparu. Quant aux animaux, il leur eût fallu un mois de plus d'abondance de dattes et de fourrages. On avait ferré les chevaux à l'arrière-train, à cause de la nature des terrains qu'on devait parcourir. La dernière grande étape allait commencer, qui devait nous conduire aux confins du monde civilisé.

CHAPITRE XIV

De Kawar à Mourzouk

Départ d'Anay. — Yougueba. — Zigguedin. — Yat. — On fait du fourrage. — Bir-Mafaras. — Bir-Lahamar. — Alerte! — C'est une caravane qui vient du Nord. — El-War. — Bir-Meschrou. — Entrée dans le Fezzan à Tedcherri. — J'envoie un courrier au Montasarrif de Mourzouk. — Le départ pour Gatroun. — Hadj-Abdallah-ben-Aloua. — Les Oulad-Sliman. — Les Senoussi. — Bir-Mestouta. — Legleb. — Le courrier du Montasarrif. — Nous sommes attendus ! — Hadjajel. — Entrée à Mourzouk.

28 septembre. — Enfin le départ est arrêté. A une heure trente, nous quittons Anay, le dernier village de l'hospitalière oasis dont je n'ai que de bons souvenirs à garder. Nous avons eu de tout en abondance, même du lait et des poulets. Mais aussi quelle débauche de tourkédis ! Le Cheik m'en avait fort heureusement largement approvisionné. Il nous faut une heure trois quarts pour atteindre la passe dans les roches qui forment la ceinture de l'oasis. De ce point nous relevons à 45 degrés Sud-Ouest le Bir-Itiouma, le point extrême de l'oasis vers le Nord. La

marche se poursuit dans de bonnes conditions jusqu'à huit heures trente, heure à laquelle nous campons.

Le terrain parcouru, semé de roches, est constitué lui-même par d'énormes bancs de grès blancs très unis, recouverts d'une couche plus ou moins épaisse de gravier, mais la roche affleure en nombre de points.

29 septembre. — A une heure trente, le camp est levé de nouveau ; au petit jour, nous sommes en vue de Youggueba que signale du Sud une roche conique qui sert de direction.

Toute la route a été au nord du monde. Nous prenons campement au nord de l'oasis à six heures quarante. Celle-ci, très analogue à celle d'Aguadem, n'en a pas les dimensions; elle s'étend du Sud-Est au Nord-Ouest sur une longueur de 4 kilomètres environ, une largeur moyenne de 1 kilomètre.

La marche totale depuis Anay a été de 51 à 52 kilomètres Nord vrai.

Anay aussi bien que Youggueba sont mal portés. La distance qu'on me donne d'ici à Belad-el-M'ra est bien plus faible que celle d'Anay jusqu'ici.

Le temps, malheureusement, est tout à fait couvert et l'observation méridienne solaire que je pourrais peut-être obtenir sera impossible. Nous devons partir à deux heures.

Comme déjà à Anay le camp est troublé par les querelles des Toubbous-Reschad qui sont de bien désagréables compagnons.

Il n'y a point ici de fontaines, mais bien de l'eau dans les sables comme à Agadem, à Dibbéla, à Kawar, etc. C'est ce que les Arabes appellent *ridia*.

Départ à une heure cinquante-cinq. On marche à l'Est pour prendre la passe, puis on vient au Nord. A ce moment la marche s'accélère. Sables, graviers semés de roches. A quatre heures, B = 600 mètres.

A sept heures quinze, on campe en vue du massif de Zigguedin (toubbou), Belad-el-M'ra (arabe).

30 septembre. — Départ à trois heures cinquante-cinq. Plaine immense où les roches affleurent en nombre de points. La route est au Nord vrai droit sur un piton que je désigne sous le nom de Signal de Zigguedin.

Nous campons à la pointe sud-est de l'oasis, à huit heures trente, non loin des cases en terre presque ruinées de Saô.

Les chevaux n'ont pas bu hier, par la double faute de Badaire et de Yéra.

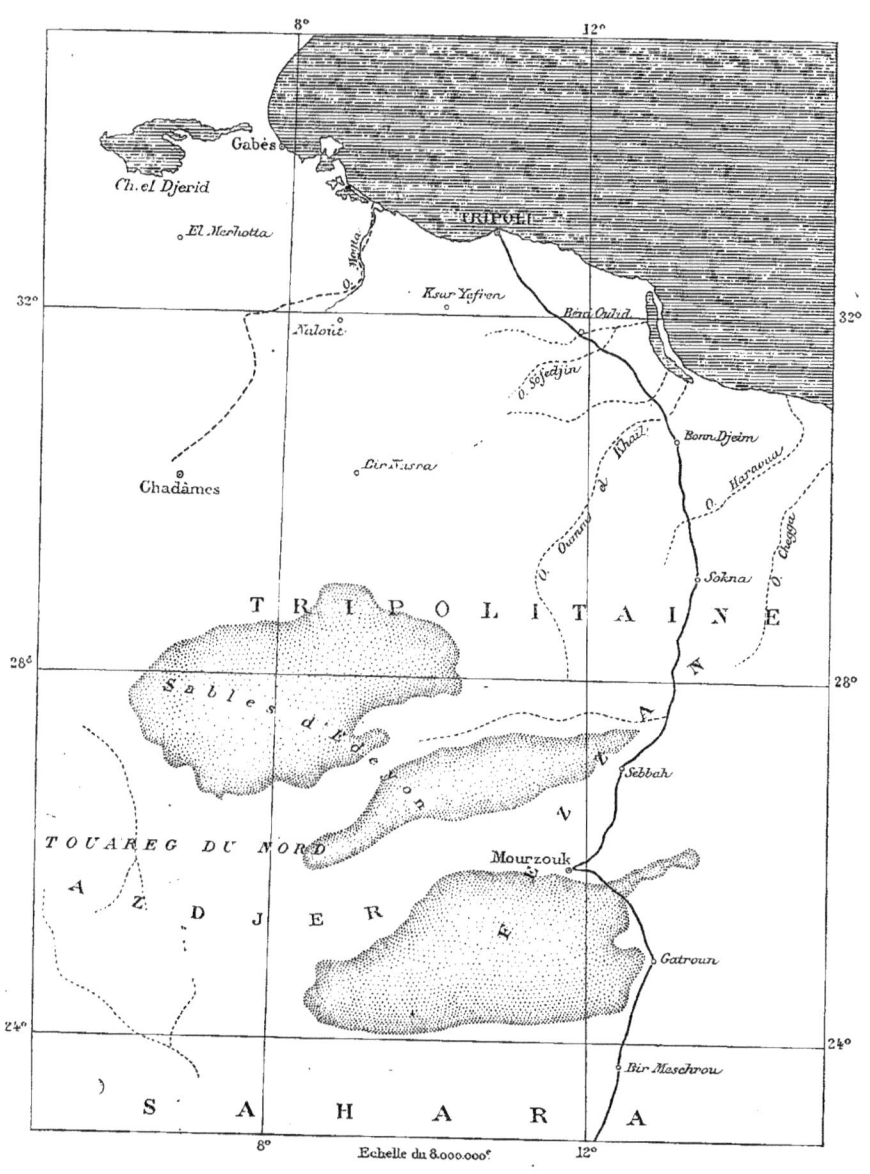

De Bir-Meschrou à Tripoli.

Marche totale depuis Yougueba : 40 à 42 kilomètres Nord vrai.
1er octobre. — Séjour à Zigguedin.

2 octobre. — Nous faisons séjour ce matin pour acheter des dattes qui sont ici très bonnes ; encore la vraie raison est que Maï est fourbu de marcher à pied ; il a laissé son cheval à Kawar.

L'attitude des Reschad est mauvaise ; celles de Maï et surtout d'Hadj-Aly se modèlent sur la leur.

On lève le camp à une heure dix. On est à deux heures quinze au sommet de la passe, puis on prend la route à environ Est 20 degrés Nord. A cinq heures quarante-cinq, on vient à Est 35 degrés Nord. On campe à huit heures trente-cinq, pour repartir à onze heures quarante-cinq. Peu à peu la route endure le Nord. A trois heures trente, nous recoupons et prenons la route directe de Youggueba venant de Kawar, sans passer par Zigguedin. A partir de cinq heures nous traversons une série de crêtes rocheuses ; enfin, à huit heures quarante-cinq, nous campons à l'extrémité nord-ouest de l'oasis de Yat (Zihayia)[1]. Eau excellente, sables contenant du sel, massifs de grès, végétation de sobat, alpha, hyphèmes et quelques acacias.

Marche totale : 63 kilomètres.

Ce n'est que dans l'après-midi que trois Toubbous qui ont su à Djaddo la caravane en marche et sont venus l'attendre ici offrent leurs chameaux à louer.

Il faut faire ici du fourrage pour dix jours ; il n'y a rien entre Bir-Lahamar et Tedcherri.

3 octobre. — Zaggar perd un chameau. Nous avons de la viande. On coupe force paille ; il n'y en a qu'ici en abondance. De Bir-Lahamar à Tedcherri il n'y a que des pierres.

4 octobre. — Séjour la matinée ; on doit partir à deux heures.

Départ à une heure quarante, route Nord 30 degrés Est. A deux heures cinquante, nous passons à 6 kilomètres environ du Bir-Tibaschi, sur la route de Yat au Tibesti. On campe à neuf heures vingt-cinq. Terrain rocheux et caillouteux, peu de sable.

5 octobre. — Départ à quatre heures quinze, route Nord 10 degrés Est ; à sept heures, nous venons au Nord vrai. A six heures, nous coupons une route fréquentée, route directe, je pense, de Djaddo au Tibesti. Je perds un des chameaux du Roi (quatre).

1. La *Gaie*. C'est en effet la plus jolie oasis du Sahara. Je ne sais pourquoi elle n'est pas habitée. Il ne s'y trouve pas de dattiers, mais ils y viendraient très bien.

Type toubbou.

J'estime la marche totale, pour hier et ce matin, à 52 ou 54 kilomètres.

6 octobre. — Départ à deux heures vingt; nous sommes au Bir-Mafaras à six heures cinquante.

Mafaras a une étendue considérable; l'eau s'y trouve à 3 mètres environ; il y a plusieurs puits; la végétation hâd et sœbot s'y développe sur nombre de points de peu de superficie. Les chameaux sont partis dans un pâturage de hâd à plus de deux heures d'ici.

J'ai fait la construction de mes levés depuis Agadem; en supposant la longitude de Mafaras exacte, j'arrive à trouver que la position de l'oasis de Kawar doit être reculée de 10 minutes environ vers l'Ouest et cette constatation corrobore bien l'observation que, de Dibbéla à Zigguedin, le chemin est exactement Sud-Nord. La direction passe bien ainsi par le point de Zau-Kébir de Vogel, lequel, ainsi que je l'ai expliqué, est le même que celui de Zau-Kora (kébir en arabe, kora en bornouan, veulent dire grand).

Kawar a également une longueur sensiblement moindre dans le sens Sud-Nord que ne la donne la carte.

Au soir, on doit creuser le puits qui est ensablé. Mes pelles facilitent bien la besogne, au désespoir de Tarouni et même de Zaggar.

7 octobre. — Il a plu beaucoup au désert, à ce que me dit Zaggar, car tous ces pacages autour de Mafaras et depuis Yat, auxquels on a fait l'imprudence de ne pas s'arrêter, malgré mes protestations, n'existent pas en temps ordinaire.

Départ à midi quarante-cinq. Route au Nord 15 degrés Est; jusqu'à une heure trente nous restons dans la zone de pacage (tamaris et hâd); à partir de ce moment, sables dénudés jusqu'à six heures quarante-cinq, heure à laquelle on trouve un pacage d'herbe à panache. Les animaux sont gavés.

8 octobre. — On repart à une heure dix. Bientôt ma chamelle de Kano, qui, hier au soir déjà, a donné quelques signes de fatigue, se couche. On fait trois tentatives, puis on doit la décharger; mais, pour en répartir la charge, je dois sacrifier lits, tables et fauteuils, sans regret d'ailleurs; ils sont tous hors de service et je ne m'en sers que bien peu.

Nous voyons de loin les Arabes camper, à dix heures quinze; nous n'arrivons qu'à onze heures dix. Nous avons, dit Maï, passé le mi-chemin à huit heures quarante. La marche est donc en avance de deux heures et demie. La montagne du puits était en vue dès avant le lever du jour, pendant que sur la droite on aperçoit le Bir-Fezzan sur la route du Tibesti.

A deux heures cinquante, on repart ; mais Zaggar me fait l'amabilité de me prendre une charge jusqu'au puits ; à sept heures trente-cinq, on campe. Mon grand chameau du Roi a donné, lui aussi, des signes de faiblesse.

9 octobre. — A quatre heures du matin, on est en route, mais mon grand chameau traîne. Zaggar m'en envoie un pour prendre sa charge, deux énormes bottes de paille. Enfin, à huit heures, cahin-caha, les derniers, nous sommes au puits Bir-Lahamar, situé au pied est d'une montagne assez élevée et isolée (300 mètres environ), appelée Madama.

Je fais abattre mon grand chameau. Zaggar et Maï me donnent l'assurance que des Reschad qui sont ici, ou que ceux de Zaggar, par parcelles, prendront les charges que j'ai en trop.

Aidé de Zaggar et de Maï, je loue un chameau aux Toubbous-Reschad, 15 pièces jusqu'à Tedcherri.

Je répartis mes autres charges entre divers Toubbous qui portent déjà des charges de Zaggar.

Je vends ma chamelle de Kano 4 pièces.

Alerte vers le soir, de nombreux chameaux sont en vue au Nord. Le cri « Kirdy ! kirdy ! » retentit ; le tabala est battu ; rapidement on fait rallier les chameaux, tout le monde prend les armes. Avec mes hommes je vais garnir la crête d'une dune à 200 mètres du camp. Zaggar et Maï à cheval vont en reconnaissance. De loin nous les voyons s'avancer vers un cavalier qui vient au-devant d'eux. On se reconnaît : c'est une paisible caravane d'Arabes qui se rendent au Bornou. En tout une centaine de chameaux, une dizaine d'Arabes.

10 octobre. — Le départ est retardé d'un jour. Pas de nouvelles importantes. Il y a eu la guerre, dit-on, entre la Turquie et la Russie. Version arabe : les Russes ont pris six villages à l'Émir El-Mounémin ; celui-ci leur en a repris dix. En France, à Tunis, « Sey afia », rien que la paix.

Je fais visite aux Arabes ; on me donne un peu de tabac et du papier à cigarettes.

Il arrive encore quelques Reschad dans la matinée, pour louer leurs chameaux.

Alerte! alerte! C'est une caravane qui vient du Nord.

Je n'ai plus que des vivres et du fourrage à porter, et il me reste six chameaux passables; espérons que je pourrai gagner avec eux Gatroun et Mourzouk.

Les Arabes me disent qu'il y a beaucoup de prisonniers chrétiens à Mourzouk, que ce sont des sujets de l'Émir El-Mounémin; ils les appellent Mumphi. Je pense que ce sont des Crétois.

Il existe un autre puits du même nom, dit Bir-Lahamar-el-Gharbi, sur la route du Tibesti à Djaddo.

11 octobre. — Départ à cinq heures vingt-cinq; on campe à neuf heures quinze, ayant fait 16 kilomètres environ, dans un ouadi (Belaga-Toudo) qui se prolonge au Sud-Est.

Le Bir-Lahamar-Saghaïr (le petit), à hauteur duquel nous passons à 4 kilomètres environ, à huit heures, est situé dans son lit. Acacias. J'ai perdu, en quittant le campement, mon trousseau de clefs. C'est irréparable et fort ennuyeux, surtout pour ma boîte à sextant.

Départ à midi trente. Nous suivons une longue chaîne tabulaire qui se prolonge dans le Sud-Ouest. La direction de la marche est sur une roche double appelée Madama-Saghaïr par les Toubbous. Ce n'est qu'à huit heures dix que nous prenons campement après l'avoir dépassée.

12 octobre. — Départ à une heure dix du matin; la direction est sur une roche remarquable, à l'entrée des gorges des monts Toumimo, et nommée par les Toubbous Karaka-Pagaï: c'est en arrière d'elle que, péniblement, nous venons chercher le campement à dix heures quinze du matin. La source El-War (la difficile) est au milieu des roches, dans la partie orientale du massif. Il faut que tous les chameaux aillent s'y abreuver et en rapportent l'eau nécessaire aux besoins du camp et à ceux de la route de deux jours pleins qui nous sépare de Bir-Meschrou.

En somme, la route au Nord 25 degrés environ, marquée partout, est, en outre, parfaitement jalonnée par ces trois roches, Madama, Madama-Saghaïr et Karaka-Pagaï, que l'on aperçoit à sept et huit heures de marche.

La distance estimée de Madama à Madama-Saghaïr est de 48 kilomètres environ; celle de Madama-Saghaïr à El-War, de 32 à 35 kilomètres. Pendant les 29 derniers kilomètres, le parcours, sur un terrain de gros graviers et rocailles, est très fatigant pour les hommes et les chevaux et aussi les chameaux surchargés et mal nourris. D'ondulation sérieuse, point; pas de montée dure.

Un Toubbou est arrivé vers midi de Mourzouk. Beaucoup d'Oulad-Sliman à Gatroun: point à Tedcherri. Oulad-Sliman et Toubbous-Reschad sont fort mal; c'est pourquoi ces derniers n'ont point voulu consentir à louer leurs bêtes au delà de Tedcherri.

Badaire a un œdème des jambes qui m'inquiète; une jambe a d'abord été prise, les deux le sont aujourd'hui; je ne vois aucun remède à y apporter.

J'ai deux chameaux, trois peut-être, qui, je le crains, n'atteindront pas Tedcherri.

13 octobre. — Départ à une heure quarante-cinq; nous gravissons la pente rude et rocailleuse qui donne accès sur le plateau. Nous sommes à deux heures au sommet; B=800 mètres; puis au travers d'un dédale de collines basses couvertes de gros galets, où la marche est des plus pénibles, nous atteignons à six heures vingt le col qui nous donne accès dans la plaine de Labrak qui tire son nom d'un massif que nous apercevons très au loin, direction Nord 20 degrés Est. A dix heures vingt-cinq, nous campons. La caravane de Marabat-el-Hadj-Ali, dans laquelle sont beaucoup de captifs enfants éreintés par les dernières marches, n'a pas quitté El-War avec nous.

A deux heures quinze, on repart, pour camper, sans autre incident, à sept heures dix, en arrière du massif de Labrak.

Très pénible, cette journée, au travers des roches et des galets, pendant toute la matinée; bêtes et gens s'en ressentent.

14 octobre. — Départ à trois heures quarante du matin, Nord 20 degrés Est; on se dirige sur un piton élevé qui se détache du massif des Toumimo, qui se prolongent au loin dans le Sud-Ouest.

On doit soigner une de mes chamelles qui a mangé trop de dattes.

Le campement a été pris à neuf heures quarante. Ce n'est qu'à onze heures qu'arrive la caravane d'Hadj-Ali.

Départ à une heure quarante; à notre gauche, direction sensiblement Nord-Nord-Est, Sud-Sud-Ouest, se développent les monts Lakhafa, que nous ne gravissons qu'à grand'peine, quoique la terrasse ne domine pas le terrain de plus de 30 mètres; mais des amoncellements de sables meubles rendent l'ascension fort dure.

Nous campons à sept heures cinquante en arrière du mont Touramantouma, qui sert de direction.

15 octobre. — On repart à deux heures trente du matin; direction comme la veille, Nord 10 degrés est. La direction est sur le Gari-Maram, massif isolé qui marque la direction du cirque dans lequel se trouve le Bir-Meschrou. Nous y arrivons à grand'peine, car il faut franchir de chaque côté de la barrière d'enceinte des sables meubles que les chameaux surmenés et marchant sans fourrage depuis le 11, à dix heures, ne traversent que fort difficilement.

Profondeur: 8 mètres; revêtu en pierres sèches sur toute sa hauteur; eau très abondante.

La célébrité du Bir, à cause des nombreux ossements qui s'y trouvaient, n'existe plus; quelques rares squelettes seulement; mais aujourd'hui la traite est bien réduite et les captifs sont bien nourris, ont de l'eau et ne portent rien.

Deux de mes chameaux resteront probablement en route aujourd'hui.

Départ à une heure trente; direction Nord vrai. A quatre heures quarante, nous entrons dans une grande plaine orientée Est-Ouest où sont quelques roches verticales comme des alignements de Karnak; on l'appelle Ghaladima-Denden (denden, imitatif du bruit du tam-tam). La raison de cette dénomination que l'on m'a donnée est qu'un jour des milliers de cavaliers, conduits par le Ghaladima du Bornou et faisant escorte au Cheik se rendant à la Mecque, y périrent tous, bêtes et gens, à la suite d'une fantasia d'une journée après laquelle ils ne purent regagner le puits. De là le nom de Ghaladima-Denden (tam-tam du Ghaladima), faisant allusion aux tam-tams qui avaient excité les guerriers au point de leur faire oublier la route qu'il leur restait à faire pour regagner le puits. Je suis obligé, à la sortie, d'abandonner un de mes chameaux. Restent cinq. Harassés, nous prenons campement à sept heures trente.

16 octobre. — Départ à douze heures quarante de la nuit. Au jour, alors que nous allons être en vue de l'oasis dépendant de Tedcherri, je suis contraint d'abandonner un deuxième chameau. Restent quatre.

A huit heures, nous abordons des dunes qui forment la bordure de l'oasis; c'est du dernier pénible, et je dois décharger encore un de mes chameaux. Enfin, bêtes et gens sur les dents par suite des fatigues de cette horrible route de 250 kilomètres en cinq jours, nous campons à dix heures quarante dans une oasis de dattiers qui ne présente que peu de fourrage pour les chameaux et point pour les chevaux. L'eau s'obtient en creusant les sables à 1^m,50 de profondeur.

La caravane de Marabat-el-Hadj-Ali a fort souffert; deux captifs sont arrivés mourant de soif.

17 octobre. — Départ à cinq heures cinquante-cinq, au travers de l'oasis; sur sa lisière nord-ouest nous gagnons Tedcherri à huit heures. B = 570 mètres.

Dérangé, je ne puis prendre de méridienne.

Je fais un courrier pour le Montasarrif de Mourzouk, auquel j'annonce mon arrivée. J'y joins une lettre pour le consul de France à Tripoli, un télégramme pour les Colonies, un pour mon père et un de Badaire. Ce courrier sera porté par les Toubbous qui se rendent directement à Mourzouk, sans passer par Gatroun où ils ont crainte de rencontrer les Oulad-Sliman.

L'attitude de la population est bonne; je suis gavé de dattes par les Toubbous. Maï est décidément incorrigible dans sa sordide avarice.

18 octobre. — Départ à midi quarante. Les hommes ne sont pas reposés; l'un d'eux se met à la traîne, et nous perdons une demi-heure à l'attendre. A sept heures, nous passons les ruines de Kosraoua, à hauteur desquelles commence une oasis dans laquelle nous prenons campement à dix heures dix.

Route Nord 20 degrés Est.

Le puits auprès duquel nous nous établissons, dans une plantation de dattiers complètement anéantie, a nom Tabara-Toulousma. Nous sommes à mi-chemin de Gatroun.

19 octobre. — A douze heures trente de la nuit, le camp est levé; Arabes et gens du Fezzan affectent de m'abandonner, pour ne pas arriver en ma compagnie à Gatroun, par crainte des Oulad-Sliman qui s'y trouvaient en ce moment. Hadj-el-Ali est parti de la veille, Marabat il y a quelques heures déjà. Les Arabes partent, eux aussi, sans nous attendre, et, seuls avec Maï et les Toubbous qui portent mes charges, nous nous mettons en route. Nous marchons d'abord sur les traces des Arabes; bientôt un de mes chameaux se décharge; je reste derrière pour le recharger. Lorsque je veux rejoindre, je m'aperçois qu'on a laissé la trace des Arabes pour marcher plus à l'Est. J'appelle; la route

Gatroun, le camp des Oulad-Sliman.

que fait Maï vient à l'Est de plus en plus ; lorsque je rejoins, on est à l'Est 20 degrés Sud. Je me porte en tête et dis à Maï que ce ne semble pas être la direction de Gatroun. Il le prend de haut ; mais je ne cède point et déclare que je vais camper. Sur cette injonction, on vient à l'Est 10 degrés Nord. Au bout de peu de temps, voyant que la route ne se redresse pas, je fais à Maï de nouvelles observations ; il proteste que lui connaît la route et non pas moi. J'affirme que là n'est pas la route et les Toubbous m'appuient. Maï et surtout Abd-el-Kader, de Tedcherri, venu de Kawar avec Maï, persistent ; je fais décharger, déclarant qu'au jour je reprendrai la route des Arabes. Il est deux heures quinze ; on fait du feu, je place une sentinelle et me couche pour attendre l'aube. Maï, se sentant pris, vient me trouver, déclare qu'il est prêt à reprendre la route qui est sur la polaire, que c'est le guide qui s'est trompé.

Je ne fais aucune observation ; on charge à trois heures vingt-cinq ; on se met en route droit au Nord. J'ai mis un homme en tête pour relever les traces au petit jour. Maï, je le savais, voulait éviter Gatroun pour ne pas se trouver en contact avec les Oulad-Sliman.

Nous sommes à Medrussa à sept heures vingt, à Bachi à neuf heures trente. A onze heures trente, j'atteins la limite sud de l'oasis de Gatroun, où je campe malgré Maï qui proteste que le village est peu distant. J'ai peu à le regretter, car je suis fort aimablement reçu par les propriétaires des jardins et de la plantation de dattiers où je me trouve.

A trois heures, on repart ; la route est Nord 30 degrés Est. Nous campons à Gatroun à trois heures trente-cinq. Gatroun est une ruine au milieu d'une jolie plantation de dattiers où il y a de l'eau en abondance.

Là sont de nombreux Oulad-Sliman de la Grande-Syrte, venus pour la cueillette des dattes. Vient bientôt me voir Hadj-Abdallah-ben-Aloua, ami intime de Nachtigal, avec lequel je cause longuement ; il est en tournée de perception, accompagné d'un asker (soldat turc).

Ce fut dans ma situation une heureuse rencontre que celle de cet homme honnête et droit. Il avait gardé un culte d'affection pour l'éminent voyageur qui fut pendant de longs mois à Mourzouk l'hôte de sa famille et son ami. En souvenir de Nachtigal, Hadj-Abdallah m'accueillit comme un membre de sa propre famille ; il me combla de prévenances et de soins, n'admettant pas que je pusse rien refuser de lui et encore moins que je lui en témoignasse de reconnaissance.

Mais le service le plus signalé qu'il me rendit fut de m'affranchir des ennuis multiples que pouvait me susciter à Gatroun la présence des Oulad-Sliman dont la réputation en tant que malandrins de la pire espèce n'est plus à établir.

Les Oulad-Sliman, dont l'histoire a été écrite par Nachtigal, dans son ouvrage *Sahara et Soudan*, formaient une tribu très puissante et très guerrière de la Tripolitaine, qui, pendant plus d'un demi-siècle, opposa une résistance acharnée au rétablissement de l'autorité ottomane. Définitivement écrasée aux environs de Beni-Oulid, la tribu se scinda en deux tronçons, l'un qui regagna les rivages de la Grande-Syrte, l'autre qui, sous la conduite de Cheik Ab-Djelil, émigra au Kanem et s'y fixa.

Les deux fractions sont restées redoutables. Celle de Kanem est la terreur des caravanes qui viennent du Bornou à Kawar ; l'oasis même a été autrefois razzié par eux, et plusieurs enfants de Maïna Adam, des frères et sœurs, par conséquent, de Maï, mon guide, sont captifs entre leurs mains. Celle de la Grande-Syrte rançonne en toute occasion les tribus du Fezzan et pousse des incursions jusqu'au Tibesti pour y razzier des chameaux. De là la haine qui divise Oulad-Sliman et Toubbous-Reschad.

Chaque année les Oulad-Sliman partent vers la fin de juillet de leurs territoires de la Grande-Syrte pour descendre vers le Fezzan y acheter des dattes. Les dattes du Fezzan, celles de Gatroun en particulier, sont renommées à cause de la délicatesse de leur chair et aussi de leur facilité de conservation. La datte est, par excellence, la nourriture du nomade qui peut, pour plusieurs jours, emporter sous un faible volume une nourriture qui ne s'avarie pas.

Pour acheter les dattes, les Oulad-Sliman apportent au Fezzan des céréales (blé et orge) et de l'huile d'olive. Leur séjour dans le Fezzan n'est pas de nature à y assurer la sécurité. Les populations de la contrée sont douces et pacifiques ; ils sont au contraire querelleurs et guerriers redoutables.

Épandus partout dans les oasis et aux abords des bourgades, comme une nuée de sauterelles, les Oulad-Sliman étaient cette année-là en particulier plus nombreux que de coutume. Par suite d'une invasion de criquets, la récolte de dattes avait totalement manqué au Fezzan l'année précédente; le résultat avait été une famine épouvantable au cours de laquelle un tiers de la population avait disparu ; car, non seulement les dattes avaient fait défaut, mais les Oulad-Sliman n'étaient pas venus apporter leurs céréales. Les nomades, à leur tour, étaient venus en plus grand nombre au moment de la cueillette qui avait lieu précisément à cette époque. Hadj-Abdallah, grâce à son autorité personnelle, grâce aussi à sa qualité d'envoyé du Montasarrif de Mourzouk, sut me mettre à l'abri de leurs maléfices.

Le lendemain, par ses soins, j'expédiai à Mourzouk une nouvelle lettre au Montasarrif, et une autre à son frère Mohammed-ben-Aloua qui habitait la ville et auquel je demandais de me recevoir.

J'avais besoin de chameaux pour prendre mes charges, Hadj-Abdallah me présenta un Arabe qui consentit à m'en louer trois. Quand je demandai le nom de cet homme, Abdallah me dit qu'il s'appelait Chérif Mohammed Senoussi. Je ne pus m'empêcher de faire un retrait de corps comme si j'avais mis le pied sur un serpent. Je voyais déjà un tas d'intrigues se nouer autour de moi, dont les fils étaient tenus à Djerboub.

J'avais questionné nombre de fois en route Zaggar, qui m'avait dit que les Senoussi étaient une tribu nombreuse, comme pouvaient l'être les Oulad-Sliman, les Oulad-bou-Sef, les Oulad-Chergui, mais qu'à la différence des premiers, ils étaient marabouts et ne faisaient pas la guerre. Mais le Mahdi de Djerboub? Le Mahdi de Djerboub, disait Zaggar, est un grand marabout qui donne des prières et vend des amulettes. Jamais je n'avais pu en tirer autre chose. J'avais entrepris Maï avant l'arrivée à Kawar, où je savais par le récit de Nachtigal qu'était une zouaïa senoussi; il m'avait dit la même chose que Zaggar. J'ai rapporté ce qu'il m'avait de nouveau dit à Bilma de l'influence nulle du marabout de Chimendrou.

Plus tard, j'avais fait caravane avec les Toubbous-Reschad qui suivent le rite senoussi. Leur attitude, au départ d'Anay, à mon égard, avait été des plus désagréables ; je devais constater d'ailleurs qu'elle n'était pas différente avec les Toubbous de Kawar, avec Maï lui-même et avec les Arabes. J'avais d'abord tenté d'attribuer leur conduite à leur fanatisme ; mais je dus bien reconnaître que je m'étais trompé, car, peu de temps après, leur manière d'être se métamorphosa complètement, et j'étais de beaucoup celui des chefs de caravane qui avait le plus d'influence sur eux. Je leur louai leurs chameaux, et ils eurent de mes charges un soin qui me surprit.

Ma défiance, entretenue par les légendes qui avaient cours sur la puissance des Senoussi et sur les menées ténébreuses de leurs Khouans, était loin d'être dissipée cependant. Je m'en ouvris à Hadj-Abdallah. Il parut d'abord surpris, puis me tint sur leur compte les mêmes propos que Zaggar et Maï.

Je n'étais pas encore convaincu et je me résolus à faire l'expérience des services de ce Chérif, me disant que, si c'était un ennemi, mieux valait le tenir sous ma main que de le laisser s'attacher à mes pas sans pouvoir le surveiller.

Le lendemain 21 octobre, nous partons avec le Chérif comme convoyeur. Nous arrivons le deuxième jour à Bir-Mestouta en suivant une direction sensiblement Nord 20 degrés Est.

Au puits nous trouvons des nuées d'Oulad-Sliman qui témoignent d'une attitude hostile vis-à-vis de moi et s'en prennent à Zaggar et à Tarouni, que nous avons rejoints au campement, de voyager de concert avec un kéfir. Mes deux Arabes qui savent très bien que leur sécurité au milieu de leurs congénères ne serait rien moins que précaire si je n'étais présent avec mes fusils, tâchent de calmer ces derniers et m'invitent à lever le camp. Nous partons à une heure et demie, suivis derrière et sur les flancs par des bandes assez nombreuses, qui n'osent attaquer de jour, mais attendent la nuit. Quelques-uns d'entre eux essayent de pénétrer dans le camp au moment où nous nous arrêtons, vers sept heures et demie. On les expulse sans autre forme, on augmente un peu la surveillance, et, à deux heures et demie du matin, on lève le camp pour gagner Mafeu, où nous sommes le 23, à neuf heures du matin. Dans la soirée, péniblement, je puis arriver à Legleb. Les deux chameaux qui me restent sont fourbus à tel point que je suis obligé d'en abandonner un qu'on me ramènera à Mourzouk dans cinq jours; l'autre ne vaut guère mieux. Mes hommes se traînent péniblement; le sable qui pénètre dans les crevasses qui se sont ouvertes dans leurs pieds, par suite du froid et de la marche sur les roches, les oblige à s'arrêter tous les cent pas. C'est la retraite des éclopés. Seul, je suis en état; Badaire, avec une rare énergie, se maintient malgré les souffrances que l'œdème dont j'ai parlé lui fait

La maison de Mlle Tinné, à Mourzouk.

éprouver. Un de mes hommes, le meilleur, est mourant ; il a pris à Gatroun une bronchite très grave dont j'ai crainte qu'il ne puisse réchapper ; deux hommes sont obligés, en arrivant à l'étape, de le descendre du chameau qui le porte.

Le 24 octobre, à quatre heures du matin, nous partons. Zaggar et Tarouni, dans un excellent esprit, m'ont pris, malgré ma résistance, les charges que je ne puis porter. On va cahin-caha. Tout à coup, vers les six heures et demie, je vois venir à cheval un soldat turc en uniforme. Je suis loin de la caravane, occupé à faire rallier mes traînards ; le cavalier cause avec Zaggar, puis continue dans ma direction. Arrivé à quelques pas, il me fait le salut militaire et me remet une lettre dont la suscription, en *français*, est ainsi conçue : « Son Excellence capitaine Monteil. » J'ouvre, croyant simplement trouver un mot du Montasarrif en réponse à mes lettres de Tedcherri et de Mourzouk. Mon étonnement est grand ; je lis que depuis deux mois le Montasarrif surveille par ordre du Pacha les routes du Sahara, attendant ma venue, que j'aie à me presser d'arriver, que tout est préparé pour me recevoir.

La bonne nouvelle a bien galvanisé mes hommes, mais ils n'en peuvent plus ; force est de m'arrêter à Hadjajel à onze heures, et d'expédier le cavalier au Montasarrif pour lui annoncer que j'entrerai le lendemain à Mourzouk. Zaggar, dont j'ai conquis définitivement l'amitié, campe avec moi, malgré sa hâte d'arriver.

Au soir, nouvelle angoisse ; il y a des Senoussi plein mon camp et celui de Zaggar, mais je commence à maîtriser l'émotion que ce nom me produit. Ce sont les fils et les serviteurs de Chérif Senoussi Al-Amri, grand négociant de Mourzouk et de Tripoli, qui a de multiples traitants au Soudan. Ils viennent aux nouvelles ; nous absorbons force tasses de thé en devisant agréablement et fumant d'excellent tabac.

Le 25 octobre, une marche de trois heures nous met à la porte de Mourzouk. Par faveur spéciale, mon escorte est autorisée à entrer en armes, tandis que les Toubbous et les Arabes sont obligés de déposer les leurs.

A une centaine de mètres de la porte, dans la Grand'Rue, le Yousbachi Mohammed-Effendi (capitaine de gendarmerie), qui est venu me recevoir, fait arrêter ma caravane devant une maison de fort belle apparence préparée pour me recevoir. C'est celle qu'a occupée pendant son séjour la vaillante et infortunée voyageuse Mlle Tinné.

Je ne fais que mettre pied à terre, et, laissant à Badaire le soin de l'installation, accompagné de Maï, du Yousbachi et de Zaggar, je me rends au kasr (citadelle) pour faire visite au Montasarrif Hadj-Kobbar-Effendi. Je trouve un homme aimable et intelligent qui me reçoit avec une cordialité parfaite et me donne communication des ordres venus de Tripoli à mon sujet.

En le quittant, j'ai la joie de me dire que nos tribulations ont pris fin.

CHAPITRE XV

De Mourzouk à Tripoli

La maison de Mlle Tinné et notre installation. — Je fais un emprunt au Gouvernement turc. — Mes amis de Mourzouk. — Le meurtrier de Mlle Tinné. — Le massacre de la mission Flatters. — Nouvel emprunt. — Le départ. — De Mourzouk à Sokna. — Un mariage. — Bonn-Djeim. — Beni-Oulid. — Accueil hospitalier des officiers turcs. — Le kavas du consul de France arrive avec le courrier. — Départ de Beni-Oulid pour Aïn-Zara. — Je revois la mer du haut des dunes. — L'arrivée du consul et l'entrée à Tripoli. — Visite à Son Excellence le Waly. — Départ pour Tunis. — Les fêtes. — Arrivée à Marseille. — Mort d'un de mes hommes et départ des autres pour le Sénégal.

J'ai dit que le logement qui m'avait été préparé par les soins du Montasarrif était celui-là même qu'avait occupé, en 1870, Mlle Tinné pendant son séjour à Mourzouk. C'était une maison de belle apparence, située dans la grande rue qui conduit de la porte de l'Est à la Citadelle ; elle avait été construite par un grand négociant de Tripoli, nommé Gagliufi. A la mort de celui-ci, elle fut achetée par Ben-Ali, fils d'un grand commerçant de Sokna.

Au premier étage était installé un appartement composé de deux pièces, dont une très grande, avec un divan tout autour, que je pris pour moi. Badaire occupait la chambre voisine, plus petite. Des nattes à terre, des tentures d'Andrinople sur les divans et aux fenêtres, quelques chaises et tables constituaient une installation sinon somptueuse, du moins confortable. L'instant où je pris possession de cette maison marque parmi les impressions les plus agréables que j'aie jamais ressenties. C'était la transition entre la barbarie et la civilisation. A ce moment je me sentis enfin arrivé au terme de ma longue pérégrination.

C'était avec une émotion bien profonde, partagée par Badaire, que je constatai que cette réception n'avait pas été improvisée. Le Montasarrif ne m'avait-il pas dit que, depuis trois mois, il avait reçu l'ordre de surveiller les routes du Sahara et de mettre à ma disposition, dès mon arrivée, toutes les sommes d'argent, toutes les troupes que je voudrais demander pour continuer ma route? Cet ordre était venu de Constantinople par l'intermédiaire du Pacha de Tripoli. Mais alors nous n'étions donc pas complètement oubliés? Quelqu'un s'était trouvé pour penser que la mission pourrait faire retour par le Sahara! Je laisse à penser la joie dont nous étions pénétrés, la gratitude que nous éprouvions pour la sollicitude dont le Gouvernement de notre cher pays nous donnait ainsi des marques si éloquentes.

Cette reconnaissance, dont l'expression nous montait aux lèvres, n'était pas de nature purement sentimentale. Les secours qui nous venaient de manière si inespérée arrivaient à leur heure. Sans être à bout de ressources, j'étais peu riche; mon capital était de 90 gros d'or environ; mais leur vente, qui eût pu me produire un millier de francs à Tripoli, ne m'aurait pas procuré plus de 600 francs à Mourzouk, et j'eusse été réduit à un emprunt onéreux auprès des négociants arabes.

Or mon personnel était à bout; Badaire avec un œdème énorme aux deux jambes ne pouvait continuer; mes indigènes avaient eu les pieds tournés et, de plus, ils avaient d'énormes crevasses produites par la marche sur les roches glacées pendant les heures de nuit. L'un d'entre eux, je l'ai dit, était arrivé mourant des suites d'une bronchite grave. Tous étaient sans vêtements, et la température, pour les Soudanais et pour nous-mêmes, était très rigoureuse. Il était grand temps pour tous de substituer le mouton gras au poisson sec, les légumes rafraîchissants et le bon pain au couscous sablonneux, le bourkou de laine (burnous commun) au boubou de coton effiloché par un long service.

Le lendemain de mon installation, je fis une deuxième visite au Montasarrif, intéressée celle-là, pour lui emprunter une somme de 300 medjidiés. Le même jour, je fis une visite aux officiers turcs de la garnison. Celle-ci est commandée par un Bimbachi (chef de bataillon); elle se compose de cinq cents hommes environ, presque tous du Fezzan, d'allure peu militaire en général.

La garnison habite dans un grand kasr ou citadelle, construit en briques crues, imposant comme masse et qui était, au moment de mon passage, en assez bon état d'entretien.

Je fus aussi rendre visite à Mohammed-ben-Aloua, dont Nachtigal fait si grand éloge dans son ouvrage, et dont j'ai eu l'occasion de parler déjà en narrant mon heureuse rencontre à Gatroun avec Hadj-Abdallah, frère de Karami.

Ce dernier est un petit homme aimable, habile en affaires, doux et tranquille, en même temps qu'intelligent et bon. Il est fortement teinté. Sa mère était une femme du Bornou. Il parle également bien arabe, bornouan et haoussa, comme, d'ailleurs, presque tous les gens du Fezzan.

Son installation est la plus luxueuse que j'aie vue à Mourzouk. Il a entre autres quelques belles choses : des grandes lampes, des candélabres d'argent, de belles glaces qui lui ont été données par son ami Nachtigal lorsque, revenu de son mémorable voyage, il était à Tripoli comme consul général d'Allemagne.

Quand je n'étais pas moi-même dehors, ma maison ne désemplissait guère; on servait le café « à la turque[1] » toute la journée, car j'avais une domesticité nombreuse et un chaouch de planton. Un de mes visiteurs assidus, qui venait chaque jour et que je voyais toujours avec plaisir, était Mohammed-Effendi-el-Gourian, capitaine de gendarmerie, de son titre Yousbachi-Asker Zaptié-y-Wali-y-Fezzan.

C'était un homme aimable et intelligent, attentif à me rendre tous les services qui étaient en son pouvoir. Natif du nord de la province de

[1]. Les Turcs disent « à la turque » par opposition de « à la franca », qui désigne le service l'européenne.

Gourian, il connaissait admirablement le pays et se trouvait à Mourzouk depuis plusieurs années déjà.

Il me parla souvent de Mlle Tinné qui avait laissé à Mourzouk une réputation de richesse et de bienfaisance. Chaque jour elle faisait distribuer cinquante pains aux pauvres et souvent leur donnait des vêtements et de l'argent. La Bent-el-Re (fille de roi), comme l'avaient surnommée les Arabes, à cause de sa richesse, avait véritablement conquis toutes les sympathies.

On sait qu'en 1870, partie de Mourzouk pour pénétrer dans l'intérieur du Sahara, elle fut traîtreusement assassinée par ses guides. Elle avait, avant de s'engager vers l'Ouest, écrit à Icknoukou, Aménokal des Azgueurs, qui lui avait donné son neveu pour la conduire à Khat. Longtemps on a accusé de ce meurtre indigne les Touaregs. Mon ami le Yousbachi m'a donné des détails très précis qui permettent de rétablir la vérité historique. Voici ce qu'il m'a conté à ce sujet : Le véritable assassin de la Bent-el-Re serait un Arabe Oulad bou-Sef (tribu habitant sur la route de Tripoli à Mourzouk par Gourian et le val Shiati) du nom d'Ethmann-bonn-Badia. Il était parfaitement connu à Tripoli où il venait fréquemment, sans être inquiété le moindrement par les autorités turques. Le Yousbachi l'avait lui-même vu dans cette ville. S'il n'était pas inquiété, il n'en avait pas moins encouru la réprobation générale pour le crime qu'il avait commis, et il ne réussissait à demeurer au milieu des siens que par la terreur qu'il inspirait. Il ne sortait jamais qu'armé d'un fusil-revolver à seize coups.

Il mourut, vers 1890, de mort tragique, dans des circonstances où les Arabes se sont plu à voir le doigt de Dieu. Un jour, dans un pacage voisin de sa tente, vint s'établir un jeune Arabe avec sa vieille mère et deux chameaux; il laissa paître ces derniers sur place après les avoir entravés[1]. Ethmann, mécontent, vint lui chercher querelle et lui intima l'ordre de partir; le jeune homme, un enfant, prétexta que les animaux étaient fatigués et demanda de rester deux jours. Le troisième jour au matin, Ethmann revint; le jeune homme étant absent, il s'en prit à la vieille femme et employa vis-à-vis d'elle la violence pour la faire lever, après avoir abattu la tente. L'enfant survint sur ces entrefaites et reprocha à Ethmann sa mauvaise action; celui-ci

---

1. Quand on met les chameaux au pâturage, souvent on leur entrave les pieds de devant pour leur laisser la liberté de marcher sans pouvoir s'éloigner trop.

Beni-Oulid (le fort turc).

s'emporta jusqu'à menacer l'enfant qui, furieux, le coucha en joue et l'abattit.

« Ainsi périt, ajouta en manière de conclusion le bon Yousbachi, de la main d'un enfant armé d'un mauvais fusil, celui qui s'était souillé du meurtre d'une femme et ne sortait qu'avec un fusil à seize coups. Allah Amdellillahi[1] ! »

En parlant des Touaregs, le Yousbachi me donna le récit de l'attaque de la mission Flatters, tel qu'il le tenait d'un Hoggar qui y avait joué son rôle. J'ai raconté au long, d'après sa narration, ce guet-apens dans mon étude « Tombouctou et les Touaregs[2] ». Quand le colonel, séparé par ruse de ses guides et de la plus grande partie de ses compagnons, eut campé, les Chambas conduisirent le bill aux pâturages. Les Hoggar embusqués massacrèrent les bergers et poussèrent les chameaux vers le camp. Tout d'abord le malheureux Flatters crut que ses ordres avaient été mal compris et ordonna de reconduire les animaux, puisqu'on devait faire séjour pour attendre les autres fractions du convoi. Or il est de règle que le bill reste aux pâturages pendant la durée du séjour au puits. Ce ne fut qu'en voyant que les chameaux continuaient à avancer qu'il sauta sur ses armes et ouvrit le feu contre ce rempart vivant. Poussés par les Touaregs à coups de lance, les chameaux peu à peu enserrèrent le camp, renversant les tentes, pendant que Flatters et ses malheureux compagnons épuisaient en vain leurs munitions contre leurs propres animaux, sans causer le moindre dommage à leurs adversaires. On en vint aux mains, mais les Français avaient perdu l'avantage de leur armement; entourés de toutes parts, ils se défendirent vaillamment, mais furent tués à coups de lance et de sabre.

Les jours passaient ainsi à deviser agréablement, quand je n'étais pas absorbé par les soins de ma correspondance et l'organisation du départ. Pendant ce temps, peu à peu mes hommes se rétablissaient. Les cinq premiers jours, je n'avais pu obtenir d'aucun un seul mouvement; jour et nuit ils dormaient, ne se réveillant que pour se mettre sur leur séant à l'heure des repas, et pour retomber aussitôt après dans un lourd sommeil.

J'allais omettre de dire qu'à Mourzouk se trouvaient des prisonniers, ou mieux peut-être des condamnés à la déportation.

1. Dieu soit glorifié !
2. *Revue de Paris* du 1er mars 1894.

Pour la plupart, c'étaient des chrétiens crétois, arméniens, albanais, serbes. Ils se faisaient reconnaître de moi en esquissant un signe de croix en passant devant ma maison. Je pus leur faire remettre quelque argent ; ils me firent tenir plusieurs suppliques que je remis, arrivé à Tripoli, au consul de Grèce, par l'intermédiaire du consul de France.

Un instant j'avais arrêté de partir avec mon ami Zaggar par la route de l'Ouest, par le val Shiaté et Gourian ; j'avais même écrit au consul général de Tripoli dans ce sens ; je sus plus tard qu'il avait envoyé au-devant de moi par cette route ; mais la difficulté de trouver des chameaux me fit choisir la route de Sokna, pour laquelle une bonne occasion se présentait.

Après avoir fait un nouvel appel de 300 medjidiés à la caisse du Montasarrif, je louai sept chameaux pour le voyage. Malgré les instances du Gouverneur, je refusai de prendre une escorte de soldats turcs, de crainte de voir ma marche retardée ; j'acceptai seulement, comme guide et intermédiaire auprès des fonctionnaires turcs, le chaouch Ali, qui me servait de planton.

Le 5 novembre, après avoir pris de tous un cordial congé, nous entamions la dernière grande étape, bien munis de lettres du Montasarrif pour les fonctionnaires du Fezzan, et de mon ami le Yousbachi pour les Zaptiés, ses subordonnés.

Ma caravane se compose des deux chameaux qui restent de ma caravane et de sept autres que j'ai pris à loyer à un homme de Sokna.

Nous campons, le premier jour, à la limite nord-est de l'oasis de Mourzouk, à Delim. Onze heures de marche en deux étapes nous conduisent, le 7, à Rhodona, pauvre bourgade ruineuse, où nous trouvons de nombreux campements d'Oulad-Sliman qui reviennent de leur voyage de dattes au sud du Fezzan. Ainsi, jusqu'à Sokna, nous allons presque chaque jour rencontrer les échelons des hordes que nous avons vues déjà à Gatroun et qui remontent vers le Nord, à leur territoire de la Cyrénaïque.

La marche du 8 se fait dans une immense plaine dénudée ; c'est, en petit, l'apparence de la Tintoumma. Après huit heures de marche, nous campons auprès de quelques arbres, et le lendemain, après neuf heures de route, nous arrivons à l'oasis dans laquelle est la petite

Départ de Mourzouk. — La dernière étape.

ville de Sebbah. Nous avons passé le puits d'El-Biban, situé au débouché d'un cirque montagneux, à la troisième heure de route.

Je dois donner un peu de repos. Le Moudir me donne l'hospitalité dans la maison de Beylick.

Nous repartons le 11 novembre, à cinq heures vingt du matin, pour être à la petite oasis de Temenhint à midi et demi; le temps de manger, d'acheter quelques dattes et de la paille, et nous repartons à quatre heures, pour recamper à six heures et demie dans un pâturage de hâd. Le lendemain, par une marche de six heures, nous atteignons Zirrhen. Plus nous marchons, plus toutes choses renchérissent.

Le 13 novembre, nous attaquons la région déserte qui sépare Zirrhen de Sokna.

Cinq heures de marche nous conduisent, ce jour-là, à Om-el-Abid, puits où il nous faut faire de l'eau pour cinq jours. Nous trouvons campée une bande d'Arabes Oulad-Chergui, qui tentent, pendant la nuit, de nous voler les chameaux; mais on veille; ils en sont pour leurs frais.

Le 14 commence la marche terrible de quatre jours qui doit nous conduire à Bir-Godefa, seul point d'eau avant Sokna.

Le premier jour, partis à six heures et demie, nous campons à midi, pour repartir à deux heures et camper à six heures quinze du soir, après avoir passé, vers cinq heures et demie, le « Petit-Sable », région de hautes dunes où je laisse un de mes chameaux.

Le Petit-Sable donne accès à une immense sérir caillouteuse à peu près dépourvue de végétation.

A quatre heures vingt, le 15, on lève le camp. A midi, nous sommes au « Grand-Sable », où nous trouvons quelque nourriture pour les chameaux; nous en repartons à deux heures pour camper, à neuf heures et demie du soir, dans un lit d'oued desséché, appelé El-Gaf, où les plantes de séné sont très abondantes.

Mon cheval est fourbu; il a les jambes arquées; il ne peut plus poser les pieds sur le sol, tant la fourchette est devenue sensible, par suite de la marche sur la sérir caillouteuse. Je prends Guéladjio, qui ne vaut guère mieux, tandis que Badaire monte sur un chameau. En réalité, c'est à pied que je vais achever la route jusqu'à Tripoli.

La sérir que nous venons de traverser s'appelle la Maïtaba rouge. Nous en sortons le lendemain 16, pour entrer dans la Maïtaba noire, à l'extrémité de laquelle nous campons à onze heures, après cinq heures de marche.

A deux heures du soir, nous abordons les montagnes Noires (Djebel-Soda), écheveau très confus de massifs caillouteux entrecoupés par des cuvettes, lits d'oueds passagers dont les directions générales sont très difficiles à définir. A trois heures cinquante, nous sommes à Fiker, cuvette dans les roches, où les Turcs ont tenté, il y a quelques années, de creuser un puits, qui est resté inachevé. Les Arabes et le chaouch Ali prétendent qu'à Constantinople on croit que ce puits, qui serait si utile aux caravanes, existe, alors que jamais, au cours des travaux, on n'a atteint la nappe d'eau. Nous campons, à sept heures et demie, dans le val de M'zer-el-Had, riche en plantes fourragères pour les chameaux.

Le 17 novembre, après une heure de marche, nous sortons du val pour aborder les grands chaînons du Djebel-Soda. Marche épouvantable, non plus dans les cailloux, mais dans les roches, qui se termine par une descente extrêmement pénible pour les animaux dans l'entonnoir où est sis le Bir-Godefa. Nous avons fait en quatre jours une route qui en demande cinq habituellement; mais l'escapade d'un chameau nous avait fait perdre en chemin quatre outres d'eau, ce qui nous obligea à forcer les étapes.

Le 18 novembre est un vendredi; mon convoyeur ne veut pas entrer ce jour-là dans sa ville natale, il me faut faire charger malgré lui les animaux. Partis à six heures et demie, nous entrons à Sokna à trois heures.

L'oasis de Sokna est fort grande et belle, ses dattes sont renommées. Sokna est la dernière ville du Fezzan; elle possède une certaine importance commerciale, elle est à la bifurcation des routes de Tripoli et de Djerboul, oasis célèbre parce qu'elle contient la zouaïa fameuse du Mahdi Es Senoussi.

Je reçus à Sokna l'hospitalité dans la maison de Beylick et j'étais à peine arrivé que s'empressait d'accourir auprès de moi Boun-Ali, père de mon hôte de Mourzouk.

Un grand mariage avait lieu et, suivant la coutume, le cortège faisait le tour des remparts. Il vint s'arrêter sous mes fenêtres. L'épousée était montée sur un très beau chameau blanc tout couvert de pompons et de panaches. Elle était cachée aux regards par une sorte de dais recouvert de tapis, sous lequel elle était couchée ou assise sur un lit de repos placé sur l'animal dans le sens perpendiculaire à l'échine.

Le chameau et son précieux fardeau formaient le centre du cortège flanqué à droite et à gauche de musiciens et de danseuses. Les premiers soufflaient dans des binious et des cornemuses, ou frénétiquement battaient du tambour, pendant que les secondes esquissaient des pas de hanches et des danses de bras accompagnées de jeux de foulards, car, on le sait, la danseuse arabe ne danse pas, tout au plus esquisse-t-elle quelques pas traînants.

Les invités, jeunes gens pour la plupart, excités par ces harmonies, faisaient parler la poudre; la plupart étaient à pied. Ils se livraient à de véritables exercices de jongleurs avec leurs armes chargées, puis, se rapprochant du centre du cercle par des mouvements plus ou moins gracieux, mais qui toujours indiquaient beaucoup de souplesse, venaient un genou à terre décharger leur coup de fusil, dans la pose la plus fantaisiste, sous le nez de l'impassible animal.

Les quelques cavaliers se livraient à des exercices équestres, surtout des charges ou des courses au galop par deux, enlacés, qui témoignaient de leur habileté d'écuyer.

Lorsque le cortège reprit sa marche, généreusement j'octroyai aux musiciens le prix d'un fauteuil d'orchestre à l'Opéra.

Je dus attendre trois jours, d'avoir loué de nouveaux chameaux, pour continuer ma route; ma demeure ne désemplit point pendant ce temps de toutes les notabilités de Sokna, et cependant la ville est entièrement sous l'influence des Senoussis qui y possèdent un très bel institut.

Le 22 novembre, accompagnés du Moudir et du fils de Boun-Ali, nous quittons Sokna pour aller à deux heures de là camper auprès d'une source où nous devons faire de l'eau pour la route et qu'on appelle El-Hamman. Là sont des vestiges d'anciens thermes romains dont on ne peut juger l'importance, des sables ayant tout envahi.

Nous partons le soir; le lendemain, nous trouvons un puits dont l'eau est salée; mais, le 25, nous campons à onze heures et demie aux bords d'un très joli lac, El-Gra-Cheik-Ator, dont l'eau est d'une fraîcheur et d'une saveur délicieuses.

Nous faisons, le 26, une pénible marche, dans les sables d'abord, dans une sérir accidentée et caillouteuse ensuite. Nous y rencontrons le chatma (courrier) ; il ne m'apporte rien et cependant j'avais calculé que par lui j'aurais pu avoir mon premier courrier.

Le lendemain 27, nous sommes à Bonn-Djeim. Quelques pauvres maisons, un kasr en ruines construit par ordre du Sultan Abdul-Medjid, les restes ensablés d'un château romain, quelques maigres dattiers, de rares figuiers, telle est la petite ville perdue entre Beni-Oulid et Sokna. Le sel de Bonn-Djeim est renommé.

Le 28 novembre, on se remet en route, le cœur allègre, quoique la vue du paysage n'inspire guère d'autre sentiment que la mélancolie ; mais désormais cinq jours nous séparent de l'Europe, puisque le télégraphe vient jusqu'à Beni-Oulid, le premier et dernier lieu que nous devions rencontrer jusqu'à Tripoli.

Dure route cependant; il fait froid et la roche est dure aux pieds de ceux qui depuis vingt-six mois bientôt sont attachés à ma fortune.

Le 29, dans l'Oued-Semsem, le 30, dans l'Oued-Belem, nous trouvons quelques maigres cultures d'orge. Le 1er décembre, nous pénétrons dans l'Oued-Néfet. Là se trouve un puits magnifique, très ancien, creusé dans une roche calcaire tendre, dans laquelle les grosses cordes de fibres de palmiers ont creusé de multiples sillons et poli les surfaces à les rendre brillantes comme du vieil ivoire.

Le 3 décembre, nous entrons dans des plateaux rocailleux, entrecoupés de ravins où végètent de maigres cultures d'orge et de blé. Les hauteurs sont couronnées d'anciens châteaux forts romains et arabes, de retranchements en pierres, derniers vestiges des luttes des Oulad-Sliman contre la domination turque. Péniblement enfin, à cinq heures, nous arrivons au bord d'une immense ravine qui est la vallée de Beni-Oulid. Le vert des champs d'orge qui s'étendent sous les oliviers fait contraste avec la désolation du plateau et des flancs rocailleux du vallon. Le kasr turc, sur la rive droite, domine la vallée dans laquelle d'ailleurs il n'y a pas trace de ruisseau.

Nous faisons notre entrée dans le fort au milieu des soldats turcs qui se précipitent pour faire entrer les animaux et les charges: le commandant du fort, capitaine Ghalib-Effendi, vient à ma rencontre et me souhaite la bienvenue.

Le Kaïmakam[1] est absent; on me donne sa chambre et son lit !!!

---

1. Sous-préfet turc.

A Beni-Ouifd. — Chargez! C'est la dernière fois.

Qu'il est loin le dernier! C'était celui de mon ami Delor à Saint-Louis, il y a vingt-six mois.

Un désenchantement m'attendait; pas de courrier! Je télégraphie dès le lendemain au consul et, ne recevant point de réponse, je me résigne à attendre. Attente faite d'impatience, c'est vrai, mais bien adoucie par les mille soins dont nous entourent les officiers de la garnison.

Il y a à Beni-Oulid une garnison de deux compagnies d'Albanais, soldats petits, mais robustes, dans le genre de nos montagnards des Alpes. Ils manœuvrent parfaitement à l'allemande. Chaque jour, à trois heures, a lieu une cérémonie intéressante, c'est le Salut au Sultan. Les hommes en armes sont formés en ligne sur la place d'exercice; au commandement du capitaine, ils présentent les armes, puis à un second commandement font de la main droite le salut militaire en portant cette main ouverte au fez, continuant de la main gauche à maintenir l'arme vis-à-vis du milieu du corps. Puis le capitaine levant son sabre crie trois fois: « Vive le Sultan Abdul-Hamid! » cri que tous les hommes répètent, puis ils replacent la main droite à la poignée de l'arme. Généralement un maniement d'armes de quelques mouvements suit, qui s'exécute avec une précision digne de nos meilleures troupes.

Enfin, le 6, au matin, arrivent deux cavaliers, l'un, kavas du consul général de France, l'autre, artilleur à cheval envoyé par le Pacha de Tripoli.

Mohammed, le kavas, entre dans ma chambre, ouvre avec son couteau la poche de sa veste de zouave qu'on a eu la précaution de coudre et en tire une lettre de M. Destrées qu'il me remet. « Quoi! c'est là tout! dis-je. Rien autre? » Mohammed ne répond pas.

J'ouvre la lettre, un peu dépité, je l'avoue. Quoi! après deux ans de privation de toutes nouvelles, alors que nous avons écrit et expédié de Tedcherri et de Mourzouk à Tripoli des dépêches pour la France, rien des nôtres? Badaire, qui me suit des yeux et entend mes réflexions, est aussi navré que moi.

Nous nous réconfortons un peu à la lecture de la lettre de notre aimable consul qui nous donne en paquet une série de bonnes nouvelles. Je suis chef de bataillon; cela, je le savais; ce n'était ni une surprise, ni un avancement; officier de la Légion d'honneur, c'était une récompense insigne. Badaire était décoré de la médaille militaire; aussitôt, sans aller plus loin, je lui donne l'accolade. Puis il y a de bonnes nouvelles de tous les nôtres et enfin est jointe une dépêche de félicitations du Gouvernement.

La lecture terminée, je replie la lettre. Il n'y a pas abondance de courrier, mais nous sommes heureux, surtout tranquillisés; c'est bien ce que pense Mohammed qui me regarde d'un air narquois. Il soulève alors l'autre face de sa veste, d'un geste lent, et me montre une deuxième poche cousue également, mais qui semble bondée; il me dit que c'est à moi de l'ouvrir.

C'était la surprise : lettres et dépêches en sortent comme les serpentins de papier du chapeau d'un prestidigitateur. Il y a plus de cinquante dépêches et lettres de tous les amis d'hier et du jour, beaucoup d'écritures nous sont inconnues.

Ahmet-Rassim-Pacha.

Aux dépêches d'abord. La première que j'ouvre, c'est une dépêche de mes camarades de promotion (de son nom « la Grande Promotion »). Des félicitations chaleureuses comme de raison, mais elles étaient pour moi tellement inattendues que les larmes jaillirent de mes yeux. Dieu! la belle récompense que celle que vous décernent spontanément ceux qui ont débuté dans la vie avec vous! Puis, fiévreusement, je passe à celle des parents, des amis, des admirateurs inconnus; il y a dépêches et lettres de toutes les Sociétés de géographie, du Comité de l'Afrique française, de la Société de Géographie de Paris, de la Société de Géographie commerciale, etc., etc.

Tout à l'heure, ce n'était pas assez, maintenant c'est presque trop.

Il est une d'elles qui me fait un plaisir particulier: c'est celle de M. Étienne. Il a eu confiance, et il est heureux de mon succès qui est un peu son œuvre.

Quelle débauche en quelques heures! Il n'y a pas un nuage à notre bonheur, car nous retrouvons l'un et l'autre nos parents, notre famille au complet, et nous avons la satisfaction de savoir que la France entière est fière du résultat de nos travaux, qu'elle a applaudi à notre réussite.

Le 7 décembre, à huit heures du soir, les officiers du fort, Ghalib-Effendi en tête, nous font la conduite; de l'autre côté du ravin, nous nous séparons de nos amis turcs qui nous ont généreusement offert ce qu'ils appelaient eux-mêmes l'hospitalité du soldat.

La dernière étape couronna dignement la traversée de l'Afrique; le 10 décembre, à six heures du matin, nous campions à l'oasis d'Aïn-Zara, aux portes de Tripoli, ayant fait à pied, nos chevaux n'en pouvant plus, 165 kilomètres en soixante-dix heures. Sur l'avis de Mohammed, nous nous arrêtons pendant que le cavalier turc va prévenir à Tripoli le consul et le Pacha.

Des dunes en avant du camp masquent la vue de la ville. Je monte à leur sommet, et de là enfin, en proie à une émotion que je ne saurais exprimer, je contemple la mer qui, comme un large ruban bleu, borde l'horizon par-dessus les panaches des dattiers de la côte. C'est en ce moment que j'ai seulement la perception bien nette que la

M. Destrées.

tâche est terminée; le désert est d'un côté de la dune; devant c'est la France, la patrie retrouvée! Et de mes lèvres inconsciemment s'élève vers le ciel une ardente et muette prière d'actions de grâces à la Providence qui nous a protégés, qui m'a permis de ramener au port, sans en perdre un seul, les compagnons qui ont partagé les périls de cette longue campagne.

Je ne sortis de ma rêverie, qui avait duré plusieurs heures, que pour me porter au-devant des voitures qui arrivaient. Le consul général, M. Destrées, descend, accompagné du premier drogman, M. Piat. Avec une émotion que je n'ai pas besoin de dire, je me précipite dans leurs bras. Puis ce sont les poignées de main échangées avec les Européens qui ont tenu à les suivre pour me souhaiter la bienvenue. Sont là présents aussi deux aimables reporters, MM. d'Attanoux et Paul Combes, l'un pour le *Temps*, l'autre pour la *Politique coloniale* et les *Débats*. Si je les ai cités, c'est à cause des aimables relations que j'ai eues avec eux, mais aussi et surtout parce qu'il me semble que cette heure solennelle ait décidé à tous deux de leur vocation.

D'Attanoux, qui entrevoyait le désert aux sables d'Aïn-Zara, a voulu le connaître mieux et l'on sait la pointe hardie qu'il a poussée cette année au cœur du pays des Touaregs-Azgueurs ; Paul Combes est devenu l'un des plus ardents et des plus écoutés propagandistes de l'expansion coloniale.

Pendant qu'on échange ces saluts et présentations, nous remontons vers le camp où Badaire reçoit à son tour accolades et félicitations ; il est en un instant, avec son chapeau bornouan, le point de mire d'une série d'objectifs de photographes amateurs. Point n'est besoin de dire que, dans ce rôle, les Anglais tiennent le premier rang.

« Chargez ! — C'est la dernière fois ! » ne puis-je m'empêcher d'ajouter à mon commandement habituel. La joie la plus vive se lit sur les visages de tous nos hommes qui, péniblement, car ils sont bien à bout cette fois, entassent un peu n'importe comment les quelques bagages sur les animaux.

Avec le consul, nous montons en voiture ; Kouka et Guéladjio suivent en main ; le repos aussi approche pour eux. Ils l'ont bien gagné !

Ici, je devrais écrire le mot *fin*, si je n'avais à cœur de remercier M. Destrées, notre aimable consul général, et Mme Destrées, sa digne compagne, de leur cordiale hospitalité. Dès le jour même, la sympathie de leur accueil nous donna l'illusion que nous avions regagné déjà notre foyer depuis si longtemps déserté. Je crois que Mme Destrées doit garder le souvenir de ce premier jour où son salon fut transformé pendant plusieurs heures en un bazar où étaient amoncelés vêtements, linge, objets de toilette. Il était temps de nous mettre en costume présentable.

Lorsqu'il en fut ainsi, deux jours après, je pus faire visite à Son Excellence Ahmet-Rassim-Pacha, Waly de la Tripolitaine. La présentation fut faite par M. Destrées. Je remerciai vivement Son Excellence

La mission à l'arrivée à Marseille.

de l'accueil que j'avais rencontré partout, suivant ses ordres, de la part des autorités ottomanes. Puis nous causâmes et je fus charmé par la conversation de ce vieillard aimable et fin qui maniait la langue française comme sa langue mère.

Le 13, au matin, à bord du *Saint-Augustin* de la Compagnie transatlantique, capitaine de Casteljau, la mission quittait Tripoli.

J'avais le regret de n'avoir pu dire adieu à mon ami Zaggar qui, parti après moi de Mourzouk, avait cependant affirmé qu'il me précéderait à Tripoli. J'eus le plaisir, quelques mois après, de le voir débarquer à Paris où, confiant dans mes conseils, il venait vendre ses plumes d'autruche.

A bord du *Saint-Augustin*, nous trouvâmes M. et Mme Napoléon Ney, qui, fixés à Tunis depuis quelque temps, avaient eu l'aimable pensée de venir au-devant de moi. Nous fîmes de compagnie un charmant voyage jusqu'à Tunis, en passant par Malte.

A Tunis, des fêtes superbes étaient préparées en notre honneur, qui groupèrent autour de M. le résident général Rouvier, récemment arrivé de France, toute la colonie européenne sans distinction de nationalité. Le soir, ce fut le tour de nos camarades de l'armée qui, sous la présidence de M. le général Leclerc, nous donnèrent une très belle réception au cercle militaire.

Nous dûmes regagner le bord à la nuit, inaugurant le nouveau canal de Tunis à la Goulette. Malheureusement la chaloupe à vapeur, par suite d'une fausse manœuvre, s'enliza et nous dûmes rentrer à bord à l'aviron.

Le 18, le *Saint-Augustin*, pavoisé, mouillait dans le port de Marseille.

Mon ami Binger, qui vint à bord aussitôt, accompagné de sa jeune femme, nous apportait, avec les félicitations du Gouvernement, la croix d'officier de la Légion d'honneur pour moi, la médaille militaire que je remis à Badaire et les médailles commémoratives d'or et d'argent que de Mourzouk j'avais demandé à faire frapper pour mes hommes.

Je fus particulièrement touché de l'empressement que l'on avait mis à accéder à ma demande. J'eusse été peiné de me séparer de mes hommes sans qu'ils emportassent ce témoignage de satisfaction qu'ils avaient si bien gagné, et qu'ils désignent de manière si appropriée sous le nom de *médaille merci*

Huit jours après, mes noirs compagnons quittaient Marseille pour rentrer au Sénégal. Un triste événement marqua ces derniers moments : l'un d'eux mourait le 23 décembre à l'hôpital, des suites d'une bronchite contractée entre Tunis et Marseille.

Et maintenant que deux ans bientôt ont passé sur ces événements si émouvants du retour, aujourd'hui que le Gouvernement a bien voulu reconnaître par des marques éclatantes de sa faveur les services rendus, je reste encore étonné de l'immense mouvement de sympathie spontanée qui a pris toutes les formes pour se manifester autour de moi.

Qu'il est doux de faire simplement son devoir en notre beau pays de France !

Grand-Bassam, 22 octobre 1894.

APPENDICE

POSITIONS DÉTERMINÉES ASTRONOMIQUEMENT[1]

PAR P.-L. MONTEIL

Les latitudes observées sont le résultat d'observations méridiennes du soleil ou d'étoiles ou d'observations de la Polaire.

Les latitudes estimées ont été déduites de l'itinéraire journalier : elles ont été vérifiées avec le plus grand soin, grâce aux observations qui les encadrent.

Les longitudes ont été obtenues au moyen d'angles horaires reliés les uns aux autres par de nombreux états de chronomètres. Elles ont été contrôlées par nombre de distances lunaires.

Toutes ces observations, calculées d'abord en cours de route, ont été remises entre les mains de M. le général Derrécagaix, chef du Service géographique, qui a chargé M. de Villedeuil d'en faire à nouveau le calcul.

Revisées ensuite par moi pour des détails, elles sont définitivement établies dans les limites d'erreur suivantes :

Pour les latitudes : $\pm 1'$.

Pour les longitudes : $\pm 0^m 30^s$.

NOMS DES LIEUX		LATITUDE OBSERVÉE	LATITUDE ESTIMÉE	LONGITUDE
Kita.	(Soudan)	13°03′05″9 N	»	»
Guenikoro . . .	id.	13°10′07″	»	»
Koundou. . . .	id.	13°10′25″	»	»
Bamakou. . . .	id.	12°39′34″4	»	»

[1]. Ces positions ont été publiées dans les *Comptes rendus de la Société de Géographie* (séance du 16 mars 1894).

NOMS DES LIEUX	LATITUDE OBSERVÉE	LATITUDE ESTIMÉE	LONGITUDE
Manambougou .. (Soudan).....	12°48′00″09	»	»
Koulicoro..... id.	12°54′26″	»	»
Ségou-Sikoro... id.	13°36′40″	»	8°41′55″ O^t
Kala......... id.	»	13°28′	»
Fatené....... id.	13°35′41″6	»	7°23′50″ O^t
San (Ind^t)...............	13°19′52″4	»	6°48′30″ O^t
Scienso (Territoire Bobo).......	13°15′45″5	»	6°44′25″ O^t
Sangatori (Miniankala)	13°00′45″	»	6°48′40″ O^t
Bougounso id.	12°41′49″4	»	6°57′22″ O^t
Koumberi id.	12°28′21″9	»	»
Kouro id.	12°02′43″1	»	»
Kinian id.	11°52′06″	»	7°39′45″ O^t
Sikasso (Kénédougou)	11°18′48″9	»	7°22′30″ O^t

Les observations méridiennes sont interrompues jusqu'à Argoungou.

NOMS DES LIEUX	LATITUDE OBSERVÉE	LATITUDE ESTIMÉE	LONGITUDE
Banso (Territoires Bobos)	»	11°12′26″	6°27′15″ O^t
Passage Baoulé id.	»	11°13′	5°29′ O^t
Bobo-Dioulasso id.	»	11°01′45″	5°55′ O^t
Boussoura id.	»	11°29′	5°51′ O^t
Ouoronkouoy id.	»	11°00′48″	5°16′ O^t
Passage Volta............	»	12°00′25″	5°00′55″ O^t
Lanfiéra (Dafina)...........	»	12°32′27″	5°02′30″ O^t
Djin id.	»	12°26′24″	4°53′ O^t
Koui id.	»	12°22′30″	4°43′ O^t
Niouma............ (Mossi).	»	12°39′18″	4°14′30″ O^t
La................ id. ...	»	12°38′36″	4°03′ O^t
Yako............. id. ...	»	12°42′54″	3°47′20″ O^t
Niou.............. id. ...	»	12°37′42″	»
Nakamgoum......... id. ...	»	12°28′02″	3°07′15″ O^t
Waghadougou { par Lanfiéra	»	12°20′00″	3°08′10″ O^t
Waghadougou { par Nombila id. ...	»	12°21′00″	»
Nombila........... id. ...	12°30′04″ (P)^t	»	2°59′30″ O^t
Oubitenga.......... id. ..	»	12°31′50″	2°54′ O^t
Boussouma.......... id. ..	»	12°48′38″	»
Ouégou............ id. ..	12°52′54″ (P)	»	2°39′45″ O^t
Kaya.............. id. ..	13°04′00″ (P)	»	2°39′45″ O^t
Sargou............ id. ..	»	13°12′37″	2°36′ O^t
Rivoulou........... id. ..	»	13°20′25″	2°30′45″ O^t
Korkou............ id. ..	»	13°27′19″	2°32′45″ O^t
Pensa { par Korkou.... id. ..	»	13°38′21″	2°25′15″ O^t
Pensa { par Pina...... id. ..	»	13°38′26″	
Pina.............. id. ..	13°46′24″ (P)	»	2°17′30″1
Bangataka .... (Liptako).	»	14°01′00″	2°01′30″ O^t
Dori.............. id. ..	14°00′08″ (P)	»	1°36′15″ O^t
Camp^t 2 juin......... id. ..	13°41′04″ (P)	»	1°15′

1. (P) Observation de la Polaire.

POSITIONS DÉTERMINÉES ASTRONOMIQUEMENT

NOMS DES LIEUX			LATITUDE OBSERVÉE	LATITUDE ESTIMÉE	LONGITUDE
Zebba	10 juin	(Yagha)	13°25′02″ (P)	»	
	23 juin	id.	13°25′03″ (P)	»	1°00′00″ Oᵗ
Denga		id.	»	13°25′23″	0°50′15″ Oᵗ
Yama	par Zebba	id.	»	13°23′30″	
	par Kakou	id.	»	13°24′37″	0°38′20″ Oᵗ
Kouro		id.	»	13°08′00″	
Kakou		id.	13°09′44″ (P)	»	0°24′ Oᵗ
Marna (Torodi)			13°11′51″5 (P)	»	0°05′ Eᵗ
Lamorde-Torodi (Nadiango)			13°05′16″ (P)	»	0°14′15″ Eᵗ
Ouro (Guéladjio) (Indᵗ)			13°04′10″ (P)	»	0°27′40″ Eᵗ
Say	id.		13°04′42″	»	0°48′40″ Eᵗ
Djiddal (Djerma)			13°02′22″	»	1°02′50″ Eᵗ
Dosso	id.		13°01′29″5	»	1°39′30″ Eᵗ
Boundou Dieidi			»	12°56′13″	»
Kanda (Maouri)			12°58′26″ (p 2 obs.)	»	2°05′15″ Eᵗ
Guiouaé	id.		12°59′23″ (P)	»	2°12′50″ Eᵗ

Reprise des observations méridiennes.

Argoungou	Pol.		12°45′19″	»	
(Kabbi indᵗ)	Mérid.		12°45′20″	»	2°35′30″ Eᵗ
Mayo-Kabbi Campᵗ (Sokkoto)			12°49′45″	»	2°42′30″ Eᵗ
Katami	id.		12°57′12″	»	2°46′05″ Eᵗ
Silamé	id.		13°02′48″8	»	2°56′30″ Eᵗ
Diékanadou	id.		13°01′36″6	»	»
Louakoby	id.		13°02′06″4	»	3°09′45″ Eᵗ
Sokkoto	id.		13°03′07″ / 13°03′12″	»	3°18′30″ Eᵗ
Koundous	id.		13°03′25″7	»	3°38′00″ Eᵗ
Passage Goulbi N'Gandi	id.		12°59′11″6	»	»
Gandi	id.		12°59′20″2	»	3°45′20″ Eᵗ
Yassakoua	id.		12°51′00″	»	3°48′5″ Eᵗ
Dampo	id.		12°46′31″5	»	»
Diambako	id.		12°43′36″7	»	4°15′40″ Eᵗ
Magami N'Didi	id.		12°39′40″7	»	»
Birni N'Goga	id.		12°41′20″	»	4°35′
Kaoura	id.		12°34′55″6	»	4°37′45″ Eᵗ
Gardio	id.		12°09′09″5	»	5°33′15″ Eᵗ
Kourkoudian	id.		12°06′12″6	»	5°45′20″ Eᵗ
N'Goïya	id.		12°05′34″4	»	»
Yangada	id.		12°01′17″8	»	6°06′00″ Eᵗ
Kano	25 novembre	id.	12°00′34″5	»	6°26′10″ Eᵗ
	8 décembre	id.	12°00′27″4	»	
Diezaoua	id.		12°09′25″7	»	6°38′15″ Eᵗ
Zatirei	id.		12°06′32″	»	6°47′ Eᵗ
Doungaré	id.		12°06′32″	»	»
Dandouzé	id. (P)		12°14′58″	»	7°10′10″ Eᵗ
Kokodji	id.		12°19′43″	»	7°26′50″ Eᵗ

NOMS DES LIEUX		LATITUDE OBSERVÉE	LATITUDE ESTIMÉE	LONGITUDE
Hadeïdja	(Sokkoto) (P)	12°42′45″	»	7°55′05″ E^t
Birnioau	id. (P)	12°51′34″	»	
Madia	(Bornou) (P)	12°56′10″	»	8°07′50″ E^t
Bakousso	id. (P)	12°54′23″	»	8°08′25″ E^t
Askounari	id.	12°59′31″	»	»
Kargui	id.	13°05′15″	»	8°29′25″ E^t
Goya	id.	13°00′46″	»	»
Borsari	id.	13°00′42″	»	9°13′55″ E^t
Madou	id.	12°53′27″	»	»
Koukaboni	id.	12°55′54″	»	»
Diggaé	id.	12°57′18″	»	»
Koukaoua	id.	12°54′02″	»	11°04′25″ E^t
Yo	id.	13°33′45″	»	»
Aladem	id.	13°43′57″	»	»
Barroua	id.	13°50′57″	»	»
N'Guigmi (pointe nord-ouest du lac Tchad)		14°14′58″	»	»
Bir-el-Mam	(Sahara)	14°30′04″	»	»
Bedouaran	id.	15°44′35″	»	»
Agadem	id.	16°50′07″	»	»
Dibbèla	id.	17°33′24″	»	»
Zau-Kébir	id.	18°14′06″	»	»
Bilma	(Oasis Kaouar)	18°41′11″	»	»
Arigny	id.	19°04′26″	»	»
Anaï	id.	19°21′50″	»	»
Ziggueddin	(Oasis Sahara)	20°12′33″	»	»
Yat	id.	20°32′	»	»
Bir-Mafaras (Puits)	id.	21°09′51″	»	»
Bir-Lahamar	id.	22°00′13″	»	»
El-War	(M^{ts} Toumimo, Sahara)	22°40′34″	»	»
Bir-Meschrou	id.	23°44′58″	»	»
Gatroun	(Tripolitaine)	24°53′56″	»	»
Mourzouk	id.	25°55′30″	»	»

TABLE DES MATIÈRES

Avant-propos I
Pour le livre du soldat absent (Préface par M. de Vogüé). III

CHAPITRE PREMIER

De Saint-Louis à Ségou

Avec dix hommes armés on doit traverser l'Afrique. — Stanley et le Soudan égyptien. — M. Étienne et les instructions de la mission. — Badaire. — Départ de France. — Dakar. — Saint-Louis. — Khayes. — La traversée du Soudan : Bafoulabé, Kita, Koundou, Bamakou. — Koulikoro. — Le convoi par le Niger; le convoi par terre. — Nyamina, Ségou. — Séjour à Ségou; les derniers préparatifs. 1

CHAPITRE II

De Ségou à Sikasso

Départ de Ségou. — L'empire de Ségou. — La nuit du 1ᵉʳ janvier 1891 à Fatené. — Mauvais accueil à Ouakoro. — Le passage du Bani. — San. — L'Almamy de San et le traité. — Scienso. — Traversée du Miniankala. — Je quitte ma mission à Bougounso. — Attitude hostile de Kimberi. —

J'attends ma mission à Koutiala. — Départ de Ouelenguena pour Kinian. — Le siège de Kinian. — Quiquandon. — Crozat. — Le Fama Tiéba. — Bodian, Fama de Ségou. — Je rejoins ma mission à Sikasso. — Je rétablis la discipline et organise le départ. 25

CHAPITRE III

De Sikasso à Bobo-Dioulasso

Le convoi au départ de Sikasso. — Le dernier courrier de France. — Les Bobos. — Les sorciers de Souro et ma carabine. — La lèpre et son remède. — Passage du Bafing. — La vie au pays Noir. — Passage du Baoulé. — Arrivée à Bobo-Dioulasso. — Guimbi, mon hôtesse. 65

CHAPITRE IV

De Bobo-Dioulasso à Lanfiéra

Séjour à Bobo-Dioulasso. — Mes porteurs désertent. — Mon cuisinier. — Sa fin tragique. — Les sorciers et les fêtes du Koma. — Le Fama de Boussoura. — Les funérailles au pays bobo. — Le frère et la femme du Fama. — Traité de Boussoura. — Le Mansakié toqué. — Le griot et les notables de Ouakouoy. — Les caravanes et les ruses et coutumes des Bobos. — Ouoronkouoy. — Retour d'une expédition à Kari. — Les Bobos et leurs sifflets. — Le passage de la Volta. — Le Mansakié de Koumbara. — Dafina. — Arrivée à Lanfiéra. 85

CHAPITRE V

De Lanfiéra à Waghadougou

L'Almamy de Lanfiéra. — Le traité. — Nouvelles du Macina. — L'Almamy de Bossé. — Badaire malade de la dysenterie. — Moussa-Keïta refuse de me guider pour entrer dans le Mossi. — Ma fête. — Entrée dans le Mossi. — Notice sur le Mossi. — Le Naba de Yako et les sorciers. — Les Nabas et mon varioleux. — Arrivée à Waghadougou. — Mauvais vouloir de l'Almamy 111

CHAPITRE VI

De Waghadougou à Dori

Je me décide à partir de Waghadougou. — La tornade. — La fièvre. — Le départ. — En route vers l'Est. — Nombila, Oubitenga. — La rivière Sainte-Marguerite. — Laguéré; les Peuls méditent une attaque. — A Ouégou; l'obsession des cadeaux. — Je suis sur le point de m'emparer de vive force du marché. — Départ pour Kaya. — La mauvaise fortune enrayée. — Le nœud hydrographique de la boucle du Niger. — Excellent accueil sur le reste de la route. — La peste bovine. — Le camp à Pensa. — L'entrée dans le Liptako. — Terrible marche de Pina à Bangataka. — Diobbou. — La situation politique du Liptako. — Les prétendants à mon camp. — L'accaparement par Boubakar, fils de Boari. — L'entrée triomphale à Dori. — La traversée du Mossi est un fait accompli. 137

CHAPITRE VII

De Dori à Say

Fétichistes et musulmans. — Le Coran. — Séjour à Dori. — La peste bovine. — Le traité de Dori. — Le Yagha. — Séjour à Zebba. — Le traité. — Je tombe gravement malade. — Triste départ. — Mauvaise route. — Entrée dans le Torodi. — La mauvaise fortune se lasse. — Tillo. — Accueil sympathique d'Ibrahima-ben-Guéladjio. — Le traité. — Arrivée à Say. — Le traité. — La traversée de la boucle du Niger est un fait accompli. — Le choix des routes. 165

CHAPITRE VIII

De Say à la frontière de l'Empire haoussa

Le Niger à Say. — Géographie physique et politique de la région entre Niger et Mayo-Kabbi, de Say à Gobéri. — Ce qu'on entend par Dalhòl. — Les Dalhols et la mer Saharienne. — Sel et natron. — Hommes et choses du Djerma. — Vols et vexations. — Une caravane haoussa en marche. — En station. — Situation critique à Torso. — La sortie du Djerma. — Le Serky de Guiouaé et la « veine du blanc ». — Hommes et choses du Kabbi. — Je soigne le fils du Roi. — J'obtiens une lettre du Roi de Kabbi. — Pénible départ pour la frontière haoussa. 191

CHAPITRE IX

De la frontière haoussa à Kano

En route pour Sokkoto. — Entrée dans la ville. — Visite au Oiziri. — L'audience du Lam-Dioulbé. — Étude ethnographique de la race peule. — Définition du Soudan. — Ses limites, ses divisions. — Torodo ou Toucouleurs. — La dynastie haoussa. — Liste chronologique des Empereurs de Sokkoto. — Le nationalisme haoussa. — Mon escorte est fatiguée. — Symptômes de relâchement. — L'Empereur m'oblige à lui vendre des marchandises. — Changement imposé d'itinéraire. — Conséquences heureuses de la dette contractée vis-à-vis de moi par l'Empereur. — Je remonte ma caravane. — Le traité de Sokkoto. — Le départ pour Kano. — Désertion d'un de mes hommes. — L'arrivée à Gandi. — Bandawaky, roi de Gandi. — Boubakar, mon guide. — Je mets mon bateau sur la rivière. — Désertion d'Aldiouma. — La route de Dampo à Kaoura. — Les exorcismes pour l'entrée dans la brousse. — La ligne de partage d'eaux des bassins du Niger et du Tchad. — Les mauvais procédés de Boubakar. — Entrée dans Kano. 237

CHAPITRE X

Séjour à Kano

La visite au Roi à Fanisao. — Madiou, intendant du Roi. — Je suis harcelé par mes créanciers. — Nouvelle audience du Roi. — Le palais de Kano. — Je suis obligé de vendre de l'or, mais je me venge sur Madiou. — Je soigne le Roi. — Mon départ est différé sous divers prétextes.

Kano métropole commerciale du Soudan. — Sa population, son marché. — Industrie de Kano. — Son commerce. — Monographie du kola. — La captivité au Soudan. — Transformation économique que peut seule amener sa disparition. — L'aïri ou caravane au sel. — Le mouvement commercial de Kano avec la Tripolitaine par le Sahara.

Divers incidents de mon séjour à Kano. — Les agents de la Royal Niger Company. — Madiou, en quête de médicaments, me donne des détails précis sur l'expulsion du Bornou d'Européens venus l'année précédente à Kouka. — Quels sont ces Européens? — Je puis enfin me rendre compte des vrais motifs qui retardent mon départ. — Le Roi de Kano n'aurait pas voulu me laisser prendre la route du Bornou. — Je finis par obtenir guide et lettre pour le Ghaladima du Bornou.

J'expédie, par Tripoli, un courrier en France. — Je fais la charité. 269

CHAPITRE XI

De Kano à Kouka

Le départ de Kano. — Le Roi me donne un guide pour Hadéïdjia et le Ghaladima du Bornou. — Les Touaregs tentent de m'enlever mes chameaux. — La rivière de Hadéïdjia et le Komadougou-Yobé. — L'arrivée au Birni-Hadéïdjia. — Le Roi me donne une escorte pour entrer dans le Bornou. — Je brûle mon canot *Berton*. — Le marais de Madia. — Hyphème et mer Saharienne. — Entrée dans le Bornou. — La réception du Ghaladima à Bakousso. — La première quarantaine d'observation à Kargui. — Le Kachella de Borsari. — Deuxième quarantaine d'observation. — Malam-Issa, Diakadia du Cheik du Bornou, vient nous prendre pour nous conduire à Kouka. — Le Komadougou à Koukabon. — La marche vers Kouka. — Pénible arrivée à Kalitoua. — Départ pour Kouka. — Le Salut des lances. — Nous campons au marché extérieur. 297

CHAPITRE XII

Séjour à Kouka

Entrée à Kouka. — Ma réception par le Cheik. — Le Salam de Baïram. — Ma situation à Kouka. — La formation d'une caravane pour Tripoli. — L'hospitalité au Bornou. — Je ferme ma caisse. — La haine de Maladam.

Géographie physique et politique du Bornou. — La dynastie du Cheik Lamino. — Cheik Ashim. — Décadence du Bornou. — Settima Abd-el-Kérim. — Rabba et le Baghirmi. — Danger imminent que Cheik Ashim ne sait pas voir.

Mohammed-el-Mouselmani. — J'acquiers la conviction que la mission européenne venue l'année précédente était de nationalité anglaise et composée d'agents de la Royal Niger Company. — Les nouvelles de la mission Mizon.

Kanori et Arabes. — Le commerce de Kouka. — Influence de la femme au Bornou. — La Maguéra.

Je mets le Cheik dans l'obligation de me laisser partir. — Fureur de Maladam. — J'organise ma caravane. — Maïna Adam me donne Maï, son fils, pour me conduire à Mourzouk. — Audience de congé du Cheik. — Visite à Maladam qui parle de me conduire à la mosquée pour faire profession de foi musulmane. — Je prends mes mesures pour me garder des menaces et des rancunes du grand favori. 323

CHAPITRE XIII

De Kouka à Kawar

Départ de Kouka. — Kachella Ary-Maïna me guide pour sortir de la capitale du Bornou. — Effondrement de Maladam à la vue du Kachella. — Je prends un dernier congé des hommes du Bornou. — Le cap a changé en route vers le Nord. — Réunion de la caravane à Yo. — Barroua. — Aux bords du Tchad à N'Diédi et à N'Guegmi.

La caravane quitte les bords du Tchad. — Bir-Métimé. — Bir N'Gourtougou. — Bedouaran, la limite des pluies tropicales. — La « Tintoumma ». — Il y a des diables dans la Tintoumma, qui prennent plaisir à égarer le voyageur. — Agadem. — Dibbéla. — Les dunes mouvantes entre Dibbéla et Zau-Kébir. — Je suis très souffrant d'un point de côté. — Arrivée à Zau-Kébir. — Zau-Saghaïr. — Une alerte. — Bir-Mousketoun. — Arrivée à Bilma.

Considérations générales sur les routes dans le Sahara. — Chameaux et chameliers. — Les dunes et la route de Kouka à Kawar. — La polaire. — Le chameau et ses maladies.

L'oasis de Kawar. — Récolte du sel. — Les Toubbous-Dirkou et les Toubbous-Reschad. — Maï et Maïnas. — La zouaïa senoussi de Chimendrou. — Départ pour Arigny. — Anay. 359

CHAPITRE XIV

De Kawar à Mourzouk

Départ d'Anay. — Youggueba. — Zigguedin. — Yat. — On fait du fourrage. — Bir-Mafaras. — Bir-Lahamar. — Alerte! — C'est une caravane qui vient du Nord. — El-War. — Bir-Meschrou. — Entrée dans le Fezzan à Tedcherri. — J'envoie un courrier au Montasarrif de Mourzouk. — Le départ pour Gatroun. — Hadj-Abdallah-ben-Aloua. — Les Oulad-Sliman. — Les Senoussi. — Bir-Mestoula. — Legleb. — Le courrier du Montasarrif. — Nous sommes attendus! — Hadjajel. — Entrée à Mourzouk. 401

CHAPITRE XV

De Mourzouk à Tripoli

La maison de Mlle Tinné et notre installation. — Je fais un emprunt au Gouvernement turc. — Mes amis de Mourzouk. — Le meurtrier de Mlle Tinné. —

Le massacre de la mission Flatters. — Nouvel emprunt. — Le départ. — De Mourzouk à Sokna. — Un mariage. — Bonn-Djeim. — Beni-Oulid. — Accueil hospitalier des officiers turcs. — Le kavas du consul de France arrive avec le courrier. — Départ de Beni-Oulid pour Aïn-Zara. — Je revois la mer du haut des dunes. — L'arrivée du consul et l'entrée à Tripoli. — Visite à Son Excellence le Waly. — Départ pour Tunis. — Les fêtes. — Arrivée à Marseille. — Mort d'un de mes hommes et départ des autres pour le Sénégal 425

APPENDICE

Positions déterminées astronomiquement par P.-L. Monteil. 449

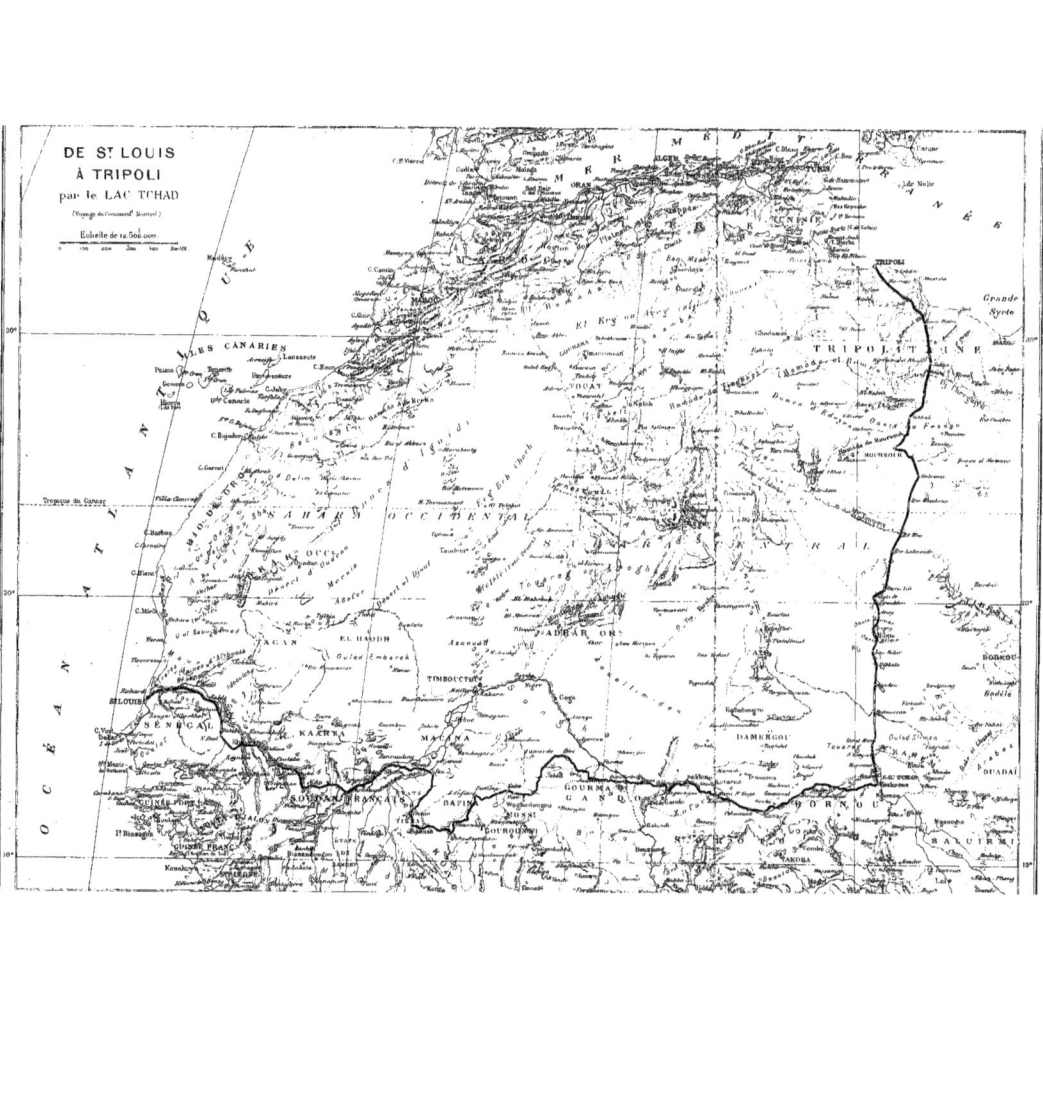

TABLE DES GRAVURES

Portrait du commandant Monteil	Frontispice
Caserne et arsenal de la marine à Ségou	1
Badaire	10
Campement de la mission à Khayes	11
Femmes de Ségou (Bambaras)	15
L'interprète Makoura-Seck	17
Guerrier toucouleur	18
L'intendante en chef du Fama de Sansanding	19
Palais de la Résidence à Ségou	21
Écrivain public	25
A Fatené. — L'attaque	33
La rédaction du traité de San	37
Groupes de lavandières à Sikasso	45
Le capitaine Quiquandon	51
Le docteur Crozat	53
Tiéba et Damba, son successeur	55
Le bourreau de Tiéba exécutant la danse du coq auprès de trois condamnés	61
Passage de Baoulé	69
Groupe de guerriers bobos	75
Griote de Guimbi	77
Captives de Guimbi	79
Le Koma	89
Une audience du Fama de Boussoura	95
Le Mansakié de Ouakra et ses adjoints	101
Au marché de Satiri. — Jeunes vendeuses de coton	105
Je trouve à terre un des pages du Naba qui avait reçu la balle dans le pied	129
Le campement au puits. — La boîte à musique	133
Le départ de Waghadougou	141
Les Peuls avaient projeté de nous attaquer	147
Le camp de Pensa	153
Entrée à Dori	161
Captives de Pello faisant sécher le couscous	173

La rivière à Adare.	181
Passage du Niger à Say.	193
La caravane haoussa en marche.	207
A Torso. — Sûrement les coups de fusil partiront avant la fin de la journée.	217
Le Serky N'Guiouaé revenant de la prise de Gandi.	225
Vue de Sokkoto.	241
A Yassakoua. — Aldiouma a déserté.	257
A Madomawa. — Je force le passage.	261
Palais du Roi à Kano.	277
Plan de Kano.	281
Une fille et son amie à Kano.	287
A Rindjia. — Je brûle mon *Berton*.	305
A Bakousso. — Réception du Ghaladima.	311
Devant Kouka. — Le Salut des lances.	319
Entrée à Kouka.	325
A Kouka. — Ma réception par le Cheik.	331
Le Salam de Baïram.	349
Sortie de Kouka. — Maladam m'attend avec un fort parti	361
Le passage du Komadougou à Yo.	367
Campement des bords du lac Tchad près du village de N'Guegmi.	371
La caravane dans la Tintoumma.	381
Dans les dunes après Dibbéla.	387
Arrivée à Bilma.	395
Type toubbou.	405
Alerte! alerte! C'est une caravane qui vient du Nord.	409
Gatroun, le camp des Oulad-Sliman.	415
La maison de Mlle Tinné à Mourzouk.	421
Beni-Oulid (le fort turc).	429
Départ de Mourzouk. — La dernière étape.	433
A Beni-Oulid. — Chargez! c'est la dernière fois.	439
Ahmet-Rassim-Pacha.	442
M. Destrées.	443
La mission à l'arrivée à Marseille.	445

TABLE DES CARTES

De Saint-Louis à Ségou.	4
De Ségou à San.	27
De San à Sikasso.	42
De Sikasso à Bobo-Dioulasso.	76
De Bobo-Dioulasso à Lanfiéra.	87
De Lanfiéra à Waghadougou.	117
De Waghadougou à Dori.	139
De Dori à Say.	169
De Say à Sokkoto.	197
De Sokkoto à Kaoura.	240
De Sokkoto à Kano.	264
De Kortaoua à Gambétoua.	299
De Borsari à Kouka.	340
De Kouka à Bir-Meschrou.	375
De Bir-Meschrou à Tripoli.	403
Carte d'ensemble (hors texte).	

FIN DES TABLES

16844. — L.-Imprimeries réunies, rue Mignon, 2, Paris.

www.ingramcontent.com/pod-product-compliance
Lightning Source LLC
Chambersburg PA
CBHW050250230426
43664CB00012B/1904